中國學術思想 研究輯刊

十 一 編

林 慶 彰 主編

第 11 冊

先秦儒家名實思想之研究（上）

林 翠 芬 著

花木蘭文化出版社

國家圖書館出版品預行編目資料

先秦儒家名實思想之研究(上)／林翠芬 著 — 初版 — 新北市：
花木蘭文化出版社，2011〔民100〕
目 8+276 面；19×26 公分
（中國學術思想研究輯刊 十一編：第 11 冊）
ISBN：978-986-254-458-7（精裝）
1. 儒家　2. 儒學　3. 先秦哲學
030.8　　　　　　　　　　　　　　　100000694

ISBN-978-986-254-458-7

9 789862 544587

中國學術思想研究輯刊
十一編　第十一冊　　　　　　ISBN：978-986-254-458-7

先秦儒家名實思想之研究（上）

作　　者　林翠芬
主　　編　林慶彰
總 編 輯　杜潔祥
出　　版　花木蘭文化出版社
發 行 所　花木蘭文化出版社
發 行 人　高小娟
聯絡地址　新北市永和區中正路五九五號七樓之三
　　　　　電話：02-2923-1455／傳真：02-2923-1452
網　　址　http://www.huamulan.tw 信箱 sut81518@ms59.hinet.net
印　　刷　普羅文化出版廣告事業
封面設計　劉開工作室
初　　版　2011 年 3 月
定　　價　十一編 40 冊（精裝）新台幣 62,000 元

先秦儒家名實思想之研究（上）

林翠芬　著

作者簡介

林翠芬，女，文學博士，任職於國立虎尾科技大學通識教育中心人文社會組副教授。1953 年生，台灣彰化縣二水人。1972 年台中師專畢業，曾任職於國小教師 11 年，1977 年畢業於國立中興大學中文系，獲文學學士，1992 年畢業於國立成功大學歷史語言研究所，以《孟子內聖外王思想之研究》獲文學碩士；2005 年畢業於國立中正大學，獲文學博士學位。從事於孔孟荀思想之研究，在《孔孟月刊》、《孔孟學報》及《國立虎尾科技大學學報》等發表二十多篇學術論文。

提　　要

　　先秦時期，是天地正風塵，劇烈變遷的世代，復交迸著諸多急待省思的現象，一場由孔子率先揭櫫「正名」主張，促使諸子因緣際會地相繼投入「名實之辯」的世紀性論戰，雖有互別瞄頭的況味，卻蔚成哲學史上爭鳴不輟，奇葩競放的榮景。在論辯中，自孔子欲以周文為型範，孟子繼起誓為儒學之中流砥柱，逮至荀子嚴予批判百家舊學，循著文化傳承與更新的兩維思路，展露出繼往開來的精神，又透顯儒家的強烈使命感，然孔孟荀卻在中國學術思想史上分別坐擁主流或非主流的地位。先秦儒家歷經了與諸子齊馳並響，至漢代獨尊儒術，則躍為獨領風騷的地位。

　　本書共分九章，凡四十餘萬字。各章論述的提要為：第一章前言，說明研究的緣起。第二章先秦儒家名實思想產生的時代背景，第三章名實的底蘊與第四章名實的辯證關係，乃藉由客觀的分析，尋繹諸子的名實論辯，實蘊藏恁多的道理。第五章孔子名實思想抉微，第六章孟子名實思想探賾及第七章荀子名實思想析論，則依序闡述孔孟荀由率先發端、繼而開展以迄批判的總結，在傳承與創新的轉折歷程中，各具思想風華。第八章先秦儒家名實思想之價值，旨在探究孔孟之識見與荀子之觀照，具有殊別之意義。第九章結論，說明先秦儒家融攝理想與現實、理性與經驗，映現大開大闔、義理精湛的哲思，對人類心靈的啟迪功不可沒，諸子彼此問難論辯，運用抽象思辨閃現的靈光，實亦值得珍視省思。

第一章　前　言

　　人類的文化建築行為，本是一種有意識的、創造性的行為，在這種世代傳承累積的行為當中，非但改變了外在世界的原始自然環境為文化環境，同時也開拓和凝煉了人類內在的心靈世界，〔註1〕文化建築既然涵蓋了外在事物世界和內在心靈世界兩個不同的領域，則任何文化理當兼具了內在的精神文化與外在的物質文明，中國文化亦不能自外於此。客觀來說，中國在長遠的歷史裡，曾經開創了頗為豐富的文化，也締造了相當程度的文明，中國的文化資產誠然洋洋大觀。一般而言，文物初創，緣於現實生活之需要，而文物的再創造，允為既有事物存在著缺陷或不敷使用而亟需改革使然，實亦脫離不了現實生活之需要。準此而言，改革乃是促進人類文化進化的原動力，文化若要稱得上進化，又端看革新的事物能否使人類獲得更為合理的環境，過著較往昔更加舒適寫意的生活。

　　以文化進化的觀點來檢視，中國先秦時期，在鼎足而峙的諸子百家之中，對「名實」問題展開激烈論辯的現象，曾蔚為戰國中、後期名辯風氣的大盛，也累積了極其可觀的「名辯學」內容，名辯學是中國傳統哲學的一環，名實之辯不是一個孤立的問題，它與一個思想家的世界觀、認識論、政治思想等莫不息息相關，名實問題則是文化創制活動必然面對的現象，它見證了過去思想家在變遷世代中，對文化傳統、社會變遷、價值判斷、進步意義的不同態度與思考向度，雖然它曾是歷史性的話題，就不同時代而言，亦屬延續性的當代話題。思想家的言論，不但是其意識的呈現，又包括與時代對話的痕

〔註1〕 劉岱，《不廢江河萬古流——中國文化新論（序論篇）》（台北：聯經出版事業
　　　 公司，1990），頁18。

跡；思想家關切的事項，儘管紛繁多樣，但個別主張帶給當代或後代的影響，則難以同日而語。名實問題固然從先秦時期開始掀起論戰的熱潮，迨至後代，此一議題其實始終未曾停歇過，雖然論述標舉的主題不盡相同，如漢代名教、魏晉名理、宋明理學、清代樸學，其實亦契合名實問題的主體精神。回歸到先秦時期，儒、墨、道、法、名等各學派，對名實問題的思索，本由孔子的「正名」主張發其端，此一開端性的議題，乃成為諸子立說分派的根據。若深究諸子發為言論的意識，以及與時代對話的程度，即可發現其相似之處，是在尋求如何平治爭亂、安定社會之道，以「止亂息爭」為共同目的，乃是因為各家面對的時代大環境，浮現了動亂的共時性問題；共時性的問題，又關涉到政治、經濟、社會等不同層面發展變化的相互影響。班固所引《周易・繫辭下》：「天下同歸而殊塗，一致而百慮」，不但道出了問題的癥結，也說明各家提出的解決之道並不相同，對問題的構思，則是在「正名實」的主調下，運用不同的思辨方法，展現各自的思想內容。以儒家為例，如孔子提出「正名」論，期能匡正政治與一般事物，即充滿倫理道德的色彩，孟子「誅一夫」的革命觀點，同樣切中「正名」所標舉倫理道德的核心精神，荀子的〈正名篇〉，則在政治倫理的主題外，又觸及邏輯範疇的概念與命題判斷等問題；以名家為例，公孫龍運用分析方法，進行事理的研究，雖出之以違反常識的方式，卻充滿論辯的特色。思辨方式的差異，則牽引出對文化傳統或加以維護、揚棄，或予以懸擱、突破的觀念，由於對價值判斷、進步意義不同的認知，更造成了學派間彼此的攻訐與抗衡。

諸子對名實問題的論述，在中國哲學史上是大放了異彩，此後各代又延伸此一議題，各代卓著的思想家同樣為中國締造了可觀的哲學資產。細察先秦各家對名實問題的論述，由於思考向度的差異，所展現出不同的理性思維，往往造成彼此詰難的現象，詰難的雙方，每每處於對立的立場，提出矛盾對抗的說詞，詰難可跨越時空，並向後代延伸。對諸子名實之辯進行探究，近代學者採用較諸傳統更廣泛的角度來理解，歸其旨要，則以正名學與邏輯學為主要導向。衡諸臺灣、大陸兩地的學者，對名實問題的研究已有相當的成果，諸如牟宗三、陳大齊、韋政通、李賢中、廖名春、趙士林、方爾加、孔繁、翟廷晉、周云之、劉培育、汪奠基、孫中原、溫公頤、周文英……等人，其著作或專就某學派進行探究，或作出系統的整理，並已發展出「中國邏輯思想史」的初步形態，整體性之論著，則以大陸地區較多。

　　然而，對名實問題的察辨，若從文化創制的歷程來探究，值得思考的是，名實的起源、意義、作用與發展，在歷史脈絡中的意義如何？其與思想家所欲建構之思想體系有何關聯與影響？另外，名實順隨時代變化的發展，出現了有名無實、有實無名、名實相違等辯證現象，又值得由不同面向來耙梳，如語言、文字作爲稱謂記錄事物之工具，其發展與特性如何？在何種氛圍條件下，啓動了名實的辯證關係？至於先秦諸子的名實之辯，以傳統邏輯對自然語言結構的研究趨向，諸子對語言意義的認知有何紛歧？在推理論證方面何以出現差異？就文化符號學而言，傳統中國思想家對思想記號（語言與文字）採取何種思維模式？思維模式是否攸關著名實的論辯？釐清問題，不但有助於鑑別知識的眞相，亦可直探思想內部的結構，爲不同學術流派開啓彼此對話的機制。針對上述的重要論題，本文將逐一地加以探賾。

　　回溯先秦當代的時空，在遞嬗的時代巨流中，面對著長期動亂的共時性問題，儒家學派則展現出對現實與終極的雙重關懷，自儒家的開山祖師孔子伊始，繼之者爲推闡孔子思想之孟子，以迄處於戰國後期的荀子，無不懷著中流砥柱的肅穆心情，終其一生大力提倡其學說。以孔孟而言，這一前一後未經親炙，卻因私淑而薪火相傳的哲人，由思想的發端到思想體系的完成，〔註 2〕雖相距幾近百年，其思想之一貫與發展之脈絡皆有跡可尋。孔孟思想之博大精深，古今已有定論，論述其思想，則歷來學者亦各就所見多所發掘，躍然而現的諸多論述，不論是全面的或片面的，總以孔子的「仁學」與孟子「心性之學」爲主脈，由主脈開展出來對價值、政治與文化諸問題的探討，使孔孟自成系統性的思想理論，〔註 3〕既富於理想性，又彰顯出不可抹滅的價值；孟子另有可觀之處，在於善用論辯的技巧。較爲晚出的荀子，則在孔孟理論的基礎上，因著個人特殊的理性與務實精神，旁收諸子兼富批判的不同學養，揉合著對新時代條件的體察，〔註 4〕乃在孔孟一脈相承的主體觀念下，作了許多變通與修正，從

〔註 2〕　韋政通，《先秦七大哲學家》（台北：水牛圖書出版事業有限公司，1987），頁 37。
〔註 3〕　勞思光先生提到：「孔子之所以爲最早的中國哲學家，乃因孔子最先提出一系統性自覺理論，由此對價值及文化問題，持有確定觀點及主張。」又言：「就儒學之方向講，孔子思想對儒學有定向之作用。就理論體系講，則孟子方是建立較完整之儒學體系之哲人。」參勞思光，《新編中國哲學史（一）》（台北，三民書局，1986），頁 101 及頁 159。
〔註 4〕　李澤厚先生提到：「戰國末期，氏族政經制度早已徹底瓦解，地域性的國家體制已經確立。」參李澤厚，《中國古代思想史論》（台北：三民書局，2000），頁 111。

而發展出以「禮」為核心觀念的思想體系；荀子提出富於條理化、邏輯性與唯物主義精神的理論，以參驗實證精神進行各種論辯談說，兼容理性與務實的精神，則突顯出與孔孟正統特別是孟子的歧異和對立，〔註5〕歧異與對立的論點，使其在儒學傳承地位上，難免受到非議或另眼的看待。

　　進一步來探究，就價值論方面，孔孟均以內在德性為生命的重心，視道德修養與道德實踐為人生至為崇高的價值。而在政治論方面，基於道德政治始為理想政治的觀念，孔子極力推崇古代的聖王，提出養、教、治三種治術，〔註6〕並論及「正名」之政治原則，〔註7〕強調政治領袖必不可缺政治道德，必守其本分，是以在正名的公稱下，屢見其對古今人物之批評，「正名思想」可謂是孔子政治論中舉足輕重的觀念，其主要訴求在於揭櫫「名實相符」的理念。孟子亦標舉古代聖王的治績，對王霸非但嚴予分辨，更力主崇尚王道，以推行保民、養民、教民之仁政，尤其對士人階層的深加期許，乃率先為知識分子立下了型範，又本其民貴君輕的民本思想，與源自孔子「正名思想」的觀念，對朝代更迭、政權轉移的問題提出「變置君位」的革命思想，孟子雖未正式提及「正名」一詞，然其正名思想卻具在於對五倫的界說與相關的論述，暨環繞政治命題而別樹一格的主張中，孟子的正名思想誠發源於孔子，亦無可否認有得自傳統文化遠流的觸發，觀其所論，對於「名」所內涵的道德真義，則較孔子更為精詳。〔註8〕至於文化論方面，孔孟對堯舜三代的文化非但予以正面肯定，又心繫民族文化之沉淪流落，乃有嚴夷夏之別的說辭，此外孔子已意識到文化傳承所形成之統緒，孟子則進而確立了道統的觀念，凡此，皆足以說明孔孟對文化的高度關懷，與維護文化的苦心孤詣。孔孟基於對文化傳承的強烈使命感，從而對中國文化立下了開創與墊基的功勞，確然值得後人緬懷再三，其思想既強調「道德生命」的重要，又標舉「內聖外王」的文化理想，將道德與「正名」觀念結合起來，因而力倡「德治」、「人治」的政治主張，已然蔚為中國文化的特性。

　　荀子思想與孔孟固有謀合亦有分歧處，如在價值論方面，雖然同樣注意到，外在規範與內在主觀心理結構相互適應的重大問題，孔子主要由「仁學」

〔註5〕　同註4，頁109～112。

〔註6〕　蕭公權著，《中國政治思想史（上）》（台北，聯經出版事業公司，1990），頁64。

〔註7〕　高明，《高明孔學論叢》（台北：黎明文化事業股份有限公司，1978），頁117。

〔註8〕　陳啟雲，〈論語正名與孔子的真理觀和語言哲學〉，《漢學研究》，10：2（1992年12月），頁28。

來確立文化心理結構，孟子發展了這個結構中的心理和個體人格的價值，荀子則強調發揮治國平天下的群體秩序規範。〔註9〕因而，雖同樣標舉道德修養與道德實踐的崇高目標，荀子卻以外在的「禮義之教」作爲指引的路徑，乃與孔孟的內省功夫形成了區隔。在政治論方面，荀子承續孔子「正名」之主張，秉持道德政治之觀念，唯對倫理政治嚴予要求之際，又由聖君賢相謹守「名實」之規範，大幅地構設具體的政治方略，別開生面地結合對人性與功利的不同認知，遂致發展出「隆禮重法」的政治主張，此則形成與孔孟循「禮治」進階至「德治」、「人治」方法策略上的殊異；特殊的時代氛圍，又使其在王霸觀念上作出調整，出現了與孔孟同中有異的觀點。基於對文化發展進化的認知，荀子本著審古度今的徵驗態度，提出「法後王」之政制，以修正孟子「法先王」之主張，更新而不泥古的論點，在在說明荀子對社會變遷的敏銳度，進而對文化傳統、價值判斷採取兼權式的理性思維，就文化進化的觀點，的確是不同凡響。此外，荀子尤爲特殊之處，在於因個人的理性態度、對理論的興趣、回應論辯對手的實際需要，以及依託於邏輯之「辯」的時代風潮等，多重因素交互影響下，荀子探觸了辯說、知識、邏輯等領域的相關論題，進行概念釐清、推理方法的探討，展現出知性導向的「名實」觀，其精審入微與系統化的論述，兼具實證經驗與抽象思維的特色，亦與孔孟殊別。

　　歷來研究先秦儒家思想的學者雖不可勝數，筆者忝爲後出之輩，謹擬就其博大淵深的思想中，擷取「名實思想」之一端，試加探究其思想精義所在。就純學術立場而言，思考一個問題，本可以由不同的角度入手，是以無論是高標理想，或著眼現實，或訴諸抽象思辨，都不失其爲獨特思想的價值。從獨立存在的觀點來看待哲人各種不同的主張，誠然每一種思想都有其迷人之處，但，對絕大多數的俗眾而言，思想見解不能止於賞玩而已，而應能發揮化解迷惘，指引通路的效果，也就是說，它必須具有帶人快樂走一趟人生的本事。雖然文化的更新是歷史的必然公式，但不妨細加思索，亞里斯多德曾說：「人不可能在瞬間獲得幸福，要擁有幸福，必須耗經一生的時間。」〔註10〕這樣耗時性的幸福，是儒家指示人生以修養道德倫理爲志業的路徑麼？德國哲學家黑格爾則認

〔註9〕　同註4，頁112。

〔註10〕　柯林烏（R. G. Collingwood）著，陳明福譯，《歷史的理念》（The Idea of History）（台北：桂冠圖書股份有限公司，1984），頁284。

爲：「幸福之眞正獲致，應在政治層次裡完成。」〔註11〕審視荀子的名實思想體系，可曾探觸如此的幸福理念？近代科學史上的伽利略指出：「所有的自然現象，都能以數學方式去處理」，〔註12〕這種以抽象思辨觀解自然的方式，在諸子的言論中閃現過靈光麼？黑格爾又嘗言：「常識是一個時代的思維方式，其中包含著這個時代的一切偏見。」〔註13〕由名實之辯的總結立場來省思，荀子發爲議論，不免常識經驗的要求，然而，哲人之見是眞知灼見，或爲時代的偏見，仍存在著值得辯證之處。觀方以智先生所云：「質測即藏通幾也。」通機即事物的本質或規律，質測是探究各類具體事物規律的自然科學，方以智先生主張「寓通幾於質測」，即將哲學放到實證基礎上，〔註14〕對傳統學問而言，荀子選擇了「寓通幾於質測」的思維模式，與現代科學相較，或難企及，但在科學初發萌芽的階段，荀子的思維模式，實富有更新進步之意義。至於在哲學突破氛圍中，名、墨諸子將抽象思辨伸向實證經驗內蘊的事物本質、規律與關係，探討與邏輯有關的問題，或不免因挑戰常識的命題，與殊異的推理論證方式，而備受荀子的非難。論辯問難話題的意外收穫是，使遭亂遺佚的思想史料，得以留下部分的面貌；延伸出的問題是，互辯雙方的對立性，是非如何判別？張載《正蒙·太和》云：「兩不立則一不可見。」佇立在遙遙相隔的後世，重新面對曾經風起雲湧世紀性的「名實」之辯，不免讓人駐足沉思，當主流傳統依然是江水泱泱，那遽然逝去並流的百川，猶有一瓢水可取否？謹望博雅君子，不吝賜教指正。

〔註11〕陳榮灼，《現代與後現代之間》（台北：時報出版公司，1992），頁97。

〔註12〕魯經邦，〈自然知識的寶庫──歷代科技著作的分析〉，收錄於洪萬生主編，《格物與成器──中國文化新論（科技篇）》（台北：聯經出版事業公司，1991），頁400。

〔註13〕賀麟、王太慶譯，黑格爾（Wilhelm Friedrich Hegel，1770～1831）著，《哲學史講演錄》（北京市：商務印書館，1959），頁33。

〔註14〕方以智，《物理小識》（台北：商務印書館，1978），自序。

第二章　先秦儒家名實思想產生的時代背景

第一節　政治體制的擺盪與崩頹

一、世局飄搖衝擊舊有的封建制度

在人類歷史上，政治是如何起源的，雖然存在著多種說法，如征服理論、契約理論及自然發展理論等，卻難以斷定何者才是真正的起源。〔註1〕但隨著歷史的推移，政治系統將逐漸形成，在政治系統中，國家體制與政治制度對整個政治體系成員則具有關鍵性的影響。

回溯中國自紀元前第八世紀至前第三世紀間，正是歷史上亟劇轉變的時代，長達約五個半世紀的東周王朝，歷經了春秋與戰國兩個劃時代的戰亂時期。戰亂引發政治局勢的動盪，而政治內部問題同樣促成戰火的蔓延，動盪政局與連天烽火的主事者，非但迫使生民面對悲慘的命運，更引發各派學者深切的關注，亟思謀求解決之道。

面對這樣一個政治飄搖、戰亂不已的年代，儒家的開創者孔子，何嘗置身於度外？孔子一生孜孜矻矻，努力從事的，其中之一即是對政治問題的高度關切，他所提倡的「正名」思想，便是針對政治問題發出的正義呼聲。在

〔註1〕　Alan Issak 著，王逸舟譯，《政治學概論》（台北：五南圖書出版公司，1995），頁14～17。

孔子的時代，政治系統的重要環節已然出現的狀況，乃是西周行之甚久的封建制度，在衰頹遷延了數百年之久時，正處於變動最為劇烈的局面。〔註2〕封建制度本是西周開國君臣順應氏族社會的現實，為維繫其武裝殖民運動成果所作的政治安排，其基本精神在於建立一個以血緣為紐帶的統治集團，將姬周氏族散處各地而有效地治理國家。〔註3〕由於循血緣系統安置氏族成員，統治集團成員之間的權力分配，必須謹守著「親親尊尊」的倫理關係，亦即西周的「禮」制精神，不得越雷池任何一步；以君位的繼承而言，則必須恪遵「父死子繼，兄終弟及」的宗法制度。因此，封建制度藉著倫理關係細密的規定，使統治集團權力關係維持穩固的狀態。

然而，在長期的歷史演進中，封建制度遭受內在、外在雙重嚴重的挑戰。在統治集團之內，權力遞嬗的結果，一方面使得政治權力與政治職分、政治職位與倫理名分互不相符，僭禮踰矩之事因而層出不窮；另一方面，在權力更迭過程中所發生的殘酷鬥爭，導致了氏族感情破壞無遺。如孔子曾感慨「陪臣執國命，三世希不失矣。」（〈季氏2〉）「祿之去公室，五世矣。政逮於大夫，四世矣。」（〈季氏3〉）即是針對前者僭禮逾矩的現象而發；又如孔子之慨嘆「天下無道，則禮樂征伐自諸侯出。」（〈季氏2〉）「陳恆弒其君，請討之。」（〈憲問22〉）則道出了鬥爭的殘酷事實。至於在統治集團之外，由於社會結構與經濟勢力的變動，舊族凌替，新貴崛起，傳統的禮分也變得全無意義可言；〔註4〕如在春秋中期，隨著封建制度的逐漸瓦解，出現了上層貴族下降與下層庶人上升的現象，春秋晚期之後，這種變動情況加速加劇；〔註5〕此一新興階級則匯入了原本介於貴族與庶人之間的士階層，原來的士雖是知書識禮的人，注入新血的士階層卻難免對舊有禮分，無法適應，甚至茫然不知所措。孔子因而對士人的角色重新作了界定，提出「士志於道」（〈里仁9〉）的主張，如此一來，士人的舊「名」擁有了面貌一新的「實」責，這種蟬蛻舊習的志士，當即是伴隨政治封建制度擺盪現象而產生的。

〔註2〕 陳弱水，〈追求完美的夢——儒家政治思想的烏托邦性格〉，載於黃俊傑主編，《理想與現實——中國文化新論（思想篇一）》（台北：聯經出版事業公司，1989），頁225。

〔註3〕 同註2，頁225。

〔註4〕 同註2，頁225。

〔註5〕 孫鐵剛，〈書生議論——士人與士風〉，載於杜正勝主編，《吾土與吾民——中國文化新論（社會篇）》（台北：聯經出版事業公司，1989），頁95。

二、強國兼併與國家型態改變的連鎖效應

　　若就國家型態而言，春秋時代前期猶屬都市國家階段，列國總數約二百國；至中期，隨著周天子威權墮落，國與國間戰爭併滅頻傳，星羅棋布的國家轉向併合爲領土國家的軌跡，〔註6〕以領土爲趨向勢必採取戰爭手段以擴張兼併，春秋五霸之崛起，正足以說明國際局勢動亂未已，領土國家乃勢在必行，國際爭端迭起，各國捲入戰爭是非，勢必連帶波及內政，外患內憂交相逼迫，世局動盪，國祚不安，愈到春秋末期（紀元前六～五世紀）愈加熾烈。似此「世道衰微」的戰亂現象，孔子既痛心疾首，又堅決地反對，如他對衛靈公之問陣，即以「軍旅之事，未之學也」（〈衛靈公 1〉）的口氣，斬釘截鐵地回絕其問話。政治人物涉身國際事物，若以土地擴張爲目的，就正義而言，是毫無立場；若是爲了解民倒懸，就身分而言，須接受檢驗；孔子嘗云：「天下有道，則禮樂征伐自天子出，天下無道，則禮樂征伐自諸侯出。」（〈季氏2〉）又云：「所謂大臣者，以道事君，不可則止。……弒父與君，亦不從也。」（〈先進 23〉）這類說辭，表彰了他對政局飄搖敏銳的觀察，對倫理政治明確的主張。

　　封建制度的崩頹與國家型態的轉變，至孟子乃至荀子所處的時代，更是變本加厲。蓋戰國時代已然是周代封建權威全面崩潰的時代，從初期的異姓公卿相繼得到周天子的冊封，取代了原有諸侯的地位，到中期諸侯相繼稱王，僭取周天子的封號，及與僭越相伴進行的諸侯間的爭鬥，以迄秦將滅六國，統一天下之際，舉目所視，各國競相關心的，無非是富國強兵、併滅鄰邦、建立霸權等系列的事物。〔註7〕憑藉武力以取得政權或擴張政權，像野火燎原般難以收拾，政治野火塗炭著無盡的生靈，政治板塊重新排列組合，當領土國家形成銳不可擋的趨勢，國家總數隨之銳減，戰國七雄於焉形成，這樣一個大動亂的時代，孟子即以「爭地以戰，殺人盈野；爭城以戰，殺人盈城。」（〈離婁上 14〉）道出不忍卒睹的畫面，又對主導悲慘世代的政治人物，義正辭嚴地申說「保民而王」的爲政之道，以王霸之辨正「仁君」之名，由義利之辨、人禽之辨正「烝民」之名，猶如孔子一般，孟子對政治走向繫念既深，對道德政治之理想始終確立不移。

〔註6〕　姚大中，《黃河文明之光》（台北：三民書局，1981），頁 251～252。

〔註7〕　張端穗，〈天與人歸──中國思想中政治權威合法性的觀念〉，載於黃俊傑主編，《理想與現實──中國文化新論（思想篇一）》（台北：聯經出版事業公司，1989），頁 112。

荀子較孟子晚出，他所面對戰國中晚期的強國兼併戰爭，已達如火如荼地步，一個待收拾的場面明擺著，強秦當道，政局擺蕩，眾多不同的呼聲迭相出現，大一統的局勢如箭在弦上，情勢儘管如此，荀子終因洞悉政治的本質在權力，不僅依循儒家基本立場，更結合時代精神，直接切入政治核心，對統合政局的領導人物重新塑身。是以他認為，戰爭雖無由倖免，卻不能淪為殺戮的劊子手，因而主張「善用兵者，在善附民」（〈議兵篇〉）；混亂的政局必須澄清底定，但不容任意委由橫暴之人選，遂又提出「聖也者，盡倫者也；王也者，盡制者也。兩盡者，足以為天下極矣」（〈解蔽篇〉），以正「聖王」之名；然而政治終非軟泥形塑之事，固不可無視於其結構體之特殊性，乃明確主張「明君臨之以勢」（〈正名篇〉），復感嘆「今聖王沒，天下亂，姦言起，君子無勢以臨之」（〈正名篇〉），將「尊君重勢」導入正名的途徑，這使孔孟強調「德治」的主流路線，出現了轉折的跡象。在政治場域裡，荀子依然採行倫理政治的基調，但「道德」、「隆禮」的主調外，又加上「重勢」、「重法」的變奏，以組成政治協奏曲的演出，這是荀子對國家型態轉變，封建解體所構思的一條政治出路。

第二節　經濟型態的動盪與變革

一、土地政策由公有制遞變為私有制

經濟活動是人類文化內涵之一，人類文化的發展又與自然環境息息相關。歷史家司馬遷即曾指出，造成中國南北文化的差異，地理環境是一個很重要的因素，如南方濕熱多疾病，既影響人口的增加，又溫暖的氣候使南方天然食物豐富，以致養成土著怠惰不事儲蓄的習慣；而北方溫帶氣候少疾病，因而人口眾多，又受惡劣的自然環境挑戰，因此養成居民勤於農作和節儉的習性。美國地理學家韓廷頓（Ellsworth Hungtington）在他的著作《文明與氣候》（Civilization and Climate）中，也曾多方討論氣候對人類活動的影響，他指出瘧疾及其他熱帶性的地方疾病，是造成熱帶地區文化落後的一個重要因素。〔註8〕自然環境誠然與人類文化互生互利，在自然環境中，土地又當屬關

〔註8〕 陳良佐，〈擇地順時──農業的自然環境〉，載於劉石吉主編，《民生的開拓──中國文化新論（經濟篇）》（台北：聯經出版事業公司，1989），頁 19～26。

鍵性的條件之一，就「地能載物」、「有土斯有財」的特性而言，人類的生活勢必與大地緊密結合，對土地的利用亦成為考驗人類智慧的重大問題之一。

　　大地為萬物之母，乃古今皆然的認知，在一個以農業為主要生產部門的社會中，對土地加以開發、利用、分配與管理，以取得各種生活所需，並營造較佳的生活條件，改善生活品質，可說是農業時代人類在經濟上努力的目標。在中國上古時代，學者認為一度實行過井田制度，〔註9〕這是封建時代土地專為貴族所有情況下，對土地作分配與經營而設計的經濟政策，因此，井田制度的立法本意，不僅在使人民福利均等，同時也要使賦稅的負擔均等；其力役之征，以每戶征一人為原則，一年不過三日。〔註10〕由於是由國家統一制定土地分配的辦法，封建時代所採行的井田制度當是土地公有制。理論上，土地公有足以保障人民均等的生活，賦稅亦當合理；現實上，由於人口壓力、水旱蟲災或戰爭等因素，都可能引發饑荒與苛稅過重等問題，生計的困難，是一個迫切的問題，必須擬定有效的對策加以解決。孔子對於這些現實問題，都曾發表過看法，如他曾云：「聞有國者，不患寡而患不均。」（〈季氏 16〉）便是對生存資源分配的重視；孔子到衛國見到人口庶繁，即提出：「富之，……教之。」（〈子路 9〉）這是對人口壓力一針見血的對策；至於冉求為富於周公的季氏聚斂附益的作為，則下達責難之號令：「非吾徒也，小子鳴鼓而攻之可也。」（〈先進 16〉）可見其對苛課重稅的反對立場；這些治民之法，都是政治人物必須「正名」觀念的最佳註腳。

　　周王朝封建時期，雖曾實施井田制度，但至春秋戰國時代，因著周室衰微，徭役橫作，公田不治，井田制度也隨之遭到破壞；井田制度破壞最明顯的改變是土地由公有變成私有，如在《論語》、《莊子》、《墨子》、《左傳》和《國語》的記載中，就有一些春秋晚期的人物，頗具自耕農的色彩，但都屬占地自耕，並無土地買賣現象。〔註11〕占地自耕，或可視為是土地私有的前

〔註9〕　井田制度是否在周代實行過，持疑議者有之，如蕭公權先生即稱「井田是否行於周代，尚無定論。」參見蕭公權著《中國政治思想史（上）》（台北：聯經出版事業公司，1990）頁42。而肯定者亦有之，如莊吉發，〈輕徭薄稅——財政與稅務〉，載於劉石吉主編，《民生的開拓——中國文化新論（經濟篇）》（台北：聯經出版事業公司，1989），頁528；都曾提到井田制度的施行。

〔註10〕　莊吉發，〈輕徭薄稅——財政與稅務〉，載於劉石吉主編，《民生的開拓——中國文化新論（經濟篇）》（台北：聯經出版事業公司，1989），頁528。

〔註11〕　戴晉斯，〈有土有財——土地分配與經營〉，載於劉石吉主編，《民生的開拓——中國文化新論（經濟篇）》（台北：聯經出版事業公司，1989），頁148。

兆，這些類例即預示土地制度轉變時代的來臨；大抵而言，戰國以前是土地公有制度時期，戰國時代是從公有制走向私有制的轉變時期。〔註12〕

二、農業技術及政治因素影響墾荒與土地私有

土地制度的轉變，其實攸關著複雜的因素，若就農業技術、政治因素而言，在土地公有制時期亦即在春秋末年以前，由於農業技術受到限制，農耕用地自是有限的，在封建制度下，農耕用地僅限於各級封君的封疆領地之內，封疆之外，也就是各個領地之間，尚有十分廣大的荒地存在。春秋戰國之際，農業生產技術則有了飛躍的發展，冶鐵技術進步，鐵製農具取代了木、石製造的農具，因而大量荒地得以開闢為農田；〔註13〕戰國時期，各國為了富國強兵，爭雄天下，開墾荒地的規模更加擴大，這顯然是基於政治因素的考量。開荒能力空前加強的情勢下，貴族領主、逃亡農民及一般平民紛紛投入開墾荒地的行列，但這種新闢的土地，性質上既與封建領主受封而來的不同，又不在農民原來分配耕種的田地之內，這些份外之地，即成為私有土地。〔註14〕私有土地不僅具備自由買賣的特徵，自由買賣結果，又造成了土地兼併現象，這些現象，在在挑戰著固有井田制度，井田制度一旦崩潰，土地私有制形成，即為必然的趨勢，似此經濟形態改變的現象，置身當代的思想家是敏銳而又關切的。孟子對於井田制度即非常嚮往，並以之為理想制度，他曾主張「仁政，必自經界始，經界不正，井地不均，穀祿不平，是故暴君污吏，必慢其經界。」（〈滕文公上 3〉）當是有感於土地兼併已危害到百姓實質生活，故強調經界之畫定，以正「仁君」之名。

三、小農經濟薄弱的經濟基礎

由墾荒，土地私有，土地自由買賣，到土地兼併之危害，這一系列的演變，若回歸經濟結構層面來看，更能探得其影響性之深遠。以墾荒而言，當荒地大量存在，墾荒以增加農耕用地之途徑當然可行，一旦荒地消失，耕地無法增加，原有耕地即必須採取精耕細作的方式；至於私有土地自由買賣，

〔註12〕 同註11，頁 148。
〔註13〕 梁庚堯，〈披荊斬棘──新耕地的開發〉，載於劉石吉主編，《民生的開拓──中國文化新論（經濟篇）》（台北：聯經出版事業公司，1989），頁 95～96。
〔註14〕 同註11，頁 150。

土地兼併結果，擁有大塊土地的貴族領主或新地主，通常採取化整爲零的經營方式，僱用佃農、雇農或奴隸在小規模土地上進行生產，一般自耕農或半自耕半佃耕者，擁有的也只是一小塊田地，所能進行的同樣是小規模的生產，因此，中國傳統採行的農業經營方式，即是所謂的「小農經濟」，小農經濟的特色之一，亦是精耕細作，精耕細作是爲了提高單位生產量，以養活人口爲目的。〔註15〕然而，正由於小農經濟每一生產單位的土地和勞力都非常有限，收穫自然亦非常有限，欲維持溫飽原已不易，圖謀創造再生產的資本更加困難，這又凸顯出小農經濟的另一特徵是經濟基礎薄弱。薄弱的經濟基礎，一遇豪強兼併或天災戰禍，都可令其逐漸甚至輕易的崩解。〔註16〕

土地兼併造成的排擠效應，是貧農賤價賣田使自耕農減少，佃農、雇農增加，連帶擴大了地主與租佃、雇工之間貧富的差距，洗牌的結果，貧者的生活遂又更加的艱困。然而天災戰禍對土地糧作之摧毀既迅速又顯著，原本勉強賴以維生的精耕細作毀之一旦，糧食短缺，饑民流離失所，「野有餓殍」的現象亦隨之出現。再加上傳統的重農政策，雖然政府徵收田賦以不苛重爲原則，大多數在百分之十以下，〔註17〕但井田制度崩潰，什一的稅制隨之破壞，戰國以來各國不僅課征重稅，〔註18〕而且租稅制度中的丁稅、力役之負擔也顯然太重；在租稅和徭役負擔過重，和土地兼併、天災戰禍交迭的影響下，民生困窘益形的嚴重。

孟子即將「養民」列爲「仁君」正名的重點工作之一，他對齊宣王所主張的「明君制民之產，必使仰足以事父母，俯足以畜妻子；樂歲終身飽，凶年免於死亡；……王欲行之，則盍反其本矣；五畝之宅，樹之以桑……，百畝之田，勿奪其時。」（〈梁惠王上 7〉）正是著眼於不忍民挨餓受凍的現實需求。荀子則同樣主張「養民足欲」，其所云：「故田野縣鄙者，財之本也。」（〈富國篇〉）又云：「春耕夏耘，秋收冬藏，四者不失時，故五穀不絕，而百姓有餘食也。」（〈王制篇〉）都是對生民的重視。孟子對開荒闢地，兼併土地與戰爭的連鎖效應，極度的關切，觀其所云：「故善戰者服上刑，連諸侯者次之，辟草萊、任土地者次之。」（〈離婁上 14〉）亦足見其以「保民」、「安民」爲「仁

〔註15〕同註11，頁170～177。
〔註16〕同註11，頁177。
〔註17〕同註11，頁157。
〔註18〕同註10，頁528～529。

君」正名的嚴正立場。孟子曾云：「國中什一使自賦」（〈滕文公上 3〉）爲王者之政，荀子也有「王者之法，等賦，政事，財萬物，所以養萬民也。田野什一……」（〈王制篇〉）的主張。這是對徵收合理稅率（什一）的主張，雖屬復古的作法，但「薄稅」也當列爲「仁君」正名的檢驗項目，正是孟、荀對現實上重稅政策造成傷民的反思。

四、冶鐵工業發達對戰爭的催化作用

上述各類經濟問題引發的衝擊，在不同的年代，先後受到先秦儒家的重視。然而，春秋戰國之際，經濟型態的動盪與變革，除環繞農業根本問題之外，也牽涉到工商業的問題。以工業而言，傳統手工業部門繁多，就其製造型態，則分別有官營手工業工廠與民間家庭式手工業生產方式兩類。〔註 19〕如戰國時代編纂的《周禮・考工記》所介紹的，其時手工業區分爲木工業、冶金業、皮革業、漆工業及製陶業等部門，各部門又有其分業狀況，在各類手工業中，製鹽與製鐵，又係新興資本家間，最大規模的產業。〔註 20〕製鐵工業的發達，使農具與一般工具步入鐵器時代，冶鐵技術的進步，也使武器的製作由鐵器逐漸取代了青銅器，〔註 21〕鐵製農具促使農耕面積擴大，又農業生產採取精耕細作方式，已如前面所述，鐵製武器則提供了戰爭的利器，對戰爭之害產生了推波助瀾之勢。如強秦大將白起，在伊闕之戰（西元前 293年），大勝韓魏聯軍斬首二十四萬；華陽之戰（西元前 273 年），再度大勝韓魏聯軍，斬首十五萬；長平之戰（西元前 260 年），坑殺趙軍主力四十五萬；〔註 22〕欲在這種大規模戰爭取勝，除了戰略技巧，也必須輔以銳利的攻戰武器，方可致之，鐵製兵器正提供了及時有效的助力。

其時的荀子，對戰爭的觀感，一則表彰傳統儒家的理想精神，一則注意到諸侯競爭的現實意義；基本上，荀子繼承了孔孟「尊王黜霸」的理想精神，

〔註19〕陳慈玉，〈多能巧思──手工業的發展〉一文中提到：「傳統手工業的部門繁多，包括土木（城壁、皇陵、道路、運河、橋樑等）、建築（宮殿、官廳等建築物）、兵器、紡織、裁縫、陶瓷器、金屬器具、製紙、薪炭、磚瓦、石灰、礦冶、製鹽、茶葉等。」載於劉石吉主編，《民生的開拓──中國文化新論（經濟篇）》（台北：聯經出版事業公司，1989），頁 196。

〔註20〕《周禮・考工記》即系統地介紹「凡攻木之工七、攻金之工六、攻皮之工五、刮磨之工五、搏埴之工二」，參同註 6，頁 278。

〔註21〕同註 10，頁 275～277。

〔註22〕方爾加，《荀子新論》（北京：中國和平出版社，1993），頁 4。

主張發動戰爭，必須立足於「王道」的立場，因而他說：「彼仁者愛人，愛人故惡人之害之也；義者循理，循理故惡人之亂之也。彼兵者，所以禁暴除害也，非爭奪也。故仁人之兵，所過者化，所存者神。」（〈議兵篇〉）務期能兵不血刃，將人民從暴政下解放出來，這是他對「仁君」正名的基本觀點。然而，極度戰亂的現實，盟誓與權謀並存的複雜世代，荀子又審慎地加以權衡，就時勢提出折中的看法：「用國者義立而王，信立而霸，權謀立而亡。」（〈王霸篇〉）「王奪之人，霸奪之與，強奪之地。」（〈王制篇〉）王者既不可求，遂退而就講信用的霸者作爲予以肯定的評價，這使「君王」的正名觀念，循著「上可以王，下可以霸」的路線，出現了「王霸可以兼用」的不同視野，主張調整，則源自對天下漸形統一局勢的敏銳觀察。

五、百業分工與商業活動牽動天下分合的局勢

再回到商業的議題上，春秋時代商業相當發達，商人在歷史舞台上扮演著重要的角色，如鄭國商人弦高是當時最活躍者。到了戰國時代，列國之間交通更加發達，金屬貨幣更加流通，大都市不斷興起，因而商集也更加蓬勃。〔註23〕大都市的興起，使市場又更加的興隆，這時代的市集幾乎全爲公家設立，再將房屋或攤位承租給商人，對相關稅金的徵收，孟子嘗說過：「市，廛而不征，法而不廛，則天下之商皆悅而願藏其市矣。」（〈公孫丑上 5〉）商人同屬王者薄徭輕賦的對象，而這是無敵於天下的「天吏」，必須接受正名的眾多項目之一。對遊歷各國的荀子來說，各地商品生產展現的經濟條件，自當受到相當的注意與關切，他既主張「養民足欲」爲王者施政之所需，基於對分工的體認與支持，在論述農業根本的重要性之外，又曾云：「北海則有走馬吠犬焉，然而中國得而畜使之。南海則有羽翮齒革曾青丹干焉，然而中國得而財之。東海則有紫紶魚鹽焉，然而中國得而衣食之。西海則有皮革文旄焉，然而中國得而用之。故澤人足乎木，山人足乎魚，農夫不斷削不陶冶而足械用，工賈不耕田而足菽粟。」（〈王制篇〉）文中描繪中國各地經濟聯繫的密切，既認識商業作用是必要的，因此荀子說：「使賓旅安而貨財通，治市之事也。」（〈王制篇〉），「商賈敦愨無詐，則商旅安，貨財通，而求國給。」（〈王霸篇〉）顯而易見的，荀子對經濟發展與分工的現象，不僅瞭若指掌，對天下分裂形

〔註23〕陳國棟，〈懋遷化居──商人與商業活動〉，載於劉石吉主編，《民生的開拓──中國文化新論（經濟篇）》（台北：聯經出版事業公司，1989），頁248。

勢或將朝向大統合的遠景，也隱約作了一番勾勒，然而，統合的手段並非是平和的，廝殺兼併的戰爭，成為不可避免的統合途徑，這樣的途徑，自然引發思想家對「名實」議題的憂思，又必抒發各自的見解。

第三節　社會層面的解組與衝擊

一、社會團體的組織、特徵與功能

　　社會是人類群居生活的產物，它不但是由人所組成的人類團體，而且是個人所屬的最大團體。〔註24〕這個最大的團體，涵蓋各式不同的較小團體，每一團體中的成員，彼此既互相聯繫，在交互往來中亦有必須遵循的規範，透過互動的行為，人們對語言、肢體的形象，賦予界定的意義，循著相互瞭解的模式，以遂行各種不同的目的，〔註25〕因此，由人群組構而成的社會，是一個相當複雜的組織。如美國社會學家費希德（J. H. Fichter）即說：「一個社會是有組織的人們的一個集體，在一共同地區內一塊生活，在各種團體中合作，以滿足其基本的需要，有共同的文化，並且在功能上是一特殊的複雜單位。」〔註26〕社會誠然是複雜的，如依組成成員的多寡，它可以形成大小不同的團體，若依組成分子的行業，又可以構成性質不同的團體，分類的方式雖多，〔註27〕若細思構成社會團體包括的基本要件：（1）團體成員必須有互動，彼此來往。（2）團體成員的互動必須有社會規範的約束。（3）團體成員應有團體的認同感。〔註28〕因而，據其人際往來交錯縱橫之脈絡，更可以看出組織之複雜性矣。

〔註24〕龍冠海，《社會學》（台北：三民書局，1993），頁78。

〔註25〕「形象互動理論」是社會心理學方面應用相當普遍的社會學理論，此一理論，既注重人在互動中的角色運作，又認為互動過程中雙方所使用的語言、姿態、表情，皆受社會的界定。參蔡文輝、李紹嶸著，《社會學概要》（台北：五南圖書出版有限公司，1991），頁7。

〔註26〕Lung Kwan-hai（Editor），Selected Readings in Sociology（Revised Edition, Taipei：Book Word Co. 1963），p.39.

〔註27〕如龍冠海提到：「社會學上比較常見和比較有意義的分類法包括：（1）依社會有無文字來分，（2）依社會中居優勢的團體來分，（3）依組成社會的分子之意志來分，（4）依風俗約束力之大小來分。」參同註24，頁82～83。又如蔡文輝、李紹嶸提到：「社會學家通常把社會團體分成初級團體與次級團體兩大類。」參同註25，頁54。

〔註28〕同註25，頁54。

　　由於每一社會各有其共同的文化，因而，不同的社會自然存在著文化特質的差異性，文化特質則涵攝於社會特徵之中。大抵而言，一個社會的主要特徵可區分諸多項目，如分子的異質性，空間的佔有，文化的創造，符號的傳訊方法，複雜的社會關係體系，很大的變異性，具有導進或改造的能力和意向等，〔註 29〕這些特徵容或有強弱大小，或有顯著隱微的差異，卻又彼此環環相扣；從社會學的觀點而言，社會是一個功能的文化體系，〔註 30〕如美國社會學的主流派「功能理論」，即主張社會裡的成分和各部門，對社會都有某種程度的貢獻和功能，功能理論派的重點在探討與解釋社會裡各部門對整體社會的生存與延續的功能；哈佛大學派深思（Talcott Parsons）教授的「社會進化理論」，則使功能理論更加地受到重視。〔註 31〕關於社會的基本功能，費希德曾將其分為一般的與特殊的兩大類，而所謂特殊的功能，即指「社會中某些主要組織對人們的基本需要有其專門的功用」，主要組織如婚姻制度、家庭及親屬團體，教育組織，各種經濟團體，政治設施和各種公民團體，各種宗教團體，與娛樂團體等均屬之，〔註 32〕不同的組織雖各有其職司，整體而言，則又攸關著社會的變革與進化。

二、家庭組織的調整遞變

　　一般而言，社會並非永恆不變的，它恆常在改變著，局部的現象或快或慢的翻轉，是人類歷史共通的見證。變動的社會對當代世人自有其影響，對思想家則不僅影響既深，更提供其反思機會，以尋求文化突破的途徑。就上面所述社會團體的基本要件，社會的主要特徵，或社會的一般與特殊功能等層面，驗之於中國古代春秋戰國時期，即可尋索其變遷的痕跡。本文除已在前面論述過政治與經濟方面的變遷，此處擬再針對社會結構中的家庭組織及社會規範，酌加剖析其變演情形，以抉發先秦儒家對變動世代敏銳的照察。

　　在人類社會裡，家庭是一個最基本的社會單位，家庭制度則每隨著社會變遷而予以應變的調整，調整的層面包括觀念及具體結構內的組織成員，經由調整進而適應，始可換得永續存在的空間，是知家庭制度的變遷乃主客觀情勢使

〔註 29〕同註 24，頁 79～80。

〔註 30〕蔡文輝著，《社會學與中國研究》（台北：東大圖書公司，1986），頁 21。

〔註 31〕同註 25，頁 4；並參同註 30，頁 17。

〔註 32〕同註 24，頁 81～82。

然。準此而言，傳統中國的家庭制度二、三千年來也歷經變遷的過程，中國人類學家芮逸夫教授在〈遞變中的中國家庭結構〉（Changing Structure of the Chinese Family）一文中，即指出我國自周以來，已經歷一系列的改變，如依社會基本組織可區分爲兩個時期：（1）是宗族優勢時期，約自周初至戰國，凡八百餘年；（2）是家族優勢時期，約自秦漢至清末，凡二千一百餘年。〔註33〕按人群結合的方式，一般分爲血緣、地緣、業緣三大類，〔註34〕此處所論宗族或家族，都屬血緣關係的連繫，中國人的血緣連繫有血親與姻親之別，包括父族、母族和妻族，但以父族爲主；宗族是西周時建立的制度，周朝使族人以武裝殖民運動來開拓廣土眾民的東方，並賦予族人治理土地和人民的政權；爾後殖民運動停止，族人淪爲無土地、無政權的凡庶越來越多，乃建立大小宗，藉「尊祖」而「敬宗」，因「敬宗」以「收族」，〔註35〕因此，宗族的成員不僅彼此存在著血緣的關係，由於生命繁衍的道理，又形成了親疏遠近的關係。在宗族繁複結構系統中，依次除去疏遠之成員，縮小其關係範圍即爲家族；範圍再度縮減至同居共財的成員，則爲一般所謂的家庭。杜正勝先生認爲，依據「喪服傳」的服制，可以作以下的界定：（1）凡同居或共財的稱爲「家庭」，（2）五服之內的成員稱爲「家族」，（3）五服以外的共祖族人稱爲「宗族」。〔註36〕這樣分類，正反映了血緣關係親疏遠近的事實。

在各類血緣關係中，家庭無疑是最親近的群居團體，芮逸夫教授指出周初至戰國爲「宗族優勢時期」，是就社會組織的主流趨勢而言，在這種主流趨勢下，隸屬於宗族之下的家庭組織，卻非一成不變的，因著政治制度、經濟政策或外在環境的改變，難免隨之出現局部性的改變。梁啓超先生認爲，中國家庭組織，及其相互間權利義務關係，遠古之情形如何，已不可考，自周迄今，原則上似無劇烈變化。父之在一家，位尊無比；財產則父母在，不有私財；蓋父在時，常合一父所產之子若孫，爲一家族單位；析產而居，目爲不祥。〔註37〕大體上，父母、妻子兒女與兄弟同居共財，成爲一個家族，是主流現象，而後則有些微

〔註33〕朱岑樓，〈中國家庭組織的演變〉，載於朱岑樓主編，《我國社會的變遷與發展》（台北：東大圖書公司，1986），頁264。

〔註34〕杜正勝，〈編戶齊民——傳統的家族與家庭〉，載於杜正勝主編，《吾土與吾民——中國文化新論（社會篇）》（台北：聯經出版事業公司，1989），頁9。

〔註35〕同註34，頁11。

〔註36〕同註34，頁16。

〔註37〕何啓民〈鼎食之家——世家大族〉，載於杜正勝主編，《吾土與吾民——中國文化新論（社會篇）》（台北：聯經出版事業公司，1989），頁40。

的變化，杜正勝先生即指出，戰國以前的農家兄弟不分家者必定更普遍，庶民之家不但上有父母，下有妻子，中間還有兄弟，那絕非核心家庭，成年兄弟及其子女一定同居；戰國中葉以後，商鞅在秦變法，改造秦國社會「父子無別，同室而居」的現象，因而兒子或兄弟結婚後就必須分家，塑造了以核心家庭為基礎的社會。﹝註38﹞在孟子的言論裡，不但勾勒了當時的家庭組織，也描述了家庭所面臨的困厄，如其所謂的仁政：「明君制民之產，必使仰足以事父母，俯足以蓄妻子，百畝之田，勿奪其時，八口之家，可以無飢矣。」（〈梁惠王上7〉）「王如施仁政於民，……壯者以暇日修其孝悌忠信，入以事其父兄，出以事其長上。」（〈梁惠王上5〉）描述的正是家族成員同居共財的情形，而其所云：「彼奪其民時，使不得耕耨，以養其父母；父母凍餓，兄弟妻子離散。」（〈梁惠王上5〉）則是對家族成員因現實困境脅迫致遭流離失所，無以為生的慨嘆。

三、社會規範面臨的挑戰

原則上，任何一個團體成員的互動都必須接受社會規範的約束，這是維護社會秩序必須嚴予執行的措施。秩序是人類社會的重點訴求，一般總認為，井然有序的社會對人類文化的進化是比較有利的，因而，社會規範是不可違逆的。在傳統中國社會，「禮」則被視為是社會規範的當然準據，禮不僅對團體成員作出上下等級之分，並據以限囿人的言行尺度範圍。如孔子即對伯魚言：「不學禮，無以立。」（〈季氏13〉）又云：「不知命，無以為君子也；不知禮，無以立也。」（〈堯曰3〉）在在顯示孔子對禮教功能的重視，至其所謂：「君君、臣臣、父父、子子」（〈顏淵11〉）的說辭，係以人倫之道為議題，亦揭示以「禮」為根本正道的「正名」立場，是循「名」責「實」思想的呈現，孔子發出類似的言論，正導源於春秋時代社會動亂失序的現象。戰國時代，動亂現象越演越烈，蓋孟子面對的是「楊墨之道不息，孔子之道不著，是邪說誣民，充塞仁義也。仁義充塞，則率獸食人，人將相食，吾為此懼。」（〈滕文公下9〉）的時代，仁義充塞，代表禮教精神的喪亡，孟子即斷言：「上無禮，下無學，賊民興，喪無日矣。」（〈離婁上1〉）為防範連鎖效應的產生，孟子承續孔子注重人倫之道的精神，將其擴充為五倫的觀念，孟子所界定的五倫，即其所云的：「聖人又憂之，使契為司徒，教以人倫，父子有親，君臣有義，

﹝註38﹞同註34，頁22。

夫婦有別，長幼有序，朋友有信。」（〈滕文公上4〉）強調對人際關係的規範，不僅是對社會特質的認知，也是對社會現存問題正義的呼聲，蓋置身變遷的社會，勢須面對新舊規範爭議的問題，顯而易見的，孟子也採取孔子「循禮正名」的思維路線，認為推動禮教，才足以維護社會之秩序。

在紛亂的戰國後期，荀子的嗅覺更是靈敏，荀子以禮義為正道，強調禮義為階級區分之憑藉，如他嘗謂：「請問為人君？曰：以禮分施，均遍而不偏。請問為人臣？曰：以禮待君，忠順而不懈。請問為人父？曰：寬惠而有禮。請問為人子？曰：敬愛而致文。請問為人兄？曰：慈愛而見友。請問為人弟？曰：敬詘而不苟。請問為人夫？曰：致功而不流，致臨而有辨。請問為人妻？曰：夫有禮則柔從聽侍，夫無禮則孔懼而自竦也。」（〈君道篇〉）足見他把禮視為維繫社會關係暨家庭關係的當然準繩；荀子更強化禮有區分等級的功能，是以說：「禮者，貴賤有等，長幼有差，貧富輕重皆有稱者也。」（〈富國篇〉）又說：「君者，國之隆也；父者，家之隆也，隆一而治，二而亂。」（〈致士篇〉）便是強調人倫關係尊卑不可逾越的觀念。在各種等級之中，荀子強調最高位者的權威必須受到尊重，又主張權威須以寡頭的方式存在，以免山頭並立製造了混亂。這意味著禮所規定上下的規範是天經地義，是天下之通義，因而絕對不容違背。綜觀孔孟荀三位儒者對家庭成員一再以「循禮正名」的思路，來驅策誘導其人謹守人倫之分際，無庸置疑的，正是深切察知動亂世代人們不能奉行舊的規範，乃藉由鎔鑄新觀念方式，企圖為解組的社會，找尋一條暢達的通路。

第四節　學術思潮的蠢出與鼎峙

一、傳統文化的學術發展

對人類而言，思維能力是得天獨厚的特質。在人類發展過程中，人既生活於大自然中，為解決生存問題以維持生命的延續，或為探求自然人生的奧秘以滿足心靈的欲求，於是開始運用思想，思想既經運轉，積累日久，便呈現由粗疏而細密，由簡易而繁複的轉變，終而蔚為人類可觀的文化成果。大抵而言，思想不僅在滿足生活與行為的需要，也在滿足求知欲與好奇心，這種思想的累積，便形成學術。〔註39〕據估計，中華民族約八千年的文化傳統，學術的發展

〔註39〕宋淑萍，〈淵源有自——先秦學術的萌芽〉，載於林慶彰主編，《浩瀚的學海——

已有三千年以上的歷史，傳統學術的發展，按近代對學術的分類方式，則偏重人文社會科學方面，自然應用科學範疇的知識，雖有可稱道的成就，相較之下，終較前者匱乏，因而在學術上形成既有偏重又有偏枯的現象。〔註40〕

　　中國誠然向來注重人文與社會科學方面的發展，這是以研究人類及社會現象為主的學問，不過，若細究歷代發展情況，語言文字學、哲學、史學、地理學等，固然已經分科獨立，而法律、政治、軍事、財政、經濟、倫理等部門，則不是處於附屬地位，就是含混而籠統。〔註41〕傳統學術分科雖不若近代學術界限嚴密而分明，但所謂法律、政治、軍事、財政、經濟、倫理等學科，則往往蘊含於哲學、史學和語言文字學之中，其中，又以哲學領域尤多。茲以哲學而論，哲學可謂是傳統學術中最為發皇者，論其起源，初露曙光當在久遠的時代，萌芽時代則早在殷周之際，而其發展方向，在先秦幾已全部完成；中國哲學展現的是人文傳統的典型。先秦指「秦朝之先」的時代，在一般史書中主要指春秋、戰國時期，〔註42〕在中國學術史上，先秦是一個關鍵的重要時期，這是以哲學思想見稱，各派思想家並轡齊驅的恢弘時代。

二、諸子齊馳「天人」與「名實」之辯

　　春秋戰國是一個政治、經濟、社會各方紛歧不整的巨變時代，變動主要環繞著人生問題，人生問題又難免牽扯上自然問題，面對層疊糾葛的各類問題，思想家們將敏銳思維的觸角伸入其中，試圖加以剖析釐清，企盼尋覓出釋除其害的通路來。但個別或相關事物一旦連結上現實人生，人類的欲求從中投入的變數，都將大幅提高事物的複雜度，思想家的思維雖日敏銳，終難免因個人特質，而各本其衷，各鳴其是，遂致把梳各類問題，或見其根，或見其樹，或見其林，紛紛表述時同時異的觀點，代出的人才，使春秋戰國的哲學，進入了百花齊放空前繁榮的時期，這批齊足並馳的曠世之才，正是史稱的諸子百家。

　　由於個人的特質，先秦諸子百家各自創立其獨特的哲學體系，又緣於共通的時代問題，諸子百家鎖定一些基本問題展開激烈的論戰，扼要而言，當

　　　　—中國文化新論（學術篇）》（台北：聯經出版事業公司，1987），頁75。
〔註40〕林慶彰，〈浩瀚的學海──導言〉，載於林慶彰主編，《浩瀚的學海──中國文化新論（學術篇）》，頁1～3。並參同註39，頁84。
〔註41〕王國良，〈百川匯海──各種學科的興起與發展〉，載於林慶彰主編，《浩瀚的學海──中國文化新論（學術篇）》（台北：聯經出版事業公司，1987），頁22。
〔註42〕同註39，頁75。

時百家爭鳴主要是圍繞著「天人」、「名實」之辯以進行思想的交鋒。所謂「天人之辯」，是指對天人關係的論辯；而「名實之辯」是就概念與事實之間的論辯；以議題的獨立性角度言，此兩者可以分開看待討論，若就認識論角度，則「天人之辯」之問題，既關涉著思想家對「天」與「人」的基本概念，而對概念與事實之間相應關係的認知，亦存在著因人而異的現象，因此，由認識論層面來論述，「天人之辯」並非絕對外在於「名實之辯」的獨立問題，易言之，「天人之辯」亦可涵攝於「名實之辯」的範疇中。

三、關聯性思考暨整體有機觀念與哲學廣涵衆涉相輝映

再回歸到傳統學術發展的現象，傳統哲學每有大海納百川之勢，思想家又往往有一以貫之的思維模式與言論傾向，學術界限無由壁壘分明，因而哲學領域網羅了法律、政治、軍事、財政、經濟、倫理等繁複的知識，分門別類的知識既從屬於哲學，哲學與各類知識遂組成了「一本萬殊」的特定關係，然而這是無足奇怪的，以哲學爲主幹，再由主幹衍生枝繁葉茂的各類知識，究其原因，主要是中國人在思考方法上的「關聯式思考」與天地萬物「整體有機」的觀念所造成，整體有機雖係指自然與人事相關相應的觀點，單就人事而言，亦屬息息相關，力求水乳交融者，在整體有機觀下，最需講求的精神就是：「貞定其異，感應其同」，即貞定各層面的「獨立性」，又掌握其「關聯性」。〔註43〕因此，在特有思維模式下，哲學即以優勢的姿態，將法律、政治、軍事、財政、經濟、倫理等獨立的知識，羅致其中，作通盤性的說解。準此以觀，諸子百家之論辯，雖有所側重，「名實」之辯自然亦將以開放之姿，向外延伸觸角，將政經、倫理等相關知識兜攬勾聯上，在輻輳式的關係網中，使「名實」的哲學論辯更形豐饒而壯大。

四、林立學派開啓「名實之辯」的場域

1、孔子率先發出「正名」的議題

春秋戰國時期，參與這場「名實之辯」的思想家，主要包括儒家、墨家、道家、法家、名家等各學派獨領風騷的人物，綿延甚長的論戰，率先發其端

〔註43〕劉君燦，〈關聯與和諧——影響科技發展的思想因素〉，載於洪萬生主編，《格物與成器——中國文化新論（科技篇）》（台北：聯經出版事業公司，1991），頁507、517。

的，是孔子提出的「正名」說法，與孔子時代相近的鄧析，其所留下刑名之辯的相關資料，則具有一定程度的意義。若溯及歷史的淵源，古代史官本著「秉筆直書，不畏權貴」的態度以作史書，著名的趙盾弒其君、崔杼弒其君，即表現出嚴於亂臣的正名精神。《左傳》桓公二年曾載師服之言：「夫名以制義，義以出禮，禮以體政，政以正民，是以政成而民聽，易則生亂。」指出名號必蘊含義法，且與禮節政治攸關，道出用名合宜的重要性。至於古之士師對刑罰之名的定奪，相當地審慎，如《左傳》昭公十四年載，叔向分別定雍子、叔魚、邢侯之罪為「昏」、「墨」、「賊」三名，不但正了典刑，孔子且稱「叔向古之遺直」，指其繼承了古代士師的精神，在斷訟獄時，對「辭」與「刑」的密切關係，必費思量地加以正辭，正辭即正名之意。〔註44〕《左傳》文公十八年又載，周公作〈誓命〉曰：「毀則為賊，掩賊為藏，竊賄為盜，盜器為姦。」亦猶叔向以一字斷獄的用意。孔子嘗言：「聽訟，吾猶人也，必也使無訟乎」（〈顏淵 13〉）顯示其對聽獄正辭亦如士師般，然卻積極透過禮樂教化，引導人們不致觸犯刑章。

孔子的正名思想，與古之史官、士師雖有淵源，卻又有所調整。孔子所論的，涵蓋對政治與一般事物的「正名」要求，如「正名章」針對衛國情事提出「名不正，則言不順」（〈子路 3〉）的邏輯說辭，即成為後續「正名」觀念的典範；所述「君君、臣臣、父父、子子」（〈顏淵 11〉）的說法，則強調相對性的「正名」精神；又如「政者，正也」（〈顏淵 17〉），「其身正，不令而行」（〈子路 6〉）的道理，均針對政治領域強調道德倫理的必要性；而如「觚不觚，觚哉觚哉！」（〈雍也 23〉）「夫達也者，質直而好義」（〈顏淵 20〉）的說法，則是對一般事物主張由名物的基本特質來審視用名的正當性，此亦以道德倫理為訴求。總體而言，孔子的正名主張，其主體意涵在求「名實相符」而已。

2、墨、道、法、名各家繼起紛歧的論點

自孔子提出正名的說辭，隨後即引發各方學者對此議題的矚目，並掀起一場前所未有綻放異彩的論辯，如墨家的墨子講「取實予名」，後期墨家提出「以名舉實」的原則；道家的老子、莊子，分別講「無名」和「名者實之賓也」；法家的韓非提出「形名者，言與事也。」的「形名」（或刑名）之說，強調政治工作之「實」，即政治工作之成績；名家的惠施、公孫龍分別在「同

〔註44〕王夢鷗，〈戰國時代的名家〉，《中央研究院歷史語言所集刊》，44：3（1972）。

異堅白」問題上，就邏輯角度來探討名實的關係；審視諸子立說分派的現象，可謂是植基於孔子的「正名思想」，卻又各擅勝場地另闢天地以馳騁其思想。紛至沓然的說辭，在並時異地或異時異域的時空中，交迸出令人眩目的理路。論辯雖係哲學家特有生命風華的展現，卻道道地地是對現實人生，對世界萬事萬物凝煉的體察與省思。

3、孟子更進一層的闡揚發揮

在「名實之辯」延伸的戰線中，孟子因強烈的歷史意識反應，以衛道者姿態，承續傳揚了孔子的正名思想，由人性本善的立場，為人倫關係作出「父子有親，君子有義，夫婦有別，長幼有序，朋友有信」（〈滕文公 4〉）概括的界說，涵蓋層面較孔子為廣，而以「五倫」為「正名」的主調，既承續孔子「名實相符」的精神，更為後世中國人倫觀念提供不可移易的路徑。孟子又針對政治領域中政權凌替一事，提出「聞誅一夫紂也，未聞弒君也。」（〈梁惠王下 8〉）的說辭，這是本諸王道思想而發的議論，亦即對未能遂行「保民而王」（〈梁惠王下7〉）之統治者，孟子將其正名為「殘賊之人，謂之一夫。」（〈梁惠王下8〉）既以「一夫」作為倫理政治上最為嚴厲的譴責，孟子進一步將放伐行動正名為「革命」，在理論上，賦予革命思想的政治正確性。非唯如此，孟子又以其豐贍的思辨手法，就概念之名實關係，提出著名的「人禽、義利、王霸」之辨的三辨之學，如此由對立概念以彰顯道德取向之價值觀念，確立了孟子高揚道德主體尊嚴的莫大貢獻。雄辯滔滔的孟子，亦曾就語詞之名實對應關係，如「類」、「同異」、「言、意、志」等進行道德旨趣的論辯。綜觀孟子的名實之辯，除承續孔子基本理路之外，又加以擴展延伸，從而建立其內在獨立的哲學體系。

4、荀子總結的批判

戰國後期的荀子，在面臨論辯風潮鼎盛，飽學與遊歷經驗的啟示，暨個人理性務實精神的特質，遂使荀子客觀冷靜的盱衡此一思辨潮流。荀子嚴厲地批評道、墨、法、名各家學術，同屬儒門的子思、孟子，同為非議的對象，他以「凡人之患，蔽於一曲，而闇於大理。」（〈解蔽篇〉），先為思想界敲一記警鐘，指陳各家所論皆為片面之見，提揭唯涵養「大清明之心」，始足以全面認識自然、社會暨個人立身處世的道理。在名實之辯上，荀子既紹述孔子的正名思想又作了總結的批判，基本上，荀子依循倫理政治的思路，推崇聖

君賢相的政治組合，更標舉「尊君」的觀念，間接地為天下大一統注入推波助瀾的形勢；對人類的生命，荀子由事實經驗認知角度，針對放任情欲導致「性惡」的社會行為結果，提出「以心治性」的觀點，駁斥孟子「即心說性」先驗「性善」的路數；荀子以「禮義」為核心思想，試圖啟動「隆禮重法」的政治機器，作為對治「性惡」的妙訣，即透過師法之教化，達到「化性起偽」的目的。為期貫徹政治客觀的事功，荀子將「正名」歸為王者之事，充分彰顯他對重建政治社會秩序的深度關切。

　　但在倫理政治的議題之外，荀子更表露了邏輯思路上某種程度的成就，由於對各種概念認知的歧異，荀子將思維理路不同，諸子爭相鳴放的說辭，視為是淆亂社會的「亂名」現象，為制止謬說橫行，荀子由認識論角度，提出「所為有名」、「所緣以同異」、「制名之樞要」的三標說法，企圖為各種概念立下衡定不移的標準；又以實證精神，檢具所謂詭辯論者的抽樣性說法，分別加諸「用名以亂名」、「用實以亂名」、「用名以亂實」等惑亂之惡名，強烈批判的口吻，透顯出卓犖不群的理性特質。概括而言，荀子緊扣著倫理政治的總體目標，擷取現實經驗，依循理性思維，在名實論題上，其「辨合符驗」的基本態度，誠然展現不遑多讓的理性成果；但荀子以邏輯取向的思路，犀利且細密地對學術之本源流別，理據之是非善惡，重加診斷整合，竟又幡然否定墨家或名家在抽象概念上的意義，則留下可供討論的空間。

　　綜觀先秦學術流派既多，各派雄踞山頭的態勢，雖若起落跌宕，拉鋸的結果，卻強化各派內部的活力。儒學曾是當時的顯學之一，〔註45〕這些蹇出鼎峙，互別瞄頭，各自吹奏其調號的思想家，究其用心何如？班固所謂：「《易》曰：天下同歸而殊塗，一致而百慮。」足可道盡這批劃時代的哲學家，在學術路徑上力求「哲學的突破」，雖然所思所云殊別，其人與時代緊密相連的「生命共同體」意識，則不容置疑。

〔註45〕韓非〈顯學篇〉云：「世之顯學，儒、墨也。」參王先慎撰，《韓非子集解》（台北：藝文印書館，1983），頁707。

第三章　名實的底蘊

第一節　名實的起源

一、名的創制

1、傲視宇宙的文化建築能力

　　且讓我們把場景拉回到遙遠遙遠的年代，當太虛混沌孕育出人類的生命，屹立在地球的某個角落，人類眺望著雲層披蓋的穹蒼，繁星密佈的夜空，砰然心動地感受著宇宙的邈遠與廣漠。在宇宙這個載體上，渺小的人類經歷著驚恐、奇異、模擬、希望諸般複雜的心理，複雜的心理源自宇宙自然所蘊藏萬事萬物的變化，這些客觀對立存在的事物，始終不斷撩撥著人的心弦，激發出人類大腦的發展。〔註1〕悠悠歲月中，伴隨著宇宙的演化，尤其是地球各類物種的演化與特化，人類大腦的發展非唯漸形可觀，足以傲視眾多種類的生物體，更使人類躍升為唯一具備文化建築能力的動物。〔註2〕

〔註1〕　法國著名科學家兼科普作家雨貝・席夫（Hubert Reeves）在《喜悅時光——從宇宙演化看人生真諦》（L'heure De S'enivrer : L'univers a-t-il un sens？）一書中提到：「大約在四十五億年前，我們的地球剛剛誕生，它是一個高溫且不毛的星球……然而具有可觀容量的人類大腦，卻是最近幾百萬年才發展出來的。」葉李華譯，李國偉審訂《喜悅時光——從宇宙演化看人生真諦》（台北：天下文化出版社，1998），頁7。

〔註2〕　劉岱，《不廢江河萬古流——中國文化新論（序論篇）》（台北：聯經出版事業公司，1990），頁18。

2、制名是文化建築的行為

（1）語言文字是自主意識的社會工具

細究人類的文化建築行為，實始於對自然環境與人群生命的觀照，繼之以為擺脫自然環境與人類社會之限制的創造性意識，因此，人類建造的文化內涵，相容了外在世界的各種事物，與內在心靈的各種意念。〔註3〕但，不論立足的地球幾經改變，人類最迫切需要的，是能夠對紛然雜陳的事務與意念，互作良好的溝通，溝通的主要憑藉即「語言」和「文字」；語言和文字是人類經過悠久歲月發展成的社會工具，它是人類表情達意，溝通彼此意志不可或缺的媒介。唯「文字」的使用並非人類的本能，「語言」的能力雖然是人類天賦的潛能，但和文字一樣，必須經過後天的學習，才會懂得應用。大抵而言，語言是人類利用發音器官發出來的一套自成體系的語音符號，文字則是透過一些形象用以記錄語言的視覺符號，在創作動機上，兩者均屬自主的意識行為，因而可以判定是大腦的產物，〔註4〕兩者再結合其功能，即是自主意識的社會工具。比較起來，人類會運用語言說話，大概有五、六十萬年；會寫字雖晚的多，大概也有五、六千年。〔註5〕在長久積累的經驗中，語言文字不僅歷經演變，復存在著歧異的問題；蓋人類的生活益形複雜，文物創制越加繁多，產生演變乃必然之趨勢；而聚地居止的人群，因地理的區隔，導致歧異的用法亦在所難免。不過，基於情意溝通的需要，語言文字終究要通過群體認可的過程，一旦經過認可，語言文字即成為「約定俗成」的符號，用來稱謂世間的萬事萬物。

（2）名起源於自命

以語言文字為工具，並藉用其描述功能，以指陳林林總總的事物，於是世間的萬事萬物逐漸有了意義明確、約定俗成的「名號」，這是人類大腦特有的思維功能，對複雜事物與文化符號，所構思出的對應關係，兩者的對應力求明確而清晰，避免交錯而淆亂。事物有了名號，其名號即成為人類通訊的

〔註3〕 同註2，劉岱先生提到：「人類的文化建築行為，表現於外在的，是生活型態的發展，器物工藝的製作，文字符號的發明，風尚禮俗的形成，典章制度的建立，科學技術的推展，文學藝術的表現等；表現於人內在心靈世界的，則是意識領域的開拓，知識智慧的增進，價值意義的確立，精神情操的凝鍊。」，頁18。

〔註4〕 黃沛榮，〈心畫心聲──語言和文字〉，載於邢義田主編，《永恆的巨流──中國文化新論（根源篇）》（台北：聯經出版事業公司，1990），頁185、202。

〔註5〕 徐道鄰，《語意學概要》（香港：友聯出版社，1993），頁1。

工具，因此萬事萬物之名，可以說是人類加諸之符號。「名」究竟是如何起源的？當然值得追根究底，東漢文字學家許慎有其獨到的看法，《說文解字》云：「名，自命也。從口從夕。夕者冥也。冥不相見，故以口自名。」依據許慎的說法，古人於夜晚彼此看不見對方時，即自報其名，以爲分辨，乃指名有「自命」之意；戴侗曰：「周官中夏教茇舍辨號名之用，以辨軍之夜事。莫夜則旌旗徽識不可辨，故必謹其號名以相壹。名之爲文所以從夕也。」則更明顯指出古代部落警戒外來侵襲，莫夜則通名以辨敵我之現象，此猶後世軍中夜哨口令之規定。〔註6〕不論夜晚自命或夜哨口令，皆由傳遞訊息的動機，經互相認知過程，至確保安全之目的等三部曲所構成，這種有意識的行爲，通常在極短的時間內即執行完畢，藉助「語言」爲媒介，這是人類藉用語音符號以穿透空間阻隔的創見，然而，語言對空間的突破終究有一定的限度。

（3）名產生於命物

許慎以名係出於「自命」，然而名也宜因「命物」而產生，雖然無由分辨自命與命物之先後，〔註7〕但名必隨著人類對自我的認知，對外物的瞭解而日趨繁複瑣雜，名號當隨著文化的累積、文明的進展而日漸遞進增加，卻是可以肯定的。自命其名時，宜以語言行之，命物的時候，最初亦當以語言爲之。不過，由於原初人類向無能力將聲音捕捉下來，一如現代科技設備能將聲音錄製下來，語言面對著先天的缺憾，它受著時間和空間的限制；如古人說的話，後人聽不見；甲地人說的話，乙地人也聽不見；因此，又漸漸地創造了文字，用來記錄語言。文字既可彌補語言先天的缺憾，又擔負起命名的重要工作，蓋無形的語言之名，難免因口耳相傳導致名號的流逝，藉著有形的文字，終於才可以打開時間與空間的枷鎖，將名號累積成的文化知識，流傳至後代。

（4）制名是積累性的文化行爲

事物的名號固然是起於人類的制定，而語言文字也促進了制名工作的進展，肩負制名工作的，理當是多數人共同付出心血的努力。然荀子主張「故王者之制名，名定而實辨，道行而志通，則愼率民而一焉。」（〈正名篇〉）即

〔註6〕 江舉謙，《說文解字綜合研究》（台中：人文出版社，1974），頁383。

〔註7〕 徐復觀先生即認爲「名」到底是起於自命，還是起於命物，是值得考慮的問題。又以爲許慎對「名」字之解釋，是否得造字之原義，固難斷定。參徐復觀、蕭欣義，《儒家政治思想與民主自由人權》（台北：學生書局，1988）之〈先秦名學與名家〉一文，頁175。

認為制名應為王者肩負的責任，亦是建構統一政權應當遵循的途徑。徐復觀先生則提到，中國古代的習慣，常把經過許多時代，並且是由許多人共同努力所完成的事物，說成是某一個聖人的創作，此實不足為典據，〔註8〕所言甚是。制名本是文化的建造行為之一，文化既然是一種累積性的建築行為，僅憑鳳毛麟角的聖人又怎能完成龐雜艱鉅的文化工程？聖人容或有創制之能力，然而，究竟應以統合、綜理的工夫為主，文化之創造，實不容將默默付出辛勞的多數人一筆予以抹煞。

二、實的起源

1、爆炸、冷卻、孕育、誕生的演化

名的創制，儼然化除了人類與宇宙自然萬物絕對對立的現象，因著對應的關係，人與客觀的事物有了對話的通路，雖然操控對話機制的，畢竟還是以人類為主。在制名的過程中，與名對應的實，又怎麼起源的呢？從宇宙演化的道理來看，由於恆星的大爆炸，使大量新生的原子被釋放到太空中，這些太虛混沌物質，又經過膨脹與冷卻奇異難解的過程，凝聚成恆星和星系，並孕育出種種複雜的生物化學產物，再逐漸演化成高度組織化結構的生物體，〔註9〕人類則是經過幾十億年極為漫長的宇宙演化過程，才演化出的生物，美國天文學家狄基（Robert Dicke）指出：「人類是宇宙的新客」，〔註10〕雖然人類生命孕育的時間甚晚，卻具有一個有能力詢問宇宙年齡的大腦。

2、實是宇宙人類宏偉劇場的產物

（1）實兼含天地初始的現象與本體

遙望天際與俯視地表的經驗，既牽動人類的心靈，也使人類對遙不可及

〔註8〕 徐復觀先生提到，依《荀子·正名篇》的說法，名不是生於真，而是生於集體生活的相互約束，互相承認。此一現實派的說法，不僅把名的神秘性完全打破了，並且認為名對實物而言，只是一種符號。參同註7，頁158。筆者按：「名」誠然只是事物之符號，但符號之於實物仍然呈現了某一程度的意義，因為符號的創造最初是透過對事物切身的體驗而相互約定形成的，即令後人學習這些符號，也必須在切身的體驗中或假想的情境中（對於不曾親身遭遇者）去認知它。

〔註9〕 同註1，頁6～7。並參約翰·巴羅（John D. Barrow）著，卞毓麟譯，《宇宙的起源（The Origin of Universe）》（上海：上海科學技術出版社，1997），第一章，頁3。

〔註10〕 同註1，頁182。

的存在物，嘗試予以觀察、揣測、聯想與理解，對俯拾即是的存在物，試圖加以接近、碰觸、剖析與利用。感官經驗與腦力思維的雙重作用，使人類見識了最初現象界的存在物，亦即是宇宙演化產生的各種實物，包括地球上的無生物與有生物，以及太空中的天文現象等有形的實體存在；但腦力思維又教人意識到抽象的物自身，宇宙演化孕生的各種抽象物自身，雖然是無形的，卻不容否認其存在，這即是哲學上所謂的本體，無形的本體代表事物的原理或規律，統括而言，乃指宇宙演化依據的軌則，宇宙的軌則雖屬抽象性質，無法見證，哲學家卻視之為真實的存有，這是形而上學的實在概念。

（2）實由隨機演化與模仿創制所締造

由本體到現象，人類既驚詫於天工之巧，便有意識地對自然加以模仿、創造，而在面對自然條件的限制下，為因應群居社會的各類需求，復超越本能地、積極地從事各項文化建築行為，因而器物工藝、文字符號、風尚禮俗、科學技術、文學藝術等系列的文物，在自然事物之外，亦踵事增華地推陳出新，就現象界而言，人類憑其聰明智慧，確實締造了一張極為可觀的人為實物清單。林林總總的實物，基本上，雖以實物為導向，然人類內在心靈對意識領域的開拓，畢竟尤具獨到之能力，因而對所創制有形之實物，又往往賦予或多或少的抽象理念，加諸或深或淺的價值意義，思維能力的運用，使人類創制的事物，宛然體現了宇宙虛渺不可捉摸的原理。奇異難解的宇宙，既樂觀隨機地衍生著難以計數的存在物，慧黠自信的人類，用心良苦地參贊著日新又新的創制物，人和宇宙的互動，就這樣在宇宙生滅的過程中，合力上演著一齣宏偉劇情的戲碼，而人類也從此展開了目不暇給，忙不迭時地以辨識實物、實質、實在的複雜生活模式。

第二節　名實的意義

一、名的意義

1、制名以認知宇宙人生

在宇宙演化過程中，人類面對宇宙的複雜性，主要來自人類自身的角色。作為一個高度演化的生物體，人類必須與其他自然生物建構彼此的關係，兩者的關係則包括衝突、競爭與團結互助的不同模式，這種模式依然適用於人

類彼此之間的關係。在生存策略的考量下，人類對宇宙的複雜系統發揮了推波助瀾的建構性功能，因著人的智力所建構的宇宙複雜系統，是以宇宙當背景，地球爲舞臺，人類扮演主角，自然萬物充當配角的複雜組合。由於認知的需要，人類創制了各種名號，以指陳耳聞目見或心領神會的萬事萬物，宇宙世間的萬事萬物，其名號制定以後，名的意義自然隨之產生。

2、名具約定俗成的一般意義

名與意義之間，猶如制約的關係，彼此緊密而相關連，蓋名號若不是出之語言即形諸文字，而語言文字即內涵著思想、知識和眞理，因此，可以說每一種名白有其界定的意義，它是人群共同協定之所得，也是人群相互瞭解的憑藉，名的一般意義是你我普遍可以認知的。〔註 11〕認知的方式，即是透過語言與文字的學習，從具體特殊的經驗資料或事物加以異中求同，透過這種歸納過程，以求得種種事物抽象普遍的概念，這抽象普遍的概念，基本上，即形成人與人約定俗成的認知意義。

人類對名號的認知意義，以經驗層面言，包括各種耳聞目見的自然現象，人群的生活與社會的制度等，透過詞彙、語法所形成的語言系統，〔註 12〕人們對語言所描摩的事物有了既定的印象與經驗，事物的名號因而產生了制約的意義，名號具有可以承繼的特性，世人能聞其名而知其意，即是基於「名以指實」的認知意義。同樣的，透過文字的形、音、義等要素，人們亦可以寓目見意，對事物名號的制約意義，有著普遍的認知。整體而言，語文所指謂的名號，係以舊有經驗爲基礎，語文的表述，足以喚起過去經驗的復憶，舊有印象的重現；對經驗打造成的知識寶庫，藉助名號的運用，以啓動知識的金庫密碼，則各種名約的意義即可朗現於前矣。

此外，人類所認知的名號之意義，還包括抽象的層面，諸如事物的性質、事物間的關係與人群的觀念或價值觀念等，這些無形無狀，不可由感官覺知的項目，雖曰抽象，卻能經由人的思維辨識其存在，人們一樣藉用語文賦予抽象概念各種名號，有了名號，則原屬不可捉摸的形而上領域的事物、事態，即因而確立其近乎形象化的制約意義，名號猶如暗房中的顯影劑一般，它使幽微的抽象事物，巧妙地展露了狀似清晰的輪廓，當然，人們欲捕捉其名約之意義，終究得循著思維的路徑。

〔註 11〕同註 7，頁 159。
〔註 12〕同註 4，頁 185～186。

3、名號運用衍生複雜的意義

　　一般而言，名號固然具有約定俗成的意義，然而，在日常生活語言使用過程中，亦即在人與人交談所形成的說話行為中，語言意義的形成是非常複雜的，語言形諸文字的意義同樣也是複雜的，使用一個語詞去代替或指涉某一事物或概念，這樣的名號所凸顯出的意義，就質料上的代用方式而言，必須考慮到語言的自身組織（含字形、語音），與文字在文法中的意義而加以判斷；就形式上的代用方式而言，則可循邏輯形式的抽象意義（或抽象概念），與實物代用的情形，賦予不同角度的意義。因此，一個語詞（亦即任一名號）在實際世界中的真正意義非唯不能孤立地被理解，其複雜性也是顯而易見的。〔註13〕只要社會不斷的發展，語詞名號便勢必展現其推陳出新的活力，這是無可諱言的。

　　如此一來，名有各種向度不同的意義，就賦予某一事物或概念一個明確的語詞而言，所使用的語詞可概稱之為「名」，如風、雪、雨、露、草、木、蟲、魚等，是自然事物之名；君臣、父子、夫婦、兄弟、君子、小人等，是社會事物之名；本體、存在等，則是抽象概念之名；當我們運用上述這些名，這些名即成為概念的用詞。人所面臨的事物與進行的思維，既然複雜而多變，則「名」的使用，即令不讓人眼花撩亂，也夠令人嘆為觀止了。

二、實的意義

1、實指具體實體與抽象實質

　　至於實的意義，許慎《說文解字》云：「實，富也。從宀貫，貫為貨物。」段玉裁注為：「實，引伸之為艸木之實。會意，神質切，十二部。以貨物充於屋下，是為實。」依此說解，則實的本義指充塞於屋下的貨物，引伸為艸木的果實，兩者都指具體存在的實物（或實體），具體存在的實體，除此之外，諸如人的個體，自然的天體（蒼穹與大地），既屬形而下的存在，亦莫不是具體的實體。

　　以人為例，若從另外角度來認識人的存在，其所表現於外在的言語行為，或潛藏於內在的存心、用意、各式各樣的思維，則又當視為是另一種「實質」的存在。不過，言語行為由於能經由聽覺或視覺來感受，既聽得見或看得見，

〔註13〕楊士毅，《語言、演繹邏輯、哲學：兼論在社會與宗教的應用》（台北：書林出版有限公司，1994），頁 11～63。

比起後者存心、用意、思維等，雖同屬實質的存在，卻又顯得較爲具體些。因此，「實」字的意義，遂有了擴增的跡象，由實體到實質，顯示「實」字已從具體事物逐漸延伸到抽象領域的意義了。

2、具體實體兼含內容、形式和空間位置

依上所述，「實」既包括現象界的實物，又包括抽象界所屬的各種事物的實質，代表事物的原理規律之實在概念，人類的價值觀念等。對於觸目所及，感官所覺知的現象界各類具體事物，由於是客觀存在的實體，又是經驗層次所能感知的，經由理性思維的認知與判斷，每一具體之實物所呈現之意義，可謂是多重而豐富。大抵而言，現象界之任一事物，皆具有確定的內容、形式和空間位置等三方面的意義，若以「日」爲例，許慎《說文解字》云：「日，實也。大易之精，不虧。从○一，象形。」所言「實也，大易之精，不虧。」不但說明「日」的本義，也指出「日」的屬性，是具有源源不絕光芒的光明體，《釋名》所謂「光明盛實」，〔註14〕清楚的指稱它是充盈不虛的，亦即是非中空的存在實體。所言「从○一」，則說明此物既爲圓形（○），又充滿源源不絕的光芒，這是從形式、內容上界定其意義；至於太陽所在的空間位置，吾人皆知它位於天空，人們必須仰望蒼穹，始足以見識此一存在的客觀實體。如以孔子曾喟嘆的對象「觚」（〈雍也 23〉）爲例，其屬性是指「容量二升的祭器」，其形式是「具有六或八個稜角，長頸，喇叭狀侈口，高圈足。」的飲酒器具，至於其空間位置，雖然隨著此物擺置的地點而有所改變，然其體積必佔有一定的空間位置，則無庸置疑。以孟子提及的「馮婦」（〈盡心下 23〉）爲例，其屬性是「善搏虎，卒爲善，士則之」之善士，馮婦敢於與虎相搏，乃爲了安人，可想而知，其外形當既富體力，又具矯健身手，否則不足以致之，這樣一位勇士，當他發揮所長，則他所立的空間位置，自然是令人難以忘懷了。但弔詭的是不知何故，孟子竟稱馮婦不當爲。

再以荀子對「周公」的描述爲例，其人之屬性是「仁智且不蔽」（〈解蔽篇〉）的政治家，其長相是「身如斷菑」（〈非相篇〉），其人活躍於周王朝的政治舞臺，日常生活出入之地，即是其所必據有的空間位置。由此可見，具體實物，不但是客觀的存在，且其所具備的內容、形式、空間位置等意義，都可透過人的感官與思維加以認知。

〔註14〕謝雲飛，《中國文字學通論》（台北：臺灣學生書局，1980），頁 86～87。

3、抽象實質兼具內容、形式和空間位置

若論抽象界所屬各種事物的實質，此處且先對抽象作出定義。按所謂抽象，就是從某一些事物中選擇出來它們所具有的某一種性質，加以孤立，接著再把對於這一個性質所已有的經驗和知識，推廣運用到具有同樣性質的其他事物上面。〔註15〕如木頭、石頭、金屬等皆具有硬的特質，這是觸摸經驗所得，將這種已有經驗加以推廣運用，亦可獲知如骨頭、磚塊、陶器等亦皆具有硬的特質，經驗的推廣運用，是類比、類化的結果。類似這種事物的性質，人們對它的認知，依然可從內容、形式與空間位置等多重的意義來理解。以孔子所謂「君子之道四焉」（〈公冶長16〉）為例，子產所表現「行己也恭，事上也敬，養民也惠，使民也義」的作為，正勾勒出其人君子的美德，這是內在於子產這一生命體的人格特質，亦即是「君子之道」的內容。人格特質理當是抽象的，雖然不能單獨且具體的存在，卻內存於具體的生命中，〔註16〕因此，人格特質既附麗於子產的生命，則人格特質亦必隨子產的形式生命散發出來，世人所以能睹其人而思其德，即因抽象的人格特質依附其具體生命，呈現出形式的意義，非唯如此，人格特質也往往隨著具體生命所到之處，展現其空間位置的意義。

再以抽象界所涵蓋代表事物原理、規律之實在概念而言，原理是事物或事態形成或變化的根本原因，規律則指一定的法則，這是對現象界加以剖析，尋索其內在的隱藏性質，現象界的「表徵」是「顯現」的，相較之下，原理規律則是這種表徵所特有的「潛伏的機構」，因此，它是隱藏性質的，原理規律也可說是一種「隱藏實體」，哲學上往往將此形成現象的根本實體，稱之為「本體」，屬於傳統形上學所探討的範疇。〔註17〕關於事物原理規律之實在概念，仍宜由內容、形式與空間位置三方面來解讀其意義。如孔子曾以「不學禮，無以立」（〈季氏13〉）對伯魚開示立身之道在學「禮」，「禮」根據的原理又是什麼？孔子曾云：「禮云，禮云，玉帛云乎哉？樂云，樂云，鐘鼓云乎哉？」（〈陽貨11〉）又云：「人而不仁，如禮何？人而不仁，如樂何？」（〈八佾3〉）

〔註15〕同註5，頁97。

〔註16〕楊士毅先生稱：「所謂抽象物並不是不存在的意思，它只是不能單獨且具體的存在，必須內存於具體事物中。」，參同註13，頁14。

〔註17〕波蘭哲學家柯立克夫斯基（Leszek Kolakowski）著，高俊一譯，《理性的異化——實證主義思想史》（Positivist Philosophy）（台北：聯經出版事業公司，1988），頁3～4。

足見禮不當拘執於外在的儀式，而應著重於內在仁的情感，仁又不只是情感而已，也是義的理性之呈現，故禮是以仁爲內容，或可謂以義爲內容。盡禮即是仁的發露，是行義的作爲，盡禮自有形跡的表現，仁與義即透過禮儀形跡顯現的表徵，以展現其形式意義，同時也藉由禮儀施行的場合與對象，將空間位置的意義示現出來。

此外，如孟子所描述的「天下之生久矣，一治一亂。」（〈滕文公 9〉）是就中國歷史演變提出「治亂相循」的規律性看法，治與亂的內容則有天壤之別，治世呈現「聖人之道盛而天下平」的局面，亂世則屬「聖人之道衰，暴君代作」的場面；論治亂，雖免不了由現象入手，但由現象反映時代的精神，始是孟子判定治亂的眞諦所在。治亂規律的呈現，必須循著時間的洪流來理解，光陰的流逝雖曰無形無跡，卻可以由人的意識加以判斷，更可以藉助圖解的方式檢視其存在，如將治亂的時間週期，試圖以曲線圖繪出，則治亂規律的形式意義即朗現於前矣。歷史不能缺席的還包括大地的舞臺，在意識上，吾人若將治亂之歷史還原到時代的舞臺上，則整體的或局部的治亂場景，又豈可謂與空間位置的意義毫無關涉？

他如荀子在〈天論篇〉所提及「天行有常」、「天有常道矣，地有常數矣，君子有常體矣」的說法，是描述自然具有一定的規律，若論自然規律，其內容包羅萬象，舉凡「列星隨旋，日月遞炤，四時代御，陰陽大化，風雨博施」諸現象，隨旋、遞炤、代御、大化、博施等皆各自呈現不同的週期性規律。雖然荀子認同自然有其規律，卻又主張：「唯聖人爲不求知天」（〈天論篇〉），既然對天不予深究，因而荀子並未對自然規律提出明確的數據，然以今日的科技知識而言，週期性的規律是可以量化的。個別而言，每一規律隸屬個別的事物，是個別事物的屬性，亦即是個別事物的內容，如日（太陽）繞著自身軸心旋轉的運動稱爲「自轉」，自轉週期在赤道爲 24.7 日，在極區則爲 34 日。總體而言，自然事物的各種週期性規律，是全體自然的屬性，亦即全體自然的內容，如月球繞地球一週的週期，白朗常數爲 27.55455 日，地球繞太陽一週的週期，依世界通用的格里曆所頒布的時間是 365.2425 日。〔註18〕這

〔註18〕洪萬生、劉昭民著，〈規圓矩方‧度量權衡──傳統科技的量化趨向〉，載於洪萬生主編，《格物與成器──中國文化新論（科技篇）》（台北：聯經出版事業公司，1991），頁 420。劉昭民著，〈理性的發皇──燦爛的宋金元科技〉，載於洪萬生主編，《格物與成器──中國文化新論（科技篇）》（台北：聯經出版事業公司，1991），頁 184。

些不同的週期性規律，彼此發揮了制衡的效果，乃使天體的運行不致出亂子。天體運行的軌道，並無視覺上可見的軌跡，但猶如光陰的流逝般，實可由科技來證明其存在，科學家稱月球繞地球的軌道為「白道」，地球繞太陽的軌道為「黃道」，白道呈大圓形，黃道亦呈大圓形，這是抽象規律的具象化，天體運行的軌道雖為隱藏實體，謂其具有形式之意義，亦不算為過。當天體在軌道上運轉，將軌道所穿越的空間位置串聯起來，吾人透過思維作用，或藉助太空觀測儀器之偵測，其空間位置之意義，即自然明確呈現出來了。

　　至於人類的價值觀念，它是人類對生命意義作深度思索，衍生出的思維概念，如傳統儒家強調以「道德」、「倫理」作為人生終極的意義，視道德倫理為有限人生的極至境界，這種抽象的思維概念，其指謂的意義又如何？以內容意義而言，道德的起點在「修己以敬」，進階在「修己以安人」，極至境界在「修己以安百姓」，簡言之，即是以「內聖外王」為充極的內容。就形式意義而言，一個人在修養上竭盡所能地「居敬」、「安人」、「安百姓」，則其舉手投足，言語行為所流露出的生命風華，自然而然地為「道德」形塑出身段，道德的形式意義即俱在其間矣。道德修為絕不容排除立足的空間，道德生命所過之處，意在使容存空間的生命，普遍備受到雨露均霑的德澤，如孟子所云：「夫君子，所過者化，所存者神」（〈盡心上 13〉）所言一般，它以感召人群，蔚為風氣為職志，一旦道德發揮這般深遠的影響，其據有空間位置的意義，即可顛撲不破地屹立於其中。準此而言，人類的價值觀念，涵藏的意蘊依然是可觀的。

第三節　名實的作用

一、名的作用

1、遠古時代名的神秘性作用

　　人類所制定的名號，無論出諸語言或形諸文字，回溯創制之初的動機，乃是為了打通人與人之間，或人與自然萬物之間的隔離。理論上，語言文字是穿透高牆，甚至是推倒高牆的利器，欲期發揮這種功能，終究須要假以時日；事實上，語言文字的功能卻非無限，它是有限的。「名」理當只是一種符號，名號固然有其約定俗成的意義，乃至各種複雜的意義，不過這是人類文化建築行為，

經過長期累積的成果，本文已探討如前。人們既以名為共同約定的符號，名號的作用又如何？設若作一回顧，可知名的作用有著轉折性的發展。首先，在以神話為主的遠古時代，由於人類賦予某物之名，並不是認作某物的符號，而是認作某物的實體，因此，對神的希求，對惡物的避忌，對仇人的報復，都可通過對其名的某種形式的呼喚，認為即可達到目的。〔註 19〕證諸一般宗教祈禱的儀式，巫覡作法的方式，未開發地區下毒蠱的手法，即常見邊喚其名邊下達指令的方式，名號彷彿成了一具散發超強輻射線的輻射物，有時可發揮正面治療的功能，有時則展現負面殺傷的功力，名號變成神奇難測，卻又神秘管用的存在物。遠古時代對名賦予宗教的神秘性，並認定名具有與咒語雷同的效用，當是民智未開所致。

2、名進化為表情達意之作用

遠古時代民智未開，攸關人類大腦的演化。隨著人類大腦演化愈趨複雜，人類也隨之懂得運用較合理的思維，與更合宜的語言來陳述經歷的事物，則名既代表某物的符號，其符號又具有明確意義的觀念，甚至衍生出更趨複雜的意義，自然是日趨成熟了。語言文字的發明，是基於人類互動的需要，解讀語言文字等名號，憑藉的是人的聽取能力與思維能力，基本上，聽取能力與思維能力可視為正常人的「通訊機器」，理想上，人們無不希望透過通訊機器以聽取世間的「事實情報」。〔註 20〕所謂事實情報，是指說者與聽者用名號來表達意志、傳播情感及溝通觀念，因而名號最主要的作用，即是正確地傳達這些訊息；當人類的語言文字達到一定成熟度時，名號對於促成人類經驗交換，彼此合作無間所發揮的作用，實在不遑多讓。把名號的主要作用，定位在表達意志、傳達情感及溝通觀念等，相較於遠古時代視名號如宗教般的神秘性作用，不僅是轉折性的發展，又稱得上是人類文化長足的進步。

3、語言文字之特性及局限性作用

語言與文字兩者相較，其所發揮表情達意的作用，卻又各有擅場，以語言而論，一個人在說話的時候，因為語調緩急剛柔，聲音高低大小，用字輕

〔註 19〕同註 7，頁 159。

〔註 20〕徐道鄰先生指出，「交通」性能，是團體生存的基本條件，團體交通共六項原則，第六項是「聽取」別人說話的能力。一個患有精神病的人，就是一個不善聽取人家說話的人。他的生理機器仍是健全的，不過他的通訊機器損壞了。參同註 5，頁 42～44。

重疾徐，面部表情喜怒哀樂，身體動作驕縱謙抑等諸多的變化，都能使語詞意思豐富化，若將上述語言以文字寫下，則文字恐不能充分捕捉這些多采多姿的含意，因此，以文字代替說話，實在是一個不太充分的代替，這是語言勝甚文字的地方。然而，文字也有特別優越之處，一來書寫的文字，既能打開時間與空間的枷鎖又具有常長久保存的功能，二來，運用文字，一般較適合採行精深的思考、詳細的比較與巧妙的選擇，因而別具特有的精確性；比起語言瞬間消失或脫口而出的現象，文字顯然擁有不同的優勢。〔註 21〕整體而言，語言文字等名號的運用，當然以表情達意的作用爲主，不過，由於個人語言的習慣、思維的習性、情境的改變、訊息傳播或閱聽者雙方主客觀等因素的影響，其表情達意的功能，或難免出現折扣甚至被抵消的現象。比如一句善意的勸說，因爲說者聲量過大，或被勸者正盛氣難消，即有可能導致悲劇的下場，這說明了語言文字功能的有限性。

4、政治之名的擴張性作用

　　名號在人類長遠的生活中，分別發揮了不同性質的階段性功能，亦即由名的神秘性作用，轉進至名的表情達意之作用，然而，對某些場域而言，這種作用卻不是截然二分的，回顧中國的歷史，即可分曉。在民智逐漸開化，人文逐漸化成的世代中，名的神秘性，雖在宗教中褪色或消失，卻依然在政治上發揮極大的作用，屬於統治階級的貴族，便往往將自己由地位得來的名，視爲是政治權力的眞，有此名，即代表無條件擁有統治權，從而認定人民應無條件服從他的權力。〔註22〕

　　從封建時代以迄專制時代，處處可見名的神秘性在政治上的餘緒，甚至是擴張的效應，政治人物往往一廂情願且蠻橫地不顧事實的檢覈，欲以其政治之名箝制人民的言行，剝削人民的權益，在僵化的政治體制中，貴族挾這種古老文化傳統的餘威，雖然使其得以暫居其位，雄霸一時，卻也同時種下了政治攘奪的變局，因爲，政治上的名位既是權勢的保障，豈有野心家不予覬覦的道理？一旦在貴族出現殘敗腐化跡象的時候，民心即開始不安起來，而隨著腐敗的加深，不安的民心就如瘟疫一般，勢必蔓延傳染開來，擾攘的人群中，自然有人伺機以消除其名位或取代其名位；而後，歷史便在這般你爭我奪，你下臺我上位的情況下循環下去。中國歷朝各代的更迭，便是隨政

〔註21〕同註 5，頁 32～33。
〔註22〕同註 7，頁 159。

治之名的神秘性作用在起舞,劇碼的名目雖似有別,劇情的內容則大同小異,只見政治人物藉政治之名,拉台其身分,同時鞏固其權勢,一般俗眾相對的被貶抑了身分、刪除了權益;當政治之名的層級之分,類推到社會各個層面,整個中國的生命結構,是一級抑制一級,層層連環驅使,名的神秘性造成的擴張效應,是將一般俗眾視為其政治工具,一般俗眾終其一生的工作,總是負責砌造權力貴族的金字塔,因而,展現在吾人面前的歷史扉頁是,只有政治人物才配享金字塔,而被趨策的俗眾,自始至終竟是一票面孔模糊,不知姓氏的人群罷了,名的神秘性作用,真是大矣哉!

二、實的作用

1、日常生活的用途

在人類繁雜多樣的生活與敏銳抽象的心靈中,作為名號所指認或稱謂的「實」,對個別生命而言,雖然扮演著或即或離的角色,就整體生命而言,則終歸是息息相關的對象。「實」既攸關著人類,在人類的生命與心靈上,誠然發揮了直接或間接的作用,作用的層面很廣,除了一般日常用途,就認識論角度又兼具識別、區隔、觀賞、象徵、啓示等作用。

面對宇宙最初現象界的存在物,即宇宙演化產生的各種實物,包括地球上的無生物與有生物等有形的實體存在物,屬於自然資源的部分;以及人類文化建築行為所創造的人為實物,屬於人為資源的部分;這些實物提供了人類物質上最基本或較高層次的需求,「實」在一般日常用途的作用是觸目所及,俯拾皆是的。人類在食、衣、住、行、育、樂等各方面的基本需求,無一不直接取材於自然的資源,或間接利用自然資源改造的成果。以中國為例,遠古時代的人往往靠天吃飯,舊石器人類使用極其簡陋的打製石器來覓食謀生,採用漁獵採集的生產手段,或穴居山洞,或架木為巢,數十萬年間幾乎過著「八千歲為春,八千歲為秋」的生活。﹝註23﹞而後經新石器時代至鐵器時代,農業生產逐步改良,加上土地政策及其他相關因素影響的結果,不但使農產量增加,造成手工業的發展,也促使人類各項生活的需求,不再單獨仰賴自然資源的供給,而須兼籌並顧人為資源的創造,從而改善了人類生活的水平。近代工商業發展,又大幅度提高了生活的品質與水準,也是有目共

﹝註23﹞杜正勝,〈蓽路藍縷──從村落到國家〉,載於邢義田主編,《永恆的巨流──中國文化新論(根源篇)》(台北:聯經出版事業公司,1990),頁23。

睹的，因此，不論自然或人爲的實物，對提供人類日常生活所需的作用而言，都是龐大、普遍、長遠而明顯的。

先秦儒家對實物具有滿足日常生活所需的作用，不但有所認知，也相當的重視。如孔子即主張：「足食，足兵，民信之矣。」（〈顏淵 7〉）提倡「足食」，明確指出爲政之道，絕不可忽略百姓基本生活的需求，是切中生命本質的說法。孟子一再強調「養生喪死無憾」（〈梁惠王上 3〉），使「老者衣帛食肉，黎民不飢不寒」（〈梁惠王上 7〉）爲王者之道，同樣正視生活的基本要素。荀子所標舉「足欲」的理念，更緊扣人性的現實面，與實物的供需是絕對脫離不了關係的，足見實物對人類的日常生活確有舉足輕重的作用。

2、識別區隔的作用

此外，由於實物是有形的存在實體，實物也具有識別或區隔的作用。放眼世間萬物，如鳥、獸、蟲、魚等，不僅在外形上有別，連習性也大異其趣，這些物類所具備的不同特徵，即發揮了供人識別的作用，人們將雙足有翅，飛翔天際的脊椎動物稱爲「鳥類」；把四足無翅，奔馳原野的脊椎動物名爲「獸類」；把身體細長或扁平，且無足無脊椎的動物視爲「蟲類」；把具鰭和鱗，用鰓呼吸，生活於淡水或海水的變溫動物歸爲「魚類」，莫不是依據其形體習性來區分辨識。又如花、木、雨、石等，花木不但在外形上會改觀，又能繁衍生命；雨石則外形或會改變，卻無法繁殖生命，因而人們將其分別賦予「生物」與「無生物」的不同名號，足見物體的差異現象，所產生的識別作用是極其明顯的。而在識別過程中所引發美醜的感受，則屬觀賞的作用。

基本上，實物多爲獨立的個體，獨立形體的特性，既提供人們識別的作用，再加上獨立個體的變化，又兼具區隔空間與時間的作用。如荀子〈正名篇〉曾提出「稽實定數」以區分「一實」與「二實」的說法，「狀同而爲異所者，雖可合，謂之二實。」是針對獨立的實體，如此牛與彼牛，由於各據不同的空間，人們容易識別這是不同的兩個實體；「狀變而實無別而爲異者，有化而無別，謂之一實。」卻是針對獨立的實體，如人由嬰兒、小孩、青年、壯年至老年，形狀雖有變異，任一時期卻始終只據有一個空間，因此可以識別這是同一且唯一的實體。又如物理上將一個實體所在的位置，化約爲一個點（如圓心，無大小之分），稱爲零度空間；兩個實體所在不同的位置，連結成一條線，稱爲一維空間；實的存在位置，在空間概念產生了區隔。或者以某一實體爲中心座標，即可區分東西南北的方位，這顯示區隔空間的作用，

是實物的獨立性帶動出來的。至於實物在外形上的變化，人們亦可根據其不同階段的變化特色，判斷出生長時間的前、中、後期，這指出區隔時間的作用，是實物的變化性所引發的。

其實，各類有形事物的實際本質，或事物的原理規律等，一樣具有識別或區隔的作用。本質即事物的屬性內容，沒有了屬性內容，亦即把本質抽離，事物的作用將隨之扭曲或消失，事物亦因而難以識別，如孟子以「道德」為人心之屬性，心若捨棄分辨「道德」之屬性，做出「萬鍾則不辨禮義而受之」，亦即任意接受不義之俸祿，謂之「失其本心」（〈告子上 10〉），也就是指失去了心的正當作用了，這樣不辨羞惡的心，當然也算得上面目全非了。然而，只要本質存在，事物的作用即能保有或正常發揮，事物亦因而能正確地加以識別，如荀子以心的屬性是「思維」，心的思維功能若未受到戕害或誤導，而能循著「虛壹而靜」（〈解蔽篇〉）的原則，心即保有亦可發揮正確地認識全面道理的功能，心本身具有識別的功能，而其正常的功能也有待人們正確地加以辨識。

就事物的原理規律而言，事物欲在世人面前現身，或展現其特有的風華，必須循著其原理規律，始得以讓人認清其面貌，如花開花謝、月落星移等現象，雖變化不斷，卻又週而復始，若非花的生長原理或星月的運動規律，又如何提供人們識別的作用？事物的原理規律，不只具備識別作用而已，它同時區隔出萬事萬物獨立的空間與角色，進而使彼此形成相互制衡的一套機制，終而使宇宙維持某種程度的秩序，展現出生生不息的生機。如月球繞著地球轉動時，月球與地球相互間的重力（俗稱萬有引力），被月球旋轉產生的離心力抵銷掉，月球的軌道就是位在重力與離心力的平衡點上，它以圓周運動方式成為月球運動的規律，依照這個規律，月球因而不致於從太空中掉下來撞毀地球，在銀河系中，地球與其他行星繞日的公轉，都是基於同樣的理由。〔註24〕

星球運轉的規律，將地球與各個星球區隔在不同的空間，確保了地球生命生息不已的安全性，人類仰望蒼穹，從只知其然，到逐漸知其所以然，當然是拜科學知識長足進步所賜，宇宙誠然奧秘，生命何嘗不然？但，人類竭盡所能探索自然與生命的結果，見證了宇宙世間事物，總不離各居其位，各司其職的方式，以維持互相孳生，彼此制衡的關係。吾人且細想，高掛天際的各個星球，與人類立足的地球，既動中有序，又雜中有理，如此令人稱奇的作用，難道不是事物的原理與規律所締造的嗎？

〔註24〕同註1，頁 107。

3、象徵啟示的作用

上述所論列的各種存在實體，或隱藏實體，對創意十足的人類，又別具象徵或啟示的作用，在人類世界裡，「實」的象徵與啟示作用，運用的層面頗廣。所謂象徵，是用符號或較具體之事物，來代表或比喻較抽象的事物或隱含的意義，在文學裡，常用比喻的象徵手法，或稱之為意象。比喻的方法，在於將事物的表面或特質，與抽象、暗示的層面透過聯想結合在一起，聯想的基礎，則因兩者有相似之處，適切的比喻，方能使象徵作用圓滿的達成。放眼古今，不論哲人、文人或一般人，對實的象徵作用，容或運用各有深淺，卻不致於陌生。如孔子對宰予晝寢，曾加以批評：「朽木不可雕也，糞土之牆，不可杇也。於予與何誅！」（〈公冶長 10〉），這是用「朽木」、「糞土」的汙穢難以改變的現象，來比況宰予不認真受教，鮮明的象徵作用，長留在後人的腦海中。又如孟子勸諫齊宣王：「故王之不王，非挾太山以超北海之類也，王之不王，是折枝之類也。」（〈梁惠王上 7〉）則分別以「挾太山以超北海」比喻「不能」之事，以「為長者折枝」比喻「不為」之事，兩者對照，期勉齊宣王切莫藉口推辭，而應擴充不忍之心以行仁政，鮮活的象徵手法，亦為後人所津津樂道。他如荀子在〈解蔽篇〉稱道：「故人心譬如槃水，正錯而勿動，則湛濁在下，而清明在上，則足以見鬚眉而察理矣。」把人心譬喻成盤（槃）水，清明之心猶如無渣滓澄明之水，這是借澄明之水的照明功能，可使纖毫畢露，一覽無遺，來比況清明之心能徹底認知鉅細靡遺的道理。又如〈成相篇〉所云：「請成相，世之殃，愚闇愚闇墮賢良。人主無賢，如瞽無相何倀倀！」是借用盲人沒有引路的人（相），以喻君主不向賢才，必將在政治上迷失方向，造成國家之大害。似此以物喻物的手法，雖淺顯易知，其象徵作用卻深刻至極，撼動人心勢必強勁難檔。而《易經・乾卦》所昭示：「天行健，君子以自強不息。」的道理，則將自然的規律聯結到人事的準則上，類似這種取諸隱藏實體的象徵作用，終使炎黃子孫奉之為圭臬的例子，實不勝枚舉。

慧黠的人類，得之於「實」的啟示作用，也是洋洋大觀的。早期人類造作器物，伏羲畫八卦教人用火，倉頡造字，各項的發明，雖源自對自然萬物的模仿，實亦涵蓋自然的啟示。傳統醫學中，如神農、扁鵲、華佗等對醫療藥草的認知，在親嘗百草之外，也不乏得之自然事物的啟示。〔註 25〕而中醫

〔註25〕如傳說神話認為「神農是親嘗百草而為人類找藥的」，《淮南子・修務》云：「神農乃始教民嘗百草之滋味，一日而遇七十毒，由此醫方興焉。」另外，沛地

以五行的相生相剋來解釋人體的生理現象。生，代表事物的發生與成長；剋，代表事物的變化與發展，把人體和自然環境聯繫起來，〔註 26〕同樣是受了自然之實的啓示。近代許多科技產品的創造，試舉一例說明之，如飛機從最初的滑翔機到先進的隱形飛機，即是受到飛行動物的平衡現象之啓示，從中獲得靈感，進行科技整合，始造作出具有飛機的主體架構、推進系統、操控儀器、通訊及內部相關設備等的航空器，人類得以乘坐飛機凌空飛行，可謂是大自然啓示錄中劃時代之鉅著。在現實生活中，屬於應用層面的事物，得自各類之「實」的啓示者，載諸人類文明史上者，爲數相當可觀。至於屬於精神層面的理念，亦可如數家珍，如「天人合一」、「天人合德」的觀念，爲傳統儒家的主流思想，儒家強調人必須與自然和諧相處，是見諸萬物在共同生活中互相適應，體認「自然乃整體有機」的基本原理。〔註 27〕源於自然的啓示，使儒家教示人們不得對自然造次，又提撕人們涵養一如自然之美德，這正是炎黃子孫耳熟能詳的精神指標。自然的蘊藏何其豐富，一旦人類啓動思維的機器，大自然的啓示錄勢將形成卷帙浩繁之盛景矣。

第四節　名實的發展

一、名在語言、文字、社會與政治上的發展

1、環境與文化變遷帶動名號的調整

　　悠悠歲月中，人類面對的終非一成不變的環境，而是變動不居的景象，文化的變動亦然，變化雖非整體，局部的變遷則始終不斷。儘管山谷陵替，文物更迭，人群的態度卻不一而足，樂觀以對勇於躍入者有之，遲疑不決撫

　　流傳華佗製成「青苔煉膏」的佳話，則指係華佗見到蜘蛛被馬蜂螫得肚皮腫起來，在青苔上打滾而消腫的現象，得到綠苔有解毒消腫作用的啓示。參王孝廉，〈夢與眞實〉，載於刑義田主編，《永恆的巨流──中國文化新論（根源篇）》（台北：聯經出版事業公司，1990），頁 276。參張順徽，《中國文明創造史》（台北：木鐸出版社，1987），頁 178。並參湯湘華、龔維義合著，《華佗、扁鵲名醫軼事》（台北：林鬱文化事業有限公司，1999），頁 67～69。

〔註 26〕劉君燦，〈生剋消長──陰陽五行與中國傳統科技〉，載於洪萬生主編，《格物與成器──中國文化新論（科技篇）》（台北：聯經出版事業公司，1991），頁 84。

〔註 27〕陳勝崑〈開創與限制──科技發展的回顧與檢討〉，載於洪萬生主編，《格物與成器──中國文化新論（科技篇）》（台北：聯經出版事業公司，1991），頁 519。

今追昔者有之，頑強抵抗誓死不從者有之，甚至置之度外消遙自任者亦有之。紛繁歧異的作法，表彰了個別生命體的自由意志，但個體意志往往難敵集體意志，也阻絕不了變遷的趨勢，即令在崇古思想非常顯著的中國，變更的步調依然悄悄地推進著。

　　環顧中國文化變遷的情形，名號也未曾自外於變遷的文化列車中。悄然進行的變化，固然帶動名號的發展，但變革的事項，既有先後多寡之別，人們的觀念，又有隱顯新舊之分，因而，不同類別的名號，變遷發展的速度其實應不完全一致，名號的發展，則連帶影響了名號的意義與作用。

2、一般事物與政治、價值觀念之名非同步的發展

　　順隨名號的發展，名兼具約定俗成與複雜的意義，名的主要作用在表情達意，名號是人類理性思維的產物，這是一般的認知。在各種名號發展狀況中，大抵而言，人們泰多能夠開放且理性地，或迎新或納舊地面對一般事物之名，比較特殊且又值得省思的，則是面對制度上的名，尤其是政治上的名，價值觀念的名，人們的表現每顯得遲滯而閉塞；一般事物之名與政治、價值觀念之名，呈現非同步發展的情況。就中國各類名號的發展而言，吾人不能不思議的是，政治上的名與價值觀念的名，長久以來即嚴厲地考驗著人們的理性。因為無論變或不變，人們都見識到政治上的名，始終具有不可動搖的意義與作用，同時也目睹著恁多價值觀念的名，依然標舉著難以更替的意義與作用。正如宇宙的真相一般，一切現象的背後，必然蘊藏著某些原理規律；若相較一般事物之名的共相，政治之名與價值觀念之名的殊相，尋繹個中原因，諒非難事，但欲釐清此一問題，則宜從語言文字發展與社會發展的關聯性，以及文化背景與政治體制，作進一步的解析。

3、語言文字社會發展的相互影響

　　就社會變動的趨勢來看，新事物、新觀念層出不窮的推出，勢將影響語言的發展，推動語言詞彙的豐富化；反之，若舊事物消失，舊觀念有所調整或被取代，將造成語言詞彙的遞減。但語言畢竟是社會無時無刻不在使用的交際工具，它不能像機器那樣停止運轉，進行大修，語言的演變只能因勢利導，在穩固與變化兩個對立性質的要求下，採取漸變性和不平衡性的演變方式；以語言系統的各個組成部分而言，詞彙對社會發展的反應最靈敏，變化比較快，語音和語法就穩定得多，基本上，語言的變化速度是不平衡的。但

儘管詞彙的變化較為靈敏，它的基礎仍然非常穩固，像是反映交際中最常用的基本概念的基本詞彙，即很不容易起變化，而絕大部分的新詞，又都是原有材料按原有格式的重新組合，少數新詞材料雖借用外來語，所占比例並不多，因而，詞彙發展的這些既靈敏又穩固的特點，即是語言發展的漸變性與不平衡性的一種表現。〔註 28〕由此可知，社會變遷雖導致舊詞的消亡、新詞的產生與詞義的發展，語言畢竟不致於產生瞬息萬變的景象，但只要語言逐漸的演變，亦即意味著名號的逐漸演變。名號的發展，每隨事物的變易，而呈現出或增或減，或有或無，與新舊消長的現象。

事物變易所引發名號的改變，不只反映在語言上，也反映在文字上，因為文字終究是語言的書寫符號。作為書面語言的中國文字，較諸語言的發展，顯得別具穩定性與保守性，如果撇開大陸的簡體字不論，由古至今，方塊漢字的書寫形體，雖經由篆書而隸書到楷書的變化，畢竟還是同一個字，在方塊漢字沒有變的情形下，語音即使產生多次的變化，文字書寫仍然一樣，這顯示漢字發展的穩定性。另外，由於古代典籍甚為人們所崇尚，典籍通過師生相授，代代相傳，書面語言的句式和詞語便一路沿用下來，在五四白話文運動尚未展開、未成功之前，驗諸書面語言的記載，舊詞通行的現象依然非常普遍，以文言為主的書面語言脫離口語的作法，凸顯了漢字發展的保守性。〔註 29〕

白話文運動奏效之後，白話代替了文言，成為漢民族的書面語，雖縮減了文字與語言間的距離，但依然無法達成兩者間的一致性，一方面文字本來就無法完全記錄語言，另一方面基於文化傳承的考量，在體制教育下，典籍依然被列為選讀的篇章。嫻熟典籍或接觸過典籍的知識分子，總難免或多或少地援用傳統書面語來書寫或說話，因而形成了古今並用，文白夾雜的現象，在知識較為普及的現代，扣除不識字者，不論體制的教育怎麼改變，典籍上的書面語終究可以通過「看」與「讀」的方式來認知，只要典籍猶在，只要有人仍在接觸，傳統書面語依然有派上用場的時候。漢字的發展，大抵如此，那麼，在新事物、新觀念產生時，語言所賦予的新名號，形諸文字時，基於文字發展的穩定性，通常採行的，即是就已有同音的字形中，加以選用組合成新詞，雖名為新詞，其實仍屬舊字，但組合過的新詞，則將衍生出相近或

〔註 28〕葉蜚聲、徐通鏘《語言學綱要》，頁 195～202。
〔註 29〕同註 28，頁 188～193。

新的詞義來，如「新中間路線」、「可口可樂」、「筆記型電腦」等，其實這是中國文字「假借」用法的再現，不用再造新字，同音的舊字即可不盡地加以取用。至於舊事物消失，舊觀念被取代的變遷現象，時長日久之後，語言上或許舊詞已然消失，不再被提及，但書面語言所記載過往的事物與觀念，卻不可能消失，舊名號因文字穿透時空的特性，借由相關的典籍，毫不遲疑地保留了下來；即便時空推移，歷來從事學術研究的專家，擅長捕捉人生百態的文學創作者，依然可以透過著作或演說方式，使舊事物、舊觀念的名號，悠悠然地現身於人群面前。人們和舊時名號的相知相遇，文字無疑是最主要的媒介，而人卻扮演著推手的角色。

唯在中國社會變遷過程中，值得注意的則是，雖然社會上不斷地湧現各種新穎的事物，整個社會結構卻呈現出超穩定的系統，〔註30〕在這超穩定系統中，政治結構乃至政治體制的變動卻循著「建立」、「鞏固」、「發展」、「僵化」階段的模式進行著。〔註31〕不論是周代封建制度解體以前的封建年代，或秦漢統一天下以後的中央集權制度，中國的政治始終呈現出治亂相循，朝代更迭的現象。為求對人民有效的統治，便須為政治權威尋覓其合法性，尚書中的「天命觀」即是中國最早的合法統治的觀念，它包含了「天、君德與人民」三個成分，強調君王的權威源自於天，天命的標準是君王的德行，德行最重要的內涵是愛民保民。天命觀雖然崇高偉大，卻不是維持政權穩定的有效方法；君德一失，天命就會改變。由於這種天命觀建基於周滅商的歷史事實之上，因而天命改易必然包含武功鬥爭的因素在內，理論上，天命、君德、民祉決定了王朝的興衰，骨子裡卻是戰場上的廝殺決定了朝代的更迭。〔註32〕通觀中國歷代王朝的建立，何曾擺脫過腥風血雨的命運？血腥手段簡直就是王朝更替的鐵律。

儘管王朝的建立免不了流血的事實，但《尚書》中的「聖王」（帝堯：即《尚書・堯典》所塑造的典型聖君之一）觀念，即蔚為後世儒家「內聖外王」之文化理想，這顯示儒家對此一理想人格的備極青睞。「聖者為王」本是一種理想，

〔註30〕現代控制論把依靠週期性崩潰來保持自身穩定的系統，稱為超穩定系統。中國封建社會中的經濟結構、政治結構和意識形態結構，即彼此互相關聯、互相影響，形成一超穩定系統，此一見解，請參金觀濤，《問題與方法集》（台北，谷風出版社，1988），頁8～49。

〔註31〕同註30，頁36。

〔註32〕張端穗，〈天與人歸——中國思想中政治權威合法性的觀念〉，載於黃俊傑主編，《理想與現實——中國文化新論（思想篇一）》（台北：聯經出版事業公司，1989），頁97～107。

至於「王者爲聖」則有待現實上的檢驗,然而在歷史洪流中,理想中的「聖者爲王」與現實上的「王者爲聖」,卻容易混淆成難加區分的困局。〔註33〕統治者的政治權威合法性,終究因爲這種淆亂現象得以魚目混珠,成爲絕對權威的持有者,是以在社會文物不斷創制的過程中,政治圈中的最高統治者也只不過輕輕挪移著腳步,從封建制度以降的天子與列國君王,到中央集權官僚制度建立後的皇帝之稱,〔註34〕甚至延宕到民國建立後的總統,台海兩岸政治分裂後的不同領導者,統治者的名號雖小有更易,其統治權威的合法性與神聖性,卻有著顛撲不破的持久力。居高不下的政治權威,出現轉型的契機,以臺灣爲例,迨至西元一九九六年民選總統選出前後,西元二千年第一次政權轉移,雖依稀見著政治威權自雲端緩緩下降,但爭議的聲音卻始終不斷。綜觀政治上的名號更迭之速度,猶如語言發展的漸變性一般,變易可謂甚爲遲緩;至於長久以來,統治者將政治上的名位與政治權力兩者間畫上等號,則又顯見與中國特殊文化背景及綿延數千年的政治體制脫不了干係,畢竟,嚐到權力滋味的人是絕不輕易捨棄的。總之,政治上的名一旦具備了絲毫不可動搖的意義,又隨著這不可動搖的意義得以享有空前的權勢,且名的神秘性作用依然銳不可擋,則政治上的名位勢將引發血流不已的戰況,也就無足爲奇了。然而,置身變遷的世代,人們終究期盼,在改革的路上,政治的名號不會缺席,政治的體質能夠徹底的改造。

二、實在現象界與本體層面的發展

1、實在現象界的成長與消解

一般而言,名號的變遷難以抽離「實」的變遷,而兀自獨立的存在,名號終歸是以實爲依歸者居多。若然,那麼「實」在世代變遷的軌跡中,究竟又有那些消長起落的情形?就現象界而言,實的變遷每讓人爲之驚詫側目,而本體界部分,也常教人爲之驚嘆佇足。回溯一下人類文明史上,從現實生活以迄精神生活的經營,無不環繞著自然與人爲兩個界域,屬於自然界的生物或無生物,以及人類文化建築行爲的各種發明,其遷化情形,直可如數家

〔註33〕關於「聖者爲王」與「王者爲聖」的困局,請參林翠芬,〈從現代化立場對孟子內聖外王理念的省思〉,《雲林工專學報》第 12 期,(1993 年 6 月),頁 261〜265。

〔註34〕刑義田,〈奉天承運──皇帝制度〉,載於鄭欽仁主編,《立國的宏規──中國文化新論(制度篇)》(台北:聯經出版事業公司,1991),頁 39〜78。

珍般娓娓道來。在現象界中，貴爲萬物之靈的人類自身，如中國便歷經了山頂洞人、北京猿人、直立猿人及現代人等不同階段的發展，依然存在的生命，在外觀上、腦容量、思維能力及生活方式等各方面，先後起著微幅或巨幅的改變，人與猿猴之間分道揚鑣，見證了勇於接受挑戰，敢於突破困局的生命，藉助大腦的思維，漂亮地存活下來，這是邁向文明的關鍵。

　　然而，生命也曾有過消失的紀錄，距今二億二千五百萬年至六千五百萬年前，史稱中生代白堊紀時期的恐龍，堪稱是地球上有史以來最大的爬蟲動物，卻不知何故突然地絕跡，後世的生物和地質學家等認爲，在中生代白堊紀至第三紀之交，由於氣候與環境變遷，如陸移導致極地冰水進入溫暖的大西洋，使世界海洋溫度驟降，或火山爆發造成溫室效應，以及外太空隕石撞擊地球，產生煙塵蔽空，地球潮濕黑暗，森林迅速擴展地盤，恐龍的生活空間因之減少，於是漸趨於絕跡；箭石、菊石和腕足類，則是和恐龍消失於同世代的物種。〔註 35〕在生物史上，人類發掘了許多相繼消解的生命，如始祖鳥、三葉蟲等，物種整體生命的消失，肇因於環境的變遷，連帶引發食物鏈的失衡，消失的生命，則以化石的姿態向後人寂然地示現，當人們目睹那冷硬的千姿百態，又如何不在心底迴盪？其實，就個體生命而言，無一能倖免於毀滅，一夕之蜉蝣與百歲人生或千年神木相較，雖然時間短長甚爲懸殊，但人與萬物必經生與死的歷程，既意味著眾生平等，也見證了自然界的組織結構體會隨著時間而毀敗的道理。〔註 36〕不過，皮相即令終將隳壞，人類卻藉著知識與經驗的累積和傳遞，將生前建構的文化產業，代代傳承下去，這或許是人類唯一值得誌念的旅痕吧！

　　至於亙古以來，人類立足的大地、親炙的山河、呼吸吐納的空氣和凝望探索的天體，這些過往相從，隸屬地球與太空的物質，變遷的情形又如何？依據科學研究資料顯示，地殼因爲大陸板塊與海洋板塊間的相對運動，乃造成許多地質的現象，包括造山運動、地震、火山等，如高聳的喜馬拉雅山，即是印度半島板塊向歐亞大陸板塊推移時，擠壓抬升形成的。崛起的山脈，爲板塊運動前後豎起不同的標幟，陸沉陸升的現象，迫使水中生物和陸上生物彼此易位，相繼失去了生機，也使人類在陸上的文物沉藏於大海，現代考

〔註 35〕Don Lessem 原著，陳燕珍譯，《恐龍再現》（Dinosaurs Rediscovered）（台北：天下遠見出版股份有限公司，2000），頁 352、355、363～364。

〔註 36〕同註 1，頁 105。

古學家相繼在高山上發現海底貝類化石，或在深海中發現古城遺址，撈獲年代久遠的器物用品，乾坤挪移的現象，刻鏤著時移事易、物換星移的軌跡。而地震引發牆傾城塌、屋毀人亡，火山轉瞬淹沒莊園，吞噬人潮的景觀，似一幅幅翻轉不停的映象，雖襯著異時異地的背景，卻總教人心神荒亂，難以遏止。消亡的生命與殘留的遺物，使曾經負載過的土地，轉成斑駁的畫布，人們噓唏、不捨之餘，更徘徊在無可有可之間，流轉的歲月，又將使大地成為蘊育另類生命的場所，大地終將復甦為亮采奪目的畫面。

誠然，自然的力量足以摧毀事物，天工之巧與人智之妙，則又復育出新舊雜陳的事物，擺盪在絕望與希望之間，倖存的舊時文物與推陳出新的產物，宛如把地球原貌改造成了美麗新世界。但新世界豈真如斯美麗？人類好勇狠鬥的習性，經歷了從徒手相搏，而揮動千軍萬馬，擲投原子彈，到即將啟動按鈕的核彈複雜戰略史，輝煌的戰鬥紀錄，是人類血腥的戰爭史實，戰爭催化著物種消解的速率，法國人類學家李維史陀（Claude L'evi-Strauss）所感慨的：「宇宙之始與終了，皆無人類！……人類一生的所做所為，除了繁殖後代之外，那一件事不將萬千結構興沖沖地搗毀，肢解成無法再整合的狀態？」〔註37〕即便令人黯然神傷，卻猶如一記警鐘。好戰的人類，難道還要自掘墳墓麼？以現象界而論，事物之興發何其不易，事物之毀敗只在一夕，面對不可抗逆的自然力量，人類無可如何，而對著可以抗逆的人為力量，人類竟要自斷生路麼？

2、實在本體界的變遷與發展

「實」在現象界的變遷發展，令人目不暇給，然「實」在本體界的遷化，正由已知推向未知的領域，蓋人類雖歷經神話源起、宗教信仰與科學實證等不同階段的洗禮，宇宙自然之謎的底細，仍待持續的揭開。對事物本質的分析，或對自然宇宙原理規律的探索，在中國與西方，由於各有不同的傳統，發展的路向與成就殊別。以科技層面而言，中國注重的是整體有機的自然觀，注重經驗實用的思想特性，在十五世紀以前中國傳統科技即締造了很高的成就。〔註38〕雖然科學創生發展的基本心態，是主客對立，亦即以「我」來觀

〔註37〕同註1，頁92。

〔註38〕英國科學史家李約瑟博士（Dr. Joseph Needham）指出：「中國在西元三世紀到十三世紀之間保持一個西方所望塵莫及的科學知識水準」，而且中國的科學發明和發現「往往遠遠超過同時代的歐洲，特別是十五世紀之前更是如此。」李約瑟，《中國科學技術史》（上海：科學出版社，1990），頁3。

解「外物」的架構形式，這在注重「整體圓融，通體相關」的中國文化思想中終究比較欠缺，〔註39〕不過，即令如此，也不容抹滅曾經有過的成就。過往的科學成就，觸及到「實」的本體界且足堪稱道者，如天文學方面，在先秦時期，夏商二代的太史，周代的大史、小史，皆是隸屬官方的天文研究者，天文研究之官員即根據觀測留下龐大的天象紀錄；〔註40〕而以赤道座標法來標定星位的方法，與現今天文學的用法亦同；把天上的恆星分為七曜三垣二十八宿，對於二十四節氣的訂定與曆法的修訂，〔註41〕顯示先民通過考察活動，已能從「紛然雜陳的諸現象」中，突出「根本的現象」，在本質上這是一種「質量化」的過程，「質量化」猶待過渡到「數量化」，始見其更高的精確度，〔註42〕但在某種程度上，「質量化」亦即是古人對自然實體的本質或原理規律所作的初步歸納。

宋金元則是中國天文學史上最絢爛的時代，著名的北宋科學家沈括，對科技研究重視實踐、調查與實驗，在不朽的名著《夢溪筆談》中，不但對行星運動，做過精確的描述，且提及黃道和白道並不在一個平面，而是相交的，因而造成日月或全蝕或偏蝕的現象。〔註43〕又提出磁針放置的四種方法，包括浮水法、指甲旋定法、盌脣旋定法和縷旋法等，最早指出磁偏角的現象，雖然對磁針何以指南的問題無法解釋，卻也不妄加臆測。〔註44〕對天體方面的認知，理學家張載，把地球的自轉歸因於內力，指出運動是物質的基本屬性，絕非外力所致，又認識到地球不但繞軸自轉，同時又在宇宙空間中運動

〔註39〕劉君燦，〈想像力與邏輯推理——先秦的自然思想與科技成就〉，載於洪萬生主編，《格物與成器——中國文化新論（科技篇）》（台北：聯經出版事業公司，1991），頁1。

〔註40〕黃克武，〈欽天監與太醫院——歷代的科學研究機構〉，載於洪萬生主編，《格物與成器——中國文化新論（科技篇）》（台北：聯經出版事業公司，1991），頁299。

〔註41〕同註39，頁30～31。

〔註42〕洪萬生、劉昭民，〈規圓矩方・度量權衡——傳統科技的量化趨勢〉，載於洪萬生主編，《格物與成器——中國文化新論（科技篇）》（台北：聯經出版事業公司，1991），頁417。

〔註43〕劉昭民，〈理性的發展——燦爛的宋金之科技〉，載於洪萬生主編，《格物與成器——中國文化新論（科技篇）》（台北：聯經出版事業公司，1991），頁184～185。

〔註44〕魯經邦，〈自然知識的寶庫——歷代科技著作的分析〉，載於洪萬生主編，《格物與成器——中國文化新論（科技篇）》（台北：聯經出版事業公司，1991），頁369。及同註43，頁204。

著，也就是「地遊」，〔註45〕「地遊」即今所謂的「公轉」現象。上述酌舉的例子，由現象界的觀察入手，繼而導引出本體的理論，見證了「實」在本體界的發展，在中國科技史上呈現推陳出新的進路。

另外，如醫學方面，戰國時秦已設有太醫令，後世即大多從之。在醫療經驗上，中國特殊的針灸療法，春秋戰國時已相當普遍，甚至到後世仍沿用不輟，針灸術是基於傳統病因學的理論，認為疾病是由於經絡之內氣體運行的障礙所造成，所謂經絡是指內臟與體表之間的連絡管道，這種管子藉由氣與內臟相連，人身的經絡，就像地上的河流，河流氾濫時有賴疏導，經絡淤塞時也要加以疏通，〔註46〕如此將人體之疾疢，由經絡之氣順暢與否的原理來解釋，是中國針灸術相較於西方醫學的特殊處。在醫學理論上，現存最早的《黃帝內經》，是內容較完整的一部古典醫學著作，其中既強調人與自然有不可分割的關係，四時氣候對人有切身的影響，而且以陰陽相消長的觀念來說明人體結構、生理與病理。經文中所謂「肺朝百脈」、「心主身之血脈」，即表現了對人體循環和肺循環的正確認識，〔註47〕而循環即屬人體相關組織彼此連繫的原理之一。

漢代張機所著的《傷寒論》，則表現了醫學家的實證精神，所謂「傷寒」係針對當時瘟疫橫行引發一般發熱性疾病而言，非現代醫學所稱的傷寒，張機（仲景）因目睹宗族死亡過半，中因傷寒而死者多達三分之二，乃據觀察急性發熱病的實際經過，將其分為「三陽」（太陽、陽明、少陽）與「三陰」（太陰、少陰、厥陰）六個階段，總稱「六經」，是淵源於當時重視經絡的醫學觀，加以聯想而建立的理論，其用藥方法分汗、吐、下三法，書中並明確指出這三種治療法的適應症與禁忌，它所採用的藥物，有時也加以適當的修治，如黃麻的修治法用「去節」，是因為黃麻的「節」與「節外」的作用是相反的，為充分發揮其作用，故應「去節」，從現代醫學的眼光來看，相當合乎科學。〔註48〕依據病情發展而作階段性的區分，既標示出該疾病的一定規律，對投藥的可行與不可行，作出藥物性質的分析，的確表現了實證的科學精神。

〔註45〕 同註43，頁187。
〔註46〕 黃克武，〈欽天監與太醫院——歷代的科學研究機構〉，載於洪萬生主編，《格物與成器——中國文化新論（科技篇）》（台北：聯經出版事業公司，1991），頁321。
〔註47〕 同註39，頁37～38。
〔註48〕 同註44，頁374～375。

在先民本草藥學經驗中，最早的本草專書為《神農本草》，原作早已佚失，但依相關著作的引文，可知《神農本草》的內容，應是一本先民經驗累積，並帶有某種神秘色彩的藥書，此書將天地間的藥物分為上藥、中藥與下藥，對國人影響至深，如「冬令進補」的觀念，主要就是本草藥學的基本哲學所主導的。〔註49〕本草藥學歷經各代的發展，至明代李時珍的《本草綱目》，既為集大成之代表作，又為國際學術界公認其在科學史上的地位。《本草綱目》把所有藥物作了極為科學的分類，每一種藥物都標明瞭「正名」與「異名」，用「集解」博引成說，用「正誤」矯正前人之失，並列氣味、主治、發明及附方等來說明其性質、效用與方法。此書不僅突破藥學傳統上的編排方式，在總結前代本草的過程中，更採取實證的批判態度，實值得推崇。〔註50〕《本草綱目》對藥草之「實」在本體層面的探索，使醫家在開列處方時，得以就草藥之性質、效用與方法兼而顧之，作出更精確審慎的判斷，其於仁醫仁術之功，莫此為甚。當然，若能藉用現代科學先進精密儀器，對本草藥物成分性質作進一步詳細的分析，非但可以將其納入現代醫學的系統，亦可以確立本草藥學在傳統醫學上的價值，關於這方面，現代的臨床醫學上已漸露出曙光。

他如中國傳統的化工業、金屬工業方面，亦有足以稱道者，以《考工記》所記為例，其中對銅錫合金比例的不同安排適用於那種功能，即有明確的記載，〔註51〕《天工開物》的記載，也指出黃銅鍛錘性能的高低與其成分有直接關聯，〔註52〕這是觸及到物的本質及合成原理的類例。中國方士擅長的煉丹術，雖為煉製長生不死之藥的方術，但由丹砂中煉出水銀，經由長期煉丹的實驗結果，也使丹家可能進行初步的總結，找出物質變化的某種規律，作為自己進行實驗的準則。〔註53〕由觀察、實驗集結而成的原理規律，雖然局限於部分，甚或呈現停滯不前的現象，卻無可否認對「實」在本體界的發展，作出了或多或少的貢獻。

越是晚出的年代，人類的科技成就即越發精進。不過，中國在十六世紀以前，雖然締造過科技成就的高峰，十六世紀後則由高原期轉趨於式微，而

〔註49〕同註44，頁379。
〔註50〕同註44，頁381～383。
〔註51〕同註44，頁48。
〔註52〕同註42，頁428。
〔註53〕同註27，頁475。

西方卻是飛躍的起點。〔註54〕溯源西方，一則古希臘文明既具有偏重理論、抽象的特色，二則自文藝復興以來，朝向理論與經驗並重，科學與技術結合的路向，乃造就了西方的近代文明，其間，又不乏受中國重實用與經驗觀點的影響。〔註55〕西方的科技呈現大幅的躍進，是肇因於西方科學家對自然的認知，與中國的整體有機自然觀大相逕庭，如伽俐略（G. Galieo, 1564～1642）時代的看法，是認為「所有的自然現象都能以數學方式處理」，繼之而起的牛頓（Issac Newton, 1642～1727）提出的機械論，〔註56〕使人們對自然結構加以解離，或對個別組織之間的對峙均衡現象加以分析描述，並提出精確的量化數據，再歸納成為有意義的數學結論或公式；如此對自然現象加以剖析，歸納而得的原理規律，雖屬隱藏實體，最終則成為人類創制工具和操作程式上依據的原理，類推的效用，造就了人類空前的文明。在科技成就上，近現代的西方殊勝東方之處，實不遑多讓，現代人生活品質的改善與生活水準的提昇，得利於西方文明者尤多。

當然，「實」在本體界的發展，推動了先進的科技成就，造福於人類者固多，危害於人類者也有增加的趨勢，現代思想家或科學家亟思化解科技之危殆，在東西文化交流密切迅捷的情況下，西方學者懷海德（Alfred N. Whitehead, 1861～1947）提出了自然的有機論，〔註57〕即是對牛頓機械論的批判，而又與中國自然觀吻合，羅素（Bertrand Russell, 1872～1970）也曾呼籲：「我們不但必須承認亞洲在政治上的平等地位，還須承認文化上的平等地位。」〔註58〕而近代中國學者自當代新儒家梁漱冥、張君邁、牟宗三等伊始，至熟諳西方科學理論的學者如胡適，以迄學貫中西的現代學者，對科技成就之遠景或途窮的問題，亦無不善殫精竭慮構思傳統文化如何與現代接軌，甚至成為現代之奧援的可能性，為全人類謀求出路，顯然已成為當前中外學人有志一同的趨勢了。

3、儒家的卓見與限囿

古今中外對自然的探索，對器物技能的研發開創，對心靈世界的建構，

〔註54〕同註42，頁400。

〔註55〕同註39，頁49。

〔註56〕劉君燦，〈關聯與和諧──影響科技發展的思想因素〉，載於洪萬生主編，《格物與成器──中國文化新論（科技篇）》（台北：聯經出版事業公司，1991），頁53。

〔註57〕同註56，頁53。

〔註58〕同註56，頁534。

成就了全體人類可觀的文化資產。在這樣的趨勢下，值得令人矚目的是傳統儒家，對自然與器物技能的態度，雖然孔子曾經提倡六藝之教，終因對人文的注重，導致一些與人事不直接相關的自然知識，很少加以客觀的探究，而與人事直接相關的自然知識或專業技能知識，如農事技藝、器械製造等，將其歸爲是百工之事，主張「雖小道，必有可觀者焉，致遠恐泥，是以君子不爲也。」（〈子張7〉）這是源於孔子對德業爲重的深度考量。

孟子畢生的志業，在於高揚「內聖」道德主體的精神，認爲人的道德主體源自超然存在的天道，再由內聖推廣至外王之事，即令如此，孟子對自然知識的探究並未著力；對百工之事，則從分工的立場，將其定位爲勞力者，勞力者與勞心者相對，認定「勞心者治人，勞力者治於人」（〈滕文公上4〉），從供養的需求著眼，對勞力者從事的農林漁牧業、手工業肯定存在的必要性，但終究未曾觸及產業本身，就「實」之本體相關的道理提出說辭，因而在器物技能方面的知識，亦付諸闕如。然而，凡事總難免「失之東隅收之桑榆」，孟子雖未在自然或器物技能方面加以探究，但社會分工的主張，卻道出了社會發展的規律，這是原始社會邁向文明社會必然的趨勢，不過，孟子在論述分工原理時，或以爲不免流露維護階級剝削的立場，〔註59〕但再對照孟子對「聖君賢相」施行仁政之期勉，對「獨夫民賊」殘民以逞的批判，對農村建設規劃的藍圖，顯見分工與仁政等不同主張，彼此之間存在著的辯證關係，誠值得再作深入的探討。但可以肯定的是，從生命價值層面而言，孟子對勞心者的評價終究遠甚於勞力者。

晚出的荀子，對自然的認知突破了傳統的立論，但主張「天人之分」、「制天用天」（〈天論篇〉），肯定自然有其規律之外，卻又提出「唯聖人爲不求知天」（〈天論篇〉），因而觸及自然知識也僅止於淺層理論而已，並未如後世科學家相繼提出質量化或數量化之理論來得深入。荀子對自然之理解，雖具備科學的基本心態，但受制於對人文更加關注的限囿，無形中使科學知識無法更進一步的突破，殊可惋惜。至於對百工的看法，荀子也本著分工立場，以百工爲社會不可缺者，百工與君子相對，百工之職在從事生產，而君子則在領導生產和管理生產；即令荀子有「足欲」、「富民」之思想，唯對器物技能製作之原理，並未涉及。

〔註59〕瞿廷晉，《孟子思想評析與探源》（上海：上海社會科學院出版社，1992），頁136。

　　就自然與器物技能而言，先秦儒家對「實」在本體界的探索，雖幾付闕如，但關乎人文世界的政治、社會問題，卻本著「正名」的立場，以禮教或仁義之教作為規範人們行為的依據，將禮或道德倫理作為維護政治社會秩序之原理，即主導整個中國文化兩千多年，後世學者間或加以省思，但其主流地位並不輕易動搖。傳統禮教道德倫理觀念，固然面臨著改革的呼聲，若從概念的創發性角度來看，先秦儒家所揭示政治社會之原理，對「實」在本體界的發展，終究刻劃下難以抹滅的痕跡。學術的發展，往往是後出轉精，繼起之學者在前人的基礎上，或予闡釋發揚，或加修正轉折，都將帶動「實」在本體界的發展，尤其在國際文化交流迅捷繁密的現代，「實」在本體界的發展可以預期必將更形可觀。現代人更須關切的是，古往今來的人類，雖各有所思，各抒己見，卻共造了人類紛繁複雜的文化盛景，然文化的資產誠值得珍惜，但營造一個更合理的生活空間，或將是文明的現代人最深切的期許吧！

第四章　名實的辯證關係

　　舉目四望，可以發現人的週遭存在著許多對立的事物，如黑白、胖瘦、高矮、男女、大小、天地等，凝神靜思，許多對立的概念即浮現出來，如善惡、美醜、眞假、是非、對錯、虛實等。對立的事物或概念，彼此之間由於本質的差異，或特徵的不同，因而可能衍生互相反對、排斥、比較、抵抗等諸多的現象與情勢，本質的差異或特徵的不同是客體的屬性，客體的屬性卻是主體據以反對、排斥、比較或抵抗的條件，而人即是對客體進行評斷的主體。如穿著衣服時，人們面對黑白顏色各具陰暗或明亮特色之差異，經過比較而後選擇，於是有人捨黑而就白，也有人捨白而就黑，或有人黑白兼取，甚至有人黑白俱捨之；黑白之特色是客體在客觀上可以被察覺認知的，但主體卻在主觀上可能作出不同的選擇。這顯示，對立的事物，若未經人涉入，它只是兀自呈現獨立存在的特性，一旦經人涉入，由人將雙方加以勾聯，在主觀上做有意義的對照，則客體彼此之間的對反，相容或不相容，即呈現出辯證的關係。對立的事物，就本質而言，絕對相異，就現象而言，卻出現了愛憎取捨相對的作法，由本質的不一致到現象的不同步，指出了對立事物的矛盾。在邏輯學上，將揭發思想言論中的矛盾，並解決思想言論中矛盾的方法，稱之爲「辯證法」，辯證法意在解決矛盾的思想言論，正因爲矛盾的思想言論存在著必須辯證的關係，透過辯論證明的過程，分析矛盾雙方彼此轉化的可能，以找尋出正確合理的出路，這正是辯證的主要目的。因而，面對世間事物的矛盾，就其辯證關係加以探討是有其必要的。

　　世間的矛盾事物甚多，名實的問題即屬其中之一。名指事物的名稱、概念，實指客觀存在的事物，事物之本質與其規律原理；原則上，人類制名是爲了認

識事物,並進而溝通思想,交流情感,名號必經過「約定俗成」的程序,〔註1〕故名實相符即為必然的要求。但由於客觀事物的屬性是豐富多彩的,名所反映的只是其特定的屬性,同時在客觀事物不斷發展變化中,名的發展終究相對的穩定,因而,名實相符的鐵律乃產生動搖,隨之出現名實不符的情形,則在所難免。名實不符或名實相違,代表名實之間存在著矛盾,名實本是人認知的客體,當客體出現矛盾,亦即名實不一致時,正如世間對立事物的矛盾狀況,作為主體的人,亦宜由名實的辯證關係切入,以釐清客體雙方的矛盾。底下分別就語言、文字、邏輯與文化符號學等四個面向加以探析。

第一節　語言學角度

一、語言發展的漸變性與不平衡性

　　語言是人類最早用來稱謂事物的工具,語言本身的構造很複雜,在人類長期使用發展過程中,任何語言會自然形成一種語言系統,世界上有幾千種語言,綜合各種對具體語言的研究結果,已形成了可觀的理論語言學。〔註2〕人類的語言能否和事物完全相應,這是名實對應的問題,今即試著從語言學的角度來把梳此一問題。

　　正如地球總在運轉,世界恆在改變一般,人類的語言也無時無刻不在變化,中國古代的語音無法如實捕捉紀錄,但透過書面語言的研究,語言在不同時代的變遷情形,即可比對出來。語言是社會成員之間最重要的連繫紐帶,人們基於溝通交際的需要,發展運用聲音符號的形式,便可以巧妙的將符號所代表的現實現象傳達出去。〔註3〕創制之初,語言符號所代表的現實現象,是隨意的關係,然反覆嘗試,取得共識之後,以語言之「名」來指稱事物之「實」,終成為約定俗成之事,語言符號與現實間,變為強制性的關係,名實有了一定的關聯,也有一定的對應,隨著歷史的推移,即累積的愈加豐富而

〔註1〕　《荀子‧正名篇》即云:「名無固宜,約之以命,約定俗成謂之宜,異於約則謂之不宜。」參北京大學哲學系注釋,《荀子新注》,(台北:里仁書局,1983),頁444。

〔註2〕　葉蜚聲、徐通鏘,《語言學綱要》(台北:書林出版有限公司,1993),導言,頁2～3。

〔註3〕　同註2,頁30。

複雜。但語言符號和現實現象的對應並非絕對性的，語言符號和現實現象也有對應不上的時候。基本上，社會的變動，如新事物、新觀念的產生，都將促成語言的發展，不過，由於語言的變化是採取漸變性和不平衡性的演變方式，語言符號之中，詞彙的變化雖然較靈敏，也是依舊有材料重加組合排列，或借用外語成分，至於語音和語法的演變則顯得較爲穩定。大抵而言，語言的變異，決定於社會的需要，語言的符號雖然有限，但它能像機器的零件一樣拼裝拆卸，重複使用，人們根據交際的需要，將有限的符號排列組合，就能說出無限的話來。〔註4〕

二、語言訊息互異的反應，啓動名實的辯證關係

理論上，新事物、新觀念的相繼出現，人們可以藉用語言符號排列組合的方式來因應，期使名實精準的相符。但語言符號的排列組合，畢竟是人類思維的產物，思維需要時間的運轉，語言符號也需要人們的認同，因此新語言符號的推出，難免面臨著考驗。新的語言符號所命之名，不若人類初創時那般任性，而是費心刻意的，不過，若所命之名，未能凸顯事物之特質，由名稱發出的訊息不能引起訊息接收者的好感，或所命之名，即使能凸顯事物之特質，而發出的訊息竟然引發反感，這樣的語言符號，就訊息接收者的反應立場而言，即視爲「名實不符」的現象。如子路對孔子以「正名」（〈子路 3〉）作爲輔佐衛君的首要事務，即視之爲「迂」，孔子卻示以「君子於其言，無所苟而已」的訓誨；顯然子路認爲衛君有意禮聘孔子輔政，輔政就當針對實際政務加以論述，孔子捨此不談，竟談「正名」，不但多此一舉，又未切中現實，子路雖未明言「名實相違」，子路之抨擊如就事功而言，堪稱是切中「名實不符」的見地；然而孔子提出的「正名」說法，卻由道德倫理層面作了深層考量，必欲以衛君能正定名分爲先決條件，方才同意介入輔佐衛國政事，衛國父子（蒯聵、蒯輒）兵戎相向，以爭王位，也是事實，如不釐清誰才是政權的當然代表，則禮聘孔子任事，自然是「名實不符」了。「正名」是由舊字組成的新詞，這一場「正名」之辯，以子路的認知，認爲沒有抓住政事的本質，而孔子的觀點，則認爲沒有認清政權的本源，但更深層的用心，還包括孔子對人倫悲劇的悲憫與批判，比較起來，孔子又比子路更具理想性，這

〔註4〕　同註2，頁31。

是關切事功與關懷正義的分野。耐人尋味的則是,「正名」一詞,從此卻成了傳統文化始終不曾褪去的主流議題。

相似的例子,如齊宣王對湯武放伐之事,向孟子質疑「臣弒其君」(〈梁惠王下 8〉)的可行性與正當性,孟子則認爲桀紂乃殘賊良民之人,視之爲君不宜,殘賊之人應「謂之一夫」,故湯武乃「誅一夫」非「弒君」也。齊宣王基於君位不容撼動的片面認知,強烈質問湯武以臣屬身分,竟然斗膽地弒君,赤裸的質疑,隱含了齊宣王對「名實不符」的不滿;但孟子則以君王的心性本質爲仁義,從君王的角色在「施行仁政」來檢驗,桀紂根本違逆君王的本分,正屬「名實不符」的暴君,遂以「誅一夫」的新觀念來更正「臣弒其君」的傳統思維。「臣弒其君」與「誅一夫」之別,在於齊宣王緊抓著君王有權的一般政治現實,但政治現實卻不代表政治正確,也不等同政治眞理,而孟子卻探觸了道德心性與仁政的本質,兩相比較,孟子毋寧更顯得客觀而深入。上述事例,雙方對立的說法,肇因於立場與認知的不同,不同的見解,使名實出現了辯證的關係,但考驗的結果,正名與誅一夫的革命思想,最終還是取得較廣泛的認同。

三、語言分化形成名實的辯證關係

1、地域方言滋生「名異實同」或「名同實異」

其實,語言的發展,還牽涉到統一與分化的問題,語言的分化,以地域方言和社會方言爲主,當語言統一時,名實不符的情形或許較少,然語言分化,名實相違的情形則較爲複雜。如中國因幅員廣大,漢語方言的分歧很大,在交通不發達,生產有一定局限性的時代,不同地區各自發展語言的結果,由於傳播不易,語音的差別,即造成彼此難以瞭解的隔閡,當然不同方言的詞語,如用漢字寫下來,情況可以得到改善,因爲差別也許不是很大。〔註5〕所謂差別不是很大,是指方言的詞彙仍有基本的歧異處,分歧的主要表現爲「名異實同」,如魯迅小說《社戲》裡寫阿發、雙喜他們偷吃田裡的「羅漢豆」,這是紹興話裡的詞彙,但紹興話附近的寧波話叫「倭豆」,而這種豆別處叫「蠶豆」,臺灣地區也有蠶豆這樣的說辭,更有趣的是,紹興、寧波話裡也有「蠶豆」這個詞,但那是別處的豌豆,這下子,「蠶豆」成爲「名同實異」的稱號了。又如,同是

〔註5〕 同註2,頁207。

「向日葵」，在漢語的各地方言中，也有各種不同的叫法，河北唐山叫「日頭轉」，承德叫「朝陽轉」，任邱叫「望天轉」，山東濟南叫「朝陽花」，昌樂叫「向陽花」，莒縣叫「轉日葵」，棲霞叫「轉日蓮」，湖南邵陽叫「盤頭瓜子」，這是「名異實同」的例子。〔註6〕古書《爾雅》、《方言》裡，同樣有許多方言歧異的例子。地域方言相對獨立的發展，使方言的歧異更趨複雜，初抵異域殊方的異鄉人和原鄉人之間，難免萌生「名實不符」的第一印象，語言的隔膜築起的高牆，似虛又實，似假又真，名實之間的辯證關係，既存在於高牆兩側的方言之中，但高牆並非銅牆鐵壁，透過普通話或統一的漢字，不同的方言即可覓得過渡的通路，人們因而得以認清「名以指實」的真相，化除溝通的障礙。即令如此，吾人還是可以肯定，名實的辯證關係存在於方言之中。

2、社會方言引發語言風格的評價

　　所謂社會方言，是指人們由於年齡、性別、職業、階級與階層的不同，在語言表達上自然呈現出一些共同的特點，因而形成各自的言語社團，不同的言語社團，總會在語言上表現出一些變異，形成自己的標誌。〔註7〕一般而言，人們對社會方言會有既定的印象，甚至是刻板的印象，基於共同的認知，各個言語社團的語言標誌，可視為各自不同的語言風格，人們一提到語言風格，難免附加上社會的評價。一個人若能恰如其分的運用社會語言，如小孩子說天真無邪的話，大人出之成熟穩重的口吻，各行各業的人熟練的道出專業術語，不同階級的人以不同特色的語言表態，甚至特殊身分的江湖人士，脫口說出所謂黑話，其人給人們直接的觀感是道地的「名符其實」，也就是說，此人使用的語言能與其身分密切的吻合。不過，在「名實相符」的一致說辭之下，卻隱含褒貶不一的評價，江湖上的黑話可視為是一種特殊的社會方言，〔註8〕普遍而言，人們對江湖上黑話的評價應當低於其他的社會方言，特殊的社會方言除外，其他的社會方言流通性較大，並無黑話般有強烈的排他性，〔註9〕因而，若一位年幼者出以少年老成的口吻，一位勞力工作者帶些文雅的說辭，理工出身而能言人文，人文背景者卻略通理工，雖曰「名不符實」，逾越身分的表述，宛然使

〔註6〕　同註2，頁210。
〔註7〕　同註2，頁204。
〔註8〕　同註2，頁205。
〔註9〕　同註2，頁205。

名實產生了辯證關係，但人們接收如此語言訊息的反應，大抵傾向於意外的驚喜，由於是正面的反應，矛盾對立的衝擊只是瞬間，旋即自然化解，這是語言運用向上提昇，擴大領域的可喜現象。在教育並不普及，資訊較為封閉的年代，能突破既定身分，而以出人意表的語言能力，展現其更寬廣的思維，雖或未可觀，卻普遍受到肯定；但在教育普及，資訊發達的多元化時代，擁有跨領域語言能力的類似例子，勢必越來越多，這是社會進化的可喜現象，亦是值得鼓勵的美事。

但相對的，隸屬其他社會方言的語言團體成員，言談之際若帶上黑話，難免被冠上「名不符實」的批評，具有高風雅流身分的人士，其言談偶而流於粗鄙，「名實不符」的惡評亦難倖免，這同屬言談者的身分與語言說辭不搭調的對立現象，其所形成的名實辯證關係，卻是語言運用向下沉淪的作法。語言運用一旦向下沉淪，將捨離精緻而歸於粗俗，模糊了語言的風格，對語言發展當是反進化的。社會分工雖然形成不同風格的社會語言，基本上，人類還是希望營造一個更加文明的社會，一個自許文化優雅的社會，面對滿是黑話、粗話盛行的現象，擺在眼前的名實辯證關係，豈只令人憂心而已，黑話、粗話漫天飛舞，可能掀動人類原初的野性，繼而引發暴力的行為，甚或終將成為摧毀文明的推手，言語足以興邦，亦能喪邦，恐非匪夷所思之事。

四、特殊語言突顯名實的辯證關係

1、謊言、巧佞之言的矛盾性

在語言的運用上，因地域方言滋生「名同實異」或「名異實同」，或因社會方言造成語言風格上「名實不符」現象之外，尚可見到諸多因名實不符形成的辯證關係。環顧人類交際往來的對象，實不乏慣說謊言、熱衷佞言之人、擅於搬弄謊言者，不論是偽裝身分或口惠不實，都將使名實產生辯證的關係，如慣竊假冒員警，欲以偽裝身分進入民宅搜查，員警之「名」與慣竊之「實」即明顯互相對立，如此偽裝員警是典型的「有名無實」，民眾如不加明察，將會深受其害。又如一個毫無財力之人，卻以天花亂墜說辭，勾勒一幅豪宅天堂美景，所言既屬子虛烏有，則其「名言」與「事實」亦相出入且相矛盾，徒留人間笑柄而已。至如擅於耍弄佞言者，或在語言上加油添醋，或矜矜誇飾，或言不由衷，只一味揣摩、逢迎、巴結、吹噓，可想而知，其人之「言談」與描繪之「事實」相去甚遠，兜合不上，彼此矛盾對立之狀，焉有不被

識破的道理？佞言與巧言甚似，孔子對巧佞之言多所批判，曾有人問：「雍也，仁而不佞。」孔子即云：「焉用佞，禦人以口給，屢憎於人。不知其仁，焉用佞？」(〈公冶長 5〉) 又嘗云：「巧言、令色、足恭，左丘明恥之，丘亦恥之。」(〈公冶長 25〉) 巧佞之言違逆實情，雖想瞞天過海，卻難見容於正人君子，於此可見其端倪。

2、親屬之間反諷語言的矛盾性

另外，在人際互動過程中，還有一種特殊的語言現象，值得加以探究。在語意學上，批判與認同，毆打與疼愛，指責與讚美，痛苦與喜悅，都是涇渭分明的兩碼事，語言的是非理應有其客觀的標準，對語言的理解，猶如人類任何的感覺，必須經過長期的訓練。〔註10〕語言的訓練，無非要求能進行有效的溝通，使互動對象能真正瞭解對方的心意，扼要言之，說話的目的，就是在傳達一種事實。〔註11〕語言能達成傳達事實的目的，就是「名實相符」的語言，如若不然，便是「名實不符」的現象，前述酌舉之事例，許多即是違背「傳達事實」之說辭。但這樣簡單明瞭的目的，面對親人之間的往來溝通，語言卻彷彿栽了跟斗。君不見，在傳統中國社會中，既流行「打是情，罵是愛」的說法，因而，反諷的說辭，詈罵的做法，便時有所聞。如一個深愛子女的父母，動輒對子女出以「你很麻煩」、「你很討厭」、「你別來找我」，冷言冷語的反面說法，豈止像一把穿心的利箭，反面的說辭底層，其實蘊藏著無盡的愛，沒有底限的愛卻由著習慣性的反面說辭，將它銷蝕淨盡，反向說法堆疊成的每一記悶棍，都足以驅離親子之間的濃情蜜意，這樣的語言災難，能終結於何時呢？稚弱的生命，而能擁有豁達的心胸者，即令有之，又難道該成為試煉語言的試金石嗎？

又如夫妻相處，既是心疼對方的付出，卻不依著本來的心意，體恤疼惜地表示：「親愛的，難為你了」，「辛苦你了」，「你累了，歇息吧！」，卻偏不提防地說道：「成天擦呀擦的，洗呀洗的」，說了一堆反面的說辭，就像轟天巨雷從天而降，擊傷夫妻的感情。親人之間，反面的語言，其實涵蓋了許許多多「心疼」是真，而「斥責」是假的表像，反諷的說辭必不同於幽默，保守的中國人，承襲了太過沉痾的文化包袱，威嚴的巨獸，使中國人在語言的表達上，憑添了名實不符的諸多負荷，也見證了名實的辯證關係，但在開放的新世代裡，吾人總是希望，與其道盡這般「名實不符」的反向說辭，何如

〔註10〕徐道鄰，《語意學概要》(香港：友聯出版社，1993)，頁18。
〔註11〕同註10，頁73。

改絃易轍，代以正面的陳述，或換個幽默的說法，不是更能博君一燦嗎？

五、小　結

在群居的社會裡，人類的語言終究以實用爲旨歸，實用離不開情意的溝通與思想的交流，語言又難免隨社會的發展，呈現漸變性與不平衡性的變化軌跡，若語言不曾偏離「名實相符」的準據，語言大抵能成爲人我之間的通衢大道。然語言也可能變身爲人我之間的羊腸曲徑，甚至是山顚深壑，阻絕彼此的通路。徑路難通，或起於主體生命自主性的思維，使語言訊息的發出與接收雙方，產生了互異的反應；或緣於語言分化的現象，如方言歧異打破了名實唯一對應的關係，社會方言區隔了語言風格的界限，連帶引發名實問題的社會評價；或肇因於習焉不察的謊言、巧佞之言，與反諷說辭等特殊語言引發的困擾；徑路雖各異，而名實相違的景況若一。存在名實之間的各種辯證關係，使語言所標示用來「傳達事實」的目標，出現了模糊的界域，就社會並非能完全加以設計的立場而言，模糊境地能否轉趨明朗，或無釜底抽薪之計，但強化理性思維與統一機制，提昇鑑別能力與語言藝術，對語言蹊徑進行突圍，使人我語言交集更趨密合，爲名實的辯證關係尋覓更寬廣合理的出路，許是進化的人類值得努力一試的。

第二節　文字學觀點

一、中西文字發展「表音」與「表意」徑路殊別

繼語言之後的文字，是人類用來稱謂記錄事物更進步的工具，文字和語言的關係非常密切，蓋文字是透過形象符號來表達語言的意義，文字所以比語言進步，則因文字具有穿越時空限制，流傳於後世的特點，這是語言所欠缺的，現代科技雖有能力將語言錄音存藏，也只限局部而已。文字包括形、音、義三種要素，研究文字，往往不能脫離語言的成份，語言文字雖未能完全密合，卻彼此攸關，因此，在目前語言系統中，便涵蓋了語音學、語意學、語源學等專門學科的研究。〔註 12〕文字的創制，本是人類腦力思維高度運作

〔註 12〕黃沛榮，〈心畫心聲——語言和文字〉，載於刑義田主編，《永恆的巨流——中國文化新論（根源篇）》（台北：聯經出版事業公司，1990），頁 207～208。

的成果，當今世界通行的文字，主要包括形聲文字與拼音文字兩個系統，這是經過長期試驗、演變，始發展形成的。〔註13〕其實，在文字真正發明以前，人類即使用一些幫助記憶的方法，如中國的「結繩」與「書契」，雖不能算是文字，卻伴著人類渡過長遠的草昧時期，為人類留下文明的點滴，爾後生活既日趨複雜，意念又相對增加，自然須研發更有效的工具，以交流訊息，累積經驗，促進文明長足的發展，文字即是基於現實需求創發的產物，為因應現實的變動，文字又必然經歷演變轉化的過程。

英國學者克羅德（Edward Clodd, 1840～1930）在《比較文學概論》（The Story of the Alphabet）一書中，把文字的演進分為：（1）表憶（mnemonic）時期，（2）表形（pictorial）時期，（3）表意（ideographic）時期，（4）表音（phonetic）時期等四個階段。結繩即屬「表憶」時期的現象，不過，並不視其為真正的文字；表形時期，則包括圖畫文字以至象形文字的時期；表意時期，則是象形文字發展為會意字的時期；〔註14〕表音，卻是擺脫象形，走向拼音的時期。據此以觀中西文字的發展，迨至第三階段「表意時期」時，即明顯出現分化的發展路線，由於文字演進到表意階段，人類已深感不敷使用，必須另謀出路，於是西方老早擺脫了象形，走向了拼音，中國文字則採取一條完全不同的途徑來發展，發明「形聲」的辦法，使漢字邁向形聲的路徑。〔註15〕中西雙方不同的思考，使文字的演化呈現雙軌並進的情形。

傳統上，係將漢字視為表意的文字，而將西方（如英、法、德）的拼音文字視為表音的文字，以示兩者有所區別。以漢字佔百分之九十以上的形聲而言，即是兼用形符及聲符來顯示字義，而且絕大部分的漢字，都屬由兩個部分的「初文」拼合而成的「合體結構」，因此，也有學者主張漢字不只是「衍形」，又為兼具音義的文字，〔註16〕如以形聲字佔絕大比例而言，視漢字為形聲文字系統，亦屬合宜的說法。拼音文字與漢字優劣互現，雖然西方人認為文字演化的規律必然是「由象形到拼音」，以為這是文字變遷演化的途徑，〔註17〕中國從十九世紀末開始也陸續發出文字改革的呼聲，要求實現拼音化，〔註18〕但漢字終究尚

〔註13〕竺家寧，《中國的語言和文字》（台北：臺灣書店，1998），頁72。
〔註14〕同註12，頁210。
〔註15〕同註12，頁210，及同註13，頁73。。
〔註16〕同註12，頁204、206。
〔註17〕同註13，頁73。
〔註18〕同註2，頁186。

未走向拼音化。拼音文字易學易用，是其優點，但拼音文字直接記錄語言的發音，既從屬於語言，自然只跟一時一地語音掛鉤，而語言又隨時在變遷，語言一經變遷，文字即難以理解，拼音語系因而難以長期固定，文字必須隨語言進行拼寫的改革，這是缺點之一。〔註19〕以構字元件來看，拼音文字雖然僅二十六個字母，以字母拼寫英語詞彙，看似單純，但每個字又有字形的形態變化，無形中使文字的字數增加了許多，形成學習的難度，這又是缺點所在。〔註20〕不過拼音文字形態變化，也有一定的規則，若能熟悉並掌握住規則，學習上也能轉難趨易。比起來，漢字就有明顯的差異，對語言發音的演變，漢字有很大程度的獨立性，蓋語言不論歷經千百年的演變，其字形總是穩定的；以構字元件來看，漢字係以永字八法的八個筆勢，即能寫出成千成萬的字，用三百左右的初文，排列組合，衍生為四、五千的合體字，再由這些合體字，排列組合，構成十多萬，甚至幾十萬的複音節或多音詞、詞組，漢字這種以簡馭繁的層次結構，亦即不必重新造字，卻能運用無窮的優勢，是拼音文字所沒有的。若是社會變遷導致新詞的增加，中文往往利用原先認識的舊有符號進行組合，以產生新義，但英文對新事物、新概念，都得造個新字來表示。〔註21〕

上述諸多特點顯示，漢字的學習似乎易於拼音文字。〔註22〕不過，漢字即使在字形上具有「結體方正」的特色，在字音上屬單音節（一個字）或雙音節，在字義上，則與字音有必然的關連，又與字形有密切的關係，漢字由初文到合體結構之字的學習，以迄任何新詞的學習，終究須要針對每一字詞的形音義加以辨認、書寫、記憶，若遇筆畫多或字義複雜的字，所下的工夫就更多更難了。再加上文字在字形、字音、字義各方面既都歷經變遷，而非拘執於單純唯一的狀況，因此對漢字的理解與學習，事實上，也面臨著某種程度的挑戰，尤其在面對古籍的書面文字時，挑戰又更大。

中國文字誠值得探究，總結一下歷代學者的研究成果，對漢字形、音、義的研究，古人統稱為「小學」；民國以來，或統稱為「文字學」；現代學者按照性質的不同，區分為三門學科，包括研究字形的「文字學」，研究字音的「聲韻學」，與研究字義的「訓詁學」，其中專門研究文字形體的構造和演變

〔註19〕同註2，頁 187，及同註 13，頁 77。
〔註20〕同註 13，頁 76～77。
〔註21〕同註 13，頁 75～76。
〔註22〕同註 13，頁 77。

的「文字學」，是漢字在字形上特具「結體方正」的特色，所形成的獨門學問，這也是漢字和其他拼音文字顯著的差異處之一。至於中國的文字用來指認或記載的事物與概念，名實之間能否完全相應，兩者有否乖離的現象，透過既有的文字研究成果，暨現行的漢字使用現象，以釐清名實之間的辯證關係，當是必要的，今即由字形、字音和字義三個面向加以剖析。

二、字形遞變衍生名實對應的問題

1、書體省改譌變規範化導致結構破壞古文滅絕

漢字在字形上構造屬結體方正的方塊字，是歷經多次遞嬗過程始形成的，遞嬗的過程涵蓋歷代重要的書體，包括甲骨文、金文、古文、籀文、小篆、隸書、草書、楷書、行書等。以甲骨文而言，殷周甲骨文經過頗長的演進期，雖六書兼備，但不是最成熟的文字，字形在當時尚未完全固定，因而一個字會有諸多不同的寫法；金文由殷代到漢代都有，涵蓋的時代較長，地域也較廣，同字異體的情形也特別多；古文廣義而言，指小篆以前各種文字的泛稱，而此處古文指狹義言，即戰國時六國所用的文字，《說文》所收錄古文，分佈地域既廣，時代又長，在字形上有些很接近文字的本形，也有些譌變得很多，顯然相當複雜，各國文字差異大的，甚至還有矛盾之處。至於籀文，學者一般主張是西周宣王時，太史籀所著《史籀篇》之文字，王國維卻說是戰國時秦國所用的文字，籀文為與小篆相對照，或稱「大篆」，也是小篆的前身，小篆卻是秦國強迫「東土文字」服從「西土文字」的政策性產物，原則上，小篆是省改籀文而成，但只是「或頗省改」，並非全盤的整理，因此籀文與小篆之間，頗多相同。〔註23〕由甲骨文一路演變到小篆，在字形上大體循「由繁就簡」方式而改易，既有改易，便造成字形前後的差別，不過，仍能由文字的形看出原物的象，如果字形只是繁簡的差異，卻依稀可辨識所指謂之同一事物，不宜視為「名異實同」的現象。但像各國文字紛亂變化多歧，差異既大，出現矛盾的情形，幾至於不易辨認，正如語言的分化一般，難免出現「名異實同」或「名同實異」的矛盾現象，名實互異，造成溝通的困難，連帶的將使分裂形勢更形嚴重，也使國與國的戰爭難以消彌。秦始皇所以下令統一文字，正是洞察文字歧異的缺失使然。

〔註23〕衛聚賢，《文字學》（台北：黎明文化事業股份有限公司，1979），頁 122。及同註12，頁 215～217。

中國文字的演變，並非純粹單一直線進行的方式，而是在略呈分歧的路徑上，匯成一條較爲醒目的主流。如秦雖以小篆統一文字，但東土（六國）文字的簡率譌變，則已經是隸書的先驅。民間因有求速求簡的風尚，隸書實際上已是民間通行的書體，相較於小篆難成，這種流行草體挾其「以趨約易」的特色，既可化除官獄事繁的負擔，當然順勢被獄吏採用。因此，在小篆統一天下文字之際，隸書也並時流行著，隸書具有筆劃簡化，筆勢改曲成直，易圓爲方，及偏旁同化等特點，隸書具有方正的字形，秦代隸書是較簡率、非官式的文字，雖尙未取代小篆成爲主流文字，至漢代隸書卻變成通行的文字，又逐漸產生了「波磔」，發展爲富有藝術性的字體，〔註24〕這是秦隸與漢隸的區別。

至於楷書，在東漢末年已開始在民間出現，經歷魏晉、南北朝，至唐代延用至今，現在常用的楷書是由漢隸直接發展而成的。〔註25〕楷書是可作寫字的楷模法式的書，爲正經寫字所用，文字必須立下楷模，肇因於字體錯繆不一，正如《冊府元龜》六○八所載後魏太武帝始光二年（西元425年）之詔令：「篆隸草楷，並行於世。然經歷久遠，傳習多失其眞，故字體錯繆，會義不愜，非所以示軌則於來世也。……今制定文字，世所用者，頒下遠近永爲楷式。」〔註26〕這段詔令，不但說明篆隸草楷各類書體的存在，更道出書體演變衍生的問題。和小篆之前的文字演化不同，隸書楷書進一步簡化結果，變成不能由文字的形看出原物的象，文字遠離了表形的階段，表意的意味愈來愈淡，字形的結構破壞無遺，文字慢慢變成一種純粹的符號，如烈、鳥、焉、熊、魚等這些形體本來不同的字，在符號整齊方正化、規範化，或偏旁定型化、簡化的要求下，在隸書中竟都成了類似的偏旁，文字的結構全被破壞了，許愼因此稱：「古文由此絕矣。」文字結構破壞，意味著字形大幅的變化，變化初期以迄變化定型的字體，對原來慣用之字體而言，終究是不相對稱的，雖然用來指稱同樣的事物，符號畢竟有別，符號有別引發的最大問題是，由於人群尙不能或未普遍接納變革的字體，新興字體必受到質疑或排斥，一旦被質疑、排斥，「名實不符」的觀念自然隨之產生，這是因爲新興字體未達「約定俗成」的要求，始造成名實的辯證關係。如衛宏《古文官書序》所云：「秦既焚書，改古文以爲小篆及隸字，

〔註24〕同註12，頁218～219。
〔註25〕同註12，頁220。
〔註26〕同註23，頁131。

國人多誹謗怨恨，患若天下不從所改更法，而召諸生到者拜爲郎，前後凡七百人。」東土諸生不從的心理，不但是對慣用字體的認同，也是對篆隸字體的抗拒，而隸書改易之不當，亦爲國人誹謗怨恨的理由，此一歷史史實，足以佐證在文字改革的過程中，面臨了名實的辯證關係，實不可避免，然而人們終究在衝擊中，逐漸接受改變的事實。

2、拼音化衍生方塊字存廢之潛在危機

在楷書成爲通行的書體之後，漢字的發展，還曾面臨拼音化與簡體化兩種改革的浪潮，拼音化運動未竟，簡體化則在中國大陸強力推動著。首先以拼音化而言，過去的歷史經驗，包括六朝隋唐間，由於佛教傳入，佛經大量的翻譯，人們受到梵文拼音的啓示，依樣畫葫蘆造出了三十六字母，唐末產生的三十六字母，揭露出把漢字當作音標在使用的事實，這是第一次可能走向拼音化的機會；第二次漢字面臨拼音字的挑戰，是元代忽必烈曾下詔頒行「八思巴字」，這是西藏喇嘛八思巴仿照藏文字母而創製的一種文字，想以之取代原有的各族文字，包括漢字在內；但兩次嘗試拼音化的結果，並未成功。〔註27〕

近代發出文字改革的呼聲，要求實現拼音化，自十九世紀末即不斷湧出，文字改革的先驅者盧戆章於一八九二年在《一目了然初階》指出，拼音化是基於字話一律的要求，又兼具字畫簡易，易於習認，無師而能自讀等多重好處；五四運動前後還出現過「注音字母」、「國語羅馬字」作爲漢字的標音工具，推行過拉丁化新文字。大陸地區，五十年代制定了漢語拼音方案，拼音方案的設計經過專家長期研究和反覆討論，既能準確地反映普通話的音位系統，又跟國際上的拉丁字母一致，比以前的所有方案都前進了一大步。〔註28〕這些拼音化的改革歷程，在作爲標音工具的部分，發揮了某一程度合理或簡便的效果，但終究未曾使漢字走向拼音化的路徑，漢字一旦全面拼音化，方塊字將面臨挑戰，亦將引發存廢的危機，乃可想見。基本上，就目前來說，還看不到對漢字體系進行根本的拼音化改革的需要，因而，漢字依然保持結體方正的方塊字，通行於華人的世界。

3、簡體化引發形體近似、繁簡混亂、古籍難識

但，就漢字的簡化方面，當以大陸地區透過正式頒布推動簡化字（或稱

〔註27〕同註 13，頁 82～83。
〔註28〕同註 2，頁 186。

簡體字）者，為規模最大的文字改革運動。在未有大規模簡化字運動之前，中國也出現過簡筆字，如近年出土的馬王堆帛書老子中，即有以胃為謂，以茲為慈，以俞為愈等例子，〔註29〕而唐宋元明書籍中的俗體簡字，近代學者也取得了頗多的成果。〔註30〕簡筆字，或基於易知易從，省力便用，而採擷「約定俗成」通行應用，既為大眾久已共許之字體，係屬通俗正體，如「个」之於「個」，「秋」之於「穐」，「礼」之於「禮」，在隸書久已通行之際，「个、秋、礼」當稱之為「俗體」，或名之為「通俗字」。然而，簡筆字也包括一般變體簡字，別字訛文等，這一類字體，往往破壞文字，使後學因而不識古書。〔註31〕

　　至於大陸推動簡化字的情形，從一九五〇年開始展開準備工作，一九五五年公佈「漢字簡化草案」，一九五六年經過修訂正式公佈「漢字簡化方案」，一九六四年編印《簡化字總表》，一九七七年發表「第二次漢字簡化方案」也就是俗稱的「二簡」。迄一九八六年，將《簡化字總表》又作了一些調整，並廢止俗稱的「二簡」，重新公佈，內容分為三表：第一表是「不作簡化偏旁的簡化字」，如「電」作「电」，「鬥」作「斗」，「擔」作「担」等。第二表是「可作簡化偏旁用的簡化字和簡化偏旁」，如「從」作「从」，「當」作「当」，「會」作「会」等，共收一三二個簡化字和十四個簡化偏旁。第三表是「應用第二表所列簡化字和簡化偏旁得出來的簡化字」，如「聳」作「耸」，「擋」作「挡」，「劊」作「刽」等，共收一七五三個簡化字。〔註32〕整個文字改革運動，歷時既久，也經歷轉折的過程。

　　推行簡化字，目的在使漢字變得容易讀認，便於書寫，從而普及文化教育，掃除文盲，為排版印刷製造便利條件。由於筆畫簡省，書寫似乎節省了時間，但文字的學習、書寫和閱讀，雖然縱貫人的一生，閱讀時間畢竟佔得最長，簡化字所面臨的閱讀問題是，因為筆畫差別太小，形體近似增多，辨別上容易產生錯誤，視力容易疲勞，從而降低了閱讀效率。〔註33〕此外，由

〔註29〕 華仲麐，〈略論簡字與俗字之異－讀何敬公「整理簡字提案的回顧與前瞻」〉，載於陳立夫等著《中國文字與中國文化論文集》（台北：文史哲出版社，1985），頁18。

〔註30〕 周祖謨，〈中國文字學發展的歷史〉，載於周祖謨，《語言文史論集》（台北：五南圖書出版公司，1992），頁398。

〔註31〕 同註29，頁16～17。

〔註32〕 同註13，頁84～85。

〔註33〕 同註13，頁85～86。

於簡化字學習經驗的限制，以繁體字書寫的古籍，便面臨了閱讀的困難，只有重新學習繁體字，才能進入古籍的世界，兩套漢字的學習，不僅加重了學習負擔，也影響閱讀效果。

客觀來看，一九八六年大陸公佈的簡化偏旁與簡體字總數爲二二四九字，然《康熙字典》有四萬多字，絕大部分是歷代累積的古字、廢字、俗字、異體字，一般印刷廠的「銅模」常用的中國文字有八千個。〔註 34〕以一個時代而言，具有應用功能的字，都不會超過四、五千個，而日常使用的漢字不過兩、三千個。〔註 35〕當前臺灣中央研究院院士鄭錦全以電腦進行跨種的語言計量研究，經統計所得，如《史記》五十三萬五千字，字種才五千一百，《紅樓夢》有七十三萬字，字種才四千五百，西方英文二百本名著，扣除單數、複數、過去式等各種語形變化，得出每本書的「概念字」也不超過八千，因而指出人類能記憶、掌握運用的語言符號，不能無限累積，大約只有八千，這是「詞涯八千」的理論。〔註 36〕比對一下這些相關數字，顯而易見的，大陸頒布的簡體字，相較於傳統的繁體字，依然存在著尚未密合的空間，公布的簡化字，雖接近常用的二、三千個漢字，而並未完全涵蓋，若較諸古籍的字種，各時代有應用功能的字，或印刷用的字，又都有一段差距，如此一來，簡體字與繁體字之間，便在字體上出現了同一字「繁簡並存」，或某字「有繁無簡」的現象，這不但使繁體字繼續使用，勢將不可避免，也連帶引發名實對應的爭議問題。

繁體字必須繼續使用，以官方立場，當限於未造出簡體字的部分，今日所見大陸出版書籍，如偷、解、情、概、篆、遵、量、髓等繁體字，即與簡體字並見於行文之中，然考諸社會，繁體字的使用，絕不單純止於未造出簡體字的部分。一九八五年大陸對合肥、蚌埠、蕪湖等地進行社會用字的抽樣調查，便發現「棄簡就繁，亂造簡化字，隨便寫錯別字，異體字」等混亂的情況十分嚴重；繁體字成了時髦，很多商店的招牌、廣告都用繁體，電影、電視的字幕，也愈來愈多的繁體字；合肥市檢查了兩處廣告群，不合規範的

〔註 34〕同註 13，頁 75，及同註 26，頁 2。
〔註 35〕同註 13，頁 75。
〔註 36〕曹銘宗，〈多少字教人詞窮，學者說八千〉，報導中研院院士鄭錦全用電腦研究，提出「詞涯八千理論」，在中英文都得到印證。民國 91 年 7 月 23 日，聯合報十四版。

比率占百分之九十以上。〔註 37〕八十年代大陸混亂的用字現象，說明官方簡體字無法絕對規範人們，簡體字得不到普遍的認同，繁體字仍間雜使用，因而自出胸臆，增生各種簡體字、錯別字，連同傳統的繁體字，有可能使某字集結出現五花八門的寫法，即令是代表同一事物之名，但彼此各行其是，任何字形皆無由達到「約定俗成」的根本要求，從廣義的角度來看，人們無異於面臨著「名異實同」空前的考驗。九十年代的今日，這種混亂的情況更是有增無減，在大陸上任何城市走一趟，可以發現所有的廣告招牌有簡化字，有繁體字，也有自己造的字，三體雜陳，〔註 38〕文字改革處在混沌階段，官方簡體字無法統一執行，足見在字形上仍存在著「名異實同」的老問題，這是簡體字在應用上出現的名實辯證關係。

官方明確訂定的簡體字，在構想上與傳統繁體字，原則上屬一一對應的方式，但雖然是一對一的連繫方案，也不能完全排除「名實相違」的可能性。環視大陸簡化字的來源，包括四種情形：（1）古字，如「雲」作「云」，「從」作「从」，「後」作「后」，「鬍鬚」作「胡須」等。（2）俗字，這是社會上已經流行的傳統簡體字，如「聲」作「声」，「體」作「体」等。（3）草書楷化，如「東」作「东」，「爲」作「为」等。（4）新字，這是一九四九年以後大陸新造的字，如「擁護」作「拥护」，「滅」作「灭」，「叢」作「丛」等。〔註39〕上述四種，以古字部分爲例，「云」字雖指雲的本義，但在文字演變過程中，早已被借用爲「語云」、「人云亦云」，因而「云」上加「雨」而成「雲」，遂與「云」歧分爲二，各有專義，早已是約定俗成之事，如今再將「雲」簡化爲「云」，則「云」即既指「雲」，又兼括「語云」之意，回復到文字演化之初「同名異實」的混沌階段，出現了名實之辯的現象。

另外，大陸簡化字的訂定，若按照形體來分，則有三種筆畫簡省的方式：（1）省略，如「號」作「号」，「裏」作「里」，「陽」作「阳」等。（2）改形，如「潔」作「洁」，是換聲符；如「塵」作「尘」，「團」作「团」，「區」作「区」等都屬改形。（3）代替，這是用筆畫簡單的字代替另一個較繁的字，如「隻、祇」作「只」，「幾」和茶几的「几」都作「几」。〔註40〕上述例子，爲人熟悉

〔註37〕同註 13，頁 86～87。
〔註38〕同註 13，頁 87。
〔註39〕同註 13，頁 88。
〔註40〕同註 13，頁 88。

常用的如「号、团、区、只、几」等，也有須待重新學習的如「尘」，情況或因人而異。簡體字與繁體字之間，若只是一對一的相應方式，並無「名實相違」的問題，若屬一對多的對應方式，如「只」代表「隻」、「祇」與「只」，「几」代表「幾」與「几」，就個別的「只」、「几」來看，似乎都掉入了「同名異實」的框架。當然，語言文字發展的結果，複合詞將越形增多，複合詞有助於詞義的明確化，文字的運用係聯字成詞或合詞成句，文字的閱讀與理解，一般是由字到詞彙，由文句到篇章，簡體字衍生「名同實異」的問題，在單音節詞時難以辨識，但針對複合詞，或上下文句連貫起來閱讀，「同名異實」的困惑或即能迎刃而解，然其先決條件是，須先行學習官方訂定的簡體字，熟習全套簡化字，始足以致之。

三、字音同異相滲滋生名實的辯證現象

1、音同音近衍生假借通假的模糊界域

　　文字自構字的根本而言，當然重在字形，但字形亦為音義之所附麗，字音與字形又往往相互牽連，字義與字形同樣彼此影響。基本上，文字的作用在記錄語言，人類的語言起源甚早，文字的發明遠落其後，〔註41〕語言行為的豐沛性，蘊藏在語彙、語音與語言的韻律（如語調、重音、停頓之類）之內，文字雖然記錄了語言，卻無法完全精密地記下語言所有的內涵，非唯如此，一些有音、有義的語詞，也沒有與之配合的文字，這是語文中常見「有音無字」的情形。〔註42〕

　　語言文字兼採並用以交流訊息，是人類社會必然的發展。語言文字無法完全相稱，從變遷情形來看，由於文字呈現相對的穩固性，因而在新事物、新概念出現時，語言往往能立即推陳出新，文字卻可能無法及時造作出來，之後文字有兩種發展的可能：一是新的文字產生，二是新的文字無從出現；後者即是語文中所見「有音無字」的情形，正是語言文字無法完全相稱的原因之一。當然舊事物、舊概念消失，將使語言逐漸消亡，書面文字則不見得

〔註41〕人類會說話，大概近五、六十萬年，會寫字晚得多，大約有五、六千年，參同註10，頁1。至於漢字產生的時代，則遠在四、五千年以前，參見周祖謨，〈古漢語通假字字典序〉，載於周祖謨，《語言文史論集》（台北：五南圖書出版公司，1992），頁441。

〔註42〕同註13，頁203。

隨之退去，語言消亡而書面文字卻保留下來，同樣是造成語言文字無法完全相稱的原因。

　　大體上，文字與語言既有相稱的部分，也有不相稱的部分，在發展歷程上，兩者相稱或不相稱，卻可能隨著時間而改易。以中國文字的創造運用歷程來看，便曾經面臨著語言文字相稱或不相稱的轉折過程，漢字的構字原則包括六書，六書之中的「假借」，最足以說明語言文字彼此相稱與否的轉折過程。一般而言，假借分為二類：一是無本字的假借，另一為有本字的假借。無本字的假借運用之初，即是鑑於某一事物「有音無字」使文字面臨了困境，為了找尋出路，於是採用變通的辦法，亦即「假借」已有事物之名以稱之；這類假借字，其構成形式，分先後三個層次：其一是文字形體未曾造出（無形），即某一事物有名無字；其二是依於聲而旁寄（依聲），即此字與某一事物之名，音相同或相近；其三是依於義以引申（寄義），即此字之意義，與某一事物之意義，或有關聯或了無關係。〔註43〕如「來往」的「來」，原來並沒有專用的字，而是借用本義為「麥子」的「來」，且前者（來往）的「來」字與作麥子的「來」字又同音，兩者意義相關聯，則「來往」的「來」即稱為無本字假借。又如「八」，原來像分別相背之形，意指「別」，而代表數名「八個」的「八」本無字（沒有本字），兩者字音皆相同，因此「八」借用為數字之名，然意義上則毫無關聯。或如「燃料」的「然」，本意指「燃燒」，而代表語詞「然而」的「然」並無本字，遂假同音之「然」字代表之。或如「焉」字，原像「黃色之鳥」形，代表疑問詞的「焉能」之「焉」，亦本無其字，然與「黃色之鳥」的「焉」同音，兩者意義雖別，仍假借為「焉能」、「焉用」之「焉」。此皆《說文解字·敘》所謂：「本無其字，依聲託事」之現象，可知許慎所謂「假借」的概念，假借的字與被假借的字，不論意義是否關聯，只要「依聲」即可「託事」。

　　上述所舉「來往」之「來」，「八個」之「八」，「然而」之「然」及「焉能」之「焉」，當它們處在「有音無字」的階段時，文字語言呈現出不相稱的關係，一旦假借已有之字以代之，文字語言又成為相稱的關係，關係凌替，先後出現了轉折。而且，以字形來論，「來」、「八」、「然」、「焉」等在未假借

〔註43〕林尹，《文字學概說》（台北：正中書局，1987），頁 182～183。並參裘錫圭，《文字學概要》（台北：萬卷樓圖書有限公司，1994），頁 205～206、213～216、222～224。

之前，既是「有音無字」，其字形根本是模糊的，假借之後，字形的輪廓當然是清晰可辨的。如果以字義層面來看，原本的「來」、「八」、「然」、「焉」等字被借代之後，本義加上假借義，字義顯然擴大了，殆假借之義彰顯於後代，原有的本義則廢而不用，字義此時又縮小了，借代的媒介在「音同」或「音近」，因著字音的觸媒，乃使「來」、「八」、「然」、「焉」等「名」，不論是「指涉性」、「約定性」或「界定性」的作用，〔註44〕都出現了鐘擺的效應，在借代之初，本義與假借義，雖處於對立的存在，但個別使用的事實，開啟了互動的機制，難免或本義或假借義，兩皆可行，沒有嚴明的界限，一旦擺盪的力道漸趨紓緩，鐘擺暫時停歇，則「來」、「八」、「然」、「焉」等本義轉趨模糊，原來字義漸次統一轉向，轉化至同形「寄生」或「滋生」的字義，而假借義卻朗現之矣。

至於「來」、「八」、「然」、「焉」等名，在假借啟用習慣後，形成「同名異實」的現象，攤開古籍時，讀者必須就本義或假借義思索判斷，加以抉擇，釐清字義轉化過程，始能對字義有精確的瞭解，進而掌握之，其所面臨的「名實辯證」關係也就不言而喻了。當然，應用假借，可以節省文字數量，一字數用的辦法，也合乎經濟原則，〔註45〕但文字變遷，使字義擴大、縮小或轉移，在閱讀古籍時，即使字形不變，字音相同或相近，人們對名實關係的認知，終須經由辯證加以確認。

關於有本字的假借，產生的現象有二：其一是某一事物初無本字，記述時不得不借用他字，其後雖已造本字，習慣相沿而不改，遂由「無本字之假借」，轉變為「有本字之假借」；其二是某一事物雖有本字，撰寫者或不知其字，或知之而偶忘，倉促之間，臨時以同音或音近的字來代替。〔註46〕這類的假借字，為用字之假借，又稱「通假」。首先就第一種現象來看，如「爰」本指「引」之意，古文假借為「車轅」的「轅」，是未造「轅」字之時，以「爰」代「轅」也。又如「哥」本指「兄」之意，古文假借為「歌唱」的「歌」，而後既已製造「歌」字，卻仍沿用「哥」以代替「歌」字，漢書即常出現類此情形。以上例子皆屬由「無本字之假借」，轉為「有本字之假借」者。〔註47〕

〔註44〕李賢中，《先秦名家名實思想探析》（台北：文史哲出版社印行，1992），頁195～196。

〔註45〕同註13，頁55。

〔註46〕曾忠華，《常用字探原（一）》（台北：五南圖書出版公司，1992），自序，頁4。

〔註47〕段玉裁，《段注說文解字》（台北：廣文書局，1969），頁119、162、206。並

「轅」、「歌」在未造出之前，字形渾沌未知，不得已而借用「爰」、「哥」以代之，而文字已製造出，猶沿用假借字，使「轅」、「歌」等字隱而不顯；通假的手法，使「轅」與「爰」、「歌」與「哥」涇渭難分，彷彿強行製造孿生兄弟，形雖似而神卻異，模糊的界域猶待細心的辨認。因著通假的用法，「爰」兼含「轅」、「爰」，「哥」兼含「歌」、「哥」，出現了「同名異實」的現象，撰著者雖能區分彼此，但閱讀者終究藉助訓詁的方式，始足以通曉彼此借代的轉折過程，就此過程來看，通假字觸動了名實的辯證關係，洵非虛言。

此外，屬於第二種雖有本字，撰寫者或不知其字，或知之而偶忘，倉促之間，臨時以同音或音近的字來代替者。如《尚書》「時日曷喪」，句中的「時」即為「是」的通假字，「時」義指四時，「是」義指「此」。或如《論語·衛靈公17》「孫以出之」，其中的「孫」則為「遜」的假借字，「孫」指「子之子」，「遜」其義為「順」。又如《孟子·告子上 4》「耆秦人之炙」，「耆」乃「嗜」之假借字，「耆」義指「老」，「嗜」義指「喜欲」。他如《荀子·解蔽篇》：「老子蔽於屈而不知信」，其中「信」為「伸」之假借，「信」之本義為「誠」，「伸」之義為「舒展」（《說文》曰：「屈伸」）。這種原有本字，倉促中沒有使用，卻臨時找個同音或音近的字來代替，在先秦古籍中非常普遍。「時」與「是」、「孫」與「遜」、「耆」與「嗜」、「信」與「伸」等，由於彼此「音同」或「音近」，固然提供借代使用的方便性，但使用方便的同時，卻製造出「字形」淆混的困擾，通假用字就如變身博士般，一身兼扮不同角色，上述列舉之「時」代表「是」與「時」，「孫」代表「遜」與「孫」，「耆」代表「嗜」與「耆」，「信」代表「伸」與「信」，音聲雖然接近，字形字義卻又乖離，古籍中恁多通假字的使用，不僅滋生名實對應的問題，每教初立門外之人誤判，如入羅網一般，模糊的面紗，須要層層揭開，才能還原其面貌，名實之間的辯證關係，若非學者皓首窮經，孜孜矻矻地鑽研，又何以穿越其模糊地帶，消解其存在的矛盾？

2、音同音變延伸出同源詞或異體字

語言與文字，雖然相關，卻非密合無間，蓋語言的複雜成分，文字並無法充分的表達。但文字既是記載語言的符號，語言所具備的音、義，自然存在於文字的字音、字義之中。

就文字的字音部分來看，漢字由於是一字一音，同音的字特別多，辨別

參謝雲飛，《中國文字學通論》（台北：臺灣學生書局，1980），頁 368～370。

同音字，若僅聞其音，如「百靈」與「百齡」、「中堅」與「忠奸」則不易分別，如果改用拼音，一樣無法識別，這也是漢字難以走向拼音的原因。不過，漢字本身具有圖形識別的特性，〔註48〕由筆畫組成的方塊字，透過眼睛的辨識，字形的差異即無所遁形。以符號系統而言，漢字大量的形聲字結構，「形符」為目治，是望之而知意義的類別，「聲符」為耳治，是聞之而知語言的聲音，〔註49〕從字形結構，顯然看得出漢字兼表音義的特性。基本上，同音的漢字，如果字形不同，字義有別，彼此又無假借、通假的情形，則不至於衍生名實對應的問題，如「同」（徒紅切）意指「齊」，「僮」（徒紅切）則指「僮僕」，「同」與「僮」兩字同音，但字形字義殊分；或如「祈」（渠希切）意為「求」，「崎」（渠希切）意為「曲岸」，「祈」與「崎」亦二字同音，而字形字義殊別；似「同」與「僮」，「祈」與「崎」，每一字之「名」，各有其其對應之「實」，互不混淆，因而並不存在名實的辯證關係。然而，此類同音字若彼此出現假借或通假現象，如前節所述，以「爰」代「轅」、以「時」代「是」、以「耆」代「嗜」、以「信」代「伸」等類例，則將產生名實淆亂的辯證關係。

不過，有些同音字，其字形不同，字義卻相同，這類字即存在著名實對應的辯證關係，如「晃」、「曠」，《說文解字》都作「明」的意思，由此可知，「晃」、「曠」等兩個字的字義皆相同。至於字音，以中古音言，晃（胡廣切）的發聲屬匣母，曠（苦謗切）的發聲屬溪母，都屬牙聲（舌根），兩字同類雙聲，又晃的收音為蕩韻，曠的收音為宕韻，都屬宕攝合口一等，兩字疊韻，因此在聲音上並無二致；若依上古音言，匣母古屬喉聲匣紐，溪母古屬牙聲溪紐，聲紐有別，但晃、曠的收音均為陽部。〔註50〕就中古音的「晃」、「曠」字音、字義皆同，而字形上雖有聯繫，字形仍然互異，如以「晃」字為準，「曠」屬同源詞，同源詞的出現，是經由同一語根孳乳分化，或根據舊詞更造新詞

〔註48〕同註13，頁79。

〔註49〕同註13，頁80。

〔註50〕底下所舉字例，關於中古音之聲母、韻攝，上古音之聲紐、韻部，併參：（1）林尹，《中國聲韻學通論》（台北：黎明文化事業股份有限公司，1986），頁59～66、239～249。（2）董同龢，《漢語音韻學》（台北：台灣學生書局，1973），頁211、246～259。（3）王力，《漢語語音史》（北京：中國社會科學出版社，1985），頁51～68。（4）陳新雄，《古音學發微》（台北：文史哲出版社，1983），頁822～854。（5）陳新雄，《等韻述要》（台北：藝文印書館，1975），頁41～48。（6）林慶勳、竺家寧著，《古音學入門》（台北：台灣學生書局，1989），頁69～90、197～215。

的情況下，亦即在語言的歷時演變下產生了同源詞。同源詞的存在事實，出現了「名異實同」的現象，人們在初接觸時，或乍覺矛盾，在使用新詞之初或不習慣，或限於少數，必須歷經普遍適應的階段，始能認同。因此，由矛盾、適應和習慣等的轉折過程，名實之間也有了辯證的關係。此外，方言也存在著同源詞的現象，如《方言‧卷五》稱：「牀，齊魯之間謂之簀，陳楚之間或謂之笫。」笫簀意義皆指「牀」，字音則爲脂錫對轉，義同音近，字形卻不相同。概略言之，同源詞的產生，不外乎語詞的歷時演變和方言差異所造成，而其特點主要在於音義的關聯。〔註51〕同源詞的異名情形，使名實的對應不是呈單線關係，而是呈複線關係，在造字之初，這種複雜性所造成矛盾的印象，須待更多的使用者透過學習，逐漸適應能辨識、認清同源詞殊途同歸的作用，普遍接受約定的用法，辯證的過程即可暫告一個段落。

　　另外，由於漢字並非一時一地一人所造，記錄生活環境或客觀事物的書面符號，可能有所不同，然其字音字義卻無差異，這類不同字形的字，使用頻率較高的係「常用字」，常用字之外的其他寫法，即爲「異體字」，包括「或體」與「俗體」。如「淚」之或體爲「泪」，「慚」之或體爲「慙」，「襍」之或體爲「襍」；而如「戀」之俗體爲「恋」，「蠶」之俗體爲「蚕」，「夢」之俗體爲「梦」，「礙」之俗體爲「碍」。「淚」、「慚」、「襍」、「戀」、「蠶」、「夢」、「礙」等常用字，與包括「泪」、「慙」、「襍」等或體，以及「恋」、「蚕」、「梦」、「碍」等俗體之異體字，將其相互對照，常用字與異體字雖然音義相同，字形上的明顯差異，也造成了「名異實同」的現象，當然仍須經由矛盾、適應、習慣的辯證過程。但，辯證轉化的過程中，又值得注意的是，有些異體字，在人們的使用習慣與公眾約定範圍影響下，經過時間的淘洗，甚至退出交際場合，只成爲字典中備查的文字。

　　當然，文字有創新的現象，其字音則有更迭的情形，而且，文字本非一時一地一人之作，經過時空的遷移，聲音的變化，就有可能孳生其他的文字，這類文字，聲音雖轉變，而字義卻不變，音變所孳乳的文字，前後字形互異，在六書之中，歸爲「轉注」。事實上，關於轉注的說法很多，學者意見紛歧，若以大範圍來區分，傳統上分形轉說、音轉說、義轉說（或稱主形派、主音派、主義派）等三大派，〔註52〕本節以字音同異相滲現象爲探討主軸，是以

〔註51〕竺家寧，《古音之旅》（台北：國文天地雜誌社，1989），頁171。
〔註52〕衛聚賢，《文字學》（台北：黎明文化事業股份有限公司，1979），頁219。並

僅酌舉音轉說為例，音轉的轉注字，即存在著名實的辯證關係。此類聲音轉
變之字，有兩種可能性，一是韻變而存其聲，稱「雙聲轉注」，二是聲變而存
其韻，稱「疊韻轉注」，在邏輯上是說得通的。首先就雙聲轉注字來看，如《說
文》中的「迅」（息晉切），意指「疾」；在字義未曾改變情況下，其收音卻經
變易，而孳乳為另一異體字「速」（桑谷切），「速」字也指「疾」之意；中古
音之迅、速皆屬齒頭音「心母」，二字同紐雙聲；但迅的收音為震韻，屬臻攝
開口三等，「速」的收音為屋韻，屬通攝合口一等，兩字的收音相隔遙遠；依
上古音言，迅、速同屬齒音「心紐」，迅的收音為諄部，速的收音為侯部，兩
字收音有別。又如「祥」（似羊切），意指「福」，其意義沒有轉移時，收音則
經變易，而孳乳成「禎」（陟盈切）之異體字，禎之意義為「祥」，亦即「福」
之意。依中古音，祥的發聲屬邪母，禎的發聲屬知母；祥的收音為陽韻，屬
宕攝開口三等，禎的收音為清韻，屬梗攝開口三等，兩字的收音卻不相近。
然上古音，邪母古歸定紐，知母古歸端紐，端、定都屬舌聲，故二字同類雙
聲；祥的收音為陽部，禎的收音為耕部，兩字收音不同。似「迅」與「速」，
「祥」與「禎」，即屬雙聲轉注字，此類雙聲轉注字，字形互異，字義相同，
因而在名實對應上，皆屬「異名同實」的關係，複線的對應現象，雖然多出
名實辯證的過程，一旦通過此過程，又能在概念上由異流匯歸為一，約定俗
成的認知成為共識之後，在文字的應用上，即增加多樣的選擇，當然也增添
了如虎添翼的靈活性。

　　至於疊韻轉注字的現象，如「志」（職吏切），中古音之聲母為正齒音照
母，其字義為「意」，在保留字義的情況下，發聲改變，孳乳出「意」（於記
切），聲母為喉音影母，其字義指「志」，兩字的發聲不一致；然意的收音為
志韻，志的收音亦為志韻，兩字的收音都屬止攝開口三等，二字疊韻。若依
上古音言，照母古屬舌聲端紐，影母古屬喉聲影紐，兩字發聲互異，但志、
意的收音均為之部，二字疊韻。又如「老」（盧晧切），中古音之聲母為舌頭
音來母，意指「須髮變白，七十歲之人」，字義並未轉移，但發聲改變，則孳
乳出「考」（苦浩切），其聲母為牙音溪母，兩字的發聲不一致，而老、考的
收音都為晧韻，兩字的收音都屬效攝開口一等，二字疊韻。依上古音言，來
母古屬舌聲來紐，溪母古屬牙聲溪紐，兩字發聲不同，但老、考的收音（晧、
浩為胡老切）均屬幽部，二字疊韻。如「意」與「志」，「老」與「考」，則屬

參陳光政，《轉注篇》（高雄：復文圖書出版社，1993），頁 51。

疊韻轉注字，此類疊韻轉注字，字形互異，本來的字義相同，在名實對應上，也出現了「異名同實」的現象，名實之間須要辯證，實無庸置疑。熟稔是化解對峙最直截的管道，同義的異體字，不論音同或音變，在混沌期，難免滋生認知的困擾，但透過溝通或說解，澄清彼此或同或異的特點，使異體字彼此互動起來，在多重選擇的情況下，其實亦不違逆文字運用的方便性。

四、字義分化歧出造成名實相違的問題

1、義變體別以還原初義

面對與時俱增繁複的事物與概念，漢字除了利用字根大量造作合體之形聲字，以濟一字一形之無限繁瑣，也兼採一字多義的途徑，另闢文字運用的活絡空間。文字運用空間的增闢，當然是轉折的，以一字多義爲起點，再循著變造或分割的手法，造作形體大同小異之新字，使紛歧之字義各有附麗之字形，確然爲漢字的運用，挹注了活力，但轉折的過程，依然可見名實的辯證關係的痕跡。

漢字字義的變遷，可以分成擴大式、縮小式及轉移式三類，這同樣適用於複合詞詞義的變化情形。〔註53〕字義的擴大、縮小或轉移，常見諸文字字義的引申、假借或比況現象，這是避免文字應用遇上窮窘之境況，就現有字形的表意功能，給予推陳出新的調整，因而，文字的字義變得繁複，是長期積累的結果，積累過程中，字義固有消長，有些字形則難免隨之衍生變化，字義、字形既經變遷將連帶影響名實的對應關係，值得一探其究竟。

就構字之原理言，造字之初，一字僅有一義，因而由形求義，形義相合，如此造字之初義，是謂文字之「本義」。〔註54〕但文字之本義，雖能描述特定之事物，對發現之新事物畢竟不敷使用，靈動的人類，面對著有限卻能激發出特殊的創造力，運用現有的字形以代表嶄新的意義，即是人類創造力的表現方式之一，於是同一字形，由初義增生了引申義，引申狀況可一而再，再

〔註53〕同註13，頁111。並參齊佩瑢，《訓詁學概論》（台北：華正書局，1983），頁85～96。指出：「古今語義演變的方式，約可分爲下列六種：（1）縮小式，（2）擴大式，（3）變壞式，（4）變好式，（5）變強式，（6）變弱式。」，按此六種演變方式，後三者亦可化約成（1）擴大式，（2）縮小式，（3）轉移式。並參林尹，《文字學概說》（台北：正中書局，1987），頁254。

〔註54〕杜松柏，〈字義與詞義〉，載於陳立夫等著《中國文字與中國文化論集》（台北：文史哲出版社，1985），頁65。

而三，一路繁衍下來，甚至有一字數十義者。由本義轉爲引申義，是文字意義的演變現象之一，其演變方式不外「分化」或「混同」兩種，其詞性雖改易，而意義或者離本義近，或者離本義遠。〔註55〕時日既久，反映在字形上，卻出現了共用同一字，或另造異體字的現象。如「口」，本義爲「人所含食」，而「口」同爲人「言」、「食」時的出口、進口，於是根據本義，引申爲某個點或某個空間的出口、進口；進一步，又引申爲國際貿易關係的進、出口；「口」更可以引申爲「人」，孟子所謂：「八口之家，可以無飢矣。」（〈梁惠王上8〉）即指八人之家。〔註56〕「口」與「人」似相距甚遠，但口具飲食功能，人又需飲食，在意義連結上乃環環相扣，加以引申遂爲順理成章。又如「色」，本義指「臉上的氣色」，進而引申爲「各種彩色」，或引申爲「女色、色慾」之意，如《論語》云：「少之時，血氣未定，戒之在色。」（〈季氏7〉）又引申爲「景象」的意思，如王維〈漢江臨汎詩〉：「江流天地外，山色有無中」，更引申爲「一切物質的存在」，如〈般若波羅蜜多心經〉：「色即是空，空即是色。」，〔註57〕其他引申之義甚多。這是字義擴大，字形未曾變易的例子。

　　有些情況則不同，如「臭」，本義指「用鼻子聞氣味」，是動詞，卻引申爲「氣味」，《尚書·盤庚》：「若乘舟，汝弗濟，臭厥載」，即泛指香氣穢氣一般的氣味，而《後漢書·隗囂傳》：「工匠飢死，長安皆臭」，此「臭」專指臭氣，即穢氣。顯示「臭」已由動詞轉爲名詞，由「臭氣」的「臭」，又可引申爲「惡名」，如《晉書·桓溫傳》所載：「既不能流芳後世，不足復遺臭萬載耶？」，「遺臭」即所謂「留下惡名」之意。〔註58〕當「臭」的本義引申爲其他意義，多次轉折後，引申義普遍流行，而「用鼻子聞氣味」的本義反倒不彰，於是就另造異體字「嗅」，以便還原其初義，也就是說，有了「嗅」字，「臭」的本義始得以保存。他如「臣」在甲骨文中的形體，像屈體仰視的樣子，屬獨體象形，其義當作舉目仰視，後來被引申爲「臣僕」之義，臣僕之義廣爲流行，「臣」的本義遂隱而無著，於是另造一個「頤」字，以還原其本義，「頤」字保存了「臣」的本義。〔註59〕此處「臭」與「嗅」，或「臣」與

〔註55〕林尹，《文字學概說》（台北：正中書局，1987），頁252～254。

〔註56〕同註53，頁54。

〔註57〕同註46，頁537～541。

〔註58〕同註43，頁169～171。

〔註59〕蔡信發，〈轉注析論〉，載於陳立夫等著《中國文字與中國文化論集》（台北：文史哲出版社，1985），頁164。

「頤」的例子，字義雖然引申轉變，而存初義的字形，卻改造成了異體字。就字形與字義之間的對應關係來看，最初之「臭」，或後造之「嗅」，既同樣用來指謂「用鼻子聞氣味」之本義，顯然出現了「異名同實」的現象；換言之，在「嗅」字未造作之前，以「臭」字兼表本義與各類引申義之形體符號，卻會出現「同名異實」的情形。同樣的，最初之「臣」，與後造之「頤」，先後用來指稱「舉目仰視」之本義，已然出現「異名同實」的現象，而在「頤」字未造出之前，以「臣」字之符號兼表本義與引申義，也已出現「同名異實」的情形。似這類因義變造作出體別的新字，以保存初義的例子，衍生出的問題，不論「異名同實」或「同名異實」，名實之間的對應，都非單一的徑路，在文字運用與理解的經驗上，如不穿越古今的幾經波折，實難消除矛盾的印象，唯有深入釐清文字字義與字形變遷之來龍去脈，名實之間的辯證關係方得解開。

另外，漢字常見的假借現象，包括多種，本文前已述及，假借雖借某字之字音與字形，又必關涉到字義的問題，被借字之字音與字形，猶如工具，藉此工具以表達某一特定或全新的意義，始是假借之主要目的。有些假借字，由於牽涉到字義上之本義與假借義，應用情況前後有強弱盛衰之別，遂出現由假借之初的共用一字，演變成另造異體字以代之的現象。如古文「其」，本作「簸箕」之意，而後被借為語詞或代詞，語詞或代詞「其」的使用場合遠超過簸箕的「其」，也就是「其」的假借義甚強更盛於「其」的本義，喧賓奪主的結果，「其」的本義因而不能彰明，於是另造一個從竹其聲的「箕」，以表示簸箕，「其」的本義始得以保存。「箕」既是後起的形聲字，又是本義轉變之後，另造出的異體字。又如「縣」，本意為「繫」，即「懸掛」，後假借為「郡縣」之「縣」，郡縣的「縣」應用情況盛過懸掛的「縣」，假借義既遠遠逾越本義，本義隱晦不顯，為使「縣」的本義得以還原，於是又造作了「懸」的異體字，以表示「繫」，即「懸掛」的意思。此處之例子，「其」之與「箕」，「縣」之與「懸」，在字形與字義之間，猶如文字的引申一般，也出現了名實對應的辯證關係。古字「其」與後來異體字「箕」，都用來代表簸箕的本義，這是「異名同實」的現象，而在假借之初，「其」兼含本義與假借義的複雜用途，卻是「同名異實」的現象；以此類推，「縣」與「懸」也同樣存在著「異名同實」或「同名異實」的錯綜情形。文字運用繁複錯綜，人們的思維亦必跟著轉折繚繞，思維運轉之際，或稍事遲疑，或費些思量，則無可避免，在

名實交錯對應的情況下，矛盾對立的表象，藉由古今文字學家尋繹其演變的軌則，經過一番辯證方式，方能將古往今來名實的內涵，找出確切的落點，進而透視彼此消長的情形。

2、義別另造字以離析義訓

　　文字之造，雖有一字一義，亦有一字二義者，其後，由於長期運用，更衍生為一字多義的現象。一字而兼具二義，在字形上既無區別，難免造成字義判斷的不便。正如包裝完全相同，外觀大小並無二致的包裹，教人難以揣測其中內容，又如產品的設計一般，不同功能的產品，如無外在不同的型款，便要多費工夫，詢問個明白。文字應用終究以方便、明確為宜，因此，一字而兼二義或多義，單一字形可能引發的混淆，即可能延伸出來。

　　就一字具有二義者而論，容易滋生「同名異實」的困擾，實不容諱言，針對此現象，古人構思加以區隔的方式，即另行造作新字，以泯除之。如《說文解字》的「歊」字，兼有兩個意義：其一為「歍」，其二為「出气」，為使兩者以一字一義方式呈現，讓意義壁壘分明，乃另造「嘘」字，專門代表「出气」之意，原來的「歊」字，則專指「歍」之意。又如「嫌」字，也兼有兩個意義，一指「不平於心」，一指「疑」，一字多義，讓人無法立作判定，遂又另造「慊」字，專門代表「疑」之意，原來的「嫌」字，即專指「不平於心」之意。上述例子，是透過另造一個新字的手法，專作其中一個意義之用，使彼此界限畫分清楚，〔註60〕如此一來，字形與字義之間，形成單一的對應現象，亦即名實相互吻合，即可避免「同名異實」的混淆。

　　理論上，當文字由一字兼具二義，卻設法另造新字，以離析義訓，分判成一字一義的現象，如上述徵引的例子，「同名異實」所造成的名實辯證關係，似乎已得到解決。事實上，問題的解決只是暫時的，蓋文字的運用既歷代不休，文字的字義又怎可能永遠停格？不論是新舊事物的興替更迭，或文人學者的創意巧思，都足以牽動字義的增減，務期一字一義，使名實相符形成絕對的關係，就絕大多數的漢字而言，都是一項困難的挑戰。在字形字義反覆分裂、統合的情況下，字義幾經世代累積，雖然有擴大、縮小和轉移等現象，當代的人們容或能理解，最後底定的約定俗成的字義，但現實世界事態的流轉，或將引領文字再度細密的分解，從而形塑出大相逕庭的新義，又無可避免的，在閱讀典籍

〔註60〕同註59，頁 161。

時，仍必須面對過往字義紛歧的歷史，重新淘洗文化的各種記憶，從紛陳對象中，進行篩選、確認。當然，文字的解讀不只是個別的，而應是整體連貫來理解，在試圖理解時，由迷離到明朗，辯證的過程無從抽離，辯證的憑藉，是古往今來各類詁訓之書，只有通過辯證，才能穿越文字的幽谷。

3、義兼正反之殊例

漢字一字多義的情況，形成的因素頗為複雜，如聲音轉移、音同假借、同音通假、語義引申、詞性轉變等都是。一字分化為多義，有屬以本義為核心，循著攸關相近、漸次迤邐遠去輻射而出的方式，形成語意上的親屬關係，更有直接翻轉，由正面遞變為反面意義的類例；前者字義遞進演變的軌跡層次分明，在思維理路上較不覺得突兀，後者字義變易幅度大肆跳躍，採行逆轉的路線，非另闢蹊徑者不足以概括之。此類兼具正反意義，字義明顯對立之文字，在古籍中形成頗為特殊的現象，古今學者曾由「反訓」的詁訓立場，加以辨析「反訓」之能否成立，但遞經研究結果，認為反訓「（實）語言演變之理」〔註61〕、「乃語義的變遷現象」，〔註62〕亦有認為是「係出於造字之故」所造成，〔註63〕提供了對「反訓」現象理解的合理途徑。不過，同一個字既兼具正反之意義，就其字形與字義之間，則明顯出現了名實的辯證關係。

誠然，反訓現象有其特殊成因與性質，但其說法，對一字兼具正反意義終究是一種發現，此一發現，又為名實的辯證關係提供了辨析的特例，本文乃依歷史脈絡論列之。為尊重古之學者之發明，雖採用「反訓」一詞，但亦將回歸近代學者以「一詞兼有相反相成兩種訓解」作為單純的定義。底下酌舉郭璞反訓說六例中之兩例，茲徵引專家學者之意見，〔註64〕並融入個人見解加以說明。

對兼具正反字義之某字，加以提列說明，並賦予「反訓」說法的，最早見諸郭璞《方言注》與《爾雅注》，雖然「反訓」這個觀念，在《說文解字》和《毛傳》之中，似乎出現得較早。字義正反通用，就經驗而言，總覺得不可思議，猶如眼前一個「白色」的物體，竟如何說成是「黑色」的？一件明明為「惡」的事情，又如何改稱為「善」的？黑白、善惡、是非，理應有嚴明的界限，又

〔註61〕齊佩瑢，《訓詁學概論》（台北：華正書局，1983），頁91。
〔註62〕同註61，頁178。
〔註63〕葉鍵得，《古漢語字義反訓探微》（台北：臺灣學生書局，2003），頁91～92。
〔註64〕胡楚生，《訓詁學大綱》（台北：蘭臺書局，1980），頁103～122。並參同註59，頁178～199。又參同註63，頁350～354。

當符合約定俗成的認定，若是彼此顛覆，於理實在窒礙難通。語意兩面皆可的現象，郭璞所提的共有六例，即「以苦為快」、「以臭為香」、「以徂為存」、「以曩為曏」、「以故為今」及「以亂為治」等，郭璞明確提出「反訓」之說後，此一觀念即深植於後代學者心中，洎至遇一字不能依其常義來解釋，便用反面意義去說明，「反訓」幾成為訓詁的常則。如「以苦為快」，係依《方言卷二》：「逞、苦、了，快也。自山而東，或曰逞，楚曰苦，秦曰了。」與《方言卷三》：「逞、曉、恔、苦，快也。」歸納所得，「苦」通常解釋為痛苦，「快」當愉快或快速，然「苦」解作「迅速」之意，《莊子‧天道》載有：「斲輪，徐則甘而不固，疾則苦而不入。」《釋文》引司馬彪云：「甘者緩也，苦者急也」似見其端倪，依《釋文》的解說，將「苦」解作迅疾，便和「快」的快速之意相合，並無「反訓」現象。然而，《釋文》的解釋，只是依每一句的起文順勢合併解之，並未針對砍削輪子緩（徐）急（疾）的動作，深入說明施力大小與快慢對木料瞬間受力產生的影響。蓋從工程的角度來觀測，以刀削木料，若動作過快，可能將木料砍削過度，導致零組件尺寸太小而不夠精確，傳統木工組合零件採用接榫方式，配合的零件若過小，組合成輪子必致不能堅固；相反地，若動作太慢，木料可能砍削不夠勻稱，遂使配合零組件尺寸太大而不夠精準，接榫時，則無法順利嵌入；施力快慢影響木料乃至成品，與事實經驗結合，實有跡可尋，是以將「甘」、「苦」另作他解，或許更為適合。坊間有將「甘」解為「鬆滑」，「苦」解為「滯澀」者，似乎又與木工施力情形違反，「甘」、「苦」真義，實在費解。因而，《釋文》雖作解說猶覺牽強不明，且《方言》一般採以雅言釋方言的方式，「逞、苦、了、快」與「逞、曉、恔、苦、快」各條，最後一字「快」係雅言，解為愉快，與前述方言「逞」為稱意適志之快，「曉、恔、了」為明白暢達之快，意思吻合，則苦字既然和這些字同條共貫，自然亦當解作愉快之意，可是苦字用為愉快之義，在古籍上卻似乎未嘗見到過。按上述的分析，「以苦為快」，幾已不容成立。

朱駿聲《說文通訓定聲》針對以苦為快，提出：「苦快一聲之轉，取聲不取義」，這是說明楚人語言中所要傳達的愉快之意，是以「苦」這個聲音來表示；胡楚生先生進一步指出，朱駿聲的說法，雖無其他堅強的證據，卻很合於理論；因而補述道，大概揚雄在聽到其他方言中某一有音無字的語言，其聲音與自己語言中的某字相似，便借用某字標音，這相當於「本無其字，依聲託事」的假借，並不需要意義上有任何關聯。此外，從語音上看，苦（康

杜切），聲紐屬牙音溪紐，韻母爲姥韻屬遇攝合口一等；快（苦夬切），聲紐屬牙音溪紐，韻母爲夬韻屬蟹攝合口二等，苦快二字，韻母不同，卻都是溪紐合口的字，說它們是一聲之轉，也並非無此可能。

上述之論證，說明郭璞所謂「以苦爲快」，並非「反訓」的現象，只是《方言》記載時運用文字假借的方式而已。當然，朱駿聲這樣的結論，比較符合漢字依循引申、假借的文字運用法則，「以苦爲快」既然牽連到用字之假借，自然會涉入名實辯證的問題，本文前已論述過，此處，試再作解析。按楚國某方言代表愉快之意，音雖與「苦」同，卻「有音無字」，因爲有音無字，只好假借同音的「苦」字代表之，但此方言與「苦」字之意義卻毫無關涉，就楚國方言而論，語言上或不致有名實對應問題，文字上有音無字，便出現了名實不相稱的現象，一旦借用意義全然無關的「苦」字，名實對應的問題就更大了。在字形上，「苦」字既是表示「痛苦」之意義，如今卻借用「苦」字之名以表楚國方言「愉快」之意義，遂使「苦」字之名，陷入同時兼具「痛苦」與「愉快」之處境，「痛苦」與「愉快」的對反意義，使「苦」字出現了「同名異實」的表徵，書面語言鐫刻的字形是永遠不容抹除的，「苦」字兼具正反意義的表象，也因而一時難以消失，《方言》卷二與卷三所記之「苦」字，其名實的對應情形，如不經由辯證之過程，又如何消彌學子展書閱讀的疑惑？「以苦爲快」的名實辯證關係，就經驗層面，實在難以理解，若回歸文字運用的原理，卻能豁然貫通，但，辯證的過程確實霎費曲折。

再舉郭璞所列另一「反訓」之例子，如「以亂爲治」，「亂」字通常都作混亂無條理之義，但《說文》、《爾雅》都訓爲「治也」，《廣雅》又訓爲「理也」；在古籍上，許多「亂」字，也確實只有解釋爲「治理」，文義才能妥當明白。《尚書》裏的例子，諸如「予有亂臣十人，同心同德」（〈泰誓〉），「亂而敬」（〈皋陶謨〉），「其能而亂四方」（〈顧命〉），「茲予有亂政同位」（〈盤庚〉）。《論語》的例子，如「武王曰，予有亂臣十人。」（〈泰伯〉），「殷其弗或亂正四方」（〈微子〉），這些例句的「亂」字，都是「治理」的意思。顯見亂字具有正反兩面的字義，實不容否認。對於「以亂爲治」的解釋，郭璞以外，還有依《說文》：「亂，煩也」、「亂，治也」，主張亂的本義即「治理」，作「混亂無條理」的意思，是亂的假借；或因《說文》：「辭，訟也」，「辭」引申乃有紛擾之義，其與「亂」字形近，因而推想，亂作「治理」是本義，作「混亂紛擾」之義，是形譌現象。此兩種說法，能否貼近事實，也令人存疑。齊

佩瑢則主張「亂之訓治，猶療理（料理）之訓治，本係音借，非關反訓。舊說反其義以相借或相反爲訓者，都大錯特錯了。」

不過，如對照其他字的用法，卻能覓得文字義兼正反的演化原則之一，在於詞性的轉變。如「皮」字當名詞時，其常用義爲「皮膚」，作動詞用，皮即訓爲「剝」；又如「釁」字，本指瑕隙，而古時殺牲以血塗坼隙也叫做釁；或如「破」，謂之「綻」或謂之「縫」，而彌釁補隙，也謂之綻或謂之縫。類似這些例字的用法，是語言裏常見的現象，除去某事某物的語言，即緣某事某物之名而產生，亦即某事某物謂之「某」，除去某事某物亦謂之「某」，以此類推，可知，「勞」本當「勞苦」之意，而慰勞之「勞」，則轉變成「去其勞苦」，意義相反，字形卻一致。〔註65〕此皆特殊的用字現象，是字義的引申轉變。類似這種意義衍生的規則，採行的或即是由此端轉變爲彼端，或由有遞變爲無，或由虛更迭爲實，逆向翻轉使字義化身爲對峙的角色，各自雄崛對立的山頭，就文字運用而言，人們有了更多朝山的機會，但山的外形終究是山，山中傳奇則須走它一遭方才分曉。

字義由正面顛倒爲反面，卻保留同一的字形，運用同一的文字，純然是人類思維運作的結果，率先構思這種字義衍生規則的人，是刻意或不經意，亦難於查考。字義正反兼用的存在事實，自郭璞提出「反訓」之說，又有許多學者繼其說法，常援引之，以解說經文難以會通之處，反訓的類例益加增多，後代學者雖予駁正，但載籍依然保留了相關的資料。先撇開「反訓」問題，回歸此種字義衍生的原則，字形與字義的對應依然不離「同名異實」的現象，就經驗層面來看，「某」字既代表存在的事物，如「皮」爲「皮膚」，「縫」爲「破」，「勞」爲「勞苦」，「亂」爲「混亂」；同時又以「某」字代表去掉此事物，即「皮」轉爲「剝皮」，「縫」轉爲「彌補」，「慰勞」轉爲「去其勞苦」，「亂」轉爲「治理」，直如教人相信凌空撒下和猛然抽離必須等同視之，在具體經驗上，如此矛盾的事物根本難以同時成立，名實的辯證關係教人霎費思量。然而，在抽象概念上，文字畢竟是人類思維所操弄的，主體宰制客體，有理或無理，都由不得文字來說話，巧思與創意猶如導演，責令同一字形兼扮正派與反派角色，誰曰不宜？但可想而知，當角色登場，觀眾如不細加分辨，撲朔迷離必然直撲跟前，義兼正反之字，仍不免一番名實辯證的歷程。

若針對「反訓」說法，滋生的麻煩就大了，援用「反訓」解經的現象，

〔註65〕胡楚生，《訓詁學大綱》（台北：蘭臺書局，1980），頁 114～115。

除郭璞之例，他如（1）「以貢爲賜」、「以乞爲與」、「以貿爲買」、「以豫爲厭」之類，（2）「以愉爲勞」之例，（3）「以無寧爲寧」、「以不亦爲亦」、「以不在爲在」等用法，〔註66〕可謂不一而足。其中第一類「以貢爲賜」等四例，本屬語義引申的用法，如「貢」普通作獻上之意，《爾雅・釋詁》云：「貢，賜也。」乃使「貢」爲獻上，又爲賜下，二義竟似相反；但貢字和共、供、龔等字義相當，《說文》云：「供，設也。」又云：「龔，給也。」《爾雅・釋詁》云：「共，具也。」《周禮・羊人》云：「共其羊牲。」注「共猶給也。」都是供給之義，本不具上下之分，後世始引申分化爲二義，遂出現「貢」訓「獻」，又訓「賜」的現象。第二類「以愉爲勞」，是同音通假的用字，按「愉」字普通解作「愉快」，《爾雅・釋詁》云：「愉，樂也。」又云：「愉，勞也。」，「愉快」與「辛勞」二義當然相反，然郝懿行《爾雅義疏》云：「愉者（勞也）蓋瘉之假音」，《爾雅・釋詁》即有「瘉，病也。」一條，顯示「愉」字作「辛勞」之義，只是「瘉」字的同音通假而已。〔註67〕但因同音通假，使「愉」兼表「愉」與「瘉」之意，形成「同名異實」的辯證關係，當是無可否認的，此例可與本文「音同音近滋生假借通假之模糊界域」一節相參。至於第三類「以無寧爲寧」等三例，則爲否定疑問句式的用法，就研究所知，欲表達肯定的判斷，在行文說話時，卻往往不用肯定敘述句，而代之以否定疑問句，此種句式，在心理學上可發揮強大的暗示力，如「無寧」意指「不願意」，「寧」指「願意」，「以無寧爲寧」典型的例子，即《論語》所載孔子所云：「且予與其死於臣之手也，無寧死於二三子之手乎？且予縱不得大葬，予死於道路乎？」（〈子罕11〉）傳統上都採用「無寧」即「寧」的解說；原句「無寧死於二三子之手乎」之深義，固以表明肯定的判斷，但僅挑出「無寧」而代之以「寧」，將使原句「無寧死於二三子之手乎」，變貌爲「寧死於二三子之手乎」，如此一來，或將導致違反原義的嚴重情形，或減輕原文本欲加強暗示力量的語氣，陳大齊先生因而主張「無寧」宜順訓爲「無寧」，即仍應保留「不願意」的說辭與意思，無須反訓爲「寧」，順訓既可省力，又易討好，反訓爲寧，既甚費力，又難討好，〔註68〕善哉斯言。因爲，若將「以無寧爲寧」當成「反

〔註66〕同註65，頁116～118。並參陳大齊，《名理論叢》（台北：正中書局，1970），頁48。

〔註67〕同註65，頁116、118。

〔註68〕陳大齊，《名理論叢》（台北：正中書局，1970），頁48、50。

訓」的統一適用標準，難免遇上窒礙難通的現象，如《左傳》：「寡君聞君有不令之臣爲君憂，無寧以爲宗羞，寡君請受而戮之」（昭公二十二年），此處「無寧以爲宗羞」一句，直接訓解爲「不甘願成爲宗廟的羞辱」，則前後文句，在邏輯上是說得通的，如反訓爲「寧」，則變爲「甘願成爲宗廟的羞辱」，即顯然違背了情理。此類反訓所帶來的困擾，如「以無寧爲寧」、「以不亦爲亦」、「以不在爲在」，明擺著的問題是，由於「無寧」兼表「無寧」與「寧」，「不亦」兼具「不亦」與「亦」，「不在」兼含「不在」與「在」，乃使「無寧」、「不亦」、「不在」等都出現了「同名異實」的現象，名實之間存在的辯證關係，看似可以化解，實則潛存著違逆事實（如《左傳》例），或削減語言力量（如《論語‧子罕》例）的可能，徒使古文閱讀滋生語意擺盪難明的困惑。此外，「反訓」還可能漫生更嚴重的問題則是，設若依類援例，廣爲推衍，則凡冠有否定字如「無」、「不」、「非」字者，因爲可以相反爲訓，則將視爲與不冠有否定字者相同。〔註69〕

　　義兼正反，若無限擴大用來解說古籍，遂致是非兩可，有無莫分，眞假難辨，則字形與字義間的名實辯證關係，直如盤根錯結，欲釐清上下文義，非相當的專業本領，非可觀的學養工夫，恐將難登古籍之堂奧矣。同時，義兼正反若刻意援用爲創作的特殊手法，亦可能淆亂詩意文理的表現，是又不能不加戒愼。大體而言，語義流通變化，常與時代事物更迭相應，循字形探索字義，不能拘泥於以今囿古，或以古囿今的思路，對文義的判斷，必須就一定的語言環境和語句結構，作仔細的審辨，如此才能精確地探得文字的意蘊內涵。

五、小　結

　　在腦力思維強力激盪下，人類發明的文字，將原屬無法捕捉的語言，換裝成視覺符號，以記錄語言，刻寫事物的軌跡，透過視覺符號，後人方得以理解人類歷史的點點滴滴，歷史經驗的傳承，文化的建造，亦因而得到發皇的契機。但文字也像生命體一般，由初創到成熟，形貌與內涵總在翻轉改變，以表意爲趨向的漢字亦無由避免，漢字遞變情形，有純屬字形本身的問題，亦有關涉字音或字義，牽連引申出字形的問題，因著各種遞變的現象，使文字之「名」與對應的「實」，在「同名異實」與「異名同實」的錯落擺動中，

〔註69〕同註68，頁42。

顯示以漢字記錄漢語,經由適應、矛盾、改進、再適應的歷程,添增了轉折的辯證過程,透過語文專家反覆探勘,揭示出文字之形、音、義流動變化的軌則與多樣面貌,釐清真相的工夫,雖繁簡不一,卻見證了人類兼採分裂、綜合手法,以挑戰有限,創造無限的巧思,爲語言文字闢造出通路。

第三節 邏輯學立場

一、傳統邏輯與現代邏輯的發展

1、西方邏輯顯赫的家族史

「邏輯」之名,是由拉丁語系的「logic」、「logik」或「logique」音譯而來,一般則簡單表述爲英文「logic」一詞的譯音;邏輯指的是,主要由西方學者建立和發展起來專門研究思維或推理形式的科學。在中國傳統學術史上,並無「邏輯」這樣的名稱,雖無此名稱,並不代表中國學術未曾觸及此一範疇的問題,先秦時期,儒家、墨家、名家等關於名辯的理論,即與西方所謂的邏輯約略相當。〔註70〕中國學者探討這一方面的學問,曾經歷了「名學」、「辯學」、「名辯學」,或「名理學」、「論理學」、「理則學」等不同名稱的發展過程,因而以「邏輯」或「形式邏輯」,專門用來表述由西方學者建立的關於思維形式的具體科學,在中國是經歷了長期使用過程始約定俗成的。〔註71〕

在西方,邏輯本身擁有相當顯赫的家族史,邏輯研究的先驅人物包括亞里斯多德(Aristotel, 384~322 B.C.)和柏拉圖(Plato, 428~347 B.C.),亞里斯多德提出的三段論,則是分析邏輯思維及邏輯對話的推論規則,他是嘗試分析邏輯思考的第一人。〔註72〕自亞氏之後,經過中世紀學者的詮釋,如橫跨十二及十三世紀西班牙的邏輯學家彼得(Peter of Spain),即後來的教宗若望二十一世(Pope John XXI),十三世紀英國塞瑞斯伍德的威廉(William of Shyreswood),又無數學者試著繼續拓展他的邏輯理論,包括十七世紀德國的萊布尼茲

〔註70〕周云之,《名辯學論》(遼寧:遼寧教育出版社,1996),序,頁1。

〔註71〕同註70,頁1~2。

〔註72〕美國德福林(Keith Devlin)教授著《Goodbye,Descartes:The End of Logic and the Search for a New Cosmology of the Mind》,李國偉、饒偉立譯,《笛卡兒,拜拜!——重新看待推理、語言與溝通,揮別傳統邏輯》(台北:天下遠見出版股份有限公司,2000),頁3~4。

（Gottfried W. Leibniz, 1646～1716），跨越十七及十八世紀義大利的沙凱利
（Gerolmo Saccheri），十八世紀瑞士的歐拉（Leonhard Euler），以迄十九世紀英
國的布爾（George Boole），二十世紀義大利的皮亞諾（Guiseppe Peano）等數學
家，德國的邏輯學家傅雷格（Gottlob Frege）等人，〔註73〕都先後投入了邏輯
的研究。邏輯經過漫長的發展，雖歷經了轉折的過程，而以十九世紀布爾用代
數符號重組邏輯，使邏輯產生根本性的變革，成為其明顯的分水嶺。〔註74〕在
此之前，自亞里斯多德傳衍下來的三段論邏輯，發展了大約二千多年，稱之為
傳統邏輯；此後，由十九世紀進入二十世紀初，以數學方程式建構的邏輯已成
為至今研究的主流，則稱之為現代邏輯或符號邏輯。

2、亞里斯多德的主謂詞命題、三段論與斯多葛的複雜命題

　　傳統邏輯自古希臘時期之後，亞里斯多德的邏輯理論一直居於領導地
位，這是因為亞里斯多德關於邏輯的著作《工具論》較易取得的緣故。《工
具論》由亞氏的學生整理出版後，不同文字的譯本也流傳極廣，自一一五九
年英國邏輯學家索爾斯堡的約翰（John of Salisbury）出版《續邏輯》起，後
世許多邏輯書都是以《工具論》為出發點。〔註75〕亞里斯多德邏輯的基礎
是建立在特殊的語言模式上，他試圖由命題在說什麼來發現普遍的模式。〔註
76〕所謂命題（proposition），指一句有意義的語詞，而意義，指內容所指的
事實能辨明其是否存在，〔註77〕也可說具有真假值的語句即是命題。〔註78〕
亞里斯多德主要藉著主謂詞命題（Subject-predicate Proposition）進行分析，
依據命題開頭的量詞（「所有的」以及「有些」），與連結主詞和謂詞的方式
（「具有」以及「不具有」），再把主詞（subject，以 S 表示）謂詞（predicate，
以 P 表示）指涉的具體內容抽掉，然後歸納出有四種量化的主詞謂詞命題，
其普遍的抽象模式為：

　　　　（所有的／有些）　S　（具有／不具有）性質　P
在確定命題普遍的抽象結構後，亞里斯多德從各種命題中建構所謂的三段

〔註73〕同註 72，頁 76、85、89、98、109。
〔註74〕同註 72，導讀，頁 7。
〔註75〕同註 72，頁 51。
〔註76〕同註 72，頁 52。
〔註77〕同註 10，頁 53。
〔註78〕楊士毅，《語言、演繹邏輯、哲學——兼論在宗教與社會的應用》（台北：書
　　　　林出版有限公司，1994），頁 115。

論，三段論的基本形式，乃是由三個定言命題所構成，如：

　　　　所有的人都是會死的　　　（大前提）

　　　　蘇格拉底是人　　　　　　（小前提）

　　　　蘇格拉底是會死的　　　　（結　　論）

這個三段論具有下列的普遍模式：

　　　　　　所有的　　　　M 具有 P

　　　（所有的／有些）　S 具有 M

　　　（所有的／有些）　S 具有 P

顯然的，三段論是從恰好兩個陳述中推導出另一個陳述的規則，亞里斯多德所發現的推論法則即稱爲「三段論」，這是亞里斯多德所建構的推理的普遍模式，依據三段論模式，亞里斯多德研究結果，認爲二百五十六種可能的推論模式，只有十九種是有效的，〔註 79〕上述的「蘇格拉底是會死的」定言三段論，即是有效的推論之一。有效的推論代表結論爲眞，無效的推論代表結論爲假，這種經由對語言模式的研究，以揭開思考所依循的模式，可謂是自古以來邏輯研究的目的之一。亞里斯多德所表列十九種有效的三段論，直到十九世紀才有人注意到有些是無效的，〔註 80〕眞正有效的只有十五種。〔註 81〕有關亞里斯多德對命題的區分，從形式方面看，有定言命題和假言命題，定言命題是以連詞「是」或「不是」來連繫或分開主詞和謂詞，假言命題通常用「如果」、「或者」、「不然」、「和」、「及」等字樣，不過，亞氏並未明言假言命題不同於定言命題，但在論三段論法時，曾提到它。〔註 82〕

　　假言命題受到特別的注目，當屬亞里斯多德之後的斯多葛學派，邏輯的斯多葛學派是由西提的芝諾（Zeno of Citium）於公元前三百年時建立的，此學派的領導者與後繼者，試圖分析由兩個命題組合成第三個更複雜的命題，其方式則包括：運用連詞「且」（and）的命題，稱爲「合取」（或稱綜合，conjunction）；運用連詞「或」（or）的命題稱爲「析取」（或稱分析，disjunction）；以及運用另一種連詞「如果（若）……則」（if ……）的複合命題，稱爲「條件句」等；斯多葛邏輯所探討的是命題之間彼此相互關聯的

〔註 79〕同註 72，頁 59。

〔註 80〕同註 72，頁 60。

〔註 81〕何秀煌，《邏輯－邏輯的性質與邏輯的方法導論》（台北：東華書局，1992），頁 397 及頁 423 之習題第 12。

〔註 82〕曾仰如，《亞里斯多德》（台北：東大圖書公司，1989），頁 80 及頁 80 之註 44。

模式，與亞里斯多德研究的是命題本身的模式不同。〔註 83〕斯多葛學者對
「合取」能分辨其真值模式，在分析「析取」的真值模式時，卻遇到了困難，
分析「條件句」的真值模式，更困難了許多。〔註 84〕就正確理解人類推理
原理的角度言，這是個挑戰的工作，但亞里斯多德從二百五十六種可能模式
中，分析出有效三段論的成就，雖然小有瑕疵，而斯多葛學者正確地強調了
抽象命題在理性分析中所扮演的角色，進而發現了些重要的命題推理模式，
〔註 85〕這種讓命題脫離自然語言，利用語言的抽象模式呈現出推理的規則，
既展現了「抽象化」在研究理性的普遍模式上的威力，更證明了兩者在邏輯
上開創性的成就。

3、分析思想概念由推理方式轉向抽象代數

　　傳統希臘邏輯研究的趨向，係以人類的語言論述為對象，假定人類的語
言論述可以全然化作主語謂語命題（即主賓述句）的形式，由人類平日的思
考習慣，分析出推理方式的辯證關係，無可否認具有科學的精神，但因須與
人打交道，人有自由意志且常難以預測，因而對語言的形式分析（對思想的
形式化分析與表述），要達到數學的精準程度，以及結果的確鑿性，亦即要
達到硬科學的地步，難免有些落差，它是介於軟科學與硬科學的模糊地帶。
〔註 86〕不過，古希臘學者的努力，終究確立了人類推理可以運用嚴格的科
學分析來研究的基礎，也指引出後人該走的正確途徑。繼希臘之後的羅馬
人，便透過研讀邏輯以訓練心智能力方式，從事演說、政治及法律等公共事
務，顯示羅馬人對邏輯的興趣在其實用價值，〔註 87〕這也見證了運用三段
論式的推理方式，在人類日常生活中的實用性。〔註 88〕羅馬人加倫（Galen）
著的《辯證法導論》，即將古希臘的兩大邏輯系統首次納入一個主題，加倫
認為亞里斯多德邏輯，其實是幾何推理的邏輯系統，而斯多葛邏輯則構成今
日所謂辯證形上學（dialectic metaphysics）的基礎，辯證形上學乃運用純粹
理性，以論證宇宙的本性，並探索上帝存在的問題。〔註 89〕十二世紀歐洲

〔註 83〕同註 72，頁 40～41、43、45、53。
〔註 84〕同註 72，頁 42～43、46。
〔註 85〕同註 72，頁 68。
〔註 86〕同註 72，頁 70～71。
〔註 87〕同註 72，頁 71。
〔註 88〕同註 81，頁 399。
〔註 89〕同註 72，頁 72。

早期的大學，仍把邏輯當成是啓發心智的工具，而不是對人類推理的科學研究。〔註90〕即令邏輯有這樣擺盪性的發展，仍在越晚出的年代，逐漸步向條件命題（consequential，指「若 A 則 B」）的推理研究邁進，十四世紀著名的英國學者奧坎（William of Ockham）即曾以推理方式進行語言學研究，又曾在《邏輯大全》中，條列出十一條得到有效結論的普遍規則，同世代的蘇格蘭人史考特（John Duns Scotus），或稱僞史考特，也在著作《論普遍邏輯問題》中，列出邏輯的論證規則八項，這些規則使邏輯向思想代數學往前推進一大步。〔註91〕

以辯證法來建構科學眞理，自古希臘以來，一直沿用了一千六百多年，繼奧坎與僞史考特之後，十七世紀興起的科學革命，科學眞理改以經過分析的經驗觀察爲基礎，這種強調以觀察爲基礎的探索與分析方法，顯然是有別於亞里斯多德《工具論》的邏輯傳統，可以說，這是由傳統邏輯步向現代邏輯轉折的初始。十七世紀的數學家萊布尼茲，即運用 A、B、C 等字母來標示不同的概念，如以數學式 A＝B 來表達概念 A 和概念 B 是相同的，建立任意兩個概念等同性（identity）的代數演算法，或以 A＋B 來指稱概念 A 和概念 B 的結合，顯示概念的等式與代數的等式之間的相似性等；總計萊布尼茲在他的概念代數中證明了二十一個定理，這樣的概念代數不僅使邏輯前進一大步，更是歷史上首次有人發展出不以數字或空間爲處理對象的代數系統，〔註92〕易言之，這是以代數系統來處理人類思維概念的初試啼聲。萊布尼茲身後兩百年，人們對邏輯的興趣雖然不減，但眞正的進展卻不多；邏輯進展的眞正突破，來自數學，尤其是十八世紀末至十九世紀初的兩項重要進展，包括非歐幾何學和抽象代數學的成長，以代數符號而言，它已向著用來指稱數字以外的物件之功能挺進，以抽象代數（abstract algebra）來表徵思想顯然正在逐漸成型。十九世紀英國的數學家布爾，基於對人類心靈運作的興趣，遂嘗試以代數來捕捉思考的模式，布爾希望自己的代數能涵蓋亞里斯多德所有的主詞謂詞命題與三段邏輯，以及斯多葛學派命題的邏輯，他運用集合的概念（包括空集合），而以 X、Y、Z 等符號來指稱物件的任意集合，從而建構出集合代數的命題模式，如「X」指稱「所有的德國人」，而「Y」代表「所有的水手」，則「XY」所指稱的就是「所有的德

〔註90〕同註72，頁 73。
〔註91〕同註72，頁 79。
〔註92〕同註72，頁 84～89。

國水手」，〔註93〕這即是合取的命題。

不過，布爾的代數系統，雖然具備許多一般代數的性質，如交換律、結合律與分配律等，卻又具有與一般代數不完全雷同的新代數，如 2X＝X＋X＝X，這與萊布尼茲的概念相同理論的公設 A＋A＝A（如紅色＋紅色＝紅色）有異曲同工之妙，顯示純就概念而言，重複運用並不會使意義改變。此外，布爾的代數系統也適用於亞里斯多德的四種主謂詞命題，其表達方式為：

所有 S 是 P ： s＝sp

沒有 S 是 P ： sp＝0

有一些 S 是 P ： sp≠0

有一些 S 不是 P ： s≠sp

舉例來說，如果 S 指稱「是一個水手」這個性質，而 P 指稱「是一個受歡迎的人物」這個性質，那麼上列第一個命題「所有 S 是 P」就是說，所有的水手都是受歡迎的人物。以布爾的代數語言來說，s 代表「所有水手」的集合，而 p 則代表「所有受歡迎的人物」的集合，然 sp 代表的就是所有既是 s（水手）又是 p（受歡迎的人物）的物件的集合，也就是所有受歡迎的水手的集合。因此，s ＝ sp 這個方程式的意義就是：「所有的水手」與「所有受歡迎的水手」這兩個集合是相等的。換言之，所有水手都是受歡迎的。

布爾復將亞里斯多德三段論翻譯為代數，如：

所有 P 是 M 　　（ p＝pm ）　　大前提

沒有 M 是 S 　　（ ms＝0 ）　　小前提

沒有 P 是 S 　　　 ps＝0 　　　結　論

運用上述方法轉換亞里斯多德的十九種有效推論，布爾因而發現亞氏的有效推論存在些許的失誤。〔註 94〕由此觀之，布爾所構思的，正如伽利略強調宇宙物理的規律都可以數字化般，他以數學的語言來表達心靈宇宙的法則，透過代數抽象符號，使邏輯學家得以暫時撇開真實世界的瑣碎與複雜，專注於邏輯的純粹抽象模式，從而使符號與意義區隔開來，成為現代邏輯中的核心概念，〔註95〕布爾的推波助瀾之功，誠無庸置疑。

理論的革新，使許多學者急著趕搭布爾所開動的代數邏輯列車，不到五

〔註93〕同註72，頁 89～100。

〔註94〕同註72，頁 88、101、103。

〔註95〕同註72，頁 104。

十年的光景，布爾的觀念便演化出一個全新的數學領域，叫做命題邏輯（propositional logic）。命題邏輯是以最基本而不可再分析的命題為基礎，基本命題可以組合成較複雜的命題，它和斯多葛邏輯一樣，都是以邏輯連詞來進行命題的組合，如「且」、「或」、「非」以及「如果……則」的條件句，這些連詞以符號表示分別為 p∨q、p∧q、-p 以及 p→q。命題邏輯所必須用到的推論規則只有一個，就是肯定前件式，如同布爾代數一般，命題邏輯的威力也在於將意義剝離，亦即符號 p、q、r 等代表什麼事物是無關緊要的。十九世紀晚期的邏輯學家，首先試圖找出命題推理的公理，以建構邏輯的論證，而且是有效的命題論證，如德國邏輯學家傅雷格（Gottlob Frege）的公理系統即為六個代數式。在命題邏輯無法處理所有的邏輯論證下，命題邏輯的局限，促使邏輯學家發展出另一套更普遍的邏輯，名之曰謂詞邏輯（predicate logic），「謂詞」係指物件的性質，謂詞邏輯旨在探討謂詞和物件如何構成命題，它將原本未分析的命題拆解為「原子組件」，也就是物件和謂詞，謂詞邏輯的出現，開創了邏輯的黃金時代，又引發了現代語言學與電腦科學的誕生，[註96]兩種學術則朝著數理邏輯更進一步的發展。

二十世紀初期，因著數理邏輯的發展，現代語言學從數學化、形式化的語言角度建立完構句式（well-formed formula）的理論，以探討完構句式之語意，所謂完構句式，係指符合文法的句子；現代語言學又指出，語言本身並不自備意義，將意義從語言中剝離出來，從而界定語言的意義，是由它所指涉的事物來決定，猶如新聞的標題，是由文字所描述的對象所決定，探討的角度有別於傳統語言的語法（即文法規則）。[註97]波蘭裔美籍邏輯學家塔斯基（Alfred Tarski）即是將意義與語言區分開的關鍵理論建立者，將語法從語意中抽離出來，使得語言從意義的限制中脫身，語言遂變成可以自由分析甚至是被操弄的符號句式。一九五〇年代，美國名語言學家喬姆斯基（Noam Chomsky）則把焦點集中於語言的機械層面，試圖找出語言的抽象結構，他設法找出規則來解釋字彙如何構成合文法的語句，這種進路是數學取向的，明顯是受了現代邏輯的影響。操弄符號句式的發現與經驗，使邏輯學家不斷嘗試以符號來橫渡理論長河，亦即以不具意義的符號來進行推理；多年的嘗試，這種免除意義的邏輯技術，使專家因而發明了數位電子計算機、電腦等先進

〔註96〕同註72，頁 107～112。
〔註97〕同註72，頁 115～117。

科技工具。而邏輯專家透過分解計算爲重複的幾個簡單基本步驟，亦即以簡單的形式語言，來控制計算的演算法，從而設計出了電子計算機，這是由英國涂林（Alan Turing）的概念計算機具，現在稱爲涂林機器（Turing machine，簡稱涂林機）演變而來的；同時，邏輯學家也透過書寫方程式方式，讓電腦進行邏輯推理；〔註 98〕電腦的發明與代代的更新，根本改變了人類的社會，人們道地見識了數理邏輯的威力。二十世紀邏輯學家的工作改變了一切，他們把邏輯由軟科學轉爲以堅實數學爲基礎的硬科學，〔註 99〕邏輯發展至今，數理邏輯已明顯成爲現代邏輯的主流趨勢矣。

從西方邏輯發展歷史來看，確曾經歷了啓蒙、青澀艱苦、臻於成熟的過程。中國先秦時期對名實關係的論辯，則有與西方邏輯約略相當之論述，因而援引西方邏輯知識，離析檢視中國傳統的名辯之學，亦不失爲洞見傳統學術派別可行之門徑。傳統邏輯對自然語言結構的研究，多半是爲了探索語言的意義，並分析合理的論證；現代邏輯援用數學的許多抽象觀念，來討論語言，成熟的數學理論則形成於近現代，將意義由語言中剝離，又屬現代邏輯的思考向度；而中國傳統名辯之學，乃著眼於名言所代表之意義，與名言論述之合理性，觀其思考路向，顯與傳統邏輯較爲切合，職是之故，本文擬以傳統邏輯爲理論基礎，爲傳統名實之辯進行不同角度的觀照。

二、由概念與命題論名實的辯證關係

1、傳統邏輯的基本問題：概念、命題、判斷

在邏輯領域裡，「概念」被認爲是抽象的。抽象概念的形成，係運用人類思維能力，從具體特殊的種種事物中，抽離出該事物中重要或全部的形成及形象，並使其和大部分附屬於此具體事物的具體經驗內容分離，這些形式或形象即是概念，因爲是抽離出來的形象，是以稱爲抽象的概念。〔註 100〕概念既是人在理智內對事物的初步印象，所以是一種內在行爲，由於須經由理智始形成，因此概念也叫做「理性印象」（intelligible image）。〔註 101〕概念不但是人用來認識事物，獲得理性知識的經驗，人們又曾透過概念相互溝通、交

〔註 98〕同註 72，頁 116～125。
〔註 99〕同註 72，頁 128。
〔註 100〕同註 78，頁 13。
〔註 101〕同註 82，頁 58、78。

換知識，而其溝通管道主要憑藉「語言」與「文字」，語言、文字二者當是概念向外表達的方法或工具，概念透過語言或文字向外表達，即成為「名稱」或「名號」。

在語言系統中，代表事物的名稱則以「語詞」來表示，語詞是最小的詞，語詞包括描述具體經驗的，如「山、風、水、火」、「孔子、孟子、荀子、墨子」等，不但都是有意義的語詞，而且具有約定俗成的意義，這一類的任一語詞都存在著與其相對應的概念；此外，語詞也包括非具體經驗者，如「獨角獸、金山（金子做的山）、飛馬（會飛的馬）」等，這是截至目前為止，在經驗上無法檢驗其存在的，但在邏輯上並不矛盾，邏輯上將此類名之為「經驗空類」，經驗空類雖然是空集合，但「勉強」可以在腦海中透過經驗及想像形成概念，這類語詞也有與其相對應的概念；然而，也有語詞所表達的，是由邏輯矛盾所形成的事物，這種事物根本不需要透過經驗去檢驗，即可判斷此類不包含任何具體的成員或類分子，稱為「邏輯空類」，如「圓的五方形」，這種語詞，在人的腦海中即無法形成一個相對應的概念。足見每個概念都至少存在一個語詞與之對應，但並不是任何一個語詞都至少存在一個概念和其相對應。〔註102〕

傳統邏輯將概念視為討論邏輯學及推論的出發點，〔註103〕概念又分為特殊概念與普遍概念，以語詞來表示，特殊概念之語詞稱為殊名或專名（proper name），傳統邏輯或哲學稱為殊相（the particular）；普遍概念之語詞稱為通名（general name）或類名（class name），傳統邏輯或哲學稱為共相（the universal）。至於邏輯學上的推論，係針對語句的真假性質進行的一種判斷，若某類語句是用來表述一樁事情稱為命題，命題即是陳述亦是抽象的表述，而語句既具有真、假兩種性質，因此具有真假值的語句都稱為命題，邏輯學家的任務就是試驗出有那些系統化的方式，能將命題正確組合成一個論證，〔註104〕論證則由前提與結論組合而成，若由前提推論至結論的過程是合乎邏輯的或正確的，稱為有效論證（valid argument），狹義的合邏輯，限於論證形式的有效即可，廣義的合邏輯的論證，則牽涉到前提與具體內容是合情或合理，也就是由前提之真，以推斷出結論的真；相對的，若諸前提皆真但推出的結論為假，則可判斷該論證為

〔註102〕同註78，頁19～20。

〔註103〕同註73，頁20。

〔註104〕同註72，頁35～36。並參同註78，頁115。

無效論證。〔註109〕整體而言，完整的推論，必須以概念爲基本單位，然後針對三個命題（大前提、小前提與結論）進行眞假值判斷，最後的判斷意在指出結論與前提的正確關係，稱爲「歸結」。〔註106〕藉由理智思維的作用，將前提的事理歸結到應有的結論，亦即對推論結果作出有效（對）或無效（不對）的判斷，始是邏輯論證訴求的功能。

2、先秦名實之辯的觀照

　　傳統邏輯必須掌握的基本問題，即如上所論述者。據此以觀先秦時期名實之辯的學術事件，則有助於吾人釐清諸子對名實進行辯證的理性思維，究竟隸屬於邏輯學的何等層面，進而瞭解各方學派論述之技巧、特色與價值。在中國傳統名辯學中，以《公孫龍子‧名實論》、《墨經‧小取》和《荀子‧正名》三篇，最爲集中反映了三家的名辯學說和理論體系，〔註107〕然實際的內容則可擴及於其他篇章。就名家而言，如公孫龍子〈白馬論〉所謂的「白馬非馬」，其論辯的觀點是「馬者，所以命形也；白者，所以命色也。命色者非命形也。故曰：『白馬非馬』」此處所論之「馬」，指有形可感的客觀存在物，它具有馬之所以成爲馬的自性或本質，亦即具有馬的通性，因此馬屬於邏輯學之普遍概念；而「白馬」，當然具有馬的通性，但與馬所異者，又特別具有白的性質，此白的性質是馬的通性中所沒有的，因此白馬屬於邏輯學之特殊概念；正如公孫龍在〈跡府篇〉所云：「異白馬於所謂馬」，白馬與馬之差別在於，白馬指兼具「白色」與「馬」兩種概念之存在物，涵攝的性質豐，馬指具「馬」之概念之存在物，涵攝的性質嗇，然而，馬可涵蓋一切顏色的馬，所涵攝的數量多，白馬僅限於白色之馬匹，涵攝的數量少，〔註108〕從事理上看，白馬與馬之間確實存在著不同之點，公孫龍子即著眼於此不同之點以立論，據「異於」以論定「非」，由「異白馬於所謂馬」，導出「白馬非馬」的結論。「白馬非馬」的結論，猶如〈指物論〉中的「（物莫非指）而指非指」的說法，兩個命題中，關鍵在兩者的「非」如作爲「不等、相異」的否定義，〔註109〕那麼從邏輯學角度看，作爲特殊（下位）概念的白馬，與普遍（上位）

〔註109〕同註78，頁136～137。
〔註106〕同註82，頁92。
〔註107〕同註70，頁51。
〔註108〕同註68，頁29。
〔註109〕同註44，頁68。

概念的馬，其內涵與外延皆不同，因而「白馬非馬」的命題是可以成立的，公孫龍子用分析方法研究事理，在哲學史上確有其意義。但「白馬非馬」之命題，其關鍵在連詞「非」這個字，其基本含義為「不是」，如此一來，此命題即指「白馬不是馬」之義，依據此義，荀子乃批評「白馬非馬」〔註110〕為「惑於用名以亂實」，蓋下位概念的「白馬」，本應涵攝於上位概念的「馬」，故「白馬是馬」始為正確的說法，依此角度，顯示荀子的批評亦符合邏輯。

另外，據莊子〈天下篇〉所引「歷物」的說法，如惠施所謂「天與地卑」、「山與澤平」的論點，從概念上看，上為「天」而下為「地」，「山」則高而「淵」則低，這是天與地，山與淵的一般性質，是人們所認知的經驗，惠施不從名的確定性論述，反倒從超然立場或由特殊現象著眼於天地、山淵的相對靈活性，〔註111〕提出如此有別於常識的命題。如此命題，荀子即一方面批評道：「山淵平，天地比，……是說之難持者也。而惠施……能之，然而君子不貴者，非禮義之中也。」（〈不苟篇〉）惠施的邏輯命題，在特殊條件下容或能夠成立，荀子卻以其不合乎禮義，反對此一命題，以禮義為衡量標準，顯然是著眼於道德要求的論說。此外，荀子又批判地說：「山淵平，……此惑於用實以亂名者也。」（〈正名篇〉）由於主張「王者之制名，名定而實辨，道行而志通，則慎率民而一焉。」（〈正名篇〉）。荀子圍繞著「名實」問題所發出的論點，已不單純只就政治目的來立論，又針對「名」是用以表達概念的思考向度來進行辯證，名稱則以語言、文字為表達概念之工具，名須明確反映事實的本質，亦不能違逆「約定俗成」的原則，因而由「名以指實」、「名實相符」的當然標準來檢視，荀子毫不遲疑批駁「山淵平」的命題，這是就「名」所指涉之概念的確定性、普遍性與絕對性，和概念的變動性、特殊性與相對性之間的辯證。

以墨家為例，墨子曾提出：「雖盜人人也，愛盜非愛人也，不愛盜非不愛人也，殺盜人非殺人也。」（〈小取〉）就其陳述來看，墨子所謂「盜人人也」是肯定的語句，以概念而言，「人」屬於上位概念，「盜」屬於下位概念，盜只是人的分子之一，因而「盜」當為「人」所涵攝，這樣的命題顯然是真的。但接下來的敘述，墨子一概以「非」為繫辭，最終則作出「殺盜人非殺人」

〔註110〕原文為「馬非馬也」，依楊倞注謂，為公孫龍「白馬非馬」之說。參王先謙，《荀子集解》（台北：華正書局，1993），頁280。並參梁啓雄，《荀子柬釋》（台北：臺灣商務印書館，1993），頁317～318。

〔註111〕廖名春，《荀子新探》（台北：文津出版社，1994），頁244。

的判斷，若照傳統邏輯的標準，如此判斷，顯然是不對的。以《墨子・小取》所述及的論辯方式，墨子其實展現了相當程度的邏輯思維能力，在「殺盜人非殺人」的上文有云：「白馬，馬也；乘白馬，乘馬也。驪馬，馬也；乘驪馬，乘馬也。……此乃是而然者也。獲之親，人也，獲事其親，非事人也。……盜人人也，多盜非多人也，無盜非無人也。此乃是而不然者也。……且入井，非入井也。止且入井，止入井也。……此乃是而然者也。……之馬之目盼，則爲之馬盼。之馬之目大，而不謂之馬大。此乃一是而一非者也。」這段陳述，是墨子用來解說「辟、侔、援、推」的論辯法則，論述之中，如「白馬，馬也」（即「白馬是馬」）之命題，是可以成立的，蓋白馬是小類，馬是大類，以小類爲主詞，大類爲謂詞，即是傳統邏輯所說的部分相同，亦即此一名（白馬）的全部意義同於彼一名（馬）的一部分意義，或可稱爲全偏相同，〔註112〕隨後在此判斷的主詞謂詞上各加一個乘字，形成「乘白馬，乘馬也」（猶「乘白馬是乘馬」）之新命題，按之事理也是可以成立的，因而墨子出以：「是而然者」的說辭，意指前提是者，其結論亦是（然），顯而易見的，墨子對概念的涵攝關係理應有所瞭解。據此對照「殺盜人非殺人」的說辭，不僅與「盜人人也」的說辭相悖，也與「白馬，馬也」的認知相違，盜人是人的一環既屬事實，墨子何以有此悖逆事實的說辭？荀子曾批駁道：「殺盜非殺人，此惑於用名以亂名者也。」（〈正名篇〉），荀子所謂「用名以亂名」，即是著眼於事實的角度來發難，在事實觀點下，殺盜確是殺人，「盜」與「人」的名詞表面雖不同，而盜仍具有人的本質，在概念上，盜宜涵攝於人的範疇之內，故不宜謂「殺盜非殺人」。

　　然則，墨子所論「殺盜人非殺人」，自然是跳脫邏輯概念的思路了，就「殺盜人非殺人」緊接於「不愛盜非不愛人」之下，可想見是以價值觀點爲論斷的依據，盜之可殺，蓋盜乃爲惡之徒，其惡行難以見容於世，世人俱惡之，因惡而欲殺之，猶如「不愛盜非不愛人」，既符合人情反應，亦應爲世間所公認，自然可視爲價值之衡定。〔註113〕在不同觀點下，荀子與墨子對「殺盜非殺人」作出不同的判斷，蔚成名實之間的辯證關係，雖曰立場相對，然兩家所說各有是處，不妨並存。

　　以儒家爲例，孔子所倡「正名」的說辭：「（一段）名不正，則言不順；（二

〔註112〕同註68，頁35、37。
〔註113〕同註68，頁75～76。

段）言不順，則事不成；（三段）事不成，則禮樂不興；（四段）禮樂不興，則刑罰不中；（五段）刑罰不中，則民無所措手足。」（〈子路 3〉）即是由「名」的概念出發，並以理性思維的方式，逐段逐步地向前推展，從第一段「（若）名不正（P），則言不順（Q）」，以迄第五段「（若）刑罰不中（P），則民無所措手足（Q）」，每一段皆以複合命題的條件句（若P則Q，即P→Q）形式出現，如此環環相扣，形成首尾照應的邏輯形式的論述。論述的每一小段由前件（P）至後件（Q），都存在著強烈的關聯性，甚至是必然關聯，根據現實的觀察，由於「名不正」（P）為眞，且「言不順」（Q）為眞，因而「若P則Q」整個複合命題亦為眞，如此層遞地推衍，最後得出「刑罰不中，則民無所措手足」的複合命題同樣是眞，此一複合命題，則是整體論述的結論。孔子如此推論，顯然是順著「名字的意義沒有正當的標準」和「語言文字沒有正確的意義」，亦即「名不符實」的現象來立論，名不符實將引發連瑣的嚴重後果，因此「正名」的主張，強調名實相符的重要，有斯名必有斯實，有斯實必有斯名，這是孔子對名實辯證關係所表露的嚴正立場。此處所論環繞著政治的議題，同樣的議題或不同的議題，也曾出現在其他言論中，如「君君，臣臣，父父，子子。」（〈顏淵11〉）、「其身正，不令而行；其身不正，雖令不從」（〈子路6〉），均針對各種角色之「名」，以要求其合當稱職的扮演，孔子關切的角色扮演乃倫理之事，雖為倫理之事，也必須回歸於「名」的正確概念，又必須指向「名」所涉及之「實質內涵」，依邏輯形式來分析，「君君、臣臣、父父、子子」四組句為合取命題（P且Q，即P∧Q）之形式，對此命題，孔子僅予陳述而未作任何推論，但要求「名實相符」之用意則蘊涵於其中；「子帥以正，孰敢不正」屬複合命題的條件句（若P則Q，即P→Q），在務求「名實相符」的主張下，前件「子帥以正」是肯定命題為眞，後件「孰敢不正」以反問句式表肯定亦眞，因此，整個命題的值是眞。上述資料顯示，孔子對名實對立，名實不相稱的情形，企圖予以導正的用心，孔子揭示「正名」的理念，對名實的辯證關係進行凝重的思索，則開啓了先秦諸子立說分派的源流。

繼孔子之後，孟子在洸洸洋洋的言論中，雖然未曾正式提及「正名」一詞，卻在在觸及了正名的核心問題，亦即政治倫理的問題，並且挾其所長，運用特有的思辨能力，在概念或語詞上進行意義的確認。如針對政治倫理議題，孟子針對「湯武放伐桀紂」之事，提出：「（一段）賊仁者，謂之賊，（二段）賊義者，謂之殘。（三段）殘賊之人，謂之一夫。」（〈梁惠王下8〉）此段

論述，即以理性思維的方式，對君王之行徑進行了立場肅穆的推論。就其陳述句式來分析，從第一段至第三段都可簡化爲標準主謂結構的普遍模式，成爲「賊仁者是賊（P），賊義者是殘（Q），殘賊之人是一夫（P∧Q）」，這種以「是」來連繫主詞與謂詞的陳述句，個別而言屬定言命題，整體論證則屬複合命題（或謂連言命題），由於前提 P 與 Q 皆爲眞，因而結論 P∧Q（P 且 Q）亦爲眞。孟子在結論中提揭的說辭極具嚴厲的價值批判，他將爲害仁義的桀紂，重新冠上「一夫」之惡名，桀紂只容稱爲「一夫」，癥結在於悖逆了「君王」之名，亦即徒有君名而無相稱之實質作爲，故不宜視之爲君。此處之論述，不但賦予「一夫」之「名」鮮明的概念，同時又對傳統「君王」的角色，著實地由名實的辯證關係作出毫不含糊的批駁，就政治倫理而言，孟子無疑是繼承了孔子要求名實相符的正名思想。

在概念或語詞方面，如著名的三辨之學中，以「王霸之辨」爲例，孟子曾云：「（一段）以力假仁者霸，霸必有大國。（二段）以德行仁者王，王不待大，湯以七十里，文王以百里。以力服人者，非心服也，力不贍也。以德服人者，中心悅而誠服也，如七十子之服孔子也。《詩》云：『自西自東，自南自北，無思不服。』此之謂也。」（〈公孫丑上 3〉）上述之論述，以邏輯句式來表示，第一段第一句爲「（若）以力（且若）假仁者（則）霸」，第二句爲「（若）霸（則）必有大國」，表以邏輯形式，第一句屬「若 P 且 Q 則 R」，即〔P∨Q〕→R 複合命題的雙條件句；第二句屬「若 R 則 S」，即（R→S）複合命題的條件句。由於第一段前提（R→S）爲眞，因而推論所得〔P∨Q〕→R 亦爲眞。不過，這顯然不是個完整的論證，因爲其中的小前提省略了，可稱之爲「不全論證」或「省略論證」，〔註114〕若將之加以修整補充，即形成標準的三段論則爲：

　　　有些具有大國的是霸者
　　　所有有力且假仁者皆具有大國
　　　所有有力且假仁者皆是霸者

第二段的句式猶如第一段，表以邏輯形式，第一句爲「（若）以德（且若）行仁者（則）王」即〔P∨Q〕→R，亦屬複合命題的雙條件句；第二句「（若）王（則）不待大」即 R→S，則屬複合命題的條件句，此段之前提 R→S 爲眞，因而推論所得〔P∨Q〕→R 亦爲眞。同樣地，這也是個省略了小前提的不全

〔註114〕同註81，頁 416。

論證，將之修補成標準三段論例如下：

> 有些不待大的是王者
>
> 有些以德且行仁者是不待大的
>
> 有些以德且行仁者是王者

上述之論證，孟子提揭「王與霸」不同之「名號」，又分別論述其概念內涵，「王」之主體內涵為「以德行仁」，「霸」之主體內涵為「以力假仁」，內涵即名號所對應之「實質」，由名實相符的角度來看，王者與霸者誠然殊異。孟子既對「王霸」之名實進行辯證，指出王霸不可混淆，又予以價值的評斷；蓋「以德服人者，中心悅而誠服也」，推行仁政始是持久的事業，故肯定王者，然「以力服人者，非心服也，力不贍也」，以武力為後盾終屬短暫的壓制，故反對霸者，「王霸之辨」雖由概念著手，亦關涉政治倫理，可視為是「正名」思想的延伸。

　　至於較為後出的荀子，對名實關係的論辯，除了在政治倫理方面，就孔子的「正名」主張作了發揮，又在邏輯方面，探討了概念分類和判斷、推理等問題，展現其特出的成就。以政治倫理言，如荀子所言：「（一段）故明主急得其人，而闇主急得其勢。（二段）急得其人，則身佚而國治，功大而名美，上可以王，下可以霸；（三段）不急得其人，而急得其勢，則身勞而國亂，功廢而名辱，社稷必危。（四段）故君人者，勞而索之，而休於使之。」〈君道篇〉）上述論述，係分別就「明主」與「闇主」的概念，作不同的描述與評論，第一段第一句「明主急得其人」（凡 S1 是 P1），第二句「闇主急得其勢」（凡 S2 是 P2），皆為全稱肯定語式，兩句以「而」字之連詞繫連，故屬複合命題，第二段第一句「急得其人」至第五句「下可以霸」，其句式為「（若）P1 則 Q1（且）Q2（且）Q3（且）Q4」，各句之間以「（若）……則……且……」相繫連，故屬複合命題的條件句；第三段第一句「不急得其人」至第五句「社稷必危」，其句式為「（若）－P1 而 P2 則 R1（且）R2（且）R3」，句子以「（若）非……而……則……且……」相繫連，則屬複合命題的雙條件句。至於第四段「故君人者，勞而索之，而休於使之。」由文意觀之，顯然是指「明君」而言，尋覓人才雖勞累卻迫切，一旦得人才，則能「休」（即「安逸」），亦即能獲得「身佚」的結局。換言之，「休於使之」涵蓋第二段第二句至第五句的意涵，是省略式的說辭，當然，此段同時省略了「闇君」、「急得其勢」之窘困結局。上文可視為是一論證，一段至三段有許多前提，第四段則為結論，

論證雖然不是標準的三段式，但結構內容探討的，則承繼孔子「聖君賢相」的思路來立論，「明主」之「名」，當有其對應之「實」，「得其人」即是「實」的內涵之一。又〈君道篇〉所云：「請問爲人君？曰：以禮分施，均遍而不偏」，「君者，何也？曰：能群也。能群也者，何也？曰：善生養人者也，善班治人者也，善顯設人者也，善藩飾人者也。」無一不是對明君之實的勾勒。

不過，荀子對明君的外在事功，固然循著「正名」的理念來思索，在明君所衍生的王霸問題上，名所對應之實，卻出現轉折辯證的思路。一方面，荀子繼承了自孔子以來「尊王黜霸」的思想，〈仲尼篇〉即云：「仲尼之門，五尺之豎子，言羞稱乎五伯，是何也？曰：然，彼非本政教也，非致隆高也，非綦文理也，非服人之心也。」這與孟子所云：「仲尼之徒，無道桓文之事者，是以後世無傳焉。」立場是相同的。另一方面，荀子則又嘗云：「用國者，義立而王，信立而霸，權謀立而亡。」（〈王霸篇〉）此處雖表明王霸有別，然霸絕非闇主惡君，試觀〈王制篇〉所云：「王者富民，霸者富士，僅存之國富大夫，亡國富筐篋，實府庫」，「王奪之人，霸奪之與，彊奪之地。」此皆顯露荀子「王霸亦有兼用」的思想，〔註115〕霸雖可用，霸者終不若王者德義深入廣大，唯霸者還具備德義，荀子如此描繪霸者，「德雖未至也，義雖未濟也，然而天下之理略奏矣，刑賞已諾信乎天下矣，臣下曉然皆知其可要也。政令已陳，雖睹利敗，不欺其民，約結已定，雖睹利敗，不欺其與。如是則兵勁城固，敵國畏之；國一綦明，與國信之，雖在僻陋之國，威動天下，五伯是也。非本政教也，非致隆高也，非綦文理也，非服人之心也，鄉方略，審勞佚，謹畜積，脩戰備，齺然上下相信，而天下莫之敢當。……是所謂信立而霸也。」（〈王霸篇〉）在繁長的命題裡，如斯霸者所具實質的政績，雖未臻王者之理想，而霸者的概念，顯然並非絕對的與王者對立，霸者在政教、隆禮、修習禮儀方面雖有缺失，而指導方針大體正確，〔註116〕故亦能營造相當程度現實的功績。準此以觀，荀子的王霸雜用思想，採行的是上可以王，下可以霸的思路。這樣的思路，欲其不違逆孔孟對尊王黜霸的主張，勢須多出一道名實的辯證工夫，透過上述的說辭，荀子對霸道之實，重新加以辯證的思維，是清晰可見的。

就邏輯方面言，荀子有諸多精采的論述，唯其所論，依然不曾脫離政治

〔註115〕孔繁，《荀子評傳》（南京：南京大學出版社，1997），頁61。
〔註116〕同註115，頁65。

倫理的主體訴求。如荀子所謂：「然後隨而命之：同則同之，異則異之；單足以喻則單，單不足以喻則兼，單與兼無所相避則共，雖共，不爲害矣。知異實者之異名也，故使異實者莫不異名也，不可亂也。猶使同實者莫不同名也。故萬物雖眾，有時而欲徧舉之，故謂之物。物也者，大共名也。推而共之，共則有共，至於無共然後止。有時而欲徧舉之，故謂之鳥獸。鳥獸也者，大別名也。推而別之，別則有別，至於無別然後止。……物有同狀而異所者，有異狀而同所者，可別也。狀同而爲異所者，雖可合，謂之二實。狀變而實無別而爲異者，謂之化，有化而無別，謂之一實，此事之所以稽實定數也，此制名之樞要也。後王之成名，不可不察也。」（〈正名篇〉）此處所論，既提出制名的基本原則是「同則同之，異則異之」，制名的細則是「單足以喻則單，單不足以喻則兼」，進而對「名」加以分類，「名」即邏輯學上的「概念」，荀子將其分類爲「單名」與「兼名」，或分類爲「大共名」、「共名」、「大別名」與「別名」等，如此分類，即涉及了邏輯上位概念與下位概念的觀點。關於「單名」與「兼名」之分，如「人」、「馬」爲「單名」，然「男人」、「白馬」則爲「兼名」；又「人」、「馬」即是上位概念，「男人」、「白馬」則是下位概念，上位概念涵攝下位概念，下位概念則隸屬於上位概念。至於「大共名」、「共名」、「大別名」與「別名」等類別，依序而言，如「物」爲「大共名」，「生物」爲「共名」，「鳥獸」爲「大別名」，「黃鸝鳥」爲「別名」，亦是由上位概念循著下位概念來敘述。

荀子指出「推而共之，共則有共，至於無共然後止，……推而別之，別則有別，至於無別然後止」，說明上位概念上推可有更上位的概念，下位概念下推可有更下位的概念，但上推與下推不能沒有止境，上位概念推到極點，荀子名之爲「大共名」爲「物」，物即是邏輯所稱的「範疇」，範疇只可涵攝；下位概念推到極點，荀子名之爲「別名」，無可再推的別名，即邏輯上所說的個體概念，個體概念只能隸屬，無法涵攝。觀荀子所論名的類別，必須緊扣名所反映事物之實體，異類之事物較易區分，且須加以區分，而同類事物之實體，每存在著相同之處，或相異之處，此相同、相異之處，則爲事物之屬性，依據事物屬性，形成概念上的涵攝與隸屬關係，此處論述顯示，荀子循著清晰細膩的理性思維，對事物之名實關係進行辯證性的推理與判斷，命題的判斷結果是眞實的，亦是符合邏輯的。據此嚴密的思維架構，荀子對諸子論說的批評，如在〈正名篇〉中，駁斥墨子「殺盜非殺人」，乃「惑於用名以

亂名」，批駁惠施「山淵平」，係「惑於用實以亂名」，抨擊公孫龍「白馬非馬」，
為「惑於用名以亂實」，如本文前所詳加分析，即是從上位概念與下位概念的
涵攝關係，就概念的普遍性、確定性與絕對性，以及關鍵字「非」的基本概
念進行判斷，故依然符合邏輯學的角度，由邏輯層面言，荀子邏輯取向的見
解誠可觀又可貴。然而，對於名實的辯證，荀子終究是環繞著「政治倫理」
的主體目的而發議論，言論確當與否，必須對「用名」現象嚴予查驗與約束，
而身負「制名」之責的聖王，自然不可不加深察，是以荀子乃謂：「後王之成
名，不可不察也」，「故明君知其分而不與辯也。」糾舉查核「用名」確當與
否，即是「正名」一貫的立場與主張，因而歸結起來，荀子的邏輯思維與正
名思想，兩者之間實乃曲徑而通幽。

三、名為第一性或實為第一性之辯證關係

1、由客觀具體經驗論實之第一性

（1）自然資源、物質文明是「實先於名」的見證

　　人類的思維活動，是文化創造的源頭，文化創造的行為，包括內在的精神
文明與外在的物質文明兩種層面，此兩者又每有互通呼應之處。英國歷史學家
湯恩比（Arnold J. Toynbee）認為，文化的誕生是來自於人類對外在自然環境挑
戰的反應；但又進一步提出，一種高度的文化之創造，不再是對外來環境挑戰
的反應，而有賴於人類對自我內在心靈的克服。〔註117〕前一觀點是常被人引用
的著名理論，但也被視為是一個憑藉常識的臆測和推論；後一觀點被視為是湯
恩比真正的歷史慧識，此中蘊藏著他對文化創造、發展及興衰流變脈絡的剖析。
〔註118〕針對人類文化的起源，湯氏的觀點，顯然是人類理性思維的宣揚者，理
性思維值得讚頌，卻也有待省思之處，在歷史經驗裡，它發揮了促進人類文明
的動力，文明的路上，同時又或多或少烙下傷痕的印記。

　　在追溯人類文化起源之際，若問名與實，何者為先，以客觀具體經驗角度
言，實先於名，亦即實為第一性是可以成立的。蓋人類文化創造的產物，屬於
外在物質層面的產物，是所謂的實物，此等實物之創生，均取諸自然資源，自
然資源存在於外在的自然環境，在文化創制活動中，人類則扮演推手的角色，

〔註117〕劉岱，《不廢江河萬古流－中國文化新論（序論篇）》（台北：聯經出版事業公
　　　　司，1990），頁21。
〔註118〕同註117，頁21。

又以媒介者的方式，將名號與實物串聯起來，殆無疑義之處。吾人試將人類與自然資源回歸到宇宙演化的階段來探討，相關的科學研究顯示，宇宙之初，並無人類，由於溫度極高，太初渾湯（primordial stew），也沒有任何的結構和組織，但是，隨著溫度逐漸冷卻，物質形成組織的事件同時發生在宇宙各處，組織由物質的最基本單位「夸克」開始，夸克先組成核子，核子結合成分子與小型晶體結構，從而出現了星際間的塵埃。就這樣，塵埃互相黏結構成了塊狀的固體物質，行星（planet）與小行星（asteroid）出現，隨之在夠大的行星上所保有的大氣層與海洋，更多的分子反應發生了，分子鏈、生物分子、細胞與生物體極有可能形成了。〔註119〕宇宙有無數個天體系統，在綿邈悠長的時光中，銀河系的地球，各類生物體逐漸的生成，演化過程漸行漸速，人類的祖先卻在最後才崛起，雖然崛起最慢，人類大腦的發展，除了說明物質可以演化出高度複雜的結構，在物競天擇的法則下，又瞄準了地球上的存在物，人類以其智慧與知識，控制著身邊的自然資源，並征服自然界的一切對手，這一切都是為了求生存，在生存的需求下，地球上無時無刻不斷上演著「殺戮」與「自衛」既矛盾又統一的戲碼，換言之，人類儼然成為地球的主宰者，但，更貼近事實真相的，人類道地是地球的掠奪者罷！

　　上述宇宙演化的現象，足以說明，在人類誕生之前（在人類成為立足於地球的強者之前），宇宙中即存在著行星，地球上也充斥著物種，遨翔天際，悠遊水域，馳逐陸面及兀然矗立的生物，一地散落與聚攏深處的無生物，莫不是舉目可見或探勘可得的存在物，即令是腥風血雨、波譎雲詭、變幻萬千的自然現象，也無不是觸目所及，環伺左右的存在體，在人類發展出成熟的語言能力，又創造出形象化的文字系統之前，這些已然存在的實物，既是人類主體嘗試加以辨識的客體，也是人類賴以維生的資源，對客觀具體事物的切身經驗，又由人類作嫁透過語言與文字的描摹，使客觀事物有了明確的稱謂，藉由「名以指實」的方式，來進行互動與溝通，並傳承各式各樣的經驗。因此，就宇宙的原生世界而論，實先於名而存在，這是一個不爭的事實。對宇宙原貌的理解，隨著科學技術與日俱增，科學家提出各類更新的研究成果，如元素的名稱（氦、氮、矽），史前時代的動物及複雜的宇宙演化等，科學家藉由試驗、考古、推理等實證方法，證實其存在的事實，始賦予其稱號，這

〔註119〕葉李華譯，李國偉審訂《喜悅時光——從宇宙演化看人生真諦》（台北：天下文化出版社，1998），頁85～86。

些被還原且經由證實的存在物，亦可視爲是先有實後有名的現象。

　　至於人類創制的物質文明，以農業產品爲例，如利用自然資源的豆類加上鹽及其他原料加以配製成豆豉、醬油，或利用提煉方法，製作成豆腐，進而加以變化，製造出豆腐皮、豆腐干、千張、油豆腐及乳腐等；或如利用剩餘糧食（如糯米、高粱）來釀酒，享有盛名的紹興酒產地，則有「善釀」、「加飯」、「狀元紅」、「竹葉青」等不同產品的名稱，係以糯米釀製而成；北方之沛酒、潞酒、汾酒等，皆屬高粱製成之「燒酒」。觀其命名之由來，係根據事物製作方法之特性或用途以命之，像「善釀」是以酒代水，以酒釀酒，味道特別醇厚；「加飯」是在一定的水米比例外，再加糯米飯；「狀元紅」裡面放了紅麴，色深而味濃；「竹葉青」色淡而氣味香；「女兒紅」則是當女孩出生以後，製酒三缸，埋藏地下，待女孩長大出嫁時，起酒於地下享客。〔註120〕諸如此類，擺在眼前的境況是具體可以捕捉、辨識的實存實體，皆屬實先於名的現象。類而推之，以工業產品的船舶爲例，如西漢中葉武帝時所造之「樓船」，「高十餘丈，旗幟加其上，甚壯。」（《史記‧平準書》）係借助風力與人力運行之大船；唐宋有所謂之「輪船」，像洞庭湖的盜賊所用之輪船，「以輪激水，其行如飛」（《宋史‧岳飛傳》）卻是用簡易推進機發動的船隻，輪船較諸樓船，顯然更具巧思。〔註121〕船之命名，亦必切合此物體獨特之形款（外觀）或功能，既是依實以命名，則實又先於名而存在矣。現代交通工具，如腳踏車、變速腳踏車、電動腳踏車、機車、汽車、火車、磁浮列車等，林林總總的名稱，均是研發出的新產品，通常產品在商品化之後，依據物品實體特殊的製作原理與適用的功能，從而賦予相稱的名稱，這類物品，既能爲人類支配，也供應人類生活需求的滿足，人們能夠顧名思義，自然是透過具體可觀的實物來認知，在程序上，先有實而後有其名，理當可以普遍被接受。當然，產品的研發，源自創意，創意之初，也許閃現出某種稱號，但畢竟只屬游離不定的想法，產品品質與功能之成敗，勢將牽動名號改易機率的大小，甚至決定名號之存廢，因而，流通使用的名號，終究以實物創制居先爲宜。

　　（2）事物的本質、原理與規律屬「實先於名」的存在

　　在客觀具體經驗上，先於名而存在的實，並不局限於視而可見的事物或

〔註120〕張舜徽，《中國文明創造史》（台北：木鐸出版社，1987），頁 49～50、54～55。
〔註121〕同註120，頁 87～88。

事件，任何實物必含藏某些特有的本質，形成物體的屬性，此物之實質，也是人類感官所能體驗的，如冷熱、軟硬、濕滑、乾澀、香臭、酸甜苦辣或悲喜憂樂等，感官既可循著經驗加以辨識，又能藉由理性思維，將經驗加以歸納分類，得出如蛙、蛇為冷血動物（或稱變溫動物），梅、李為酸性果子，蔥、蒜為辛辣食物，展顏而笑為喜，雙眉緊蹙為憂等。人類賦予事物屬性恰切的稱謂，依憑的當然是已然存在的實質，這同樣說明實先名後的道理。

但「實」又包括客觀事物之原理，宇宙自然與社會人生蘊藏的原理不勝枚舉，對於此類事物原理的描述，先秦時期，如《墨經‧經說（下）》云：「光之煦（照）人若射。下者之人也高，高者之人也下。」便指出光穿過小孔如射箭一般，是直線進行的，人的頭部遮住上面來的光，成影在下邊，人的足部遮住下面來的光，成影在上邊，就形成了倒立的影。這是墨家所作的著名實驗之一，既明確地闡述了光的直線傳播原理，又科學地解釋了小孔成像的現象。〔註 122〕此一自然的原理，在人們勾勒、描摹之前，已是既存的事實，先有其實存的原理，而後經由證明乃提出光線直射的說法，這是無庸置疑的。中國在天文觀測方面，有相當可觀且久遠的天象紀錄，在天象紀錄中，即提到日蝕、月蝕的現象，古人對日、月蝕的成因認識很早，必是長期觀察經驗累積所得，戰國石申已知日食和月亮有關；〔註 123〕日、月蝕的成因是自然的原理之一，由於白道（月球繞地球軌道）面和黃道（地球繞太陽軌道）面並不在一個平面上，而是成五度四十四分相交的傾斜度現象，因而當月球接近白道與黃道面的交點，並正值朔望時刻，日、月、地球才會實際排成一條直線，從而發生日、月蝕。〔註 124〕在曆法方面，對時令節氣的掌握，春秋時期，已知道春分、夏至、秋分、冬至四個節氣，其餘二十個節氣，到秦漢之間才完備。〔註 125〕節氣名稱之訂定，同樣得自觀察經驗，綜合歸納而訂。現代人

〔註 122〕顧俊（發行人），《中國科學文明史》（台北：木鐸出版社，1988），頁 122。

〔註 123〕劉君燦，〈想像力與邏輯推理──先秦的自然思想與科技成就〉，載於洪萬生主編，《格物與成器──中國文化新論（科技篇）》（台北：聯經出版事業公司，1991），頁 32。

〔註 124〕洪萬生、劉昭民，〈規圓矩方‧度量權衡──傳統科技的量化趨勢〉，載於洪萬生主編，《格物與成器──中國文化新論（科技篇）》（台北：聯經出版事業公司，1991），頁 421。並參劉昭民，〈理性的發展──燦爛的宋金之科技〉，載於洪萬生主編，《格物與成器──中國文化新論（科技篇）》（台北：聯經出版事業公司，1991），頁 185。

〔註 125〕同註 120，頁 26。

知曉春分、秋分，分別是太陽射線直射赤道的時刻，夏至、冬至卻是太陽分別直射在北回歸線與南回歸線上的時刻；四個節氣的形成，則牽涉到地球繞著太陽公轉時，地軸角度的問題。

　　以今日科技知識而言，如「萬有引力定律」（law of universal gravity），係牛頓對天體運行規律的理解，他認為依據宇宙中任何兩物體之間，都有互相吸引之作用力存在，且引力之大小和二物質之質量（m_1、m_2）的乘積成正比，與兩物體距離（R）的平方成反比，以公式表之如下：

$$F = G \times \frac{m_1 \times m_2}{R^2}$$

另外，如「重力加速度」（acceleration of gravity），指地球表面的物體，因受地球引力之作用，向地心方向有一加速度存在，此加速度便稱重力加速度，通常以英文字母 g 代表，g 值會隨地表位置之不同而改變，一般使用的標準值為每平方秒 9.8 公尺（9.8m／sec2）。上述的理論，是西方科學家依據伽利略所創立，繼由牛頓發揚的機械論相繼提出的創見，對宇宙事物的理解，機械論者認為宇宙間的所有自然現象都能以數學方式去處理，〔註126〕因而試圖將自然現象數學化並理論化，這些形諸數字符號的公式或文字符號的概念，若已經由實驗證明，且普遍為人們接受，理論即成為不可移易的說辭。類似上述「萬有引力定律」、「重力加速度」等科學理論名稱之流行，依憑的，又何嘗不是先於其名存在的事物之原理，此類事物之原理正是「名」所附麗的對象，同樣見證了「實先於名」的存在。

2、由主觀先驗直覺論名之第一性

（1）主觀神馳之識見

　　對具形體的實物及其本質的描述，或對事物原理的解說，是人們依據客觀經驗集結而得的認知，從而運用適當的語彙來表達，這是實先於名，實為第一性的現象，殆無疑義。在傳統名辯學中，處處可見這種從根本上肯定有形實物是第一性的說法。但，相對於實為第一性的存在，在傳統的名辯學中，其實也出現過名為第一性的爭議性問題，名為第一性，亦即先有名後有實，究竟能否成立，當亦值得探究一番。

　　試想，自有人類以來，人即置身於萬物萬事之中，人與外在事物相對照，

〔註126〕魯經邦，〈自然知識的寶庫〉，載於洪萬生主編，《格物與成器——中國文化新論（科技篇）》（台北：聯經出版事業公司，1991），頁 400。

萬物是客觀的存在體，人類則處在主體的立場，對萬物進行一場未見終點的知性之旅。漫漫的旅途，人類交相運用思維與感官，上下逡巡，反覆推勘，又推陳出新地加以離析組合，遂使周遭的事物，由陌生轉爲熟稔，使經驗得以分享，知識得著傳承，可以說，人類的主觀立場是舖陳文明的推手，雖曰主觀，畢竟以實存的客體爲經驗的依據。但人類的主觀意識，有時既像個務實的耕者，有時又能化身凌虛的智者，虛空沒有所謂的軌跡，但智者自能闢出航道來，在神馳的路徑中，他環視蒼穹的無言，銀河的幻變，俯思疾馳倏忽的人生，生命的歸處，總想在紛擾簇擁的人潮裡，直探生命的原鄉或生活的理路。智者的哲思，未見得是現實生活的體現，特殊的機宜與超絕的悟性，使智者迸發出洞燭機先的識見，識見是智慧之所悟，智悟或許令庸人費其思量，卻又撼動著群黎的心絃，只因爲哲思企圖揭開宇宙神秘的面紗，又直搗生命的底層，同時開示著人生的某種路徑。

（2）智的直覺先驗地存在

在哲學上，對於別具智悟的哲思，稱之爲「智的直覺」。〔註127〕智的直覺是主體性的展現，它以個人的本能爲體察的對象，〔註128〕因是獨特的生命體悟，由於獨特，或者難於就普遍經驗來驗證，甚且逕被視爲是先驗的存在。經驗得自人類實際的體認，是實證的，亦是可以捉摸的；先驗則先於經驗，一般指不是由經驗產生，便難於驗證或捉摸，然而，獨特生命對本能的體察，又不無洞察大眾生命與宇宙玄妙細膩處之可能，所以在哲學發展的階段，則或能榮膺眞知灼見之美譽；但，容或稱之爲眞知灼見，又不見得被認同代表唯一的眞理或全部的眞理，甚且可能被批判是封閉而獨斷的。〔註129〕就個體生命而言，人人雖潛存主觀意識的傾向，卻未見得皆能由主觀意識激發出智的直覺，披讀人類的文化史，得以展現智的直覺之哲思，終歸少數獨特的生命而已。

關於哲人（或智者）這種純屬智的直覺，歸根究底即其獨特生命心靈的概念，概念必須形諸語言或文字，此種概念之「名」，若與「實」相對照，孰先孰後，當可加以研議。如在中國哲人之中，被稱道具有智的直覺者，以孔子爲例，其所揭示「仁」的概念，即以仁爲人所固有，是生命的自覺展現，

〔註127〕牟宗三，《中國哲學十九講》（台北：臺灣學生書局，1999），頁303。
〔註128〕陳榮灼，《「現代」與「後現代」之間》（台北：時報文化出版企業有限公司，1992），頁162～163。
〔註129〕同註78，頁25。

尋其軌則是「克己復禮爲仁，一日克己復禮，天下歸仁焉。爲仁由己，而由人乎哉？」，究其細目，則是「非禮勿視，非禮勿聽，非禮勿言，非禮勿動。」（〈顏淵 1〉）孔子對生命的體悟很獨特，循著「克己」到「由己」，他發掘生命的自主性與自發性，指點出樂於表現禮的規範是生命內在的本質，且以相關的言論，如「己所不欲，勿施於人」（〈顏淵 2〉）、「夫仁者，己欲立而立人，己欲達而達人。能近取譬，可謂仁之方也已。」（〈雍也 28〉）揭示出「成己成人」的廣大胸襟與遠大抱負。「仁」的理念，突破了拘執於外在規約的禮，反身上提至人的主動發念處，將道德的志業，昇華爲不受驅策，卻能汨汨而流的生生之德，這對孔子同代之人及後世之人，皆具震聾發聵之深意。後世學者將「仁」視爲是道德之全名，如此全德之名，則源起於孔子的概念，在哲學上，似此道德概念之名，可視爲是第一性的，是先於實而存在的。畢竟最初的概念是隱約不明的，概念來自智的直覺，直覺之智亦必經由蘊釀、發展至成熟，而後概念之內涵始見周遍而明確，通過夫子多方的陳述，吾人乃知，「仁」必涵攝成己之德，又必擴及成人之德，至此，仁的周浹之義已然朗現，道德的境界亦已浮顯。整體而言，實踐道德非唯是人自主性的行爲，又是人存有的究竟價值，道德終須與價值相提並論。由智的直覺來論仁，若此一智的直覺僅止於哲人自身生命的體悟，「仁」是純粹之概念，概念生發於先且居於第一性，再逐步確定其表彰之內涵，是可以肯認的。

　　同樣針對道德意識的論題，孟子所提揭的「四端之心」，就其理念之形成，亦屬智的直覺之體悟。孟子藉由四端之心來解釋人性之善，又據人之善性，推論人生的道德志業可以完竟。孟子描繪四端之心道：「人皆有不忍人之心。……惻隱之心，仁之端也；羞惡之心，義之端也；辭讓之心，禮之端也；是非之心，智之端也。人之有是四端也，猶其有四體也。」（〈公孫丑上 6〉）四端之心即不忍人之心，簡言之爲仁義之心，或稱本心，或謂良心。孟子深信四端之心，乃人所本有，但如不予思索或日夜戕害，不加以操存，便可能梏亡。故孟子反覆地說道：「心之所同然者何也？謂理也，義也。」（〈告子上 7〉）、「仁、義、禮、智，非由外鑠我也，我固有之也，弗思耳矣。故曰：求則得之，舍則失之。」（〈告子上 6〉）、「雖存乎人者，豈無仁義之心哉？其所以放其良心者，亦猶斧斤之於木也，旦旦而伐之，可以爲美乎？」（〈告子上 8〉）、「仁，人心也；義，人路也；舍其路而弗由，放其心而不知求，哀哉！」（〈告子上 11〉）孟子言之鑿鑿地強調本心之存有。

　　若論本心的發源處，其云：「心之官則思，思則得之，不思則不得也。此天之所與我者。」（〈告子上 15〉）孟子將本心歸源綿邈的天道，然天道既無形無跡，如何貫注成為人心之本質，難免令人好奇，此番說辭，諒非哲人特殊的生命體悟，或難體察。然而，孟子終究是體察到了，觀其所云：「盡其心者，知其性也。知其性，則知天矣。」（〈盡心上 1〉）自然可知。「本心」果屬孟子之妙悟，正如孔子對「仁」的體會，合當是哲人概念之呈現，如此概念遂可視為是先於實存在的第一性。概念發露初始，往往直探自家生命深處，對生命深處的照察，孟子展現了清妙之天機，通過以己度人的方式，揭示出本心善性乃生民之種性，本心善性必須自我覺知，又須存養推擴，堅守養心寡欲，時常反求諸己，並接受環境的試煉，諸般修養工夫，莫不是錘鍊本心成大氣候的要領，本心勢須成大氣候，唯其如此，人間的道德境域始能奏其功。以道德為人生終極的價值，孟子當仁不讓地繼承了孔子的志業，透過逐層疏解，重言申明的方式，孟子把幽微隱約的內在生命，點染成靈氣十足的生命形態，靈動的生命，就在你我之間，心性天一體的認知彷彿不再隔離，依稀明朗起來，從概念到實體，雖然是由先驗為起點，孟子卻始終樂觀地引領著人們，邁向道德的彼岸航行而去。

　　當然，就直覺而言，在哲學關注的道德價值等議題之外，也涵蓋了其他的論題，如造物主存在與否，即是哲學界或宗教界爭議不斷的，造物主即上帝，屬於基督教的宗教家有自稱能「見」上帝的，而這種見，卻是常人所不能見，是特殊之見，可說是一種直覺的見。〔註130〕此一直覺之見，在表明「上帝存在」之意念。在哲學上，對上帝存在之說，則正反互見，歸結起來「上帝存在」能否被證明，在客觀性與普遍經驗方面，仍是一種考驗，實有的上帝對世人終究似邇若邈，撲朔迷離，因而，未經證明的「上帝」之名，仍歸諸概念，是先於實的第一性存在。在宗教上，一般信仰常提及的鬼神說法，其鬼神之原貌究竟如何，既眾說紛紜，又殊相互異。在科學上，流傳、爭論且探索已久的「幽浮」、「外星人」等名，同樣面臨了真相待證明的問題，這些亦屬「名為第一性」，概念先於實在的現象。

　　然而，換個角度來思索，若智的直覺涵蓋了哲人對大眾生命細膩的洞察，則描述其理念之「名」將轉為第二性。如孔子曾示教顏淵「為仁由己，而由人乎哉！」（〈顏淵 1〉），「由己」便委婉道出「仁」是人類先天具有的心靈生

〔註130〕謝幼偉，《哲學講話》（台北：中國文化大學出版部，1988），頁 93。

命；又嘗稱揚表現仁德者，如「回也，三月不違仁。」(〈雍也 5〉)「殷有三仁焉。」(〈微子 1〉)「桓公九合諸侯，不以兵車，管仲之力也。如其仁！如其仁！」(〈憲問　17〉) 仁又成爲群眾生命隱而不顯的實質存在。孟子亦如孔子般，屢屢由群眾之行止作爲性善的見證，如「所以謂人皆有不忍人之心者：今人乍見孺子將入於井，皆有怵惕惻隱之心；非所以內交於孺子之父母也，非所以要譽於鄉黨朋友也，非惡其聲而然也。」(〈公孫丑上 6〉)「人之所不學而能者，其良能也；所不慮而知者，其良知也。孩提之童，無不知愛其親者；及其長也，無不知敬其兄也。親親，仁也；敬長，義也。無他，達之天下也。」(〈盡心上 15〉) 明顯地道出「不忍人之心」、「良知良能」皆爲人類先天所具有，形諸於行爲，即是潛藏於生命本質的自然流露。依孔孟之論述，隱而不顯並不能否認實質存在的可能，若「仁」與「性善」是生民潛存的生命本質，則生命本質已然普遍存在於「先」，自主性的道德意識即是「實存」的存有，既是如此，實存當居第一性，如此一來，「仁」與「性善」又成爲描繪此一實存的存有之名，「仁」與「性善」之名又將轉爲第二性矣。

（3）「由名定實」是正本清源的作法

　　然論名實之辯的發端，當肇始於孔子「正名」的說辭，孔子所述之「正名」，固然環繞著政治倫理的主軸，卻又充溢著道德的況味。在中國哲學史上，孔子第一次正式提出「正名」，視「正名」爲一件絕對必要的政治工作，因爲「名」的作用在標示社會關係，而每一種社會關係又包含著一個道德要求。〔註131〕這樣的倫理訴求與道德要求，其實是孔子針對社會秩序與個人德性的雙重省思，而提出的嚴正說辭。「正名」的需要性與迫切性，〈子路 3〉載明：「名不正則言不順，言不順則事不成，事不成則禮樂不興，禮樂不興則刑罰不中，刑罰不中則民無所措手足。故君子名之必可言之，言之必可行也。君子於其言，無所苟而已矣。」論述之說辭，不但肯定了「名」的能動作用，也表達了名、言、行三者一致的思想。〔註132〕「正名章」的論點，係針對衛國父子「蒯聵、蒯輒」何者具備君王名分的正當性問題出發，連帶牽扯出孔子是否爲衛君輔政的正確抉擇，雖然是緣於特殊事件，對共時性的問題卻具有指標性的意義。就上面的

〔註131〕陳弱水，〈追求完美的夢──儒家政治思想的烏托邦性格〉，載於黃俊傑主編，《理想與現實──中國文化新論（思想篇一）》（台北：聯經出版事業公司，1989），頁 217。

〔註132〕萬榮晉，《中國哲學範疇導論》（台北：萬卷樓圖書有限公司，1993），頁 337。

論述呈現出的思路來探討，孔子顯然是將名置放於第一位的，「名」代表每一個人在社會中擔任的角色，此即是每一角色的「名分」，名分包括既定不變的又可能是變動不居的，如隸屬家庭的父子、夫婦、長幼等成員，彼此維持穩定的關係，理當較為普遍；但，夫婦關係又不見得永保穩固。又如君臣、朋友等，同樣可能隨著不同際遇而有所調整；然而，名分固然可能改易，孔子卻掌握著名分的當下意義，亦即由現時持有的名分進行思索，孔子嘗云：「不在其位，不謀其政。」（〈泰伯 14〉）此章強調不可越職侵權，職權當來自名位，有名有位，隨之才有發言權，進而又有職務行使權，這與「正名章」之名、言、行三者一致的思路完全吻合，論述所欲彰明的，正是指陳確定的「名分」，始是一個人思維言行依據的標準。孔子對當下名分的釐清與定位，與傳統文化推動禮教，係循著「角色扮演、地位界定與規範遵循」的構思是合轍的，不過，孔子的「正名」主張，又比傳統禮教多出了一分自主性道德的要求。

在名實問題上，即使孔子並未將名與實對舉起來，但「正名論」的提出，不僅直接糾舉衛國政爭之不當，甚且廣闊的批判了整個時代違禮僭分的偏頗作為，如孔子指責季氏「八佾舞於庭」說：「是可忍也！孰不可忍。」（〈八佾 1〉）對三家（孟孫、叔孫、季孫）僭用周天子祭祀宗廟的《詩經・周頌・雍》來祭祀其祖先，諷刺地說：「『相維辟公，天子穆穆。』奚取予三家之堂？」（〈八佾 2〉）越禮僭分不只是時代的問題，也屬歷史的延伸性問題，《春秋》所載各國國君被弒者有三十六人，便橫跨了自魯隱公四年（西元前 719 年）迄魯哀公十年（西元前 485 年）頗久的年代，殺人害命的層面卻不止於此，還擴及「子弒其父」（〈滕文公下 9〉）的現象。政壇人物廝殺的事例，牽涉到的政治結構，尤其關涉到政治本質的權力問題；野火遼原的殘殺行為，暴露了嚴重的社會問題，孔子因而正色地告訴齊景公治國之道，在於「君君，臣臣，父父，子子。」（〈顏淵 11〉）正因為，延宕甚久的名存實亡，或名存實變的僭禮現象，讓孔子極度憂心，因而他大聲疾呼，從「名分」的認知為起點，再進一步依名分確認其實質之責任，種種跡象顯示，「由名定實」即是孔子「正名」思想的核心論點。這種「概念」先於「實在」的主張，固然是導因於各方人物，罔顧其實質責任而徒留虛名的現象，更因為悖禮致生角色錯置，衍生出更嚴重的後果，乃是社會失序與道德淪喪的慘況，變調與錯亂的實質，早已淆混了人們的認知，正本清源的做法，當然必須從概念下手，因而，孔子將「名」列在第一優位，冀望人們認清自己扮演的角色，每種角色自有相應的

做法，與被允許的作為，每一角色也有既定的地位，為使各個角色各就其位，孔子指示必須恢復周代的禮制，以自發性的道德為動力，依周禮前行，人間的秩序即可望回復。循著孔子「正名」說，所呈現出由概念到實在的思路，吾人彷彿看見這樣的畫面，在人生的競技場上，哲人帶領著眾生立足起跑點上，人人都必須收編歸隊，依著號令，在指定的跑道上馳騁，各路跑道不容彼此搶攻或逾越，場子上是整齊畫一的步履，沒有推擠，選手一概相安無事，直到終點。當然，人人登場的場次並非唯一，因為每個生命體都兼具多重角色的身分，場次容許更換，但每一場賽程，運動精神必須始終如一。

四、小　結

　　源起於西方的邏輯，自亞里斯多德提出主謂詞命題、三段論，與斯多葛提出複雜命題，構成了傳統邏輯，在漫長年代推移下，又發展為現代邏輯；西方的邏輯史在歷經啓蒙、青澀艱苦、臻於成熟的過程中，其間出現了最為明顯的轉變是，分析思想概念由推理方式轉向了抽象代數。傳統邏輯對自然語言結構的研究，多半是為探索語言的意義，並分析合理的論證；這和中國傳統名辯之學，著眼於名言所代表之意義，與名言論述之合理性，實相切近。撿拾先秦諸子名實論辯的議題，如荀子與墨家、名家之間，掀起「殺盜非殺人」、「山淵平」、「白馬非馬」〈〈正名篇〉〉等命題的論辯，從邏輯層面分析，皆涉及到「名」的抽象概念之確認，上位、下位概念彼此的涵攝關係，各方認知的歧異，則可歸為純屬邏輯的範疇，又牽涉到價值判斷的立場，是以產生了辯證的現象。邏輯以探討抽象思維為主，由此角度切入，又有助於釐清實為第一性或名為第一性的問題；如由宇宙演化與人類創制文明的角度來檢視，舉目可見探勘可得的存在物，或波譎雲詭幻變萬千的自然現象，以及人類運用智慧創造的物質文明，都可作為「實先於名」的見證；此外，就自然事物所含藏的本質、原理與規律而言，無論是人類觀察所得，或結合抽象思維推斷出的見解，亦當屬於「實先於名」的存在。但，人類的知性之旅，又不乏哲人以獨特的主觀識見，就人的生命本質或立身處世的軌則加以構思，提出如「仁」、「性善」等概念；甚且突破有形的藩籬，將天上人間掛搭起來，直探玄秘的宇宙，提出如善性起源於義理之天、上帝等觀念，則是先驗的觀點，而非客觀經驗能夠普遍加以體察，哲人神馳之靈思，強化了「名為第一性」的論點。然而，當思想家或稱譽他人或重言申明，其理念乃群眾生命之

體現，如孔子以「爲仁由己」（〈顏淵 1〉）、「殷有三仁焉」（〈微子 1〉）闡明「仁」，孟子以「惻隱之心，人皆有之」（〈告子上 6〉）、「良知良能，達之天下」（〈盡心上 15〉）說明「本心善性」，則「仁」與「性善」之名，又將轉爲第二性矣。

再細究孔子「正名」的主張，不但是針對衛國政爭的情事，又涵蓋對歷史社會延宕甚久的名存實亡，或名存實變的僭禮現象，極度憂心而發爲言論，故其大聲疾呼的，即是從「名分」的認知爲起點，再進一步依名分確認其實質之責任，突顯「名爲第一性」的特殊思維，「由名定實」即是孔子「正名」思想的核心；這種「概念」先於「實在」的主張，卻是爲了廓清社會違禮的濁流，以期恢復循禮而行的道德社會，孔子主張「由名定實」且強調「名」、「言」、「行」必須始終一貫，在哲學史上實別具特殊的時代意義。

第四節　文化符號學面向

在傳統哲學上，對「名實」問題的理解，歷代學者的研究成果實不容置疑，雖然名實問題曾是歷史性的話題，就不同時代而言，亦屬延續性的當代話題，在跨文化網路甚爲發達，整個社會朝向多元發展的今天，若能循著寬闊的文化視野，以開放多元的探討方式，對傳統哲學進行深層細密的分析，就人類創制文化與思想家關注問題之理性思維，設法梳理出「名實」思想的系統性、交錯關係、紛歧互異之處，這有助於還原歷史的真相。無可諱言地，諸子對名實問題的論述，在中國哲學史上是大放了異彩，但也存在著值得辯證的議題。本文擬由文化符號學的角度，探究先秦儒家名實思想的辯證現象，釐析思想家運思的軌跡，符號學興起於近代的西方，對闡釋人文領域的各項知識，提供了新視野；文化符號學則專就文化、思想的內涵，來探討思想家運用何種思維模式，以建構其知識真理世界，足以提供鑑別各類知識平台，直探其內部結構的視窗。

一、文化符號學研究的實質對象與表達工具

記號（sign）是人類文化現象中的表達單元，人類既擅於創造記號，又嫻熟記號的運用。法國新托馬斯派哲學家馬里坦（Jacques Maritain, 1882～1973）於一九五七年時即曾說：「沒有什麼問題像與記號問題那樣對人類與文明的關係如此複雜和如此基本的了。記號與人類知識和生活的整個領域相關，它是

人類世界的一個普遍工具，正像物理自然世界中的運動一樣。」〔註133〕一般
而言，記號的運用是以某事物爲媒介，用來代表另外的某事物，前一作爲媒
介的事物即爲記號，後一事物則代表其意義，然因記號與意義之間的聯結關
係有所不同，可以區分爲兩類；其中一類是人爲的，這種記號稱爲「符號」
（symbol），如微笑是友誼的符號，另一類是自然的，這種記號稱爲「徵候」
（symptom），〔註134〕如烏雲是下雨的徵候。

　　人類固然是創造符號的動物，〔註135〕又必須依據符號所涉及研究內容的
差異，將其加以分類，如依理論可區分爲人文符號學、語義符號學、哲學符
號學及文化符號學等；〔註136〕一般所謂「文化符號學」，狹義而言，往往指對
部門文化現象，而且主要是對物質對象進行的符號研究，以使其既區別於語
言學也有別於文學理論研究；廣義而言，強調以思想理論爲研究對象，亦即
對文化思想史（包括歷史與當代）的符號學理論進行分析，文化與思想兼括
表達面與內容面，表達面指表層現象的「語言介質」，內容面指深層結構的「意
識形態」，〔註137〕語言介質必涉及記號與結構的分析，意識形態涵攝於意識形
態論的研究，因而，整體以觀文化符號學的理論分析，當與結構主義學術思
想及意識形態研究有重合之處且密切關聯著。

　　客觀來看，宇宙以其自然的形式示現於人類，人類則創造了符號形式的
宇宙，建構出一個文化的世界。人類的文化世界，充溢著各形各色的符號，
思想家各以不同的洞見，試圖解釋事物與事物之間的聯結關係，判定符號在

〔註133〕李幼蒸，《人文符號學——理論符號學導論（卷一）》（台北：唐山出版社，
　　　　　1996），頁1。
〔註134〕何秀煌，《記號學導論》（台北：水牛出版社，1992），頁4。
〔註135〕卡西爾（Ernst Cassirer）著，羅興漢譯，《符號・神話・文化》（台北：結構
　　　　　群文化事業有限公司，1990），譯序，頁1。
〔註136〕如李幼蒸所著理論符號學導論之系列作品，即涉及此四類，參李幼蒸，《文化
　　　　　符號學——理論符號學導論（卷四）》（台北：唐山出版社，1997），原序，頁
　　　　　XIX。義大利符號學家艾柯（U. Eco）試圖提出的符號學諸學科分界圖，則
　　　　　包括動物符號學、嗅覺符號學、觸覺通訊學、味覺符號學、副語言學、醫學
　　　　　符號學、運動和動作符號學、音樂符號學……等十九類。美國符號學家迪利
　　　　　（J. Deely）爲符號學世界繪製的層次關係圖，大致包括對象領域和理論學說
　　　　　兩個分類軸心，對象領域即「意指現象符號學」，涵蓋了非生命系統與生命系
　　　　　統，生命系統即「生命符號學」，又涵蓋了一般的內符號學與外符號學，以及
　　　　　在認知生命中的動物符號學與人類符號學……等。參同註133，頁5～8。
〔註137〕李幼蒸，《文化符號學——理論符號學導論（卷四）》（台北：唐山出版社，
　　　　　1997），頁3。

特定關係中的意義，從而提出各種符號學的理論，其終極意義則在於人之存在的反思與自覺。當然，就整體觀照角度而言，符號學必有其研究對象，符號學的對象就是文化，文化的實質就是思想，而思想的基本表達工具就是語言。﹝註138﹞由語言、思想而文化的聯結方式，在符號學對象與方法問題上，固然具備了內在統一性，但語言、思想和文化既爲人類生存的產物，又都與人類的目的和意志不可分離，﹝註139﹞既關乎意志，難免因意志衍生同樣的符號，卻代表不同意識形態的差異性現象，因此，符號學對象與方法問題中所呈現出統一性與多樣性的辯證關係，﹝註140﹞是不容忽視的。職是之故，循著文化符號學來著手，以探究文化思想史上各種思想理論，自然可以發現，不論就不同的文化體系，如中國文化與西方文化；或同一文化體系中的不同學術派別，如中國先秦儒、墨、道、法、名等各學派；甚或同一學派中的諸子各家，如儒家的孔、孟、荀，道家的老、莊，墨家的前後期學者，名家的尹文子、公孫龍、惠施等，對各類思想記號概念的解讀，都可緊扣統一性與多樣性的辯證關係來分析，始足以更精確地掌握各方思想理論的特色，同樣的，存在於文化體系、學派與思想家之間的辯證性議題，亦可因此迎刃而解之。準此而言，查察中國先秦時期諸子對名實關係的論辯，由文化符號學的面向切入，實無異於爲不同學術流派之間，重新開啓彼此對話的機制。

二、東西方探勘思想文化的不同途徑

1、西方結構主義與解構主義對語言介質的思維模式

在西方，自蘇格拉底本著「述而不作」、只說不寫的方式，以宣達其思想，繼而由柏拉圖運用文字記下其語錄以來，即指出寫在心靈上的語言，和寫在紙上的文字有別；﹝註141﹞而對語言符號特別留意並提出論點的，可以亞里斯多德爲代表。亞里斯多德認爲「語言是思想經驗的記號，文字則是語言的符號。並不是所有人均有相同的文字。同理，所有人也沒有相同的語言。然而，

﹝註138﹞同註137，頁4。
﹝註139﹞同註137，頁4。
﹝註140﹞同註137，頁4。
﹝註141﹞柏拉圖在〈斐多篇〉中，記錄蘇格拉底與斐多（Phaedo）的對話，即記載「話語是被寫在學習者心靈上的」、「筆錄的話語只是生動口語的重影」等說法。參〈答辯詞〉30e～31b，276a-b，轉引自德里達《播撒》1981年英文版第147～148頁。及參尚杰，《德里達》（湖南，湖南教育出版社，1999），頁32。

語言所直接象徵的思想經驗，對所有人卻都是一樣的，就好像在思想內代表事物的概念是一樣的。」〔註142〕亞氏的說辭，指出語言為人類最早通用的符號，人類利用此種符號來代表事物的概念，語言因此是有意義的符號。但亞氏更意識到，語言意義的形成與人為的創造尤其相關，他認為「言語」即是「人所創造的有意義的聲音」，人所以要把聲音變成有意義，乃是為了表達在理智內所有的概念，以便與他人溝通；作為概念向外表達或彼此溝通的方法與工具，則包括了「言語」或「名稱」和「文字」。〔註143〕以蘇格拉底、柏拉圖為起點，至亞里斯多德提出「語言、言語」是標明思想經驗與事物的記號，且「文字是語言的符號」，其所透露語言先於文字，甚至優於文字的隱喻，即隱然埋下了「語言/文字、中心/邊緣」二元對立的伏筆，符號的主從關係，成為後世關注的焦點。

　　二次大戰間興起的結構主義，對符號學進行科學的研究，係由瑞士的索緒爾（Ferdinand de Saussure, 1857～1913）開端，雖然索緒爾幾乎沒有使用過「結構」一辭，評論家認為索緒爾是「道地的結構主義者而不自知」，〔註144〕結構主義即以語言學為根據地。〔註145〕索緒爾身後出版的《普通語言學教程》（Cours de linguistique générale），以有名的象棋遊戲為例，來區分「外在語言學」和「內在語言學」，他重視且緊守著內在的問題。〔註146〕索緒爾將語言的個別活動，稱為「言語」（此呈現構成了說話），〔註147〕但「言語」這種特殊的口語活動，並非語言學的研究物件。索緒爾認為「語言」才是研究的物件，〔註148〕他依語言使用或發展情形，區分為「共時性語言」（在某段特定時間為某一語言共同團體所使用）及「歷時性語言」（對語言的比較和演進歷史的研究），〔註149〕把焦點對準「共時性語言」，著力於探討「人們使用語言溝通」的事實，所呈現出來的語言組成結構（如單字、片語、子句等），稱之為語言

〔註142〕曾仰如，《亞里斯多德》（台北，東大圖書公司，1989），頁 74～75。
〔註143〕同註 142，頁 64。
〔註144〕戚國雄譯，〈結構主義〉（Structuralism），收錄於李亦園總審訂，《觀念史大辭典·哲學與宗教卷》（台北，幼獅文化事業股份有限公司，1991），頁 655～656。
〔註145〕同註 144，頁 656。
〔註146〕同註 144，頁 657。
〔註147〕同註 144，頁 657。
〔註148〕[瑞士]費爾迪南·德·索緒爾著，《普通語言學教程》（北京，商務印書館，2001），頁 43。
〔註149〕同註 144，頁 656～657。

狀態。〔註150〕索緒爾認爲，只有在一個社會中共同使用的同時性語言（即共時性語言）才形成「結構」，才可以系統化，〔註151〕語言系統即是由許多符號構成的。〔註152〕語言符號是按時間先後順序，一個跟著一個出現，呈線性的排列；語言符號的組合，又依分層結構規則，遞分爲語素、詞、句子三個主要層次；符號的序列與分層結構，即形成了語言系統。〔註153〕

最重要的，索緒爾把符號分爲「能指」（signifiant , the signifier）和「所指」（signifié , the signified）兩部分，提出「用所指和能指分別代替概念和音響形象」的觀點，〔註154〕符號固然具備「能指」和「所指」的兩個面向，但能指與所指兩者的聯結是任意的，〔註155〕也就是說，作爲能指的「聲音的影像」，不但存在著差異，而所指爲與此影像相聯結的「概念」，同樣有著差異；差異乃是符號的本質，又是符號產生意義的根據。由於認爲「語言和文字是兩種不同的符號系統，後者唯一的存在理由是在於表現前者。語言學的對象不是書寫的詞和口說的詞的結合，而是由後者單獨構成的。」〔註156〕索緒爾選擇能指的「音響形象」，沒有把文字作爲符號的研究基礎，即因體會「聲音」是「心理印跡」使然。〔註157〕他將音響形象、聲音界定爲語言學研究的「內部因素」，而把文字視爲是「外部因素」，這正是索緒爾的「語言中心主義」、「語音中心主義」的核心觀念。索緒爾強調使用口語比表音文字的優越性，以消解文字的威望，在《普通語言學教程》之〈文字表現語言〉的論述中，即一再提及「語言有一種不依賴於文字的口耳相傳的傳統，這種傳統並且是很穩固的，不過書寫形式的威望使我們看不見罷了」〔註158〕、「語言是不斷發展的，而文字卻有停滯不前的傾向，後來寫法終於變成了不符合於它所應該表現的東西」〔註159〕、「文字遮掩住了語言的面貌，文字不是一件衣服，而是一種假裝」，〔註160〕這種語言

〔註150〕同註 72，頁 139～140。
〔註151〕陳明遠，《語言學與現代科學》（成都，四川人民出版社，1984），頁 68。
〔註152〕同註 151，頁 84。
〔註153〕同註 151，頁 87～89。
〔註154〕同註 148，頁 100。
〔註155〕同註 144，頁 658。
〔註156〕同註 148，頁 47～48。
〔註157〕同註 148，頁 101。
〔註158〕同註 148，頁 49。
〔註159〕同註 148，頁 52。
〔註160〕同註 148，頁 56。

優於文字的見解，很顯然的，是延續了自蘇格拉底、柏拉圖以迄亞里斯多德主張「文字是語言的符號」以降的古老傳統。

索緒爾開創了對語言的描寫，進行形式分析的手法，而不是從語義上來進行，[註161] 尉爲結構主義的大興，繼之者加以推展，廣泛地運用於語言學、人類學、文學批評、心理分析及哲學等，已獲致相當規模的成就，也存在著待發展的層面。[註162] 這股源起於西方的符號學熱潮，自二十世紀以來，在全面吸收歐美社會人文學術思想背景下，既引發中國學者的興趣，屬於同源文化的台灣地區學者，同樣密切關注著此一學門。運用符號學理論對文本進行剖析，必須緊握住語言組構（創造）時所內蘊或外顯的信息，包括內涵意義、形式結構、音韻格調、內外語境等。[註163] 無可諱言地，這樣的分析模式是經典性的，既契合符號學的主要精神在「通過對人類語言機制和功能的反省」，重新闡釋人文領域的各項知識，亦扣合西方傳統的語詞中心主義和語音中心主義的態度。[註164] 符號學的研究，以語言學爲根本基石，是可以理解的，蓋推動人類文明的關鍵在大腦，大腦的思維功能造就了無可限量的知識，而基本的知識思維條件，則屬語言及其意義的問題。[註165] 人類使用的符號系統，語言不但使用得最早、最多，且又最複雜完整，因而透過對語言的研究，形成一些基本觀念，再推拓及於其他符號系統，從而逐步建立一個討論一般符號的理論體系，用以分析人類各種符號之構成與運作，[註166] 此皆足以說明語言作爲各種符號之先聲，其重要與功能，誠不容忽略。而文化符號學以研究文化思想爲主，論其研究手法，亦不外乎就人文話語中的表達面與內容面，亦即就語言肌理來探究。

然而，正如法國思想家德里達（Jacques Derrida, 1930～2004），他通常被稱爲解構論（deconstruction）的奠基人，[註167] 提出不同於正統符號學視角的觀點，德里達認爲：自瑞士索緒爾以降的結構主義者，皆將語言學當成符號學的一般模式，這種做法，顯露了西方傳統的語詞中心主義和語音中心主

〔註161〕同註 151，頁 114。

〔註162〕同註 144，頁 668。

〔註163〕周慶華，《中國符號學》（台北：揚智文化事業股份有限公司，2000），頁 147～148。

〔註164〕龔鵬程，《文化符號學》（台北：台灣學生書局，1992），自序，頁 IX。

〔註165〕同註 133，頁 132。

〔註166〕同註 164，自序，頁 II。

〔註167〕尚杰，《德里達（Jacques Derrida）》（湖南，湖南教育出版社，1999），頁 6。

義態度，緣於這種態度，所以才會把文字視為語言的拙劣表現者。德里達進而指出，結構主義者的語詞中心主義和語音中心主義，實即依循西方傳統形而上學，自蘇格拉底以來，以邏各斯（Logos）為中心的思想模式；傳統形而上學的主要觀點是，認為說話體現心靈的聲音，「聲音」總與「現象」連接，總要說點「什麼」，這個「什麼」，就是哲學上常說的「存在」，哲學家們稱它為真理、意義等。〔註168〕由於說出的話語比寫出的話語更接近內心經驗，更接近實在和在場（presence），〔註169〕因此以「在場」觀點言，思、語言和存在意義相統一。〔註170〕相對的，文字是不「在場」的，〔註171〕語言和文字的關係如柏拉圖在《斐多篇》（Phaedo）所稱，以文字書寫的價值，來自於一個只說不寫的神，即邏各斯。〔註172〕雖然文字表達心聲，終究只是說話的補償或替代。柏拉圖稱「文字」為藥，將藥區分為「良藥」（對保持記憶的長久有益）、「毒藥」（由於作者的不在場以及時間的間距，文字的原意又可能被曲解），顯示文字的兩種藥作用是同時存在的，由於寫的本性沒有固定性格，柏拉圖稱寫作不僅是一種藥（毒藥）也是一種遊戲，〔註173〕表達對「書寫」持無可奈何的懷疑態度。〔註174〕亞里斯多德所謂「被說的詞是心理經驗的符號，被寫的詞是被說的詞的符號」，即是依循蘇格拉底與柏拉圖以邏各斯為中心的思維路向，對邏各斯所作更進一步的解釋，強調文字是符號的符號，〔註175〕以彰顯說話／文字為主體／補償的對立性。傳統形而上學，以邏各斯為中心，或以語音、在場為中心，因而形成了心靈／肉體、善／惡、男人／女人、說／寫、生／死等對立的界限，每組對立概念都是等級制的，前者是在場，後者是不在場，凡後者皆處於被否定的附屬地位。〔註176〕德里達認為索緒爾將

〔註168〕按「邏各斯（Logos）」為古希臘文字，有幾種含義，學者們有所爭議，但通常都認為它含有言說與理性之意；換句話說，邏各斯蘊育著真理。參同註167，頁23、25。

〔註169〕楊大春，《德希達（Jacques Derrida）》（台北：生智出版社，1995），頁36。筆者按：「德希達」與「德里達」係兩岸譯名之差別，本文以德里達稱之。

〔註170〕同註167，頁15。

〔註171〕同註167，頁26。

〔註172〕同註167，頁26。

〔註173〕何佩群譯，《一種瘋狂守護著思想——德里達訪談錄》（上海：上海人民出版社，1997），頁182註1及頁183。

〔註174〕同註167，頁27。

〔註175〕同註167，頁25。

〔註176〕同註169，頁39；並參同註167，頁153、157。

語言基本結構分為能指與所指的對應，無疑是接續了自蘇格拉底以來，以邏各斯為中心的思維方式，進而建構其語言學的理論。

然而，德里達反對所謂邏各斯中心論，主張拋棄語言的傳統用法，〔註177〕棄絕語言的邏輯功能，意圖將結構主義加以解構，新建不同於表音語言的新文字學。〔註178〕其解構主張，針對思維方式為入手的根本處，包括擺脫傳統由思想與存在的對立結構中進行的思維方式，〔註179〕以及消解傳統「說」與「寫」的中心／邊緣關係，「說」支配「寫」的思維模式，藉由否定存在的意義，以解放文字，進而看見一種隱的新文字。〔註180〕德里達解構在場的形而上學的具體方法，是將概念名稱打上引號，〔註181〕把它們僅僅當作符號，使思想名詞化，〔註182〕而「自我」則列為第一個被解構的對象，因為「自我」是邏各斯的化身，它是意義之源，是「在場」的起源。〔註183〕解構「自我」，亦即是對「人」的解構，德里達稱之為對「人的終結」，德里達用同樣的方式解構「書」。〔註184〕

德里達對「書」的解構，包括以創作表現出解構的書寫風格，以及對文本進行解構的閱讀。〔註185〕關於書寫，德里達跳脫狹義的文字學，其造句方法「難以言說」，如不顧說話的韻律，常顯現無法約束的模稜兩可，有時一句話或一段括號竟占據幾頁，沒有邏輯順序和背景交待，結構極其鬆散或根本無結構可言，這即是德里達所言，以文字來「播撒」（La dissémination）種子，德里達甚至將哲學與文學文本拼湊在一起，如《喪鐘》即是拼湊的經典之作。〔註186〕德里達的文字晦澀，他遊戲式的晦澀寫作，使習慣於傳統閱讀方式的讀者無所適從。〔註187〕至於對文本的解構閱讀，德里達採取與表達者意向或意願背道而馳的方式，來理解文本的意義，訴諸一詞多義和隱喻的方式，使文本變得不可理解。〔註188〕德里達認為誤解是為慣例而非偶然，〔註189〕他非

〔註177〕同註167，頁19。
〔註178〕同註167，王玖興序，頁2。
〔註179〕同註167，頁17。
〔註180〕同註167，頁18。
〔註181〕同註167，頁155。
〔註182〕Jacques Derrida,"Positions", Chicago University Publisher, 1981, pp. 47.
〔註183〕同註167，頁156。
〔註184〕同註167，頁157～158。
〔註185〕同註167，頁164。
〔註186〕同註167，頁160；並參同註169，頁60。
〔註187〕同註167，頁15。
〔註188〕同註167，頁165。

常懷疑文本表達者和閱讀者產生理解的對話效果，在《留聲機》著作中，曾以翻譯作為類比，認為翻譯無法使人理解潛在的極其繁雜的語義背景，〔註190〕正如閱讀者所理解的文本意義和表達者意向不一致，是同樣的道理。

解構的基本策略，是一種顛覆一系列二元對立的策略。〔註191〕德里達一方面要擺脫傳統形而上學概念，一方面又求助於這些概念，他不得不在「塗改」（sous rature）的方式下使用這些概念，但使用時，其直接的含義往往被懸擱不用，將詞轉變為一詞多義，賦予不止一種的隱喻之義。〔註192〕在文字學背景下，「解構」即是可以替換的詞，德里達將其替換成如延異（différance）、增補（supplément）、文字（écriture）、痕跡（trace）、藥店（pharmakon）、邊緣（marge）、切片（entane）等，以說明解構的效果，但即使替換，德里達明確表示不贊同用「是」表述這些詞的意願，替換的詞只是隱喻的用法，他稱這些詞是不定性的「X」，這些詞也是未知數。〔註193〕德里達解構式閱讀的目的，即在於摧毀文本的意義（在場），或稱「塗改」，這種閱讀並不顧及作者或說話者的意向性；因為文字是外在於說話和意識的，只有「擦掉」在場的意義，才能「顯出」新文字的「痕跡」。〔註194〕德里達又以海綿石和魔幻的書寫作隱喻，說明新文字的文本，具有無法窮盡隱含的內容，〔註195〕也就是說，文本的靜態結構不再受關注，而強調的是文本的能產性與開放性。因而面對一個文本，讀者可從多個角度入手，可以讀出多重含義，讀者進行閱讀亦即對它進行改寫，這使傳統閱讀和解構閱讀形成了區隔，前者以意義確定為目標，後者則沉湎於字詞遊戲中。

德里達認為一切用表音文字寫的「書」，都從屬於一套嚴格的等級，例如說對寫的支配、心靈對說的支配等，因而若割斷了與「音」的連繫，便切除了與邏各斯的連繫。他企圖摧毀索緒爾以能指來代表所指的符號邏輯，消解能指與所指之間的界限，主張文字不是說話的替代，不必符合說話的邏輯。〔註196〕德

〔註189〕同註167，頁168。
〔註190〕同註167，頁170。
〔註191〕陸揚，《後現代性的文本闡釋：福柯與德里達》（上海：上海三聯書店，2000），頁2。
〔註192〕同註167，頁172～173。
〔註193〕同註167，頁174。
〔註194〕同註167，頁177。
〔註195〕同註167，頁184。
〔註196〕同註167，頁192。

里達試圖翻轉符號學的「語言學傾向」，而代之以「文字學」做爲符號學最一般的概念，但按西方傳統，並無德里達所謂的文字學。德里達不但以創作表現出解構的書寫風格，對文本進行解構的閱讀，彰顯所謂隱的新文字，又以拼法錯誤的生造的字，指出文字學的諸多特性，如不守文法規則、多方位、無秩序及一種複雜的編排結構等；他且認爲從文字學角度重新對人文話語進行解讀，既可「在原則上中和符號學的語言學傾向」，並可注意到「超出西方界限之外的文字之歷史和系統」，〔註197〕德里達即多次提到「漢字」與「文字學」的相似關係。〔註198〕從人類創造的文化產物來看，文字雖較語言晚出，卻屬常用的符號，在創造文化知識的地位上，其重要性與語言並無殊異，若就傳承文化的歷史現象而言，甚且有勝出於語言之處。德里達提出「文字學」的新視野，對符號學各派研究可能流於偏頗，批評其理論，既有精確之處又兼有模糊空間的雙重可能，理當具有高度的啓示性，因爲他揭示了被隱蔽的觀念，而這個被隱蔽的觀念，極有可能是人類某種文化中支配性的觀念系統。〔註199〕

回歸到文化符號學所要探究的，以表層現象的「語言介質」，與深層結構的「意識形態」爲主。就語言介質部分言，西方拼音文字的特色，在於人們係按字母來拼寫閱讀，語音若變了，拼寫法也得跟著變，同一語音系統，在同一時代，寫與讀的距離不會太遠，但古今音變，則會造成現代人對古典語言的隔膜，必須重頭學習古典語言的拼寫法，始能按照其寫法讀出語詞的音，至於古語的意義，又不一定能知道。〔註200〕非唯如此，爲了表示千差萬別的個別事物，在拼音文字系統中，其語言往往由詞的「音變」或「附加成分」等方法來表達意思，「附加成分」即語言學所謂的「詞綴」或「詞尾」，附加成分通常指不能獨立表意的成分；〔註201〕但依此方法，即能構成新的詞，或改變詞的形式，使語言的詞性趨於固定，拼音文字的詞類變化不但有規則，其語句也存在著可資分析的文法。

德里達深知：「語言自亦爲人類所僅有，缺之則所謂『完美』不啻吹影鏤塵，

〔註197〕同註142，自序，頁 IX。

〔註198〕同註167，頁 194。

〔註199〕同註137，頁 77～78。

〔註200〕葉蜚聲、徐通鏘，《語言學綱要》（台北：書林出版有限公司，1993），頁176。

〔註201〕同註164，頁 133、143～144。及同註200，頁 104～106。如英語的"un-known"的 un（前綴），"read-er"的 er（後綴），patuk（啄），pelatuk（啄木鳥）的 el（中綴）。另外，如 walk 加 s，ing，-ed 等詞尾，即可改變詞的形式。

白費力氣。語言生自想像，想像觸動或盡其可能地激發感情或熱情。」〔註202〕當然，語言不止激發感情與熱情，語言更是探觸深層理性必不可缺的憑藉；西方思想家進行論辯所形成的邏輯學，基本上是延續著亞里斯多德以來的傳統，而此傳統邏輯則著重於「判斷」，判斷依「命題」來展開，〔註203〕命題必以句子表示，在各式各樣的句子中，以主述句（即主語＋述語）為構成命題的最小單位，稱之為原子句式。〔註204〕然後，依詞性、詞類、時式的不同，又可以構成更多漸次複雜（單位較大）的命題，如果運用連詞「且」、「或」、「非」，即可將簡單命題組合成複雜命題，使用「若……則」亦可將兩個命題組成新的複合命題。客觀而言，邏輯以能作出正確的推論為目的，推論又必須就命題真假先作判斷，判斷命題真假自然須對句子加以分析，句子則是由語詞所組成，因此，追根究底結果，邏輯推論終究必須以語詞為起點，回歸到語言的本質來思索；換言之，對語詞、語言正確的認知，進而對陳述的言說（即命題）作出真假的判斷，乃是建構邏輯思維的基礎，顯示語詞在整個論述所呈現的機體性質中所具備的脈絡意義，扮演著判斷的核心地位，這即是德里達所指謂的西方傳統語詞中心主義和語言中心主義的真相。總體以觀，西方哲學對形上學、知識論、價值論的論述，以句子為思考對象，注重推論的方法，在推論過程中，就句子進行結構分析，釐清語詞彼此之間的聯結關係，從而做出真假的判斷，是以語詞在整個論述所呈現的機體性質中所具備的脈絡意義，扮演著判斷的核心地位，索緒爾以降的結構主義者即是依據此核心觀念，對語句進行形式的分析；德里達則顛覆結構主義，提出如上述解構主義的觀點，在文化符號學上，此兩者前後相輝映於西方學術界。

2、中國傳統學者對語言介質的思維模式

　　與西方文化相對照，就語言介質部分，中國的表意文字即有相當的特殊性。雖然漢語的語音，從古到今發生了很大的變化，但方塊漢字書寫形體經由篆書、隸書演變至楷書後，大體漢字字形即趨於穩定，不過，同樣的漢字，各地的讀音差異仍然很大，讀音差異雖大，卻無礙於對漢字的認知，因此，漢字字形不變，讀音可變，顯示字形不限於和一個讀音掛鉤的特色，又僅管漢語語音歧異，

〔註202〕邁可・潘恩（Michael Payne）著，李奭學譯，《閱讀理論——拉康・德里達與克麗絲蒂娃導讀》，（台北：書林出版有限公司，1996），頁221。
〔註203〕同註164，頁134。
〔註204〕同註164，頁135。

卻因共用同一漢字，具有可看可讀的特性，語音歧異的隔膜因之消彌了。〔註205〕此外，爲了描摹紛繁雜多獨立的事物，在方塊漢字系統中，大抵一個漢字就是一個語素，〔註206〕而且，漢語絕大部分的語素，都是詞根語素，詞綴很少，沒有詞尾，一個獨立的漢字本身就能表達事物的意思，而不像西方拼音文字有些要由詞的「音變」或「附加成分」來表達。〔註207〕漢字字形具有穩定性，獨立的字既不經由附加成分以構成新的詞，或改變詞的形式，因此，單獨的漢字根本不存在可析離出的詞綴或詞尾，這也使得漢字的詞性不能如拼音文字般，由字形來辨識，如果將漢字與漢字加以結合成新詞時，詞根以外的漢字則可視爲是詞綴或詞尾。〔註208〕漢字的詞性並非固定，同樣的一個字，往往兼具數種詞性，這又肇因於漢字每有一字兼具多種涵義的現象有關，〔註209〕一字數義，乃是基於藉用字之無窮以濟造字之有限的現實需求，如《說文解字》解釋字義有本義、引伸義、假借義之說法然，字義的多樣化，有出於現實生活的經驗，更有出於哲人深度思索的創意，如「詩」指文學體裁的一種，是爲名詞，然《釋名》云：「詩者，之也。志之所之也。」《荀子·勸學篇》則云：「詩者，中聲之所止也。」這麼一來，詩又是「之」，是「止」，詞性轉爲動詞矣，顯見字義的界定，得自現實的體驗，更有賴豐富的聯想。

　　傳統中國沒有文法語法學，殆至一八九八年，馬建忠始仿照西方文法作《馬氏文通》，設法找出中國聯字成句的規律；傳統學術缺乏語法結構分析這門學問，事實上是學人在思考語言文字問題時，完全不曾去注意語法結構及文字配置關係，〔註210〕這和西方學術傳統著重「判斷」，針對「命題」來思考語詞和語詞的關係，留心語文現象背後的規律，確實是徑路殊別，旨趣殊異的。近代學者指出，形成這種差異的原因，並非中國傳統學人不會做抽象思考，不喜抽繹語文現象背後的規律，根本原因是他們採取了另一套辦法；凡

〔註205〕同註200，頁176。
〔註206〕「語素」是語言中音義結合的最小單位，就漢語來說，大抵一個漢字就是一個語素，如「火」，但是也有兩個字表示一個語素的，如「玻璃」、「葡萄」等，因爲「玻」、「璃」、「葡」、「萄」單讀都沒有意義。參同註200，頁104。
〔註207〕同註164，頁143～144。
〔註208〕如漢語「第一」、「第二」中的「第」，「老張」、「老二」的「老」，即是詞綴中的前綴，而「小刀子」、「兩口子」的「子」，或「瓦盆兒」的「兒」，則是詞綴中的後綴（或稱詞尾）。參同註200，頁104～105。
〔註209〕同註164，頁143。
〔註210〕同註164，頁132。

詞之「結合」、「順序」、「重疊」等，我們現在視爲文法現象的狀況，他們往往都不認爲那是屬於表意的方法問題，而把它當成詞本身所能表現的意思來說明，亦即視之爲詞自然而然的功能。在詞語中，各個詞的關係，因爲不是由詞形的變易（如西方的詞類變化）來分別表示，故在聯詞成句時，也就沒有符合（agreement）與管制（government）等問題，這和西方注重文法上的詞序問題，又絕然的不同；甚至聯字以表意的方法，基本上也被視爲字義；即字與字相聯成句時，字與其他字成立的關係，仍然只從字義來討論，不談句子，文法學自然就很難談了。〔註211〕

漢字在語言介質部分，確實具備了西方無可比擬的特色。就已知的符號學研究資料顯示，漢語等非拼音文字系統，已初步引起一些近代歐洲思想家的好奇和研究。〔註212〕前述德里達即爲其中的代表之一，德里達提出由文字之符號系統對思想文化重行探勘的論點，在某種程度上，是切合中國學術脈絡特色的，台灣地區的學者，如龔鵬程、周慶華等即曾爲文撰著，從文人傳統、文學藝術、文字藝術、文化、歷史文本、宗教話語、古籍今譯等層面，緊扣文化傳統之內涵，釐析漢語符號學系統的特殊性。〔註213〕細究中國的思想文化，傳統學術大抵循著「字思維」的哲學思路，針對《六經》典籍依建構與解構之殊途，以表彰立場不同的哲思，從而蔚成殊別的學術流派。如先秦諸子中，孔孟荀等原始儒家，即以主體自覺地參與方式，採取「述而不作、註疏詮解」以表彰經典作者的神聖性模式，建構其學術傳統；儒家以外的墨、道、法、名等各家，則另採「述而作之、標新立異」以擴張翻轉經典之意蘊模式，解構既有的學術傳統；比較起來，後者採取「批判的繼承，創造的轉化」方式，亦即以反思的模式，展現出「哲學突破」的更新氣息，即貼近於德里達解構式閱讀的方式。漢字是屬於表意文字的系統，諸子從「文字」進行思考，對學術從事建構或解構，顯示方塊漢字以筆畫呈現出書寫的物理姿態，〔註214〕那平面的圖樣形式表現，〔註215〕儼然蘊藏了無限想像的空間。

語言和文字同爲人類溝通表達的工具，值得將兩者並列比較來論證。德國哲學家海德格（Martin Heidegger）曾說過這樣的名言：「人是存有（sein）

〔註211〕同註164，頁133～134。
〔註212〕同註163，頁2。
〔註213〕同註164，目次，頁XV～XX。及同註163，目次，頁V～X。
〔註214〕同註167，頁192。
〔註215〕同註151，頁86。

本身的守護者。」，另外的一句名言：「語言是存有的住宅」，「存有」相當於中國人所講的「天道」或「天理」，海德格認爲，語言的功能在彰顯存有本身，他對語言特殊的看法，〔註 216〕猶如正統符號學即索緒爾以降的結構主義者，主張語言是思想的載體一般，思想既附麗於語言，因此由語言學來尋繹其結構脈絡，乃當然之途徑。但語言和文字猶如一體之兩面，理當有其相通的理則，蓋語言文字皆由思維上的「邏輯法則」，和語言上或文字上的「文法結構」相關涉，以構建知識眞理的世界，解構主義者德里達，則將眼光投注於思維上的「邏輯法則」，企圖消解傳統邏輯法則的思維方式。準此而言，由文字來剖析思想，乃可行之思考向度，尤其對表意爲主的方塊漢字，檢視其學術流變之歷史，更能抓住神髓要妙處。

三、隱喻的「字思維」模式——展衍成意識形態的名實辯證關係

透過上述的分析，再針對中國先秦時期所展開名實之辯的論題，進行文化符號學的剖析，對方法的掌握與問題的釐清，饒富特殊的意義。由於漢字的特殊性，諸子是以「字思維」的模式，宣達其哲學思想，彼此進行名實論辯的議題；當然，哲人的論辯，必透過語言，語言又必形諸文字，語言文字皆爲稱謂描摩事物之「名」的符號，以某名命某物，某物何以命爲某名，名實之間的關係必經過一番審愼深入的體察，從而對字義作出發揮性的論述，就名事講出一番抽象的道理，這正是中國哲人緊扣住「字思維」的共通模式。

在進行「字思維」時，漢字其實是隱喻的元件，就像「喻說」的修辭方法，扮演著喻體的角色。漢字不但保留了方塊的象形性特色，從音韻角度來看，在古漢語音韻上，漢字雖然不能直接拼讀出音來，卻是描寫音類作爲聯繫表達的紐帶，探討古漢語的雙聲疊韻，反切注音法，藉助漢字，即可將不同的字音加以歸屬其語音類別，以定其音韻地位，用漢字描寫音類，既可於不同方音建立其共時聯繫，又可於不同歷史時期方言間建立起歷史聯繫，〔註 217〕諸多的特色，都足以說明漢字在語言文字方面扮演著樞紐的地位。因而，哲學家在進行思維時，不僅投注於文字，成爲思想焦點的文字，則兼具文化符號學上兩個面

〔註 216〕陳榮灼，《「現代」與「後現代」之間》（台北：時報文化出版企業有限公司，1992），頁 81～82。

〔註 217〕同註 51，頁 84～88。並參韓崢嶸、姜聿華，《漢語傳統語音學綱要》（吉林：吉林大學出版社，1991），頁 116～120。

向的意義。一方面，以結構主義觀點言，文字猶如「能指」的符號，可與任意「所指」的概念相結合，由「能指」與「所指」的對應關係之差異，凸顯出同一「文字」代表思想家個別的意義，進而形成中心／邊緣的關係。另一方面，以解構主義觀點言，文字更成為如德里達所謂「播撒」、「嫁接」（graft）的種芽，〔註218〕諸子透過觀察、驗證、聯想、類比、溯因、派生等輻射式或鏈條式的思維，將「文字」的種芽加以「播撒」、「嫁接」，形塑出「一字多義」的現象，以進行「隱喻」的工程；這些外顯的解構情形，在文字為「嫁接」元件的媒介下，又必通向內核的思想主張，觸及德里達所批判的邏各斯中心主義。德里達所謂的「播撒」、「嫁接」，可證諸中國的學術傳統，在哲學上，對文字加以推演闡釋，它是中國學人思考方法的特色，學人藉此進行深察名號、闡論字義的思維活動，展現其知識與智慧，就哲學方法言，這是隱喻式的。哲學所運用的隱喻，雖擺盪於美感與解釋性的模糊界限中，而終以解釋作用為主；哲學的隱喻，是運用部分的經驗來照明其他的經驗，進而幫助我們瞭解、含攝、意會或進入其他的經驗。〔註219〕回顧諸子以方塊漢字作為隱喻的「本體」，透過隱喻的「字思維」，將觸角伸向價值的範疇、宇宙的界域，其所展衍成意識形態的名實辯證關係，確實是值得一探其究竟。

　　一般所謂意識形態，泛指某一社群或集團所信持（或堅持）的一套基本思想或根本價值主張，大抵而言，意識形態都與價值、偏見、虛假、隱蔽前提等因素聯繫在一起。〔註220〕在思想領域裡，就哲人的世界觀或對價值的主張而言，堪稱是對自然的觀照與對人類自我角色定位的省思，哲人的觀照與省思，究竟代表的是真理或偏見，當然是耐人尋味的。至於哲人的思想對社會的影響，猶如一道曙光或如一場風暴，在歷史軌跡上，也總是教人嚃費思量地嗟嘆再三，著名的符號學家福柯（或稱傅柯，Michel Foucault）即對人類命運懷抱悲觀的看法，他不認為一種真理思想能有助於社會的進步。〔註221〕由文化符號學來檢視先秦諸子的意識形態，各派哲人的世界觀或價值主張便

〔註218〕同註167，頁236。

〔註219〕蔡英文譯，〈哲學的隱喻〉（Metaphor in Philosophy），收錄於李亦園總審訂，《觀念史大辭典‧哲學與宗教卷》（台北，幼獅文化事業股份有限公司，1991），頁531。

〔註220〕李幼蒸，《哲學符號學——理論符號學導論（卷三）》（台北：唐山出版社，1997），頁141。

〔註221〕同註137，頁125。

爭如似錦繁花，在林立蠭出的論述裡，則明顯地表現了與西方哲人不同的思維模式，底下試舉儒家在價值觀與宇宙觀的主張爲例，以資證明中國哲人探行「字思維」的哲學思路，是東方式的，以東方式的哲思爲進路，很大成分又和語言介質的表層現象深切關聯著。

1、價值觀方面

以儒家而論，孔子的價值觀即始終以道德爲主軸，道德的核心觀念爲「仁」，道德行爲的體現必落在倫理的層面上，倫理層面涵蓋了自政治以迄家庭等社會結構，倫理的意涵是對行爲規範的要求，這正是孔子「正名」主張的旨趣所在，孔子終其一生，不但力圖遊說列國諸君，又透過六經的施教，爲打造知識分子的完整人格，孜孜矻矻的努力著。這一系列思想的呈現，在可信的《論語》語錄中，孔子由文字出發，對語詞之語義反覆推勘，表現出的語義分析精神，〔註222〕正是「字思維」的哲思之體現。孔子論「仁」，《論語》中不但出現 105 次，而其意義，更有多重說法，如樊遲問仁，子曰：「愛人」，是以「仁者，愛人」（〈顏淵 22〉）爲開宗明義的說法，他如：（1）「孝弟也者，其爲仁之本與」（〈學而 2〉）、「仁者安仁」（〈里仁 2〉），（2）「仁者先難而後獲」（〈雍也 20〉），（3）「仁者，其言也訒」（〈顏淵 3〉），（4）「剛毅木訥，近仁」（〈子路 27〉），（5）「克己復禮爲仁」（〈顏淵 1〉），（6）「能行五者（恭、寬、信、敏、惠）於天下，爲仁矣」（〈陽貨 6〉），（7）「……仁者樂山……仁者靜。……仁者壽」（〈雍也 23〉）之說法，不一而足。上述說辭顯示，「仁」除了指愛人的一般德性，還包含盡「孝弟」以篤厚於親屬等家族道德，又包括「先難後獲」、「言訒」、「剛毅木訥」等私德表現，願意依循「克己復禮」之社會規範，能展現「恭、寬、信、敏、惠」之社會德性，具備「樂山、靜、壽」、「安仁」、「不憂」等生命氣象。可見「仁」即是這些德性的綜合，仁的「本質」是愛人，通過哲人輻射式的思維，仁的「屬性」增益了複雜性，仁作爲「能指」的符碼，與「所指」相應的概念，由私德、家族道德、社會德性，層層擴大範圍，乃至總結成生命之氣象，這些屬性都可互相代替。「仁」活脫像個喻體，在哲學隱喻的方式下，它以各種不同的面貌示現於世人，孔子就仁者所行之事彰顯的道理，以「即事言理」的方式，爲字義的多樣性注入活力，賦予仁者豐富的生命內涵，遂將「仁」朝向完全理想的境界，把仁

〔註222〕同註 163，頁 4。

推向人性的極至，仁的極至是「聖」，聖人是「博施濟眾」，許可不必完全經由現實經驗來檢驗，不遑追究普遍性存在的問題，專論理想，理想即代表真理，理想的核心即「道德倫理」，「道德倫理」猶如西方傳統的邏各斯中心主義。這種獨特的哲思，較諸亞里斯多德由命題來判斷真假，注重邏輯思維方式的西方文化傳統，的確是東方文化殊異性的通衢大道。

　　孟子的價值觀一樣以道德為核心，且與倫理緊密的綰合著，在道德概念上，孟子提出「義利之辨」對舉的「義」觀念，則具有指標性的作用，這是他在繼承孔子「仁」學之外，更進一層的發揮，孟子視「義」、「利」為絕不相容的敵體，「義」成為孟學的核心問題。〔註223〕由核心問題，直探義的內在根源為「人心」，進而對人「心性」的本質作出深透的剖析，又由核心問題，輻射性地延展出王霸之辨、人禽之辨、知言養氣等攸關政治、修養的各種理論，在哲學問題上，孟子實具有既因襲又創造的地位。茲舉孟子對「仁」的看法，以與孔子相對照，如〈離婁下 28〉有云：「仁者愛人，……愛人者，人恆愛之。」這和孔子由「愛人」的一般德性來定義「仁」並無兩樣，指出仁的本質。〈告子上6〉云：「惻隱之心，仁也。」〈告子下3〉與〈盡心上15〉皆有「親親，仁也」一語，〈離婁上27〉則謂：「仁之實，事親是也。」其中「親親」、「事親」與孔子所強調的孝道，其義固同，著重的是家族道德。〈告子上11〉云：「仁，人心也。」〈告子上6〉云：「惻隱之心，仁也。」將仁直接導入生命的內層「心」而加以定義，孟子通過溯因的路徑，為道德的價值自覺之根源覓著了通路，可視為是對孔子「仁學」極為重要的補充。〈離婁上10〉所謂：「仁，人之安宅也。」從「仁」能發揮免憂致安的功用來釋求其義，再參照孔子所謂「夫仁者，己欲立而立人，己欲達而達人。」（〈雍也 28〉）係將仁者定位為「修己以安人」（〈憲問 45〉）的角色，說辭雖然不盡相同，但仁者企盼能使群己「安身立命」的志業，彼此是相通的。以此觀之，孟子就「仁」字說其義，既符合孔子的基本思路，而又作了理論基礎的補充，仁的種芽，在哲人「字思維」的模式下，得到了播撒與嫁接，乃使「仁」的涵義，在統一中增添了多樣性。

　　在價值根源上，孟子對「心」、「性」的看法，基本上，是順著「即心說性」的路數來思考，在其理論脈絡中，「心」是使「性善」得以真實成全的關鍵，〔註224〕而此兩者之相互牽繫，又引伸出「命」、「欲」種種相關的問題。

〔註223〕黃俊傑，《孟學思想史論（卷一）》（台北：東大圖書公司，1991），頁114。
〔註224〕黃俊傑，《孟子》（台北：東大圖書公司，1993），頁169。

所謂心，〈告子上7〉云：「心之所同然者何也？謂理也，義也。」在這樣的問答型式句中，謂「理義」為心之內容，便將心的涵義直截地道出。〔註225〕〈告子上8〉又云：「雖存乎人者，豈無仁義之心哉？」此處逕用「仁義」說「心」，直稱此「仁義心」為人所存有，則「仁義」為「心」的本質，為「心」的定義，亦是顯而易見的。他如〈盡心上21〉云：「君子所性。仁義禮智根於心。」〈離婁下28〉所云：「君子以仁存心，以禮存心。」「心」的涵義，即兼括「仁義禮智」矣，心的「能指」符號，涉及「所指」的概念，顯然是豐富的。孟子察知世人不能操持此心，而有「放其良心」（告子上8）、「失其本心」（〈告子上10〉）的慨嘆，以「良心」與「本心」為心再作詮解，援用「良」與「本」的狀詞雖不同，卻一致強調心本然的特質，心是本然的存有，溯因的思維，恰在彰顯「心」居於生命體的「中心地位」。進一層而言，孟子強調「養心寡欲」、「存養推擴」等修養工夫，以達成道德的境界，則心／欲為中心／邊緣的對立結構，是不言而喻的，在心／欲的對立結構中，前者的重要性與價值更甚於後者，實與邏各斯中心主義不謀而合。結合孟子各種說法，又可知其思想中的「心」必非靜止不動的空間之物，而是既存有又活動的道德心，〔註226〕〈告子上15〉所謂：「心之官則思，思則得之，不思則不得。」正可充分說明心具有思考的活動功能，且特具「自主」與「自律」的能力。

另一方面，所謂的「性」，〈盡心上1〉云：「盡其心者，知其性也，知其性，則知天矣。」即一般所稱孟子「即心說性」的依據，〈盡心上21〉也云：「君子所性，雖大行不加焉，雖窮居不損焉，分定故也。君子所性，仁義禮智根於心。」句中「分定」指「性」得自「天之全體」，〔註227〕不但可與〈盡心上1〉之性與天道相通、相呼應，且以「仁義禮智」為「性」的內容，由內容彰顯意義，而此價值意識，則以「心」為根源生發處。孟子由心說性，「心」與「性」名號雖然不同，當如德里達所稱是可以替換的概念，故兩者是二而一的存在。孟子以四端之心為人性的實在情形，指其為性的真相，以仁義禮智為人性的內容，

〔註225〕龔鵬程先生指出，先秦諸子及大小戴記中充滿著這樣的問答型式：「何謂X？」、「所謂X者，謂……」或「所謂X者，Y也。X謂之Y者，以……」，均為解釋名義，即以字解字之例（方式）。問題是，X不只是Y，它更常是a、b、c、d、e……，一名而廣涵眾義。參同註164，頁150。

〔註226〕同註223，頁110。

〔註227〕「分定故也」，朱熹註曰：「分者，所得之於天之全體，故不以窮達而有異。」參朱熹，《四書集註》（台北：學海出版社，1989），頁390。

四端之心成為「性善」認知上的典型說法，又成為堅定不移的定義。

然而，孟子亦曾以「性」、「命」對舉來論說，〈盡心下 24〉云：「口之於味也，目之於色也，耳之於聲也，鼻之於臭也，四肢之於安佚也，性也，有命焉；君子不謂性也。仁之於父子也，義之於君臣也，禮之於賓主也，智之於賢者也，聖人之於天道也，命也，有性焉；君子不謂命也。」論述中「性也，有命焉」及「命也，有性焉」，「有」即「又」字，命與性義相近似，命言其為天賦，性言其為固有，就由來而言是相同的。〔註228〕不過，孟子終究以「口之於味也」五事，稱為命，以「仁之於父子也」五事，當為性，顯示不論「性」或「命」皆具有多元的內容；在理解的途徑上，由於漢字在字形上兼具用手書寫、以眼閱讀的特色，而不是以耳聽為主，這使理解的對象（文字）彷彿成為靜默的符號，〔註229〕但通過寫、讀的管道，文字多方位的意義，卻可以呈顯出來，這和西方傳統理解方式，寫是寫出讀音，由讀音來理解文字的意義，是有顯著的差異。「命」與「性」誠然各有多方位的意義，「命」及「性」之意義必有差別，命當猶如告子「即生說性」的說法，「性」始是孟子「即心所性」的一貫主張，而其區分的差別，則在於價值的不同，口之知覺嗜欲等，較諸仁義禮智諸德，孟子當然是推崇後者的，自然而然地，在孟子思想體系中，性／命即形成中心／邊緣的對立結構關係。這段論述，特別彰顯出孟子對性、命的界定，是「分解地說性」的思維路數，〔註230〕其說法則展現為宋儒所提出的「義理之性」與「氣質之性」的二分法主張，宋儒仍以「義理之性」為中心，置「氣質之性」於邊緣地位。孟子對人性自有體悟，他在孔子提出「性相近也，習相遠也。」（〈陽貨 2〉）的素樸看法之後，對人性之名，進行深層的挖掘，也作了詳盡的補充，更極盡能事地賦予道德崇高的理想性。類似上述循著「字思維」加以深察名號、即事言理、闡論字義的方式，呈顯出來的，誠然是孟子對人類生命與宇宙天命「交感交流」的深切體驗。〔註231〕但，由於漢字詞性不定，義涵豐富的特性使然，仍不可避免地遭到稍微晚出的荀子加以無情的批評。

與孔、孟相較，荀子雖然同樣強調道德的價值觀，荀子卻著重外在的「禮」

〔註228〕陳大齊，《孟子待解錄》（台北：臺灣商務印書館，1981），頁 16。

〔註229〕同註 167，頁 196。

〔註230〕曾昭旭，〈呈顯光明・蘊藏奧秘——中國思想史中的人性論〉，收錄於《理想與現實——中國文化新論（思想篇）》（台北：聯經出版事業公司，1989），頁 13。

〔註231〕同註 224，頁 84。

制，顛覆孔孟「仁義」的內在道德觀念，轉從人性的現實面，標舉「化性起偽」的路徑，提出與孔孟先天道德論相對的後天道德論說。荀子以禮義爲基礎，由心、性、偽等基本概念組構而成的價值體系，實則並未脫離倫理秩序的訴求，道德終須通過倫理的界域來達成，此點與孔孟並無二致。不過，荀子展現出的理性思維，試圖切入問題的核心，極力與現實接軌，將先儒的義利、王霸等觀念，作出相當程度的轉化或修正，性惡、尊君等主張與尊孔抑孟的態度，使他在先秦儒家學派中被編列爲歧出的儒者，在中國思想史上，荀子的地位既崎嶇坎坷，又爭議性的備受矚目。

　　與孟子心性論相較，荀子係由經驗常識立場，對心與性進行客觀的照察，而於兩者之關係，冷靜而理性地道出「以心治性」的見解。關於心，〈解蔽篇〉云：「心者，形之君也。而神明之主也，出令而無所受令。……心不可劫而使易意。是之則受，非之則辭。」〈天論篇〉也云：「心居中虛，以治五官，夫是之謂天君。」荀子將「心」易之爲「君」名以形容之，逕稱之爲「天君」，透過「天君」形象化的隱喻說辭，揭示出心的主導地位，荀子顯然視此心爲獨立自主的精神主體，心具有是非抉擇的能力。〈解蔽篇〉云：「人何以知道？曰：心。心何以知？曰：虛壹而靜。心未嘗不藏也，然而有所謂虛；心未嘗不兩也，然而有所謂一；心未嘗不動也，然而有所謂靜。人生而有知，知而有志。志也者，藏也；然而有所謂虛，不以所已藏害所將受謂之虛。心生而有知，知而有異，異也者，同時兼知之，同時兼知之，兩也；然而有所謂一，不以夫一害此一謂之壹。心，臥則夢，偷則自行，使之則謀。故心未嘗不動也，然而有所謂靜，不以夢劇亂知謂之靜。未得道而求道者，謂之虛壹而靜，作之則。將須道者，虛則入；將事道者，壹則盡；將思道者，靜則察。知道察，知道行，體道者也。虛壹而靜，謂之大清明。」荀子以「虛壹靜」和「藏兩動」三對矛盾的概念，指出心具有相對而複雜的屬性，同樣作爲心的屬性，雖然可以替換，卻有抉擇的必要，若以「求道」爲標的，虛壹靜／藏兩動顯然有主／客、優／劣之分，故必須選擇前者才是正確的。荀子對「心」的思維，著眼於理性的功能，孟子對「心」的思維，投注於主體的自覺，由於思考向度不同，故「能指」的心符號雖同，「所指」的意蘊則絕然相異。〈正名篇〉云：「道者，古今之正權也。」荀子以「正權」（權即秤）類比於「道」，使道不再顯得抽象，道所指的內涵，見諸〈儒效篇〉：「道者，非天之道，非地之道，人之所以道也，君子所道也。」足見「心」必須達到極其透徹、毫無偏蔽的境界，始稱爲大清明的心，心所要

認識的以人倫之道爲核心。心和人倫之道的關係，猶如西方文化傳統，以邏各斯爲中心的思想結構，一端是思想，另一端是存在的對立結構，但這種思維結構，卻是德里達所要消解的。〔註232〕荀子對人倫之道極爲重視，然對天地之道缺乏一探究竟的興趣，觀〈天論篇〉所云：「唯聖人爲不求知天。」即知其立論之旨趣矣。〈正名篇〉又云：「心又徵知。……然而徵知必將待天官之當簿其類然後可也。」對事物的認知，荀子指出由「天官」接觸外物是認識的第一步，認識的第二步必須由心加以驗證判斷，亦即必須「以心治性」，「以心治性」的觀點，不但是理性的，又切合著客觀的認識經驗，因而在荀子思想體系中，心／性是依中心／邊緣的對立關係來定位，這與孟子「即心說性」，心性冥然合一的主張截然不同。荀子以客觀經驗爲基礎，藉由心的理性思維，對客觀事物加以辨識，以通往人類社會道德界域的認識論，揭示出荀子所論之「心」，著重於「社會性」與「經驗性」的特質，相對於孟子採先驗主義觀點，由善端來論述人心，其「心」傾向於形上的、存有的層面，〔註233〕兩人迥異之處即形成了名實的辯證現象，辯證的現象印證了德里達所稱，漢字書寫的蘊意太多，因而不易解讀，太多不確定性和隱蔽性，使人突發各種奇異的聯想。〔註234〕不過，對「心」具有思考的功能，在價值觀念取捨上，「心」具有優先性，孟、荀兩人則有互通之處。〔註235〕

通觀荀子對心的描繪，無論是橫觀側看或俯視直察，它既不是生理性的實體之心，也不是虛靈的道德心，荀子始終緊盯此精神主體潛在的組織紋理，將其與客觀對象勾聯起來，呈顯出心的理性能量與判別作用等意義，這樣的解讀模式，依然未曾脫離「字思維」方式來開展即事言理、闡論字義的思想工程。然而，無論如何，「心」作爲表達概念的詞，在孟、荀兩人畢竟各有含義，但書寫形式的字既然未分爲二，難免使「心」之名，因而衍生出名實的辯證關係。

對人性的認知，荀子不但著眼於人的自然天性和社會屬性，而且提出有別於孟子的「性惡」說。荀子所理解的性，可由一條重要線索來釐清，〈正名篇〉云：「生之所以然者，謂之性。性之合所生，精合感應，不事而自然，謂之性。」這段話，出現了「性」的兩種定義，目前一般的《荀子》注本和

〔註232〕同註167，頁17。
〔註233〕同註224，頁170。
〔註234〕同註167，頁210。
〔註235〕同註223，頁56。

涉及荀子人性論的論著，基本上都接受王先謙「兩謂之性，儷也」的說法，
〔註 236〕如北京大學哲學系注釋的《荀子新注》將「生之所以然者」屬於第
一個定義的「性」，解爲大致指人的耳、目等感官的功能；而將「不事而自
然」屬於第二個定義的「性」，解爲大致指人的感官的一些本能反應。〔註 237〕
這樣的解說，等同於「性」只有一種定義。與此相對，有些學者則認爲這兩
個定義的「性」含義有別，在略爲紛歧的看法中，近代學者廖名春加以詳盡
比對考證、統整駁辯，指出荀子對「性」的定義：第一義「生之所以然者」
的「性」，指人的生物組織和肉體結構而言，「生」即指人的身體；第二義「不
事而自然」的「性」，則指人的身體各種生理組織的綜合作用，包括天官和
天君的綜合作用。〔註 238〕將兩「性」之義嚴予分別，的確令人耳目一新，
如果將上述之引文連結下文「性之好惡喜怒，……所以知之在人者謂之知，
知有所合謂之智。所以能之在人者謂之能，能有所合謂之能」來比較，前文
兩個「性」與後文所言「知、智」及兩個「能」，皆屬層遞的修辭方式，其
中所描述的散名，用字雖然有相同的現象（如兩個「性」、兩個「能」），卻
非同樣的概念、非同樣的意義，理當可以作出判斷。依性的兩個定義而言，
此兩者皆爲「性」的屬性，性出現一字多義的情形，在荀子自身的思想中，
即埋下了名實辯證的開端。

　　由荀子界定「性」的兩個定義出發，我們看到荀子以大量文字，反覆對「不
事而自然」之「性」的第二義加以描述，〈正名篇〉云：「性者，天之就也。」，
〈性惡篇〉云：「凡性者，天之就也，不可學，不可事。」這是循著溯因途徑，
亦即由先天、自然的來源，對「性」的意義加以界定。〈性惡篇〉相繼提到：「今
人之性，目可以見，耳可以聽」、「若夫目好色，耳好聲，口好味，心好利，骨
體膚理好愉佚，是皆生於人之情性者也。」〈榮辱篇〉云：「凡人有所一同：飢
而欲食，寒而欲暖，勞而欲息，好利而惡害，是人之所生而有也，是無待而然
者也，是禹桀之所同也。」上列引文，是荀子從現實經驗，就人天然感官的欲

〔註236〕以楊倞注而言，其意都將「性」的兩種定義視爲是人的天性，王先謙作了些
　　　　修正，指出「兩謂之性，相儷」以爲這兩個定義的句子結構大體相同，其界
　　　　定的「性」含義一致，都是指人性。參王先謙，《荀子集解》（台北：華正書
　　　　局，1993），頁 274。並參廖名春，《荀子新探》（台北：文津出版社，1994），
　　　　頁 93～94。
〔註237〕北京大學哲學系注，《荀子新注》（台北：里仁書局，1983），頁 437～439。
〔註238〕廖名春，《荀子新探》（台北：文津出版社，1994），頁 95～104。另參梁啓雄《荀
　　　　子柬釋》、徐復觀《荀子經驗主義的人性論》、黃彰健《孟子性論之研究》等。

望、需求，爲「性」所下的定義，就性的生物生理本能而言其義，所論的即性的自然義。荀子經常「情性」相連爲詞，亦常「情欲」相連爲用，〈正名篇〉云：「性者，天之就也，情者，性之質也；欲者，情之應也。」既言情是性的本質，欲望是情對外物的反應而產生，在鏈條式的思維下，性、情、欲相連而生，相互影響乃無可疑義。似上述就人具體形軀的存在，可聞可見各類感官的功能，官能的天賦本質，由多元、多方位的視角切入，荀子以寫實的手法，將人性的各種風姿態勢映現出來，賦予人性自然與現實品格的涵義，還原人性眞實的面貌，指引人們認清自我，藉「化性起僞」方式，服膺規範以改造自我，使生命臻於理想的道德境界，顯示荀子對人性的界說，相較於孟子「即心說性」的道德義，確實存在著名實辯證的現象。

孟、荀言「性」，除了在字義上出現辯證情形，若將「性」置放於哲人思想體系中，孟子強調「人之所以異於禽獸者幾希」，視「仁義禮智」四種善端爲人特有的屬性，從而提出「性善」的主張，雖屬先驗觀點，又難免蒙上神秘的色彩，其「性」則屬具有價值的中心地位；荀子由人性「順是」的觀點，即順著情欲而不知節制，乃提出「性惡」的說法，顯示「性」屬價值較低的邊緣地位；同樣的「性」字，孟、荀相較，其善／惡、中心／邊緣的對立觀念，也出現了辯證的情形。

2、宇宙觀方面

至於世界觀，即所謂的宇宙觀，先秦時期探討的主要以天象與人之間的關係爲內容。對此問題，孔子雖然對鬼神持「存而不論，敬而遠之」的態度，卻認爲「天命」是存在的，孔子即稱「君子有三畏，畏天命，畏大人，畏聖人之言。」（〈季氏 8〉）孔子將聯想投向遙遠的天際，設想邈遠的虛空有一種存在，透過哲學的隱喻手法，他以某種確定性的聲明，〔註239〕來推演君子所當敬畏之事。把「畏天命」列爲君子「三畏」的第一位，足見其位居夫子心中隆崇的地位；孔子曾說：「道之將行也與，命也；道之將廢也與，命也。」（〈憲問 38〉）在自述其志時又說：「不怨天，不尤人，下學而上達，知我者，

〔註239〕陳述句中「君子有三畏」之「有」，隱然指出「天命」不證自明，透露出哲學的隱喻所謂「根柢式的隱喻理論」，係指哲學思維藉由某些確定性的聲明（譬如無誤性、不證自明，或者無可懷疑的、確定的資料），以推演出哲學系統（雖然此哲學系統到最後都證明是不可信賴的，但根柢式的隱喻理論常獲得相當廣大的承認）。參同註219，頁 532。

其天乎！」（〈憲問 37〉）前者指出天命攸關道之廢行，後者指陳上天才是自己的知音，這是暗喻著天命具有一種客觀決定的力量，甚至有能力解讀人的意志或意願。孔子也曾喟歎道：「天何言哉！四時生焉，百物生焉，天何言哉！」（〈陽貨 19〉）此則別有喻意，乃用來宣達天雖沉默，卻總是堅持「天理流行」〔註240〕的工作，對人而言，它不啻是一種啓示，也見證了孔子不懈不怠的宏偉志業。孔子談「天」，談「命」，也談「天命」，而「天命」之字義，究竟是天之正理，即「天道」；或天帝之意志，即「天意」；或主宰人世之「天帝」；孔子並不直截明確的指認。對邈遠的「天道」，孔子很少討論，是以子貢乃曰：「夫子之文章，可得而聞也；夫子之言性與天道，不可得而聞也。」（〈公冶長 13〉）綜觀孔子雖未對「天」作出界定的意義，其涵義則是豐富的，因著聯想，「天」之符號派生出多方位的意涵。〔註241〕

孟子對天的論述，包括自然之天、意志之天、命運之天、義理之天等，在意義上，義理之天則爲孟子首爲側重者。孟子書載：「天油然作雲，沛然下雨，則苗浡然興之矣。」（〈梁惠王上 6〉）「天之高也，星辰之遠也。」（〈離婁下 26〉）「孔子曰：『天無二日，民無二王。』」（〈萬章上 4〉）「且天之生物也，使之一本。」（〈滕文公上 5〉）在爲數有限的論述中，這是孟子從客觀的自然現象與功能，對天所下的定義，此種定義，來自哲人對現象界的觀察，具有實證的精神。事實上，孟子重視的是人文現象，且將其定位爲天所造作，孟子書載：「天下之生久矣，一治一亂。」（〈滕文公下 9〉）「夫天未欲平治天下也。」（〈公孫丑下 13〉）「天與賢，則與賢；天與子，則與子。」（〈萬章上 6〉）「故天將降大任於是人也，必先苦其心志，勞其筋骨……。」（〈告子下 15〉）「無敵於天下者，天吏也。」（〈公孫丑上 5〉）孟子就「天」平面的圖樣形式，將天下的治亂，天下能否平治，政治人選，政治制度興廢，乃至上天對人的磨難，視爲一切皆由天意所決定，即隱然指稱天意具有宰制人世的力量，這樣的天意即傳統文化「天命」的概念；而未曾違逆天意的統治者，則稱爲「天吏」，此皆顯示孟子就人事與天之關聯，賦予天具有人格神意義的明確立場。然而，孟子對現實的波折，有時則無奈的歸諸天的神秘力量，如孟子書載：「君

〔註240〕同註 227，頁 177。
〔註241〕孔子對「天命」的看法，不容否認亦受到周初天命觀念的影響，如《尚書·周書·康誥》記述周公告誡衛康叔說：「嗚呼！肆汝小子封！惟命不于常，汝念哉！」、《詩經·大雅·文王》云：「殷之未喪師，克配上帝。宜鑒于殷，駿命不易！」這是一方面肯定天命，一方面又認爲天命不是絕對的。

子創業垂統，爲可繼也；若夫成功，則天也。」（〈梁惠王下 14〉）「行，或使之，止，或尼之；行止，非人所能也。」（〈梁惠王下 16〉）「莫之爲而爲者，天也；莫之至而至者，命也。」（〈萬章上 6〉）不論王位的承繼，或際遇之窮通，孟子也隱隱感受到人力無法與天抗衡的現象，將事業成敗與天掛搭以明其事理，這又賦予天是「命運之天」的涵義，雖然是未能免俗的說法，卻透露了人類生命有限性的本質。孟子承續了傳統文化，視「天」爲具有意志的人格神，又指出冥然存在的「命運之天」，就哲人的思維立場，這是不證自明的，但追根就底，孟子終歸是要爲人間的遇合成敗尋找一個合理的依據，而所謂合理的依據，卻以多種扮相來示現。

但，孟子終究傾心於就天的概念，爲人生的道德價值尋覓其根源。孟子書載：「誠身有道，不明乎善，不誠其身矣。是故誠者，天之道也；思誠者，人之道也。」（〈離婁上 12〉）「心之官則思，思則得之，不思則不得也。此天之所與我者。」（〈告子上 15〉）「盡其心者，知其性也，知其性，則知天矣。存其心，養其性，所以事天也。」（〈盡心上 1〉）所謂天之道，即天道、天理，此種意蘊涵蓋於孔子對「天命」的論述中。孟子又進一步勾勒「天道」的特質爲「誠」，認爲天道是美善誠實的，此一洞見式的思維，無異於爲「天」的符號，播撒下有別傳統觀念的特殊性；孟子且強調，不僅人心必須發揮思辨天理的能力，心的思辨能力，壓根兒即由天道下貫而來，使「心性」儼然如「天道」所派生，「天道」亦猶如「人性」的隱喻，經此巧妙的聯想，將超絕邈遠的天道，直接內化爲人的心性，使天道與人心不著痕跡巧妙地接軌，孟子所賦予「天道」的義涵，便理直氣壯地成爲道德事業的理據。綜觀孟子對天的觀望與體察，依稀可見其承續傳統與孔子對天多重涵義的基本認知，然而，在統一性的理路上，孟子對天的描摹畢竟著墨更多更深，孔子對天自有深刻的體悟，卻只予輕描淡寫，點到爲止的道出其淺層經驗與深層精微的特性，孟子則不諱言將自家生命的慧識，洞燭機微地搭設天上人間的橋樑，將天道轉化成人心超越而內在的根源，橋樑雖無形跡亦無印痕，卻使後世儒生堅信人生終須渡橋而行。

相對地，荀子對天的理解，則大異其趣於孔孟。緣於個人獨特的理性與務實的精神，荀子每每從經驗與實用的角度對天進行剖析。其基本立場，是瞄準天的自然義，在稱謂上，或單稱天、地、時，或天地並稱，〈天論篇〉云：「列星隨旋，日月遞照，四時代御，陰陽大化，風雨博施，萬物各得其和以

生，各得其養以成，……夫是之謂天。」又云：「星隊、木鳴，……是天地之變，陰陽之化，物之罕至者也。怪之，可也，畏之，非也。夫日月之有蝕，風雨之不時，怪星之黨見，是無世而不常有之，……夫星之隊，木之鳴，是天地之變，陰陽之化，物之罕至者也，怪之，可也；而畏之，非也。」從日月、星辰、陰陽、風雨等日常所見的現象，以及日蝕月蝕、星隊木鳴、怪星、水旱災等罕見的現象來描述天，顯示荀子將「天」定義爲客觀存在的自然現象，此一得自獨特思維與普遍性經驗的自然義之天，實即是對物質世界運動變化現象的描述，〔註242〕可謂兼具物質主義與某一程度科學精神的說解。此一義，大抵與孟子從客觀的自然現象與功能所定義的天相符，唯荀子對天的觀察毋寧較詳細，故內涵亦較豐富。

　　此外，〈天論篇〉又載：「不爲而成，不求而得，夫是之謂天職。」「不見其事而見其功，夫是之謂神，皆知其所（以）成，莫知其無形，夫是之謂天。」「天職既立，天功既成，形具而神生。」〈王制篇〉云：「天地者，生之始也。」〈禮論篇〉云：「天能生物，不能辨物，地能載人，不能治人也。」對天能生化萬物，荀子以「神」字形容造化功能之神妙，雖賦予「天」功能性之意義，卻認爲人們無從了解造化功能運作的原理，天神妙的功能，包括造作人，「形具而神生」便是指人而言，荀子卻又以「不能辨物」、「不能治人」，將天界定爲昧然無知的存在，亦即天並無理性的成分，這和孟子注重的義理之天，呈現了辯證的現象。

　　天誠然難以深入地理解，卻也有足以理解之處。〈天論篇〉所云：「天行有常，不爲堯存，不爲桀亡。」、「天不爲人之惡寒也輟冬，地不爲人之惡遼遠也輟廣。天有常道矣，地有常數矣。」這是就天的客觀規律性，不因人的意志而轉移，亦即不受人的意志支配，以言「天之常道」義。然而，荀子所言天之常道，探觸的純屬於物質運動的規則；與孟子所注重的「天道」，旨在藉外在邈遠的天理，引領人們航向道德的終極境界，故絕然不同；當然荀子所定義之「天」，意涵仍是多樣的。再觀〈天論篇〉所謂：「不爲而成，不求而得，夫是之謂天職。如是者，雖深，其人不加慮焉；雖大，不加能焉；雖精，不加察焉；夫是之謂不與天爭職。」「唯聖人爲不求知天」，論述對「天職」說的很清楚，荀子就天

〔註242〕廖名春指出：「列星隨旋」即是在說恆星是運動的，唐代天文學家僧一行（張遂）曾通過精確測定恆星位置，證明了荀子這一天才的猜想。參廖名春，《荀子新探》（台北：文津出版社，1994），頁177。

之功能與範圍賦予天深奧廣遠精微之意涵，卻又教人不必妄興一探天之究竟的念頭，此乃天既深奧難測，加上早期科學的落後，自不能不造成思想上的限囿，然根本原因是，畢竟他關切的是人事。人事與天之關聯究竟如何？〈天論篇〉云：「天行有常，不爲堯存，不爲桀亡。應之以治則吉，應之以亂則凶。……修道而不貳，則天不能禍。……倍道而妄行，則天不能使之吉。……受時與治世同，而殃禍與治世異，不可以怨天，其道然也。故明于天人之分，則可謂至人矣。」「治亂，天邪？……治亂非天也。」荀子強調「天人之分」，如此一刀切開人世治亂與天地四時的因果關係，將天的客觀性與自然性歸結爲物質性，既賦予天明確的「物質」意涵，也彰顯了人類主觀作爲的重要性，更否決了「意志之天」或「命運之天」的雙重意義，這可視爲是對傳統或孔孟思想的批判與挑戰；批判的思維，使荀子所認知物質的「天」，與孔、孟主張多重涵義的「天」，自然而然地形成了區隔，同時出現了辯證的關係。荀子唯一認同人與自然的依存關係是「制天用天」，〈天論篇〉所云：「天有其時，地有其財，人有其治，夫是之謂能參。舍其所以參，而願其所參，則惑矣。」「大天而思之，孰與物畜而制之？從天而頌之，孰與制天命而用之？望時而待之，孰與應時而使之？因物而多之，孰與騁能而化之！思物而物之，孰與理物而勿失之也！願於物之所以生，孰與有物之所以成！故錯人而思天，則失萬物之情。」上述強勁有力的說辭，在在賦予天的「被治」義，天只是被利用的對象，人扮演著「能治」的角色，唯有將能治的人與被治的對象天結合起來，天的自然義才稱得上存在的價值，荀子強力主張「制天用天」，從實用觀點，建構其「天生人成」之原則，爲先秦時期揭櫫另一條現實性的社會經營之路，徑路雖與孔孟殊別，卻洋溢荀子對美麗新世界熱切的期盼。

總結荀子對天的看法，透過冷靜與理性的思維，以有限度的放大鏡來觀察自然，視自然爲物質之組構物，由觀測而推斷出自然現象陵替存在著客觀的規律，認可造化之功能與範圍，深奧廣大而綿邈神妙，即令荀子只就自然之天來論述，而賦予自然物質性的常態與非常態意義、物象運轉的規律意義、物質的利用改造意義等，使自然之天的多重特性呈顯出來，因而雖是單一的自然之天，其涵義仍是多樣的。但放大終究不像顯微，思維興趣左右了他的路徑，正如美國詩人弗羅斯特（Robert Frost, 1874～1963）的詩篇〈雪夜林邊小立〉（Stopping by Woods on a Snowy Evening）〔註243〕的處境，選擇了遊客如織的通衢大道，

〔註243〕Under the general editorship of Perry Miller, "Major writer of America", Robert

便失去了佇足瀏覽通幽小徑的機會，極度青睞於人事的思維，與科學尚處萌芽的時代侷限性，使荀子錯失了運用顯微析釋天地的方式，和邁向科學之路擦身而過。荀子僅在科學的邊際，教人們認識到，萬變的天象都只是是物質的形塑與消解，運轉的物質則有其規律；但不問物質的微粒組織或結構，未能進一步詳究萬物消長變易、相互交涉的客觀紋理，將絕大部分心思停駐於人間社會，遂使其曾經開出的客觀精神，失去了茁壯發展的機會。

四、小　結

　　文化是人類可貴的資產，思想則是推動文化的推手。雖然時間之流不可逆，但先秦諸子曾經躍動其間的名辯學，既蔚為思想界的奇葩，更融入了傳統文化的血脈，揆諸儒家針對名實問題展開論述，以建構其思想體系，雖以名實相符為共同的旨趣，卻憑添了矛盾對立的辯證現象。

　　文化符號學以探究文化思想史的理論為實質對象，研究兼括表層現象的「語言介質」與深層結構的「意識形態」，由此面向來尋索思想家的思維模式，是拓寬文化視野的途徑，自有其特殊的意義。它揭示出西方的正統概念，係由「語言學」視角作為闡釋人文領域知識的根據，如索緒爾開創了對語言的描寫，進行形式分析的手法，而不是從語義上來進行，蔚為結構主義的大興，實接續了自蘇格拉底以來，以邏各斯為中心的思維方式，扣合著西方傳統的語詞中心主義和語音中心主義的態度。由於對語言介質思考向度的差異，德里達反對所謂邏各斯中心論，主張拋棄語言的傳統用法，意圖將結構主義加以解構，新建不同於表音語言的新文字學，指出以文字作為探勘思想文化的另一系統，則超出西方而存在著，如東方的漢語系統即是。

　　蓋中國傳統學者對方塊漢字，凡詞之結合、順序、重疊，既視之為詞的自然功能，聯字以表意，或字與字相聯成句時，亦由字義來討論，彰顯了學人對語言介質思維模式的特色，更透露了文字符號是進行思維模式重要憑藉的訊息。由於漢字的特殊性，諸子是以「字思維」的模式，宣達其哲學思想；在進行「字思維」時，漢字其實是隱喻的元件，文字更成為如德里達所謂「播撒」、「嫁接」的種芽，透過觀察、驗證、聯想、類比、溯因、派生等輻射式或鏈條式的思維，將「文字」的種芽加以「播撒」、「嫁接」，形塑出「一字多

Frost edited by Louise Bogan（Fort Worth, TX. : Harcourt Brace Jovanovich College Publishers , 1966）, pp. 940.

義」的現象，以進行「隱喻」的工程，並建構其內核思想。先秦儒家依隱喻的「字思維」，在意識形態上展現出東方式的哲學思路，證諸價值觀或宇宙觀，即對字義作發揮性的論述，就名事講出一番抽象的道理，雖採行共通性的哲思，但文字符號經由無限的聯想與發揮的結果，終究促成了名實思想上的辯證現象。在顯揚眞理方面，思想家依主觀直覺的識見、客觀實際之經驗，提出紛繁的立說，或抽象玄妙，或理論實質，皆爲豐碩的文化資產留下了各形各色的睿智。

第五章　孔子名實思想抉微

第一節　史官、孔子與《春秋》之關係

　　六經歷來被視爲是儒家的寶典，它不但是古代最早的書籍，是古人所遺留下來智慧的累積，也蘊藏著珍貴的史料。透過這些史料，後人得以重新檢視史事，雖然歷史的眞相無法完全還原，歷史的經驗卻能提供後人相當的借鏡。《春秋》是六經之一，這部以春秋時代魯國歷史爲主軸，旁及各國時事，經緯二百四十二年的史書，猶如其他經書一般，曾經在學術史上引發過爭議。〔註1〕就《春秋》本身而言，不論是作者、書中要義、史事義例及作品風格等，學者無不各抒所見以立論，如孔子與《春秋》之關係即爲討論問題之一。至如《春秋》三傳，或與《春秋》相關之注疏解詁，亦多或同或異分歧之見。論辯的歷史既長且久，參與的學者時或有之，欲加釐清其來龍去脈，定奪各家別派之是非，勢非大張旗鼓，遍加搜尋比對則不可。

　　史書眞相引發爭議，肇因古籍版本未能如後代發達，亦乏清楚明確之著者。《春秋》一經之疑義，雖曰較少，〔註2〕終究曾爲學者注意所及，史官、

〔註1〕 李威熊先生提到：「中國經學是中國傳統學術文化的主流，但中國經學何以形成？前人的說法不但模糊紛歧，而且也也留下一些問題，有待進一步澄清，例如經學的形成與巫、史有何關係？又經學形成初期，到底是屬區域性學術，或是全國性學術？再者孔子以前是否有經？班固《漢書‧藝文志》又爲什麼說諸子是『六經之支與流裔』？這些問題可能要先透過先秦魯國學術的考察，才能找到眞正的答案。」參李威熊，《中國經學發展史論（上）》（台北：文史哲出版社，1988），頁67。並參張以仁，《春秋史論集》（台北：聯經出版事業公司，1993），頁2。

〔註2〕 張以仁，《春秋史論集》（台北：聯經出版事業公司，1993），頁2。

孔子與《春秋》之關係，古今時賢揭櫫正反之主張，將其條列作出對比式的呈現，即知與《春秋》相關的全面問題，紛繁至極。

一、史官職司與史書書法

回溯人類制名的文化建築歷程，名在意義、作用等層面，皆存在著轉折的現象，在發展層面上，一般事物之名與政治、價值觀念之名，其轉變則出現了或速或遲、或顯或微等非同步的情形。以意義而言，名由約定俗成的一般意義，衍生成更複雜的意義，以作用而言，則由名的神秘性作用，即遠古時代將某物之名視爲某物之實體，進化爲名以表情達意爲主之作用，較爲特殊的是政治名號的神秘性作用，非唯未見消退，甚且出現了擴張的現象，這使政治之名具有不可動搖的意義，又發揮了無與倫比的作用。

回顧中國的歷史，名的神秘性附著在政治上，造成政爭不已，血流不斷的史實，即比比皆是；這樣的政治禍害層出不窮地上演，所加諸百姓痛苦之深遠，摧毀人文環境之慘烈，實無法以道里計。然而，容或多數無辜的百姓，只能束手無策地聽天由命，亦必有少數知識分子在動盪的政局中，看出壞亂現象蘊含不合理的因素，乃亟思予以糾正，這些知識分子所著眼的雖說廣泛，唯對於與名位相隨的權勢遭到挑戰的現象，亦即握有政治權力的高階貴族，被位階較低的臣屬所害之事實，知識分子雖或予口誅，或予筆伐，其誅伐的對象則鎖定位居臣屬者，雖有因顧念人民社稷而誅伐位居君位者，其思想畢竟隱微而不彰。這種「嚴責亂臣」的知識分子，當以史官爲代表。史官是掌握古代學術大部分的主要人物，史官不僅存在於王朝，也存在於諸侯之邦，史官最大之職司在於天事人事之記載；〔註3〕所記之天事，凡天象，災異的發生，均一一詳加記載；所記之人事，則尤爲廣泛，凡天子之側，諸侯之旁，盟會之時，讌私之際，亦莫不及時記載。〔註4〕左傳所謂「君舉必書」（莊公二十三年），禮記所謂「動則左史書之，言則右史書之」（〈玉藻篇〉）在在說明了位居要津，攸關天下大局的權勢人物，不唯動見瞻觀，其一言一行，更是史官必須詳實載錄者。誠然，史官對於天下大事莫不記載，究其記事，則

〔註3〕 參見余英時，〈陰陽五行學說究源〉一文，頁232～233；暨劉師培，《劉申叔遺書左盦外集（第八冊）》，載於胡適等著《中國哲學思想論集（總論篇）》（台北：水牛出版社，1988），轉引自余英時〈陰陽五行學說究源〉一文，頁233。

〔註4〕 杜維運，《憂患與史學》（台北：東大圖書公司，1993），頁95～96。

「是起源於歷史的興趣，是爲了綿延歷史」之理念使然，〔註5〕蓋歷史雖將成爲過往陳跡，亦宜爲人類之殷鑑，「鑑往知來」想必即是史官記錄歷史之用心。後人常稱道中國史官具有不畏勢焰，秉筆直書的風節，〔註6〕則當指史官具有反映事實眞相，宣達其正義思想，進而據以樹立是非之準則，辨明眞僞之分際，推類以繩天下的用心而言。

二、孔子與《春秋》之關係

　　關於《春秋》經的作者，歷來學者頗有爭議，有主張《春秋》本魯國史官所作，也有主張孔子據魯史以修《春秋》經者，更有《春秋》是孔子著作的說法。莫衷一是的見解，其實是值得探討的。

　　就載籍資料來看，《春秋》原是各國國史的通名，如《國語‧晉語七》說：「羊舌肸習於《春秋》」意即羊舌肸（又稱叔向）這個人，熟習各國的史書。《國語‧楚語上》也說：「教之《春秋》」，是指用史書教授太子。《墨子‧明鬼篇》載有「周之《春秋》」、「燕之《春秋》」、「宋之《春秋》」、「齊之《春秋》」，足見周朝、燕、宋、齊諸國都有史書叫《春秋》，墨子曾讀過。

　　但，《春秋》又是魯國史書的專名。孟子曾云：「王者之跡熄而《詩》亡，《詩》亡然後《春秋》作：晉之《乘》、楚之《檮杌》、魯之《春秋》，一也。」（〈離婁下21〉）便指出《乘》、《檮杌》、《春秋》分別是晉、楚、魯的史書專名。

　　上述史料足以證明，《春秋》原係魯國之史書。既爲魯國之史書，其中自然蘊含史官之觀點與筆法。然而，歷來學者多謂孔子據魯史以作《春秋》經，或謂孔子據魯史以修《春秋》經，且謂《春秋》經隱含孔子之微言大義，其用字既寓褒貶之意，乃使《春秋》成爲天下之義法。〔註7〕學者當中又根據孔子自云「述而不作」（〈述而1〉）「其義，則丘竊取之矣」（〈離婁下21〉）而指

〔註5〕　同註4，頁103。

〔註6〕　同註4，頁101～102。

〔註7〕　關於孔子與《春秋》經的關係，請參閱：皮錫瑞，《經學歷史》（台北：藝文印書館，1987），頁10～11。林尹，《中國學術思想大綱》（台北：臺灣商務印書館，1981），頁30～31。徐復觀，《中國經學史的基礎》（台北：學生書局），頁26。錢基博，《經學通志》（台北：中華書局，1978），頁170～171。李威熊，《中國經學發展史論（上冊）》（台北：文史哲出版社，1988），頁61。周予同，《群經概論》（台北：廣文書局，1990），頁64。本田成之，《中國經學史》，頁65～66。其中皮錫瑞、徐復觀、錢基博、李威熊諸位學者，都傾向春秋具微言大義之說法。

出孔子之「作」《春秋》，有別於一般之「作」，此「作」應是寓於所述之中，是孔子依據魯史舊文，經由修正、校訂以寄存其作意。〔註8〕不論說法如何，都認可《春秋》經內含孔子的思想與筆法。不過，懷疑孔子作（或修）《春秋》之學者亦不在少數，甚至有全盤否定《春秋》爲孔子所修作者。

三、肯定孔子修作《春秋》之主張

在先秦典籍中，主張《春秋》爲孔子修作的，見諸《左傳》、《孟子》、《莊子》等，同樣的主張見諸兩漢的有《公羊傳》、《穀梁傳》、《春秋繁露》、《史記》、《漢書》等，兩漢經學分今文、古文兩派，今文家則屬於肯定的主張。其中所載，前人或經常提及，或甚少注意，張以仁先生在《春秋史論集》曾加以集錄，並酌加注解，且據以討論這些資料在這個問題上的價值。〔註9〕魏晉以後，學者又陸續加以論證，爲期了解眞相並方便比較，茲將《春秋三傳》前後並列，依先秦兩漢、魏晉至唐宋、及明清以後的古籍所載資料引錄之，說明於下：

（一）先秦兩漢典籍

1、《左傳》〔註10〕

 （1）僖公二十八年《傳》：（冬）是會也，晉侯召王，以諸侯見，且使王狩，仲尼曰：「以臣召君，不可以訓。」故書曰：「天王狩于河陽」，言非其地也，且明德也。

 （2）成公十四年《傳》：九月，僑如以夫人婦姜氏至自齊，舍族，尊夫人也。故君子曰：「《春秋》之稱，微而顯，志而晦，婉而成章，盡而不汙，懲惡而勸善，非聖人誰能脩之？」

 （3）昭公三十一年《傳》：冬，邾黑肱以濫來奔，賤而書名，重地故也，君子曰：「名之不可不慎也如是。夫有所有名而不如其已，以地叛，雖賤必書地以名其人，終爲不義，弗可滅已。是故君子動則思禮，行則思義，不爲利回，不爲義疚，或求名而

〔註8〕 黃翠芬，〈從《春秋》《左傳》談孔子正名思想〉《國立編譯館館刊》，21 卷第 1 期，頁41。

〔註9〕 同註2，頁5～37。

〔註10〕 盧宜旬校，阮元審定，重栞宋本《十三經注疏（6）左傳》（台北：藝文印書館，1997），頁276～277、464～465、930。

不得，或欲蓋而名章，懲不義也。齊豹爲衛司寇，守嗣大夫，
作而不義，其書爲盜；邾庶其、莒牟夷、邾黑肱以土地出，求
食而已，不求其名，賤而必書。此二物者，所以懲肆而去貪也。
若艱難其身，以險危大人，而有名章徹，攻難之士將奔走之；
若竊邑叛君以徼大利而無名，貪冒之民將寘力焉。是以《春秋》
書齊豹曰盜，三叛人名，以懲不義，數惡無禮，其善志也。故
曰《春秋》之稱微而顯，婉而辨，上之人能使昭明，善人勸焉，
淫人懼焉，是以君子貴之。」

按：就上述資料來看，《左傳》所引孔子或君子曰的說辭，顯示《左傳》的作者，
認爲《春秋》非魯舊史，而是經過修作的史書。修作的人即「君子曰」口中所
稱的「聖人」，亦即指孔子，這點，歷來學者並無異議。〔註11〕文中又指出，孔
子修作《春秋》，緣於君臣尊卑的名分之故，如引文第一則「以臣召君」是不當
的作爲，必須有所「諱」，乃改爲「巡狩於河陽」。又如引文第二則，叔孫僑如
爲魯成公迎接夫人姜氏，不稱其族「叔孫」，是爲了尊重夫人，但夫人又稱「婦」
姜氏，是因其姑（即魯宣公的夫人穆姜）尚在。至如引文第三則，黑肱爲邾國
大夫，位不及命卿，卻以土地出奔，以地反叛屬不義之行，而《春秋》書其名，
意在「懲肆而去其貪」。凡此，皆見尊卑有別之禮教，而《春秋》之「稱」（用
詞），卻隱微而顯著，此即是素來稱許《春秋》有微言大義之所在。

　2、《公羊傳》〔註12〕

　　（1）隱公元年《傳》：（冬）公子益師卒，何以不日？遠也。所見異
　　　　辭，所聞異辭，所傳聞異辭。

　　（2）莊公七年《傳》：夏四月，辛卯，夜，恆星不見。夜中，星實
　　　　如雨，恆星者何？列星也，列星不見，何以知夜之中？星反也。
　　　　如雨者何？如雨者，非雨也。非雨則曷爲謂之如雨？不脩《春
　　　　秋》曰：「雨星不及地尺而復」，君子脩之曰：「星實如雨」。何
　　　　以書？記異也。

　　（3）閔公元年《傳》：冬，齊仲孫來。齊仲孫者何？公子慶父也，
　　　　公子慶父則曷爲謂之齊仲孫？繫之齊也。曷爲繫之齊？外之

〔註11〕同註2，頁15。
〔註12〕盧宣旬校，阮元審定，重栞宋本《十三經注疏（7）公羊傳穀梁傳》（台北：
　　　　藝文印書館，1997），公羊傳注疏之部，頁17、81、114、281～282、355～359。

也。曷爲外之？《春秋》爲尊者諱，爲親者諱，爲賢者諱。子女子曰：以《春秋》爲《春秋》，齊無仲孫，其諸吾仲孫與？

（4）昭公十二年《傳》：十有二年，春，齊高偃帥師納北燕伯于陽，伯于陽者何？公子陽生也。子曰：「我乃知之矣。」在側者曰：「子苟知之，何以不革？」曰：「如爾所不知何？《春秋》之信史也，其序則齊桓晉文，其會則主會者爲之也，其詞則丘有罪焉耳。」

（5）哀公十四年《傳》云：十有四年，春，西狩獲麟。何以書？記異也。何異爾？非中國之獸也。然則孰狩之？薪采者也。薪采者則微者也，曷爲以狩言之？大之也。曷爲大之？爲獲麟大之也。曷爲爲獲麟大之，麟者仁獸也，有王者則至，無王者則不至。有以告者曰：「有麇而角者」，孔子曰：「孰爲來哉，孰爲來哉！」反袂拭面涕沾袍。顏淵死，子曰：「噫！天喪予！」子路死，子曰：「噫！天祝予！」西狩獲麟，孔子曰：「吾道窮矣！」《春秋》何以始乎隱？祖之所逮聞也。所見異辭，所聞異辭，所傳聞異辭，何以終乎哀十四年？曰備矣。君子曷爲爲《春秋》？撥亂世，反諸正，莫近諸《春秋》。則未知其爲是與？其諸君子樂道堯舜之道與？末不亦樂乎堯舜之知君子也！制《春秋》之義以俟後聖，以君子之爲亦有樂乎此也。

按：上述資料顯示，《公羊傳》係以問答方式，每句一解，凸顯其對《春秋》大義中的正名分、別善惡的解說。如引文第一則，說明公子益師（字眾父）死亡的日期未曾寫下，因爲屬於隱公時的遙遠年代。〔註13〕引文第二則，記的是莊公七年（西元前687年）天琴座流星雨的現象，〔註14〕《公羊傳》提及不修《春秋》原文是「雨星不及地尺而復」，君子脩之曰：「星霣如雨」，王充認爲「君子」指孔子，顯見不修《春秋》所載是魯之舊史所記，這是描述流星雨不曾達到地面而消滅的現象，由於較爲奇異，孔子則加以修改成比較合乎常情常理的說法。〔註15〕

又如引文第三則，《公羊傳》認爲仲孫是魯公子慶父，卻不稱其「公子」

〔註13〕何休，《公羊傳解詁》（台北：中華書局，1965）所注，參同註1，頁6。
〔註14〕楊伯峻，《春秋左傳注（一）》（台北：漢京文化事業公司），頁170～171。
〔註15〕同註2，頁27～28。

的身分，偏稱之「齊仲孫」，這樣的筆法，一則把慶父看作外人，一則因仲孫弒其君（子般）逃到齊國，齊桓公收留了他而受到連累，其意在彰顯《春秋》揚善抑惡的正名筆法。此處《公羊傳》與《穀梁傳》說法相近，與《左傳》卻有別。至於子女子，是公羊之先師，《公羊傳》既謂「以《春秋》爲《春秋》」，顯示夫子所修《春秋》是依魯史《春秋》而修成。〔註16〕

引文第四則中，《公羊傳》提及「伯于陽」應爲「公子陽生」，孔子雖然具見其事，又知史書有誤，一則怕自己所知仍有未備，二則筆誤之事和他刪削《春秋》的旨趣無關，因而不願輕予改動，〔註17〕《公羊傳》又以「其詞則丘有罪焉耳」，表明孔子謙稱自己更動的「詞」，極可能成爲人們罪我的地方，或因其「詞」含有褒貶之處。〔註18〕這樣看來，孔子修作《春秋》的用心當更明顯矣。

至於引文第五則，《公羊傳》以連番的問答，描述獲麟之事，乃經由卑微的擔柴刈薪者之手而得，麟爲仁獸，又非中國所有，堪稱爲奇異的大事，故「以狩言之」。孔子聞之，則慨然而曰：「吾道窮矣！」蓋知自己將末之徵。〔註19〕遂利用餘年修作《春秋》，上自隱公元年，下迄哀公十四年（即獲麟之年）止，觀其用心，《公羊傳》則曰：「撥亂世，反諸正，莫近諸《春秋》。」豈非確鑿認定孔子修作《春秋》爲千秋之盛業乎？

3、《穀梁傳》〔註20〕

（1）桓公二年《傳》：二年春，王正月，戊申，宋督弒其君與夷。桓無王，其曰王何也？正與夷之卒也。及其大夫孔父，孔父先死，其曰及何也？書尊及卑，《春秋》之義也。孔父之先死何也？督欲弒君而恐不立，於是乎先殺孔父。孔父閑也。何以知其先殺孔父也？曰：子既死，父不忍稱其名；臣既死，君不忍稱其名，以是知君之累之也。孔氏父字謚也，或曰：「其不稱名，蓋爲祖諱也，孔子故宋也。」

（2）僖公十九年《傳》：（冬）梁亡，鄭棄其師。我無加損焉，正名而已矣。

〔註16〕同註2，頁7。
〔註17〕同註2，頁30。
〔註18〕同註2，頁29。
〔註19〕同註2，頁8。
〔註20〕同註12，頁29、88。

按：就上述資料言，《穀梁傳》亦以一問一答方式來解釋《春秋》經文的含意，其解經寓有「明辨是非」之精神。如引文第一則，逐層設問作答點明，雖然宋國大夫孔父嘉被殺在先，宋殤公（與夷）在後，但記載必須「由尊及卑」是「《春秋》之義」，因而書曰「宋督弒其君與夷及其大夫孔父」；且孔父之「父」，是諡號，可證明其死在宋殤公之前。又何以《春秋》只稱孔父不稱其名「嘉」，《穀梁傳》認為，這是孔子「為避祖諱」（孔父嘉），猶如《春秋》有「為尊者諱，為親者諱，為賢者諱」之義例（見前引閔公元年《公羊傳》例 3），意在表現尊卑有節的「正名」思想。

引文第二則，是《穀梁傳》對《春秋》經文「梁亡」的詮釋，此處列舉梁伯喜諸多惡行，如沉湎酒色，昏聵而不能察納雅言，又治國無方，加諸百姓繁重徭役，乃使眾叛親離終至亡國的命運，如此揭發梁王惡行，則基於是非必須有個判準，因而，《穀梁傳》義正辭嚴地宣稱：「我無加損焉，正名而已矣。」不啻說明「正名」必以「事實」作根據，宋督既有邪惡的事實，遭致深深地憎惡，亦理之當然耳。

4、《孟子》

　　（1）〈滕文公下 9〉：「世衰道微，邪說暴行有作，臣弒其君者有之，子弒其父者有之。孔子懼，作《春秋》。《春秋》，天子之事也，是故孔子曰：『知我者，其惟《春秋》乎？罪我者，其惟《春秋》乎？』聖王不作，諸侯放恣，處士橫議，楊朱墨翟之言，盈天下，天下之言，不歸楊則歸墨。楊氏為我，是無君也；墨氏兼愛，是無父也。無父無君。是禽獸也。公明儀曰：『庖有肥肉，廄有肥馬，民有飢色，野有餓莩，此率獸而食人也。』楊墨之道不息，孔子之道不著，是邪說誣民，充塞仁義也。仁義充塞，則率獸食人，人將相食。吾為此懼。閑先聖之道，距楊墨，放淫辭，邪說者，不得作，作於其心，害於其事，作於其事，害於其政，聖人復起，不易吾言矣。昔者禹抑洪水，而天下平；周公兼夷狄，驅猛獸，而百姓寧；孔子成春秋，而亂臣賊子懼。」

　　（2）〈離婁下 21〉：孟子曰：「王者之跡熄而《詩》亡，《詩》亡然後《春秋》作。晉之《乘》，楚之《檮杌》，魯之《春秋》，一也。其事則齊桓、晉文，其文則史。孔子曰：『其義則丘竊取之矣！』」

按：就相關史料之記載顯示，孔子是孟子最為企慕的對象，雖然相隔將近百年，「乃所願，則學孔子也」卻是孟子的肺腑之言。上述資料，亦足資佐證孟子對孔子崇仰到無以復加的地步，尤為顯而易見的，孟子視孔子為天生之木鐸，是捍衛正道的不二人選。

如引文第一則，孟子既明白指出作《春秋》的人是孔子，更表彰「孔子成《春秋》而亂臣賊子懼」，乃因孔子之道是仁義之道，在邪說暴行充斥的年代，亂臣賊子迭有不仁不義之舉，面對孔子《春秋》之筆法，猶不能不汗顏戒懼；然而不曾抹滅的殘酷現實（即「臣弒君，子弒父」），終究讓孔子揭發罪行的義舉，可能面臨著被肯定或被怪罪的無奈，是以喟然嘆曰：「知我者其惟《春秋》乎！罪我者其惟《春秋》乎！」像這樣一位天縱之聖哲，孟子不作他想，只以「閑（熟習）先聖之道」自許，他想繼承文化道統的苦心，真可與天同鑑矣。

又如引文第二則，孟子提及各國史書各有其名，如晉為《乘》，楚為《檮杌》，魯為《春秋》，顯見魯國史書本名即《春秋》。史書自有史官之史筆，但孟子藉孔子的說辭「其義，丘竊取之矣。」，指出《春秋》確實蘊涵孔子的褒貶大義。此處孟子的說法，正是歷代學者主張孔子修作《春秋》，常常用來舉證的資料。

5、《莊子》〔註21〕

〈齊物論〉：六合之外，聖人存而不論；六合之內，聖人論而不議。

《春秋》經世，先王之志，聖人議而不辯。

按：上述引文，末三句或有不同的斷句方式，此處則依戴君仁先生的意見而定，〔註22〕「經世」即「治人」，而「論」指「談說」，「辯」則偏於「商榷」，含是非褒貶之意，「議」指討論或辯解。因此，上引末三句，可以解讀為，《春秋》是講治人的道理，聖人承繼先王的心法以褒貶人事之是非，但對是非褒貶人事的尺度，沒有討論，也不作辯解。此外，莊子曾於〈天下篇〉云：「《春秋》以道名分」，二者比而觀之，可以看出莊子確認《春秋》是孔子修作。〔註23〕

至於《莊子‧天運篇》記載孔子與老子的對談，老子曰：「夫六經，先王

〔註21〕郭慶藩輯，《莊子集釋》（台北：河洛圖書出版社，1974），頁83。
〔註22〕如坊間版本或斷句為「《春秋》經世先王之志，聖人議而不辯。」戴君仁先生於〈春秋在群經中的地位〉一文，則主張斷句成「《春秋》經世，先王之治，聖人議而不辯。」見《孔孟月刊》一卷三期，或參同註2，頁35。
〔註23〕同註2，頁35～36。

之陳跡也」，被視爲是老子批評孔子有點食古不化的說辭，甚至被視爲是孔子修作《春秋》的反證。〔註 24〕但〈齊物論〉、〈天下篇〉、〈天運篇〉是否莊子所作，歷來學者也有不同之主張，可供存參。

6、董仲舒《春秋繁露》〔註 25〕

（1）然則《春秋》義之大者也，得一端而博達之，觀其是非，可以得其正法。（〈楚莊王第一〉）

（2）《春秋》正是非，故長於治人。（〈玉杯第二〉）

（3）仲尼之作春秋也，上探正天端，王公之位，萬物民之所欲，下明得失，起賢才，以待後聖。故引史記，理往事，正是非，見王公。史記十二公之間，皆衰世之事，故門人惑。孔子曰：「吾因其行事而加乎王心焉。」以爲見之空言，不如行事博深切明。故子貢、閔子、公肩子，言其切而爲國家資也。其爲切而至於殺君亡國，奔走不得保社稷，其所以然，是皆不明於道，不覽於《春秋》也。故衛子夏言，有國家者不可不學《春秋》，不學《春秋》，則無以見前後旁側之危，則不知國之大柄，君之重任也。故或脅窮失國，搶殺於位，一朝至爾。苟能述《春秋》之法，致行其道，豈徒除禍哉，乃堯舜之德也。（〈俞序第十七〉）

按：董仲舒主張獨尊儒術，霸絀百家，又是西漢「春秋學」大師，他對《春秋》的看法，由徵引資料，可以看出董仲舒不僅認定孔子作《春秋》，更推尊《春秋》之微言大義，其立場與公羊家是一致的。

7、司馬遷《史記》〔註 26〕

（1）〈周本紀〉說：（襄王）二十年，晉文公召襄王，襄王會之河陽、踐土，諸侯畢朝，書諱曰：「天王狩于河陽」。

（2）〈十二諸侯年表〉說：是以孔子明王道，干七十餘君，莫能用，故西觀周室，論史記舊聞，興於魯而次《春秋》，上記隱，下至哀之獲麟，約其辭文，去其煩重，以制義法。

〔註 24〕同註 2，頁 36。

〔註 25〕漢・董仲舒，《春秋繁露》（上海：上海古籍出版社，1989），卷一〈楚莊王第一〉〈玉杯第二〉、卷六〈俞序第十七〉。

〔註 26〕漢・司馬遷撰，會合裴駰、司馬貞、張守節三家注，《新校史記三家注》（台北：世界書局，1972），頁 154、509、1943、3295、3297。

（3）〈孔子世家〉說：子曰：「弗乎，弗乎，君子病沒世而名不稱焉。吾道不行矣，吾何以自見於後世哉？」乃因史記作《春秋》，上至隱公，下訖哀公十四年，十二公。據魯，親周，故殷，運之三代。約其文辭而指博。故吳楚之君自稱王，而《春秋》貶之曰「子」；踐土之會實召周天子，而《春秋》諱之曰：「天王狩於河陽」，推此類以繩當世。貶損之義，後有王者舉而開之。《春秋》之義行，則天下亂臣賊子懼焉。……至於為《春秋》，筆則筆，削則削，子夏之徒不能贊一辭。弟子受《春秋》，孔子曰：「後世知丘者以《春秋》，而罪丘者亦以《春秋》。」

（4）〈太史公自序〉載：太史公執遷手而泣曰：「……幽、厲之後，王道缺，禮樂衰，孔子脩舊起廢，論《詩》、《書》，作《春秋》，則學者至今則之。自獲麟以來四百餘歲，而諸侯相兼，史記放絕。今漢興，海內一統，明主賢君忠臣死義之士，余為太史而弗論載，廢天下之史文，余甚懼焉，汝其念哉！」遷俯首流涕曰：「小子不敏，請悉論先人所次舊聞，弗敢闕。」……先人有言：自周公卒，五百歲而有孔子。孔子卒後，至於今五百歲，有能紹明世，正《易傳》，繼《春秋》，本《詩》、《書》、《禮》、《樂》之際，意在斯乎！意在斯乎！小子何敢讓焉！

又說：上大夫壺遂曰：「昔孔子何為而作《春秋》哉？」太史公曰：「余聞董生曰：『周道衰廢，孔子為魯司寇，諸侯害之，大夫壅之。孔子知言之不用，道之不行也，是非二百四十二年之中，以為天下儀表，貶天子、退諸侯、討大夫，以達王事而已矣。』子曰：『我欲載之空言，不如見之於行事之深切著明也。』夫《春秋》，上明三王之道，下辨人事之紀，別嫌疑，明是非，定猶豫，善善惡惡，賢賢賤不肖，存亡國，繼絕世，補敝起廢，王道之大者也。……《春秋》辯是非，故長於治人。是故……《春秋》以道義。撥亂世反之正，莫近於《春秋》。」

按：從上引一至三則資料來看，司馬遷對《春秋》隱諱的筆法，一絲不苟的義法及孔子撥亂反正的用心，都予正面的肯定。至於引文第四則，司馬遷在《史記‧太史公白序》大段加以引用董仲舒的意見，意味著司馬遷大概已全

部接受董仲舒的看法。〔註27〕

　　8、《漢書》〔註28〕

　　　　〈司馬遷傳〉贊曰：「及孔子因魯史記而作《春秋》，而左丘明論輯
　　　　其本事，以爲之傳。」

按：班固的意思很明顯，他肯定孔子據魯史而作《春秋》。

　　9、賈逵《春秋左傳解詁》〔註29〕

　　　　孔子覽史記，就是非之說，立素王之法。

按：賈逵視孔子作《春秋》，乃立素王之法，與當時公羊家的說法一致。錢穆
先生認爲，既然是素王立法，則決然是一種王官之學，而非私家言，亦即非
私人著作。孔子作《春秋》，應該與堯舜禹湯文武周公之創制立法，定爲一朝
王官之學者有同類平等的地位。〔註30〕

　　10、王充《論衡》〔註31〕

　　　（1）孔子作《春秋》，以示王意。然則孔子之《春秋》，素王之業也。
　　　　　（〈超奇篇〉）

　　　（2）孔子曰：「吾自衛反魯，然後《樂》正。《雅》、《頌》各得其所。」
　　　　　是謂孔子自知時也。何以自知？魯、衛，天下最賢之國也，魯、
　　　　　衛不能用己，則天下莫能用己也，故退作《春秋》，刪定《詩》、
　　　　　《書》。（〈知實篇〉）

　　　（3）孔子作《春秋》，記魯十二公，猶三軍之有六師也；士眾萬二
　　　　　千，猶年有二百四十二也。六師萬二千人，足以成軍；十二公
　　　　　二百四十二年，足以立義。（〈正說篇〉）

按：王充在《論衡》的諸多篇章中，均提及孔子作《春秋》，肯定其制作「足
以立義」，代表《春秋》傳達了孔子的觀點與立場。又錢穆認爲王充雖非經生，
非儒家，亦指稱《春秋》爲孔子制作，復指出《春秋》立爲漢代新王官學，
顯示其對漢代政治的眞實影響。〔註32〕

〔註27〕錢穆，《兩漢經學今古文平議》（台北：東大圖書公司，1983），頁 238～239。
〔註28〕漢・班固，《漢書（下）》（台北：臺灣商務印書館，1988），頁 778。
〔註29〕漢・賈逵撰，《春秋左氏傳解詁》（台北：藝文印書館，1965），頁 2。
〔註30〕同註14，頁 246。
〔註31〕漢・王充撰，《論衡》（上海：上海古籍出版社，1990），頁 137、254、266。
〔註32〕同註27，頁 252。

11、鄭玄《六藝論》〔註33〕

孔子既西狩獲麟，自號素王，爲後世受命之君，制明王之法。

按：鄭玄爲東漢集今古經文大成之大師，雖然鄭玄研究經學的重點，偏重於古文學，但也不能將今文學家遺說，一筆于以鉤消。〔註34〕上述引文既稱孔「素王」，這是以今文經學的立場等而觀之，因而，他以《六經》爲孔子所作，實無庸置疑。西狩獲麟，指的正是孔子作《春秋》，他且推尊這是孔子爲後代「制明王之法」。

（二）、魏晉至唐宋之著作

1、杜預《春秋左氏傳杜氏集解》〔註35〕

〈春秋序〉：《周禮》有史官，掌邦國四方之事，達四方之志。諸侯亦各有國史，大事書之於策，小事簡牘而已。孟子曰：「楚謂之《檮杌》，晉謂之《乘》，而魯謂之春秋，其實一也。」韓宣子適魯，見《易》象與魯《春秋》，曰：「《周禮》盡在魯矣。吾乃今知周公之德，與周之所以王。」韓子所見，蓋周之舊典《禮經》也。周德既衰，官失其守，上之人不能使《春秋》昭明，赴告策書，諸所記注，多違舊章。仲尼因魯史策書成文，考其眞僞，而志其典禮。上以遵周公之遺制，下以明將來之法。其教之所存，文之所害，則刊而正之，以示勸戒，其餘則皆即用舊史。

按：上述引文，杜預稱「仲尼因魯史策書成文，……文之所害，則刊而正之，以示勸戒，其餘則皆即用舊史」，顯見他是認定孔子據魯史而修《春秋》了。但，「上以遵周公之遺制，下以明將來之法」，又指出孔子修《春秋》是遵著周公的遺制，不過，雖然遵周禮之成規，卻又有其新義在內。杜預所作《春秋釋例》即針對《左傳》，而指出《左傳》中有周公舊例與孔子新例兩種，〔註36〕可爲此處引文之佐證。

2、孔穎達《春秋左傳正義》〔註37〕

〔註33〕漢・鄭玄撰，《六藝論》（台北：問經堂叢書，百部叢書集成之三八，藝文印書館，1965），頁4。

〔註34〕李威熊，《中國經學發展史論上冊》（台北：文史哲出版社，1988），頁151。

〔註35〕晉・杜預，《春秋左氏傳杜氏集解》（台北：中華書局，1965），頁1。

〔註36〕晉・杜預，《春秋釋例》（台北：中華書局，1980），頁13。

〔註37〕晉・杜預注，唐・孔穎達等正義，《春秋左傳正義（上）》（上海：上海古籍出版社，1990），頁1。

〈春秋正義序〉：暨乎周室東遷，王綱不振，楚子北伐，神器將移，鄭伯敗王於前，晉侯請隧於後。竊前僭名號者，何國不然，專行征伐者，諸侯皆是。下陵上替，內叛外侵，九域騷然，三綱遂絕。夫子內韞大聖，逢時若此，欲垂之以法則，無位正之以武則，無兵賞之以利則，無財說之以道則。不用虛欸，銜書之鳳，乃似喪家之狗。既不救於已往，冀垂訓於後昆。因魯史之有得失，據周經以正褒貶，一字所嘉，有同華袞之贈，一言所黜，無異蕭斧之誅。所謂不怒而人威，不賞而人勸，實永世而作則，歷百王而不朽者也。

按：上引孔穎達〈春秋正義序〉指出，孔子「因魯史之有得失，據周經以正褒貶」，這樣的說法，正如杜預的見解一般，孔子固然修《春秋》，而且是遵照周之禮制，以修正魯史之缺失，期使《春秋》褒貶之義法，能為天下之法則。

3、朱熹《朱子語類》〔註38〕

《朱子語類》卷八十三載朱子所說：「《春秋》大旨其可見者，誅亂臣，討賊子，未必如先儒所言字字有義也。想孔子當時只是要備二三百年之事，故取史文寫在這裡。何嘗云某事用某法，甚事用某例邪？」又云：「《春秋》只是直載當時之事，要見當時治亂興衰，非是於一字上定褒貶。……故孔子作《春秋》，據他事實寫在那裡，教人見得當時事是如此，安知用舊史與不用舊史？今硬說那個字是孔子文，那個字是舊史文，如何驗得？」

按：朱子為理學大師，對《春秋》雖未著書，但由平日言論，可見其求真之精神，上引《朱子語類》朱子的話，顯見其認為孔子作《春秋》只是直書其事，善惡自見，不是一字定褒貶，故無所謂義例，義例出于後人穿鑿，不是孔子本意。〔註39〕

（三）明清以後之著作

1、顧炎武《日知錄》〔註40〕

《春秋》不始於隱公……蓋必起自伯禽之封，以洎於中世。當周之盛，朝覲會同征伐之事皆在焉，故曰周禮。而成之者古之良史也。

〔註38〕宋・黎靖德編輯，《朱子語類（下）》（日本京都市：中文出版社，1984），頁996。
〔註39〕戴君仁，《春秋辨例》（台北：國立編譯館中華叢書編審委員會，1978），頁 17～18。
〔註40〕明・顧炎武，《日知錄（一）》（台北：臺灣商務印書館，1978），頁27～29。

自隱公以下，世衰道微，史失其官，於是孔子懼而修之。自惠公以上之文無所改焉，所謂述而不作者也。自隱公以下，則孔子以己意修之，所謂作《春秋》也。然則自惠公以上之《春秋》，因夫子所善而從之者也，惜乎其書之不存也。

按：此處資料指出，魯國史記本名《春秋》，魯史當自伯禽起，不始自隱公。孔子所修《春秋》，即所作《春秋》，則始於隱公，那是基於「世道衰微，史失其官」的使命感使然。〔註41〕

2、皮錫瑞《經學歷史》〔註42〕

孔子之教何在？即在所作六經之內。故孔子為萬世師表，六經即萬世教科書。惟漢人知孔子維世立教之義，故孔子為漢定道，為漢制作。……自漢以後，闇忽不章。其尊孔子，奉以虛名，不知其所以教萬世者安在；其崇經學，亦視為故事，不實行其學以治世。……孔子手定之經，非特不用以教世，且不以經為孔子所定，而屬之他人。經學不明，孔教不尊，非一朝一夕之故，其所由來者漸矣。故必以經為孔子作，始可以言經學；必知孔子作經以教萬世之旨，始可以言經學。

按：皮錫瑞先生在《經學歷史》中，總體檢視經學古今之變，認為歷史上經學分合、盛衰的現象，莫不肇因於對經學認定的問題。因此，上述引文指出，孔子作之經，其用意在垂萬世之教，必不可岔出這樣的概念，經學的研究才有實質意義可言。他肯定經書在漢代政治發揮了正面的功能，皮氏的意見，是對今文經家傳統看法的全盤肯定。

3、錢基博《經學通志》〔註43〕

魯哀公十四年春，……及西狩獲麟，孔子曰：「吾道窮矣！弗乎！弗乎！君子病沒世而名不稱焉。吾道不行矣，吾何以自見於後世哉？我欲載諸空言，不如見諸行事之深切著明也。」故西觀周室，論史記舊聞，得百二十國寶書；以魯周公之國，禮文備物，史官有法；故託於魯而次《春秋》；據行事仍人道；因興以立功，敗以成罰，假日月以定曆數；藉朝聘以正禮樂；上記隱，下至哀之獲麟，十二公，

〔註41〕程發軔，《春秋要領》（台北：東大圖書公司，1989），頁2～3。
〔註42〕皮錫瑞，《經學歷史》（台北：藝文印書館，1987），頁9～11。
〔註43〕錢基博，《經學通志》（台北：臺灣中華書局，1978），頁170～171。

> 據魯親周故宋，運之三代；約其文辭而指博，上明三王之道，下辨
> 人事之紀，別嫌疑；明是非，定猶豫；善善惡惡，賢賢賤不肖；存
> 亡國，繼絕世；補弊起廢；王道之大者也。

按：錢基博先生此處所述，本乎《史記・太史公自序》之說，因而，他認為
孔子根據史官之法，「託於魯而次《春秋》」，這是指以魯國史事為經，依序編
次成《春秋》，而其用心則在辨別人事是非、抑惡揚善，發揮存亡絕續、補弊
起廢的王道思想，這顯然是正面肯定的說解。

4、錢穆《兩漢經學今古文平議》〔註44〕

> 近代人，一說到孔子，便聯想到《論語》。《論語》公認為研究孔子
> 一部必要的典籍，這誠然是不錯。但《論語》乃孔門人弟子記載孔
> 子平日言行的一部書，而《春秋》則是孔子自己的著作，而且是孔
> 子晚年的，又是他唯一的著作。而且又說是孔子極用心、嚴謹、深
> 微的著作呀。因此說：「孔子在位聽訟，文辭有可與人共者，弗獨有
> 也。至於為《春秋》，筆則筆，削則削，子夏之徒不能贊一辭。」如
> 是則我們研究孔子，至少不能不注意到《春秋》。

按：錢穆先生曾以〈孔子與春秋〉為題（見《兩漢經學今古文平議》，頁 235
～238），詳加闡釋孔子作《春秋》的精神。上述引文係此篇開頭第一段，開
宗明義的說法，非唯直指《春秋》是孔子晚年唯一的著作，全文復旁徵博引
相關資料，對《春秋》當視為「王官學」而非「私家言」，一再地釐清，強調
孔子手著之《春秋》，既是史又是經，其重要性絕不下於門人弟子記載之《論
語》，且謂認識孔子之真精神，應由兩者入手。錢先生既肯可夫子，其側重之
意不在話下。

5、徐復觀《中國經學史的基礎》〔註45〕

> 孔子晚年因魯史記而作《春秋》，春秋之事及義，由《左氏》、《公羊》、
> 《穀梁》三傳始明。……《春秋》之所以入於六經，是因孔子從魯
> 史中取其「義」，離開孔子所取之義，則只能算是歷史中的材料而不
> 能算是經。乃有人要越過孔子以求周公的史法，真可謂昧於經之所
> 以為經的本源。

按：上述引文，徐復觀先生肯定孔子晚年據魯史作《春秋》，且認為《春秋》

〔註44〕錢穆，《兩漢經學今古文平議》（台北：東大圖書有限公司，1983），頁235。
〔註45〕徐復觀，《中國經學史的基礎》（台北：學生書局，1982），頁26。

經所載史事深具「史義」，這是傳統對孔子正面的評價，實無庸置疑。

6、李威熊《中國經學發展史論》上冊〔註46〕

孔子不但編定了六經，又以六經作爲施教的課本，將六經普及於廣
大的社會，同時也昌明了群經要義。……談到《春秋》經，它與孔
子的關係最密切，也是孔子平生用心最深的一經，《孟子・離婁下
21》篇說：「王者之跡熄而詩亡，詩亡然後《春秋》作。晉之《乘》，
楚之《檮杌》，魯之《春秋》，一也。其事則齊桓、晉文，其文則史。
孔子曰：『其義則丘竊取之矣！』」可見孔子作《春秋》，是有微言大
義在，它主要在「正名分」、「名道義」、「辨是非」、「寓褒貶」、「攘
夷狄」……最後則在實現「大一統」。所以孔子才說：「知我者，其
惟《春秋》乎？罪我者，其惟《春秋》乎？」（〈滕文公下9〉）證明
孔子不但作了《春秋》，同時也弘揚《春秋》的義理，使後人知道什
麼叫大是大非，也懂得有所爲和有所不爲的道理。

按：李威熊先生此處所述，徵引了孟子的說解，是大家所熟知，且常引用的。
一如前面幾位學者的主張，他肯定孔子作《春秋》，所述《春秋》的微言大義，
在「正名分」、「名道義」、「辨是非」、「寓褒貶」、「攘夷狄」……最後在實現
「大一統」，則羅列貫串了古今學者見解之精華，其立場與態度，當如磐石般
堅定而不疑。

7、張以仁《春秋史論集》〔註47〕

孔子修作《春秋》之說，既有早期資料（指《左傳》、《公羊傳》、《穀
梁傳》、《孟子》、《莊子》、《史記》……等）爲證，後人所持反對意
見（如王安石、王陽明、顧頡剛、錢玄同、楊伯峻……等學者）又
皆不能成立，則應當依從舊說，確認今傳《春秋》實係孔子所作。

按：張以仁先生曾以〈孔子與春秋的關係〉爲題，花費好大的篇幅（見《春
秋史論集》，頁1～59），論證孔子修作《春秋》之史事，其論述本文已於前文
且將於後文，摘其要點融入，並註明出處，論證工夫極深，資料詳盡，意圖
將古往今來肯定或否定孔子修作《春秋》之爭，作出定評，足資深入閱讀，
此處只摘其「結語」作爲代表。

〔註46〕李威熊，《中國經學發展史論（上）》（台北：文史哲出版社，1988），頁60～
61。
〔註47〕同註2，頁2。

四、質疑孔子修作《春秋》之主張

（一）兩宋時代

1、王安石之說〔註48〕

（1）宋周麟之（茂振）跋孫覺（莘老）《春秋經解》云：「初王荊公（王安石）欲釋《春秋》以行天下，而莘老之書已出。一見而有恧心，自知不復能出其右，遂詆聖經而廢之，曰：『此斷爛朝報也。』」

（2）王安石〈臨川集・答韓求仁書〉云：「至於《春秋》，三傳既不足信，故於諸經尤為難知。辱問皆不果大答，亦冀有以亮之。」

按：上引第一則，王安石批評《春秋》為「斷爛朝報」，素來被視為是詆毀之言。朝報猶邸報，如今之政府公報，上述資料能不能視為否定《春秋》為孔子所作，或可再行研究。但王安石是否確實口出此言，宋王應麟《困學紀聞》卷六云：「尹和靖云：介甫（王安石）不解《春秋》，以其難之也；廢《春秋》，非其意。」清朱彝尊《經義考》卷百八十一引李希逸曰：「尹和靖言介甫未嘗廢《春秋》，廢《春秋》以為斷爛朝報，皆後來無忌憚者託介甫之言也」兩人皆為安石平反。〔註49〕雖有平反的意見，若合參第二則引文，又透露王安石對《春秋》似有未解之處，顯示《春秋》的真相需要慎加明察。

2、鄭樵《通志》〔註50〕

鄭樵《通志・藝文略・經略・春秋》說：「按《春秋》之經，則魯史記也。初無同異之文，亦無彼此之說，良由三家所傳之書有異同，故是非從此起。臣作《春秋考》，所以是正經文，以凡有異同者皆是訛誤。古者簡編艱繁，學者希見，親書惟以口相授，左氏為楚史，親見官書，其訛差少，然有所訛，從文公起。公穀漢之經生，惟是口傳其訛差多，然有所訛，從音起，以此辨之，了無滯礙。」又說：「以《春秋》為褒貶者，亂《春秋》者也。」

按：上引鄭樵的說辭很明確，他認為《春秋》只是魯史記，並無所謂孔子褒貶之意在內。

〔註48〕宋・王安石撰，陸費逵總勘，《臨川集第三冊》（台北：中華書局，1965），卷72頁5。及參同註42，頁10及頁13之註15。

〔註49〕同註42，頁13之註15。

〔註50〕鄭樵，《通志第一冊》（台北：臺灣商務印書館，1935），卷63，藝文一，頁758。

（二）明清以後

1、王陽明《傳習錄》〔註51〕

> 至於《春秋》，雖稱孔子作之，其實皆魯史舊文，所謂「筆」者，筆
> 其舊，所謂「削」者，削其繁，是有減無增。（答徐愛問）

按：王陽明以爲《春秋》只是孔子抄錄的部分魯舊史，孔子未在其中動過手
腳。〔註52〕依其意，便是反對《春秋》爲孔子所修作，因爲其中並無孔子任
何用意可言。

2、章實齋《文史通義》〔註53〕

> 夫子盡周公之道而明其教於萬世，夫子未嘗自爲說也。表章六藝，
> 存周公之舊典，故曰：「述而不作，信而好古。」又曰：「蓋有不知
> 而作者，我無是也。」子所雅言，詩書執禮，所謂明先王之道以導
> 之也。非夫子推尊先王，意存謙牧而不自作也，夫子本無可作也。
> 有德無位，即無制作之權，空言不可以教人，所謂無徵不信也。

按：上述資料，章實齋徵引《論語》所載孔子自云「述而不作」、「蓋有不知
而作者，我無是也。」推斷孔子未嘗作《春秋》。又特別指出孔子「有德無位」，
既無政治地位，不可能有制作王官學（即「六藝」）的權力。這般否定的說解，
錢穆先生卻以爲大有問題，他認爲「在古人觀念中，聖人著作論德不論位」，
〔註54〕錢穆肯定孔子作《春秋》，已說明如前，其駁斥章氏的意見正顯示雙方
對反的立場。

3、顧頡剛《古史辨》第一冊〔註55〕

一九二一年十一月五日，〈顧頡剛答錢玄同：論孔子刪述六經說及戰國著
作僞書書〉說：

> 承問我的《僞書辨證集說》的「諸子」部分，我只有慚恨。⋯⋯先
> 生所說集錄經部辨僞之文的意思，讀之佩甚。我想此書集成後，便
> 可進一步去推翻「孔子刪述六經」這句話了。《六經》自是周代通行

〔註51〕徐愛等錄，《王陽明傳習錄及大學問》（台北：黎明文化事業股份有限公司，
　　　　1992），頁12。。
〔註52〕同註2，頁14。
〔註53〕同註27，頁269。
〔註54〕同註27，頁270。
〔註55〕顧頡剛，《古史辨（一）》（台北：藍燈文化事業股份有限公司，1987），頁41
　　　　～42、276～278。

的幾部書，《論語》上見不到一句刪述的話。到孟子，才說他作《春秋》，到《史記》才說他贊《易》、序《書》、刪《詩》；到《尚書緯》才說他刪《書》；到清代的今文家，才說他作《易經》、《儀禮》。總之，他們看著不全的指為孔子所刪；看著全的指為孔子所作。其實，看劉知幾的〈惑經〉，《春秋》倘使真是孔子作的，豈非太不能使『亂臣賊子懼』了嗎？看萬斯同的疑《今文尚書》及《詩三百篇》，《書》《詩》若是孔子刪的，孔子真是獎勵暴君，提倡淫亂了。看章學誠的《易教》，《儀禮》倘果是孔子作的，孔子未免僭竊王章了。「《六經》皆周公之舊典」一句話，已經給『今文家』推翻；「《六經》皆孔子之作品」一個觀念，現在也可駁倒了。

另外，於一九二五年三月二十一日，〈顧頡剛予錢玄同：答書〉又說：對於《春秋》一經的意見，我和先生相同。其故因：

(1)《論語》中無孔子作《春秋》事，亦無孔子對於「西狩獲麟」的嘆息的話。

(2)獲麟以後定為「續經」沒有憑據。《春秋》本至「孔丘卒」，儒者因如此則不成為孔子所作，所以揀了一段較為怪異的記載「獲麟」而截止。以為此前為孔子所作，孔子所以作《春秋》是為了「感麟」，此後便為後人所續。

(3)如果處處有微言大義，則不應存「夏五」「郭公」之闕文，存闕文是史家之事。

(4)《春秋》為魯史所書，亦當有例。故從《春秋》中推出些例來，不足為奇。

(5)《春秋》中稱名無定，次序失倫（舉例見《六經奧論》卷四「例」條），如果出於一人之手，不應如是紊亂。何況孔子的思想是有條理的，更何至於此。可見其出於歷世相承的史官之手。

(6)孟子以前無言孔子作《春秋》的，孟子的話本是最不可信。

至於《春秋》何以說為孔子所作，這步驟我試作以下的假定以說明之：

(1)《春秋》為魯史官所記的朝報。這些朝報因年代的久遠，當然有闕文；又因史官的學識幼稚，當然有許多疏漏的地方。

(2)孔子勸人讀書，但當時實無多書可讀，《詩》、《書》是列國所共有的，《易》與《春秋》是魯國所獨有的（依《左傳》所記），

均爲七十子後學者所讀之書。

(3)《春秋》當然不至「孔丘卒」而止，但因儒者的尊重孔子，故傳習之本到這一條就截住了。如此，《春秋》就髣髴是儒家所專有的經典了。

(4)《春秋》成爲儒家專有的經典之後，他們尚不滿意，一定要說爲孔子所作。於是又在「西狩獲麟」截住，而說孔子所以作《春秋》是因于「傷麟感道窮」。

(5)自有此說，於是孟子等遂在《春秋》內求王道，公羊氏等遂在《春秋》內求微言大義。經他們的附會和深文周納，而《春秋》遂真成了一部素王手筆的經典。

以上的話，未知先生以爲如何？匆促寫此，淺陋的很，請指正。

按：顧頡剛的《古史辨》堪稱卷帙浩繁，其所編制，係與當代學者往來切磋者，論述深廣，正反並陳，足發後學之深省。本文所以不憚其煩，將上述兩封答書詳加羅列，意在呈現顧氏較完整的意見，何況，書信中也對《春秋》何以爲孔子所作，提出假定性的說明（1925 年 3 月 21 日答書），足供研究《春秋》者之參考。綜觀顧氏的書信，他不但反對孔子作《春秋》，亦否認微言大義的說法，推論儒者爲了特別目的（如「尊重孔子」），乃以「獲麟」之事加以附會，肯定《春秋》只是歷代史官所作，這些見解，當然包含前人的說法，但其中亦不乏非常顛覆性的思維。

4、錢玄同〈錢玄同與顧頡剛往來書箋〉〔註56〕

一九二五年三月十六日，〈錢玄同答顧頡剛：論《春秋》性質書〉說：先生對於《春秋》一經的意見，頗願賜教一二。弟以爲此書只有兩個絕對相反的說法可以成立。

(1)認它是孔二先生的大著，其中蘊藏著許多「微言大義」及「非常異義可怪之論」，當依《公羊傳》及《春秋繁露》去解釋它（自然《公羊》及《繁露》的話決不能句句相信，但總是走這一條路去的）這樣，它絕對不是歷史。

(2)認它是歷史。那麼，便是一部魯國底「斷爛朝報」，不但無所謂「微言大義」等等，並且是沒有組織，沒有體例，不成東西

〔註56〕同註55，頁275～276、278～280。

的史料而已。這樣，便決不是孔二先生做的；《孟子》書中「孔子作《春秋》」之說，只能認為與他所述堯、舜、禹、湯、伊尹、百里奚底事實一樣，不信任它是眞事。孔丘底著作究竟是怎麼樣的，我們雖不能知道，但以它老人家那樣的學問才具，似乎不至於做出這樣一部不成東西的歷史來。

我近年來主張後一說的。但又以為如其相信「孔子作《春秋》」之說，則惟有依前一說那樣講還有些意思。

另外，一九二五年九月二十二日，〈錢玄同予顧頡剛：論獲麟後「續經」及「《春秋》例」書〉又說：本年三月裏您回我的信，談對於《春秋》的意見，大體我都佩服；只有兩點，我跟您所見不同，寫在下面請教：

（1）獲麟以後底「續經」并非魯史之舊，乃是劉歆他們僞造的。《左傳》是眞書，但它本是《國語》底一部分，並非《春秋》的傳。康長素底《僞經考》與先師崔觶甫先生底《史記探源》、《春秋復始》中都說《漢書藝文志》有《新國語》五十四篇，這是「原本《國語》」，劉歆把其中與《春秋》有關的事改成《春秋左氏傳》，那不要的仍舊留作《國語》，遂成今本國語。這話我看是很對的。

（2）《春秋》乃是一種極幼稚的歷史，「斷爛朝報」跟「流水賬簿」兩個比喻實在確當之至。它本來講不上什麼「例」。您說「《春秋》為魯史所書，亦當有例」，我竊以為不然。其實對於歷史而言例，是從劉知幾他們起的；不但極幼稚的《春秋》無例可言，即很進步的《史記》、《漢書》等亦無例可言。章實齋說：「遷書體圓用神，班氏體方用智」，哪有這回事！不過司馬遷做文章貴自然，班固做文章尚矜鍊罷了。講到「稱名無定」，更不算什麼一回事。比《春秋》進步得多的《左傳》稱名更無定，《史記》也是這樣；《漢書》較守規矩了，但還稱田千秋為「車千秋」。關於這一點，倒未必是古人底壞處，只是後人愛「作繭自縛」罷了。（我底偏見，以為凡講什麼文章公式義例的都是吃飽飯，沒事幹，閑扯淡。）

按：這是錢玄同與顧頡剛往來的書信，標出日期始方便與顧氏的書信作個對照。本文前已提及，錢玄同對孔子修作《春秋》，是全盤否定的，由書信可看

出錢氏反對的理由，批評《春秋》不成東西，或《春秋》是幼稚的歷史，乃因認爲它匹配不上孔子的學問才具，或可視爲是「以反爲正」來稱許孔子不同凡響的筆法。此外，錢氏又揭示《春秋左氏傳》與今本《國語》，原本爲《漢書藝文志》所謂《新國語》五十四篇，則牽連更多。足見《春秋》之事，眞乃盤根錯結，無論信者、疑者，舉其無限理由，欲期說服對方，無乃至爲艱難矣。

5、楊伯峻《春秋左傳注》〔註57〕

近代學者楊伯峻先生也曾就多方面的理由，推論孔子未曾修或作《春秋》。爲便於讀者了解，先略加概述楊先生意見如下列六項，隨後則參照張以仁先生的論點，與筆者之管見，逐項加以剖析。

（1）首先，據《史記·孔子世家》所述，孔子於獲麟以後作《春秋》，二年後隨即病逝，以一過了七十歲的老翁，卻僅用兩年時間，將古代繁重的簡冊，筆寫刀削，成二百四十二年的史書，恐未必能完成這艱鉅的任務。

（2）其次，《史記·孔子世家》記孔子到周王朝，在三十歲以前，其後未再去周室，又云孔子作《春秋》，在哀公十四年西狩獲麟之後。但《史記·十二諸侯年表序》卻說：「是以孔子明王道，于七十餘君莫能用，故西觀周室，論史記舊聞，興於魯而次《春秋》。」孔子在三十歲前去周室時，正是魯昭公之世，依此推斷，如何能作《春秋》至魯哀公之世？顯示《史記》說法自相矛盾。

（3）又如，專記孔子和弟子言行的《論語》，書中未嘗有一字提到《春秋》，更不曾說孔子修或作《春秋》，據孔子自述，孔子確曾整理過詩經和雅頌的篇章，他若寫了或作修了《春秋》，這比整理雅、頌篇章的貢獻還大，然爲何孔門師生都隻字不提？

（4）再如，魯史記載諸侯盟會、征伐之事雖體例有別，應如孔穎達所云「時史之同異，非仲尼所皆貶」，《春秋》體例筆法有別，係隨時代而變遷，孔穎達之論點是確有心得的話。

（5）此外，孔子親見之事，春秋史文卻記載有誤，俞正燮嘗問「策

〔註57〕同註14，前言，頁10～18。

書參錯，孔子何以不訂正之？」孔子明知史文有誤而不訂正，
令人懷疑孔子到底修了《春秋》沒有？這不是不打自招，孔子
只是沿舊史麼？

（6）再綜合其他資料來看，孔子實未嘗修《春秋》，更不作《春秋》，
《春秋》與孔子有關，僅止於孔子曾以魯春秋為教本，傳授弟
子罷了，《論語·述而》篇載：「子以四教：文、行、忠、信」，
四者之中，文自包括魯國歷史文獻，魯史即當時的近代史和現
代史，孔子即據以教授弟子。

按：楊伯峻先生在《春秋左傳注》序言，曾詳論「春秋與孔丘」（頁 7～18）
和「春秋評價」（頁 18～24）等，以論證孔子未曾修作《春秋》，本文將其歸
納成上述六項要點。此六項，張以仁先生在〈孔子與春秋的關係〉一文中，
則逐一加以批駁（見《春秋史論集》，頁 37～55），張氏與楊氏主張有別，誰
是誰非，可作客觀評比。

就第一項而言，春秋全文一萬八千字，今之傳本則僅一萬六千五百一十
二字，〔註 58〕張以仁先生認為：（1）孔子正式作《春秋》雖只兩年，準備時
間應不只兩年。（2）以兩年功夫寫不到兩萬字的經（可能還只是就歷史增改），
應該不是困難的事。（3）簡冊大概也是製作好的，不必臨時剖竹刬木。張氏
的第一點看法，應為推測之詞，至於第二、三點的判斷則頗合情理。

關於第二項，孔子去周室之事，真相難明，張以仁先生列舉出幾點：（1）
不知道孔子三十歲以前去周室，是否如《世家》所說問禮於老聃呢？還是也
同時觀了周史？而且，孔子有否再去周室，《史記》沒有記載，因此無從知道。
（2）或者孔子是五十一歲時去周室？如《莊子·天運篇》云：「孔子行年五
十有一，而不聞道，乃南之沛，見老聃」。（3）甚或如閻若璩《尚書疏證·四
書釋地》所考，是三十四歲時事。（4）最重要的，〈年表〉作「而次《春秋》」，
並非「作《春秋》」，「次」有編次之意，他可能開始在做些編次排比的工作，
回來再繼續刪修，直到獲麟才正式停止。張氏最後一點的推斷，看似合理，
但，可能的問題是，孔子編次排比的工作，如果三十歲以後未再去周室，如
何取得魯昭公十四年以後的史料，以進行刪修之事呢？

至於第三項所言，《論語》未曾有隻字提及《春秋》，是反對派常提及的
理由，張以仁先生則認為，《論語》並非孔子言行紀錄的全稱命題，《論語》

〔註 58〕同註 14，前言，頁 23。

所無，何以見得就必無其事呢！即令《論語》所有，也未必就有其事，如崔述《洙泗考信錄》便認為，〈陽貨篇〉載「公山弗擾以費畔」及「佛肸召」是不可信。何況《論語》也有一些可疑的篇章，他以為，《論語》未提及，不足以表示孔子作《春秋》不存在。不過，張氏的說法啓人疑竇的是，若孔子自「獲麟」之後開始修作《春秋》，那時孔子的教育事業終止了嗎？若未曾終止，何以孔子絕口不對學生提及修作《春秋》之事？莫非孔子畏懼當權者可能施加的壓力？從另外的角度來看，弟子編錄夫子言行成《論語》，若是在孔子卒後，就如古往今來，為去逝的人編印其遺稿，當竭力存留其完整面貌，若然，弟子何以未曾將修作《春秋》之事列入？

　　再說第四項，《春秋》體例前後不一致，孔穎達所言，其實有理，語言本來就會變遷，書面語言變遷雖不若自然語言那般快速，亦斷無永遠不變的道理。〔註 59〕楊伯峻與張以仁先生皆就「稱名」無定作討論，如稱某國君為「某人」與「不稱人」，或「書名」與「不書名」，或「稱爵」與「不稱爵」，有些學者甚至從「義例」矛盾的角度深究之，眞是一言而難盡。試想，跨越二百四十二年的史事，不但經手無數的史官，且牽連了各國互相通報時事的現象，紛繁不一的體例，已然七十歲的孔子，不知如何去界定是非褒貶的尺度？

　　談到第五項，春秋史文記載有誤，如莊公七年「星霣如雨」，昭公十二年「春，齊高偃帥師納北燕伯于陽」之事。張以仁先生認為，「星霣如雨」，記的是莊公七年（西元前 687 年）天琴座流星雨的現象，《公羊傳》提及不修《春秋》原文是「雨星不及地尺而復」，君子脩之曰：「星霣如雨」，王充認為「君子」指孔子，顯見不修《春秋》所載是魯之舊史所記，這是描述流星雨不曾達到地面而消滅的現象，由於較為奇異，孔子則加以修改成比較合乎常情常理的說法。這點，可作進一步說明，楊伯峻先生謂不修《春秋》「雨星不及地尺而復」，應是西漢成帝永始二年（即公元前十五年三月二十五日）的天琴流星雨，「星霣如雨」則是魯莊公七年（公元前六八七年三月十六日）天琴流星雨的紀實。〔註 60〕如以楊先生之說為準，則「星霣如雨」即無修改痕跡，亦即是魯國史記原文，但何以《公羊傳》提及不修《春秋》原文是「雨星不及地尺而復」，君子脩之曰：「星霣如雨」，實令人費解。《公羊傳》

<hr />

〔註 59〕楊伯峻、何樂士，《古漢語語法及其發展》（北京：語文出版社，1992），頁 2。
〔註 60〕同註 14，前言，頁 9。

乃西漢作品，有否可能是為了推尊孔子，塑造孔子修作《春秋》具有神聖不可侵犯的微言大義，遂將西漢天琴流星雨現象，套入魯莊公七年，而以「不修《春秋》」的偽筆出之，則「君子修之」自然也就順利成章了。不過，這也只是推測而已。

另外，昭公十二年所載「伯于陽」實為「公子陽生」，孔子未予更改，張以仁認為《公羊傳》提及「伯于陽」應為「公子陽生」，孔子雖然具見其事，又知史書有誤，一則怕自己所知仍有未備，二則筆誤之事和他刪削《春秋》的旨趣無關，因而不願輕予改動，《公羊傳》又以「其詞則丘有罪焉耳」，表明孔子謙稱自己更動的「詞」，極可能成為人們罪我的地方，或因其「詞」含有褒貶之處。關於此事，《左傳》云：「（昭公）十有二年，春，齊高偃帥師納北燕伯于陽，伯于陽者何？公子陽生也。子曰：『我乃知之矣。』在側者曰：『子苟知之，何以不革？』曰：『如爾所不知何？』」何休《注》說：「子謂孔子。……時孔子二十三歲，具知其事，後作《春秋》」，徐彥《疏》又說：「孔子云，當是歲時，我年已立，具見其事，奈汝在側之徒不見之何！……」依這些資料來看，若孔子明知「伯于陽」是「公子陽生」的誤寫，單純的事件直接予以更正即可，何必如張氏這般予以迂迴的解釋？難道更正史事，亦屬冒大不韙？若然，封建時代的帽子未免太可怕了。

最後第六項，基於前五項理由，楊伯峻先生的結論是孔子未嘗修或作《春秋》，張以仁先生的結論卻完全相反。至於《春秋》是孔子據以教授弟子的教材，這點倒無異議可言。

觀歷代之經學研究，或坊間之經學史，雖多本《孟子》所言與《史記》所載，肯定孔子修作《春秋》，唯基於學術「後出轉精」的道理，不論是張以仁、顧頡剛、錢玄同或楊伯峻先生，經由詳細參照比對，並以科學精神的實証方法，較為合理的思維方式，由不同角度切入各項議題，作出上述的推論，就個別議題而言，當各具有其說服力與可信度。不過，細究《春秋》所載如「趙盾弒其君」、「崔杼弒其君」等之「正名」史例，其所表現的正名思想，即與孔子見諸別處之正名觀念有著差異存在，因為史官雖明知君不君，卻一面倒的指責臣子之正名，孔子則對君臣一視同仁地責求正其名實，此種差異性，就一個思想家的思想內在統一性而言，實不無爭議的餘地，然而，孔子因講授春秋的經驗，從而對春秋之義理有所抉發與修正，卻不是不可能之事。

第二節　《春秋》弒君例之正名觀

　　《春秋》所記歷史，事類誠然繁多，晉杜預《春秋釋例》共十五卷，將其分為四十五類，雖係針對左氏傳文而分類，〔註61〕亦足以窺見《春秋》事類之繁複。紛然雜陳的事務，若論影響人類群居生活最深者，無可否認地，政治當有其舉足輕重的地位。政治體制左右人的生活方式，政治結構中的權力階層，又屬主導的地位，因而，整部《春秋》經文是以政治為軸心，舖陳著政治階層的興衰盛敗與權力的更替。載諸經文的歷史事件，隨著時代變遷而上演，後之學者依研究所得將其歸類為「例」，又依例釋義，拘例明義，乃使《春秋》義例大行於後世，如漢晉間釋例之書，即屢見不鮮，《春秋釋例》則為世所熟知者，其中之「書弒例」即屬義例之一，「書弒例」本指弒君之史例，可逕稱「弒君例」。〔註62〕義例究屬探深窺微，或穿鑿附會，雖言人人殊，然《春秋》「道名分，寓褒貶」，具「微言大義」的說法，深植於人心卻是不爭的事實。底下即以《春秋》的弒君例為線索，藉此探索古代知識階層，對弒君現象的解讀方式，從而了解古代菁英份子的批判觀點，並企盼進一步抉發弒君現象的內在本質與問題的癥結所在。

一、《春秋》「弒君例」史事

　　就《春秋》所載之史事來看，一般皆認為，其於事物之名嚴加分別，於事實之然否予以裁斷，故能口誅筆伐，寄寓褒貶。梁任公在《孔子》書中曾言之甚詳，其云：「春秋將種種名字詳細剖析，而且規定他應用的法規，令人察名可以求義。就名詞論，如時日月之或記或不記，如稱名或稱字，或稱爵位或否，或稱國或稱人。就動詞論，如兩君相見通稱曰會。春秋分出會盟遇來。……又如同一返國得立之諸侯，而有入、納、立、歸、臨歸、復入種種異辭。乃至介詞連詞之屬，如以如遂如乃。凡各種詞，用之都有義例。這就是春秋嚴格的正名主義。」〔註63〕胡適之先生亦論述極詳，他認為《春秋》

〔註61〕杜預，《春秋釋例》目錄（臺北：中華書局，1980），卷1～4，共分「公即位例……戕殺例」等四十二例，此外，卷5～7為「土地名」，卷8～9為「世族譜」，卷10～15是「經傳長歷」。

〔註62〕如《隋書經籍志》著錄有漢穎容撰《春秋釋例》十卷，下注梁有《春秋左氏傳條例》九卷，漢大司農鄭眾撰。晉杜預撰《春秋釋例》十五卷，晉劉定撰《春秋條例》十一卷，晉方範撰《春秋經例》十二卷……等。參同註39，頁14。

〔註63〕梁啟超，《孔子》（台北：臺灣中華書局，1962），頁47。

正名的方法可分三層，包括：第一，正名字；第二，定名分；第三，寓褒貶。
〔註 64〕這也就是後人常稱道中國史官具有「不畏勢焰，秉筆直書」的風節，
或指史官具有反映事實眞相，宣達其正義思想，進而據以樹立是非之準則，
辨明眞僞之分際，推類以繩天下的用心，更是孔子推動「正名」思想，將使
天下「亂臣賊子懼」的苦心孤詣。史官與孔子的立場，乃至漢唐以後學者「義
例」的說法，代表古代知識分子的批判觀點。若重新檢視《春秋》之史事，
以把梳諸般歷史之底蘊，其實是值得再三反思的。

　　《史記》載《春秋》之中「弑君」凡三十六，檢視《春秋》經文對君王
遇難，除書「弑」之外，尚有「薨」（隱公十一年、閔公二年）、「卒」（莊公
三十二年、文公十八年、襄公七年、昭公元年、哀公十年）、「殺」（哀公四年）
等不同寫法。至於《左傳》除書「弑」外，亦有「殺」（桓公七年、文公十八
年）、「賊」（莊公三十二年、閔公二年）、「射之……而卒」（哀公四年）等筆
法。《公羊傳》闡釋義例甚詳，如魯隱公和閔公被弑而死，《春秋》於隱公書
「薨」而不書葬（隱公十一年），於閔公書「薨」而不書地（閔公二年），都
認爲是「隱之也」，而隱的原因是「弑之也」，這是「諱惡」的曲筆；又如楚
世子商臣弑其君頵（文公元年），蔡世子般弑其君固（襄公三十年），視爲是
「爲子之道缺」，屬「七缺」之義例。〔註65〕《穀梁傳》精於抉發經文之寓義，
亦通過例來揭示，「弑」即爲書法條例三十類之一。「義例」或因強調政治法
治（公羊學），或爲宣揚宗法等級與道德倫理（穀梁學）而發，固有其特定之
意義，但終究不能否認《春秋》義例，是治春秋的人比較歸納出來的，只能
大致吻合，不會絕對貫通，此即董仲舒所說「《春秋》無達例」之意；何休強
調不同世代，有不同書法，若拘執義例，或將陷於誤解。

　　《左傳》亦有解釋經義、經例的文字，但記事更屬其長處，對事件的評
價，若能就全貌而觀之，亦即對事情的因果與具體過程做詳實的探究，更能
探觸事情之本質、事件之癥結。因而，本文擬依《左傳》「以事傳經」之精神
作爲觀察線索，並據歷史自然的脈絡，擇取魯國每位公侯任內所載第一樁「弑
君」之春秋史例爲原則，依序是隱公四年「衛州吁弑其君完」、桓公二年「宋
督弑其君與夷」、莊公八年「齊無知弑其君諸兒」、閔公二年「共仲使卜齮賊

〔註64〕　胡適，《中國哲學史大綱》（北京：東方出版社，1996）頁 85～88。
〔註65〕　雪克註譯，周鳳五校閱，《新譯公羊傳》（台北：三民書局，1998），導讀，頁
　　　　　10、16。

公于武闈」、僖公十年「晉里克弒其君卓」、文公元年「楚世子商臣弒其君頵」、宣公二年「晉趙盾弒其君夷皋」、成公十八年「晉弒其君州蒲」、襄公七年「鄭子駟使賊夜弒僖公」、昭公元年「楚公子圍問王疾，縊而殺之」、定公十三年「薛弒其君比」及哀公四年「盜殺蔡侯申」等十二公之史事凡十二例，其中，閔公二年與昭公元年，《春秋》經文並未載明「弒君」之事，須輔以《左傳》始知之；定公十三年「弒君」之事，則有經文而無傳。此外，又酌取莊公十二年「宋萬弒其君捷」、宣公四年「鄭公子歸生弒其君夷」、襄公二十五年「齊崔杼弒其君光」、哀公六年「齊陳乞弒其君荼」等第二樁「弒君」之史事共四例，其中，宣公四年與哀公六年之史事，據杜預所稱：「鄭之歸生，齊之陳乞……雖本無其心，春秋之義，亦同大罪，是以君子慎所以立也。」〔註66〕其事誠屬特殊，當一窺究竟，襄公二十五年「齊崔杼弒其君光」與宣公二年「晉趙盾弒其君夷皋」，並為後人極度稱許之史筆，自當一併加以探究，而莊公十二年「宋萬弒其君」之事，亦為特殊事例，乃並加援引論列之；總計共徵引十六則例子。由於《春秋》經文簡略，因而，除經文外，將併列《左傳》或《史記》以為主要參照資料，並酌取《公羊傳》、《穀梁傳》或其他論述輔以說明，茲逐一探究如下。

1、隱公四年「衛州吁弒其君完」

　　經：戊申，衛州吁，弒其君完。

　　傳：四年春，衛州吁弒桓公而立，公與宋公為會，將尋宿之盟，未

　　　　及期，衛人來告亂。

按：此處《左傳》所載州吁弒衛桓公（完）之事太簡，但併參隱公三年最末之傳文，此處追敘衛桓公即位以前及初即位石碏告老事，即知其來龍去脈。衛莊公娶齊國莊姜，「美而無子」，又娶陳國厲媯，厲媯從嫁的女子戴媯生了桓公，莊姜「以為己子」，公子州吁，系為衛莊公嬖人（寵幸的人）所生，地位微小，卻憑恃莊公寵愛，「有寵而愛兵」，莊公不加禁止，莊姜則惡之。雖然衛大夫石碏勸諫衛莊公，既愛自己兒子，就要「教之以義方，弗納於邪」，而且立太子一事宜早點確定，以免州吁恃寵而驕，使其摒棄和順，效法背逆，將加速招來禍害。但，衛莊公不聽，石碏乃告老退休。衛桓公則順利即位，隱公三年是衛桓公十五年，隱公四年，州吁弒衛桓公。

〔註66〕同註61，卷3，弒君例第十五。

關於此事，呂祖謙認爲：「莊公之寵州吁，不過溺於所愛而已，初不知其篡弒之禍也。雖州吁受寵之初，亦未嘗有篡弒之心也，及因寵而驕，因驕而縱，因縱而暴，莊姜惡之，桓公忌之，州吁始憂不能自免，而求免之心生矣。有篡國之利誘其前，有殺身之禍迫其後，而弒逆之謀成矣。彼州吁之初心豈自料至此哉？」〔註67〕這是從主觀心境與客觀情勢，分析篡弒之勢的形成。

杜預《春秋釋例》云：「凡弒君，稱君，君無道；稱臣，臣之罪。」依《春秋釋例》所言，州吁、桓公皆有罪。州吁年輕時恃寵好鬥，桓公大權在握後，則存迫害州吁之心，州吁憂心殺身之禍，遂於桓公即位第十六年春天，殺桓公而自立，這是今傳《春秋》所記第一樁臣弒其君的史事。

史書只能反映部分的史實，但史實的背後，卻隱藏著事件的本質，在政治結構體中，君臣之間常見的是權力的角力，權力的角力必然衍生出「生死存亡」的危機，這才是政治事件的本質。呂祖謙既發出「嗚呼！衛至褊也，州吁至微也，其篡爭猶蠻觸氏之戰，一切不足論也，吾獨因州吁之事有所懼焉！」的感慨，又以州吁平日不知從心念上加以摒除「偏於怒」、「偏於愛」、「未能寡欲」及「未能平心」等惡念的現象，譬喻「是不猶州吁受寵之初，篡弒之惡已藏於胸中而不自知」，亦即指陳州吁平日已不知不覺地積累著惡念，若惡念與外在惡習相遇，必然遭致「若川之決，若火之燎」的危險處境，最後提出的立論則是：「君子之治心，當明白四達，俾秋毫之不正無所容，而後可苟容秋毫之不正焉。」〔註68〕呂祖謙顯然主張必正心去惡念，始能摒除禍害的根苗。

從道德心性立論，是儒生慣有的思維方式，只是呂祖謙的「摒惡念」，顯然是針對州吁而發，但吾人試問，若衛桓公的迫害之心未能消彌，州吁的殺身危機又如何能解除？片面的指責，不但不公平，而且政治權力的問題，恐非單純由道德心性下手就能完全解決的。

2、桓公二年「宋督弒其君與夷」

經：二年春王正月，戊申，宋督弒其君與夷及其大夫孔父。

傳：二年春，宋督攻孔氏，殺孔父而取其妻。公怒，督懼，遂弒殤公。君子以督爲有無君之心，而後動於惡，故先書弒其君，會于稷，

〔註67〕 宋・呂祖謙撰，《足本東萊左氏博議（上）》（台北：廣文書局，1981），頁89～90。

〔註68〕 同註67，頁92。

以成宋亂，爲賂故，立華氏也。宋殤公立，十年十一戰，民不堪命，
孔父嘉爲司馬，督爲大宰，故因民之不堪命，先宣言曰：「司馬則然。」
已殺孔父而弒殤公，召莊公于鄭而立之，以親鄭，以郜大鼎賂公，
齊、陳、鄭皆有賂，故遂相宋公。夏四月，取郜大鼎于宋。戊申，
納于大廟，非禮也。臧哀伯諫曰：「君人者將昭德塞違，以臨照百官，
猶懼或失之，故昭令德以示子孫，是以清廟茅屋，大路越席，大羹
不致，粢食不鑿，昭其儉也。袞冕黻珽，帶裳幅舄，衡紞紘綖，昭
其度也。藻率鞞鞛，鞶厲游纓，昭其數也。火龍黼黻，昭其文也。
五色比象，昭其物也，錫鸞和鈴，昭其聲也，三辰旂旗，昭其明也。
夫德，儉而有度，登降有數，文物以紀之，聲明以發之，以臨照百
官，百官於是乎戒懼，而不敢易紀律，今滅德立違，而寘其賂器於
大廟，以明示百官，百官象之，其又何誅焉？國家之敗，由官邪也，
官之失德寵賂章也。郜鼎在廟，章孰甚焉？武王克商，遷九鼎于雒
邑，義士猶或非之，而況將昭違亂之賂器於大廟，其若之何？」公
不聽，周內史聞之曰：「臧孫達其有後於魯乎？君違，不忘諫之以德。」

按：這是記載宋國大夫華督弒宋殤公（與夷）及大夫孔父的史事。據《左傳》
所載，桓公元年，華督在路上見到孔父的妻子「美而艷」，欲奪其妻，乃先「殺
孔父而娶其妻」，宋殤公因而生氣，華督由於害怕又殺了宋殤公，然後從鄭國召
回宋莊公，對魯、齊、陳、鄭各國施以賄賂，因而成爲莊公時掌政權的人。華
督殺害孔父強奪其妻，確該譴責，作惡不知檢點，又弒其君，亦屬不該，華督
被記上一筆是罪有應得。至於宋殤公在位十年，卻發生了十一次戰爭，人民因
而不能忍受，孔父雖然受宋穆公之命來輔佐宋殤公（見《左傳》隱公三年八月
傳），恐未善盡監督之責，蓋查察宋殤公在位十年期間，宋國發生十一次戰役中，
有七次是主動攻伐別國，〔註69〕顯見宋殤公是好戰之君，而其臣屬亦有虧職守，
如《左傳》所云：「孔父嘉爲司馬，督爲大宰，故因民之不堪命，先宣言曰：『司
馬則然。』已殺孔父而弒殤公。」即是針對人民不能忍受戰役的心理，說明華
督殺孔父，是爲民除去發動戰爭之幫凶。《公羊傳》卻稱：「孔父可謂義形於色
矣，其義形於色奈何？督將弒殤公，孔父生而存，則殤公不可得而弒也，故於
是先攻孔父之家。殤公知孔父死，己必死，趨而救之皆死焉。孔父正色而立於
朝，則人莫敢過而致難於其君者，孔父可謂義形於色矣。」這是從捍衛君權的

角度來立論，對孔父予以稱許，而對華督加以撻伐。《穀梁傳》也稱：「孔父之先死，何也？督欲弒君，而恐不立，於是乎先殺孔父，孔父閑也。」同樣表彰孔父因捍衛國君而死，批判華督爲新主（公子馮）爭權的野心。

若《春秋》三傳所言皆屬實，依據不同的立場，華督、宋殤公及孔父各有指責對方的理由；但回歸客觀的事理，君臣三位，其實均有職責之疏失，失職之處，孰重？孰輕？又該如何定奪？在這場爭奪戰中，搶攻政治權力彷彿是隱形的炸彈，炸彈不除，爭奪永難平息。因而，僅予口誅筆伐，亦難以彌補人命傷亡憾恨之事實。

華督弒君之史事，緣於貪圖美色，《左傳》藉「君子以督爲有『無君』之心，而後動於惡，故先書弒君」之筆，用來指謫華督之惡行；且爲經文紀事顛倒前後，將史實更正爲華督先殺孔父，再殺宋殤公；並由君尊臣卑的「正名」角度，賦予華督更嚴正的譴責意義；其實，是模糊了彼此之間殺戮的緊張關係，對權力核心之宋殤公、孔父，與權力外環之華督而言，權力就像誘餌般，誘使大家爭相奪食，既需爭奪，勢必拼個你死我活，若期待任何一方溫良恭讓，直如緣木求魚罷了。華督行徑於理不容，但，《春秋》這樣的筆法，正好說明了挑戰君權，將被烙上永遠的印記。

3、莊公八年「齊無知弒其君諸兒」

經：冬十有一月，癸未齊無知弒其君諸兒。

傳：齊侯使連稱，管至父，戍葵丘，瓜時而往，曰：「及瓜而代。」期戍，公問不至，請代，弗許，故謀作亂。僖公之母弟曰夷仲年，生公孫無知，有寵於僖公，衣服禮秩如適，襄公絀之，二人因之以作亂，連稱有從妹在公宮，無寵，使間公。曰：「捷，吾以女爲夫人。」冬十二月，齊侯游于姑棼，遂田于貝丘。見大豕，從者曰：「公子彭生也。」公怒曰：「彭生敢見！」射之。豕人立而啼，公懼，隊于車，傷足喪屨。反，誅屨於徒人費，弗得，鞭之見血，走出，遇賊于門，劫而束之。費曰：「我奚御哉？」袒而示之背，信之。費請先入，伏公而出門，死于門中，石之紛如死于階下。遂入，殺孟陽于床。曰：「非君也，不類。」見公之足于戶下，遂弒之，而立無知。初，襄公立無常，鮑叔牙曰：「君使民慢，亂將作矣。」奉公子小白出奔莒。亂作，管夷吾，召忽奉公子糾來奔。初，公孫無知虐于雍廩。

按：上述經文，是記載齊公子無知弒齊襄公（諸兒）之事。據《左傳》的說法，齊襄公當太子時，無知受齊僖公喜愛，待遇猶如太子，因此，襄公即位後，就削減了無知的待遇，恰好，齊國大夫連稱與管至父奉襄公命令去守葵丘，至瓜熟時期卻未派人去代替，把連稱與管至父惹惱後，兩位大夫趁機利用公孫無知發動政變，齊襄公後來在宮內被亂賊弒殺，隨後擁立無知繼位。《左傳》所云：「捷，吾以女爲夫人」，或指爲無知之言，〈齊世家〉卻指係連稱之言，不知何者爲是。但，這件亂事，本由連稱與管至父所策劃，無知恐怕只是政變的一顆棋子，雖是棋子，在王室的宗法制度下，卻有利用的價值，因此，《春秋》經文要把弒齊襄公的帳算到他身上。此外，《左傳》也以「公孫無知虐于雍廩（大夫）」記他一筆帳，不知無知的惡行如何，但這樁虐行，卻使無知在莊公九年春天就被雍廩殺了。

至於齊襄公，惡行實多，早在魯桓公十八年夏四月，即因與桓公夫人私通，東窗事發後，齊襄公用計設宴桓公，又使力士彭生拉殺魯桓公，隨即又下令殺害彭生。至魯莊公八年，此事已相隔八年矣，是年，《左傳》描述齊襄公于貝丘田獵，見到大豕，以爲見到彭生的化身，因而怒斥「彭生敢見！」，《左傳》又稱其政令「無常」，《史記‧齊世家》則云：「初襄公之醉殺魯桓公，誅殺數不當，淫於婦人，數欺大臣」，鮑叔牙乃有「君使民慢，亂將作矣」的感慨，爾後果如所料，公子小白奔莒，公子糾奔魯，襄公則被亂賊所殺。客觀來看，襄公既爲君王，而不守誠信，竟導致殺機，如此殺機又何嘗不是平日累積孽行招惹來的因緣？若置諸天平以稱無知與襄公之罪惡，孰輕孰重，其實是很明顯的。

4、莊公十二年「宋萬弒其君捷」

經：秋八月甲午，宋萬弒其君捷及其大夫仇牧。

傳：十二年秋，宋萬弒閔公于蒙澤，遇仇牧于門，批而殺之，遇大宰督于東宮之西又殺之，立子游，群公子奔蕭，公子御說奔亳。南宮牛，猛獲，帥師圍亳。

按：這是指宋大夫南宮長萬弒宋閔公（捷）及大夫仇牧之事。南宮長萬何以弒君，必須往前回溯到魯莊公十一年冬，《左傳》載南宮長萬在乘丘之役被魯莊公所擄，由宋國人請求放回後，宋閔公戲稱他：「始吾敬子，今子魯囚也，吾弗敬子矣。」南宮長萬對宋閔公的取笑，認爲是恥辱。《史記‧宋世家》則

曰：「十二年秋，湣公（即閔公）與南公長萬獵，因博爭行，湣公怒，辱之曰：『始吾敬若，今若，魯虜也。』萬有力，病此言，遂以局殺湣公於蒙澤」，這是參用魯莊公十二年秋《公羊傳》的說辭，《公羊傳》描述南宮長萬被魯莊公釋回後，與宋閔公博（賭博），南公長萬稱揚「魯侯之美」，宋閔公因而忌恨地對身邊女人譏嘲長萬「此虜也」，遂引發長萬怒而殺之。

湣公緣於恥笑南宮長萬，乃被殺，從人情上來看，拿臣屬敗績爲訕笑的話柄，傷及當事人自尊，確實令人難堪。但，南宮長萬又一連殺掉聞訊仗劍前來的大夫仇牧，遇於東宮的大宰華督，可謂殺人到了眼紅的地步。當然，他無計可施，他不殺人，人必殺之，雖然最後扶立子游爲國君，顯示南宮長萬沒有奪權的跡象，卻逼得眾公子紛紛而逃。這豈不凸顯，宮庭之內位高權重者的一言一行，都足以引發風吹草動的效果，權力世界的遊戲太沒有準頭了。

5、閔公二年「共仲使卜齮賊公于武闈」

經：公子慶父出奔莒。

傳：初，公傅奪卜齮田，公不禁。秋，八月辛丑，共仲使卜齮賊公于武闈。成，季以僖公適邾，共仲奔莒，乃入立之，以賂求共仲于莒，莒人歸之，及密，使公子魚請，不許，哭而往。共仲曰：「奚斯之聲也。」乃縊。閔公，哀姜之娣叔姜之子也，故齊人立之，共仲通於哀姜，哀姜欲立之，閔公之死也，哀姜與知之，故孫于邾，齊人取而殺之于夷，以其尸歸，僖公請而葬之。

按：此處經文僅記魯公子慶父（諡號共仲）逃奔至莒國。慶父逃離魯國，牽連到魯閔公被弒，透過《左傳》所述，足以明之。蓋魯閔公師傅強奪大夫卜齮田地，閔公未予制止，而後，共仲乃派卜齮刺殺閔公于宮中小門（武闈）。但共仲之幼弟成季維護著僖公（閔公弟），複雜的情勢，迫使共仲逃奔莒國，僖公既立，政治報復追殺行動於焉展開，共仲被莒國遞解回魯國，雖輾轉透過公子魚求情免於一死，仍難逃自縊的命運。非唯如此，曾與共仲私通的哀姜，原本是魯莊公的夫人，共仲則是莊公的大弟，混亂的情欲關係，牽扯出權力的爭奪，哀姜意欲共仲繼其後立爲國君，事既不成，哀姜逃亡邾國，卻被齊國人殺死。此段史事須上溯至魯莊公三十二年，即可看出其曲折的過程；當時莊公屬意由兒子般繼位，莊公二弟叔牙卻推崇「慶父材」，一句稱許「共仲有才幹」的說辭，招惹叔牙被鴆酒毒死的下場。莊公駕崩後，子般如願即

位，只不過兩個月卻被共仲派養馬的人犖將其殺死，共仲另立莊公子開為閔公，閔公元年冬天，齊大夫仲孫湫目睹魯國的亂象，回國即斷言：「不去慶父，魯難未已。」閔公二年九月，共仲果真藉故派卜齮刺殺了閔公，自己又不免屈服於更替的新政權之前，自縊而死。（詳《左傳》莊公三十二年，閔公元年、二年）僖公即位，一場魯國的內亂才暫告停止。

　　試觀此一弒君之史事，實早已佈下了一連串的殺機，挑動殺機的關鍵在王侯權位繼承問題，閔公坐視師傅奪取大夫田地而不顧，則是機不可失的助緣，此一機緣，雖為共仲發動借刀殺人的藉口，實為權位之爭的延伸，權位繼承才是政爭的糾葛所在。從魯莊公屬意「父傳子」，共仲盤算「兄傳弟」的用心而言，對立緊張的情勢始終存在著，子般被立，是共仲對叔牙被殺的殘酷現實不得不讓步的考量，讓步只是暫時的，子般很快被曾經遭自己支使人鞭打過的犖除掉，增添了《春秋》史上被弒君王之慘劇；隨後共仲依然低著姿勢擁立閔公，可爭回權位的用心並未打消，八歲即位的閔公，那鬥得過嫻熟政治手腕的共仲，他只是緩和政爭氣氛的一顆棋子，時機一到，同樣步上被弒的命運。迷人的政治權力，其實是吞噬生命的巨獸，儘管歷史上舖陳著恁多悲劇事實，前仆後繼的勇士代有其人，當君王的「名」，挾著如磐石般的撩人之姿傲立人前，因為覬覦，試圖推動甚至意圖取而代之者，終敵不過此「名」如魔咒般的殺傷力，擁有「君名」的舊人或新人，甚至向著「君名」挺進的冒險家或野心家，一概成為政治祭壇的祭品，場面是血腥的，經驗是有目共睹的，但，經驗從來不是最好的良師，可有人去思考一場又一場王位死亡遊戲的癥結所在？展讀這樣的歷史扉頁，又豈是掩面而嘆可以終了的？

6、僖公十年「晉里克弒其君卓」

　　經：晉里克弒其君卓，及其大夫荀息。

　　傳：（僖公九年）冬十月，里克殺奚齊于次，書曰：「殺其君之子。」未葬也。荀息將死之，人曰：「不如立卓子而輔之。」荀息立公子卓以葬。十一月，里克殺公子卓于朝，荀息死之，君子曰：「詩所謂：『白圭之玷，尚可磨也，斯言之玷，不可為也。』荀息有焉。」

按：這一則里克弒其君卓的經文，傳在僖公九年（如上所引），僖公九年時，卓已被殺，卻記於僖公十年春王正月，概從赴也。〔註70〕僖公九年傳載里克

───────────

〔註70〕同註10，頁220。

殺奚齊，後又殺卓，奚齊乃晉獻公寵妾驪姬所生，卓是驪姬陪嫁的女子所生。
在此之前，晉獻公已有申生、重耳及夷吾三位兒子，皆不同母親所生，驪姬
欲立奚齊爲太子，譖害公子申生，使其自殺而死，重耳、夷吾因而紛紛外逃
（見僖公四年冬十有二月傳）。奚齊順利立爲太子，晉獻公將卒，囑大夫荀息
輔奚齊，待獻公卒，史記載荀息乃立奚齊，迨奚齊倚廬守喪時，里克將其殺
害，荀息又立公子卓，卓爲君僅數日，里克復又殺之，荀息也效死了，荀息
忠於國君，昭如日月，里克卻對重耳別無貳心，重耳出亡十九年後，則返國
爲晉文公。

　　由整個事件始末來看，君王子嗣繁多，各個公子又各有擁戴的人馬，僅有
的一席王位，如何讓各方人馬來瓜分？在無路可出的情況下，殺戮的戲碼不斷
上演，雖說先下手者爲強，但，政治舞台沒有永遠的強人，稍一不愼，中劍落
馬的景象就此起彼落。試問，申生何罪？奚齊何辜？公子卓何不幸？再問，里
克何以爲之？荀息當該如何？權力結構就像九連環一般，層層的環彼此套住，
難以解開，卻又必須解開，展讀這樣的史冊，豈能不教人掩卷嘆息？

7、文公元年「楚世子商臣弒其君頵」

　　經：冬，十月丁未楚世子商臣弒其君頵。

　　傳：初，楚子將以商臣爲太子，訪諸令尹子上。子上曰：「君之齒未
　　也，而又多愛，黜乃亂也。楚國之舉，恆在少者。且是人也，蜂目
　　而豺聲，忍人也，不可立也。」弗聽。既又欲立王子職，而黜大子
　　商臣，商臣聞之而未察，告其師潘崇曰：「若之何而察之？」潘崇曰：
　　「享江芊而勿敬也。」從之。江芊怒曰：「呼！役夫，宜君王之欲殺
　　女而立職也。」告潘崇曰：「信矣。」潘崇曰：「能事諸乎？」曰：「不
　　能。」「能行乎？」曰：「不能。」「能行大事乎？」曰：「能。」冬
　　十月，以宮甲圍成王。王請食熊蹯而死，弗聽。丁未，王縊。謚之
　　曰靈，不瞑，曰成，乃瞑。穆王立，以其爲大子之室與潘崇，使爲
　　大師，且掌環列之尹。

按：上述經文記的是楚世子商臣弒楚成王（頵）之事。商臣弒楚成王，起因
於楚成王本欲立其爲太子，又轉念想改立商臣的庶弟職，商臣在師父潘崇獻
策下，輾轉從姑母江芊那裏證實楚成王的想法，於是興兵包圍宮庭，楚成王
自縊而死，商臣遂立爲楚穆王，而潘崇也做了太師的官，掌握宮中的軍隊。

　　這件史事，乍看之下，楚成王似乎死的很冤枉，只不知，商臣與潘崇對話中所謂「能（行大事）」，是否真的意味欲置楚成王於死地。對於父王意欲撤銷即將加諸自己的光環－「太子」的封號，商臣的心中很不安，當然也百般不願，在師父激將式的誘導下，他出動軍隊，使楚成王選擇了自縊，或許真的走投無路了。我們想像在那樣緊張對峙的情況下，處在權力上層的父子，不知如何彼此喊話，也許心中各自盤算著最有利的方式，或者提心弔膽自己可能面臨的戕害，楚成王要求吃熊掌，若存有延宕時間，等待救援的念頭，則商臣又豈無防範萬一，嚴予拒絕的可能？萬一的狀況很容易理解，商臣可能在撤兵後遭到審判，錯誤已然造成，只好選擇了不歸路。我們也不知道，楚成王是否能體諒兒子即將失去大權的恐懼，而在商臣撤兵後，讓一切回歸平靜；因為，在權力核心的周圍，有許多攀附權力的手，當周邊的手齊集過來討賞，處在權力核心的人便已失去理智，一切只能聽憑搖撼。從隱公元年以來，弒君的事件豈不隱約可見這樣的痕跡。

8、宣公二年「晉趙盾弒其君夷皋」

經：秋九月乙丑，晉趙盾弒其君夷皋。

傳：晉靈公不君，厚斂以彫牆，從臺上彈人，而觀其避彈也。宰夫胹熊蹯而不熟，殺之，置諸畚，使婦人載以過朝。趙盾、士季見其手，問其故，而患之。將諫，士季曰：諫而不入則莫之繼也……宣子驟諫，公患之，使鉏麑賊之。晨往，寢門闢矣，盛服將朝；尚早，坐而假寐。麑退，歎而言曰：不忘恭敬，民之主也，賊民之主不忠，棄君之命不信；有一於此，不如死也。觸槐而死。秋九月，晉侯飲趙盾酒，伏甲兵將攻之。其右提彌明知之，趨登，曰：臣侍君宴，過三爵，非禮也。遂扶以下。公嗾夫獒焉，明搏而殺之。盾曰：棄人用犬，雖猛何為？鬥且出。提彌明死之。初，宣子田於首山，舍於翳桑，見靈輒餓，問其病？曰：不食三日矣。食之，舍其半。問之，曰：宦三年矣，未知母之存否？今近焉，請以遺之。使盡之，而為之簞食與肉，置諸橐以與之。既而與為公介，倒戟以禦公徒，而免之。問何故？曰：翳桑之餓人也。問其名居，不告而退。遂自亡也。乙丑，趙穿攻靈公於桃園，宣子未出山而復。太史書曰：趙盾弒其君。以示於朝。趙盾曰：不然。對曰：子為正卿，亡不越竟，反不討賊，非子而誰？宣子曰：嗚呼！

> 我之懷矣，自詒伊慼，其我之謂矣。孔子曰：董狐古之良史也，書法
> 不隱；趙宣子，古之良大夫也，爲法受惡，惜也！越竟乃免。

按：經文所載被弒之君即晉靈公（夷皋），此段著名之史事，是早於孔子一百二十多年即存在的「正名」思想而又「嚴於亂臣」的史証。〔註71〕依《左傳》所載，晉靈公實屬一暴君，其厚斂賦稅，以彈丸打人取樂自己，殺害烹煮熊掌未爛的廚師，對士季之勸諫，既虛以應付，對趙盾一再直言相諫，則派鉬麑暗中賊害，以甲兵攻殺，復嗾使獒犬襲擊，其行徑可謂暴戾凶虐，無道之至極。這樣一位無道的君王，最後被將軍趙穿所殺，史官董狐即以「弒君」筆法爲趙盾定罪爲「亂臣」，董狐責趙盾「亡不越境，反不討賊」，推究其意，係斥責趙盾故意拖延停留，暗中等待與趙穿謀畫弒君，〔註72〕復指責趙盾不能針對堂弟趙穿所爲而大義滅親，只念情分卻罔顧了理法。

史官記載國是變遷乃職責所在，記載史事，應本「超然於政治之上，神聖獨立，正直不屈」之態度，〔註73〕只有公正公允的態度始爲可貴，也只有彰顯公理正義的筆法始能服人。察查此事，晉靈公被弒與趙盾並無直接關係，趙盾之爲人，史記趙世家謂：「盾素仁義愛人，嘗所食桑下餓人（靈輒）反扞救盾，盾以得亡。」趙盾不僅愛人助人，又冒死忠言直諫，這樣一位忠肝義膽的忠臣，觀其所以選擇出境，難道不是晉靈公威逼迫害所作無奈的選擇？至若未出山而復，又難道不是心繫晉室安危，不忍見其壞亂無主所致？此番心意，由趙盾引逸詩「我之懷矣，自詒伊慼」以自謂，即可見其端倪。以晉靈公與趙盾所作所爲兩相對照，一爲暴君，一爲忠臣，實已昭然若揭，呂祖謙卻認爲趙盾面對暴戾之君，竟疏於察覺晉靈公「心攻不下，始以力攻，心戰不勝，始以力戰」的用心，預先加以防範晉靈公大動干戈，趙盾不唯不能見微知著，且又不能常持「平旦之氣」、「保養此敬」，以使晉靈公回心轉意，終致君臣「情揆」（心情意念相隔違），敵意既生，疏離既成，遂至一發不可收拾。〔註74〕

〔註71〕鄭力爲，〈儒家正名論之檢討〉一文，收入鄭著《儒學方向與人的尊嚴》（台北：文津出版社，1987），頁380。

〔註72〕宋·呂祖謙，《足本東萊左氏博議（下）》中〈晉趙穿弒靈公〉一文有云：「狐責盾之兩言，深中其肝膈之隱，所謂亡不出境者，蓋責其遷延宿留，潛有所待，以爲與謀之證耳。」卷24，參呂祖謙撰，《足本東萊左氏博議（下）》（台北：廣文書局，1981），頁689。

〔註73〕杜維運，《憂患與史學》（台北：東大圖書公司，1993），頁102。

〔註74〕同註72，呂祖謙〈晉靈公不君〉一文，頁681～685。

　　呂祖謙責趙盾不能洞察潛在的危機而自我收斂，又責其不能以恭敬之禮待其君上，雖有片面之理，卻失之持平與公正，現代人強調溝通協調的重要，也重視「理直氣和」勝於「理直氣壯」的說話藝術，誠然有理，趙盾有待加強者在此，然而僅一味責求趙盾，卻未見任何撻伐晉靈公之詞，豈非擺明了君王權勢的神聖不可侵犯性？太史董狐直書「趙盾弒其君」，又「示於朝」，卻無片言隻字提及晉靈公應貶退，無異是對趙盾的公審，這樣的公審，又寧非在昭告世人，君王的政治權力與其名位絕對是等量的，君王擁有絕對的統治權，臣屬與人民只有無條件地服從其權力。正因為君王的權勢無人可以凌駕，因而絕不容許任何僭越行徑的存在，即令面對昏庸無能或暴戾無道的君王，皆然。

　　此一事例，足以說明古代史官在大義凜然的包裝下，包裹的實則是，對政治上名位盲目的崇敬心態與片面的責任要求。一來，史官既認定君王之名與權勢如磐石般不可撼動，因之對君王暴戾凶虐不君之表現，往往止於陳述事實，而從未深究君王失職之不當，更遑論嚴予譴責之用心，此是對政治上君王名位盲目的崇敬心態；二來，史官基於君權必須鞏固的立場，因之對臣屬促使君權動搖之作為，莫不歸咎於臣屬未善盡勸勉之責，此是對政治上臣屬名位片面的責任要求。這種偏差雙重的論事標準，雖然也傳達了古代史官具有的正名思想，然而卻有違公允公正與公理正義之標準，因為這樣的正名思想，既未對暴君予以貶退，又以刻板標準來「嚴於亂臣」，似此誣陷賢臣，失察事實的作法，毋寧是走向袒暴君而責賢臣的不歸路了。

9、宣公四年「鄭公子歸生弒其君夷」

經：夏，六月乙酉，鄭公子歸生弒其君夷。

傳：楚人獻黿於鄭靈公，公子宋，與子家將見，子公之食指動，以示子家，曰：「他日我如此，必嘗異味。」及入，宰夫將解黿，相視而笑。公問之，子家以告。及食大夫黿（羹），召子公而弗與也，子公怒，染指於鼎，嘗之而出。公怒，欲殺子公。子公與子家謀先，子家曰：「畜老猶憚殺之，而況君乎？」反譖子家，子家懼而從之。夏，弒靈公。書曰：「鄭公子歸生弒其君夷。」權不足也。君子曰：「仁而不武，無能達也。」凡弒君，稱君，君無道也。稱臣，臣之罪也。鄭人立子良，辭曰：「以賢，則去疾不足，以順，則公子堅長。」乃立襄公，襄公將去穆氏，而舍子良，子良不可，曰：「穆氏宜存，

則固願也，若將亡之，則亦皆亡，去疾何爲？」乃舍之，皆爲大夫。

按：上述經文記鄭公子歸生（即子家）弒鄭靈公（夷）之事。由《左傳》所敘，可知歸生弒鄭靈公，起因於鄭靈公因聽聞先前子公（即公子宋）上朝有「食指大動」之說，故意整他，乃把黿羹分享給眾大夫，雖然當時也招子公來，鄭靈公偏偏不分子公一杯羹，氣極了的子公，隨興用手指沾了鼎中的羹，嚐了些滋味才出去。這本是小事，鄭靈公卻以有違禮教爲由，一怒而欲殺死子公，情急的子公，便利用子家殺死鄭靈公。

就這事件演變的過程而言，鄭靈公的玩笑開得太大，他讓子公在大夫跟前失盡面子，又挾君王之威勢，對子公的失禮不留餘地必欲殺之。而子公膽敢違抗君命，故意沾羹而嚐，同樣地惹惱了鄭靈公，但，鄭靈公的反應，難免讓人覺得小題大作又恃權傲物，從而萌生反感。子公的害怕可以想像，蓋君權若是至高無上，臣屬即必須隨其好惡的情緒而起舞，在臣屬無從自主的情況下，子公能做什麼選擇呢？生死攸關的壓力，使子公情急地打起主意，甚而誣陷子家，宅心仁厚的子家，遇上頗具謀略的子公，再加上一個昏聵自大的鄭靈公，遺憾不能譜出動人的故事，倒上演了一齣荒腔走板的死亡遊戲。但，整樁事件，鄭靈公難道不是始作俑者？試問，即令《春秋》經文以嚴正的正名筆法，使「臣弒君」的當事人永留臭名，於事又何補？只要權力的魔罩猶在，目睹類似的慘劇，後世必然還多的是機會。

10、成公十八年「晉弒其君州蒲」

經：庚申，晉弒其君州蒲。

傳：春王正月，庚申，晉欒書，中行偃，使程滑弒厲公，葬之于翼東門之外，以車一乘。使荀罃，士魴，逆周子于京師而立之，生十四年矣。大夫逆于清原，周子曰：「孤始願不及此，雖及此，豈非天乎？抑人之求君，使出命也，立而不從將安用君？二三子用我今日，否亦今日。共而從君，神之所福也。」對曰：「群臣之願也。敢不唯命是聽！」庚午，盟而入，館于伯子同氏。辛巳，朝于武宮。逐不臣者七人。周子有兄而無慧，不能辨菽麥，故不可立。

按：這一則記晉厲公（州蒲）被弒的史事。《春秋》經文沒有臣屬之名，杜預《春秋釋例》云：「凡弒君……惟書君名，而稱國稱人以弒者，言眾之所共絕也。」此例即屬之。《左傳‧成公十七年》載晉厲公是驕侈的人，又有許多「外

竉」（外竉），從鄢陵打仗回來，想去掉許多大夫，立他左右寵幸的人，於是聽信胥童的建議，準備由三郤（郤錡、郤犨、郤至）開始，這樣的計畫，引發正反兩派人士的爭奪戰，三郤全遭追殺之後，胥童押著欒書和中行偃上朝，要晉厲公將之去除以免後患，由於晉厲公的一念之仁放過了他們。而後晉厲公至竉大夫匠麗氏家玩，遂被欒書和中行偃逮著，三個月後被殺。

　　整體來看，晉厲公憑其權勢，欲去掉一大批原來爲其效命的大夫，難免引發一陣恐慌，使某些大夫或想先予反擊，卻也有願竭股肱，不願干犯惡名的大夫，寧願聽憑權力的處置。當然，有了竉臣在晉厲公身邊獻計使力，陰謀詭計總是容易得逞的。驕侈的晉厲公，後來卻淪落被逮的命運，最後連命也保不住，難道不是權力的輪盤要得大夥兒都昏了頭嗎？逼人太急，人亦逼之，交相逼迫結果，惡君雖然被終結，良臣則或潰散或淪落，都不見好的下場。《春秋》的史筆即令昭告世人正義長的什麼模樣，也只是一再增添同樣的扉頁，因爲問題從來沒有解決。

11、襄公七年「鄭子駟使賊夜弒僖公」

經：十有二月，公會晉侯、宋公、陳侯、衛侯、曹伯、莒子、邾子于鄔。鄭伯髡頑如會，未見諸侯，丙戌卒于鄔。

傳：鄭僖公之爲大子也，於成之十六年，與子罕適晉不禮焉，又與子豐適楚，亦不禮焉。及其元年朝于晉，子豐欲愬諸晉而廢之，子罕止之。及將會于鄔，子駟相，又不禮焉。侍者諫，不聽；又諫，殺之。

及鄔，子駟使賊夜弒僖公而以瘧疾赴于諸侯，簡公生五年奉而立之。

按：此則記鄭國子駟使賊弒僖公髡頑（《公羊傳》、《穀梁傳》稱髡原，《史記》稱釐公惲）。僖公係鄭成公之子，透過《左傳》之說明，僖公爲太子時，雖與祖父同輩的子罕、子豐分別同行出國（適晉、楚），卻極爲無禮。僖公即位第五年，欲赴鄔地參加晉悼公號召救援陳國之盟會，對以禮相待的宰相公子駟（子罕、子豐的兄弟），又不能敬禮，因而尚未到達鄔，遂爲子駟派人殺死，子駟卻以僖公暴病而死通告諸侯國，並立僖公五歲的兒子嘉爲簡公。僖公之死，《史記》的記載卻是「（子駟）使廚人藥殺釐公。」，亦即僖公是被藥毒死，關於僖公如何無禮，《左傳》、《公羊傳》、《穀梁傳》、《史記》皆未進一步說明。爲期瞭解髡頑與子駟介入權力核心，依《左傳》可追溯魯成公九年（公元前582年），時爲鄭成公（睔）三年，由於晉國怪罪鄭成公對楚國有二心，是年

秋天，趁其到晉國，加以拘執，隨後又派欒書伐鄭。在鄭國形同無君的情況下，大夫公孫申（即叔申）以重新立君作爲敦促晉國釋回鄭成公之計謀，公子班（即子如）聞訊，即於魯成公十年（鄭成公四年）三月立鄭成公庶兄繻爲新君，四月繻被鄭人所殺，太子髡頑被立，五月晉國會合諸侯展開攻鄭行動，鄭國大夫子罕以鄭襄公廟裡的鐘行賄晉國，又以子駟作爲人質，鄭成公始被釋回。同年鄭成公討伐立新君之叔申，戊申這天殺叔申，其弟叔禽也被殺。魯成公十三年六月（鄭成公七年），當年奔許的公子班返國殺掉子印、子羽（與子駟皆鄭穆公之子），子駟則盟誓殺公子班及其弟、其子與侄子。

歷史顯示，鄭爲小國，處於晉、楚兩大國之間，令鄭國君臣分成親晉、從楚兩派，且立場擺盪不定，爲應付兩國，常引起楚、晉的侵伐。《史記》稱子駟「兩親晉、楚」，由歷史線索來看，在結盟「唯彊是從」（魯襄公九年）的理念下，子駟表現搖擺的政治立場，當他的傾向與鄭僖公步調不一，加上無禮爲導火線，自然引發殺機，不可不謂是權力的糾葛，使人深陷泥沼，難以自拔。政治人物固不免力求壯大圖強，輩分甚高的子駟，雖扶立五歲的簡公即位，卻在簡公即位第三年（魯襄公十年），親自「當國」，《史記》稱其「欲自立爲君」，卻因先前得罪尉止，減少其車輛，又使司氏、堵氏、侯氏、子師氏皆喪其田，既樹立眾敵，又難犯眾怒，終於引爆衝突，子駟遂被「盜」（指非大夫之士尉止等人）所殺。這同樣說明，權位關涉著利益之爭，一旦當權者無所節制，被剝奪者心有不甘，勢必進行反撲；但，生殺予奪如出於個人好惡，加上權位助長其勢，禮教根本難加控管，一幫權力核心人物，便這樣載浮載沉於政治的漩渦中。通觀子駟與一班交涉往來的權貴人物，演出爭執、奪權乃至殺戮的不堪戲碼，終究只是爲權力衍生的循環性政治悲劇，再添註腳罷了。

12、襄公二十五年「齊崔杼弑其君光」

經：夏五月乙亥，齊崔杼弑其君光。

傳：齊棠公之妻，東郭偃之姊也。東郭偃臣崔武子。棠公死，偃御武子以弔焉。見棠姜而美之，使偃取之。……遂取之。莊公通焉，驟如崔氏，以崔子之冠賜人。侍者曰：「不可。」公曰：「不爲崔子，其無冠乎？」崔子因是，又以其間伐晉也，曰：「晉必將報。」欲弑公以說于晉，而不獲間。公鞭侍人賈舉，而又近之，乃爲崔子間公。夏，五月，莒爲且于之役故，莒子朝于齊。甲戌，

饗諸北郭，崔子稱疾，不視事。乙亥，公問崔子，遂從姜氏。姜入于室，與崔子自側戶出。公拊楹而歌。侍人賈舉止眾從者而入，閉門。甲興，公登臺而請，弗許；請盟，弗許；請自刃於廟，弗許。皆曰：「君之臣杼疾病，不能聽命。近於公宮，陪臣干掫有淫者，不知二命。」公踰墻，又射之，中股，反隊，遂弒之。賈舉、州綽、邴師、公孫敖、封具、鐸父、襄伊、僂堙皆死。祝佗父祭於高唐，至復命，不說弁而死於崔氏。申蒯，侍漁者，退，謂其宰曰：「爾以帑免，我將死。」其宰曰：「免，是反子之義也。」與之皆死。崔氏殺鬷蔑于平陰。晏子立於崔氏之門外，其人曰：「死乎？」曰：「獨吾君也乎哉，吾死也？」曰：「行乎？」曰：「吾罪也乎哉，吾亡也？」曰：「歸乎？」曰：「君死，安歸？君民者，豈以陵民？社稷是主。臣君者，豈爲其口實，社稷是養。故君爲社稷死，則死之；爲社稷亡，則亡之。若爲己死，而爲己亡，非其私暱，誰敢任之？且人有君而弒之，吾焉得死之？而焉得亡之？將庸何歸？」門啓而入，枕尸股而哭，興，三踊而出。人謂崔子必殺之。崔子曰：「民之望也，舍之，得民。」盧蒲癸奔晉，王何奔莒。叔孫宣伯之在齊也，叔孫還納其女於靈公，嬖，生景公。丁丑，崔杼立而相之，慶封爲左相，盟國人於大宮，曰：「所不與崔、慶者。」晏子仰天歎曰：「嬰所不唯忠於君、利社稷者是與，有如上帝！」乃歃。辛巳，公與大夫及莒子盟。大史書曰：「崔杼弒其君。」崔子殺之。其弟嗣書，而死者二人。其弟又書，乃舍之。南史氏聞大史盡死，執簡以往。聞既書矣，乃還。閭丘嬰以帷縛其妻而載之，與申鮮虞乘而出，鮮虞推而下之，曰：「君昏不能匡，危不能救，死不能死，而知匿其暱，其誰納之？」行及弇中，將舍。嬰曰：「崔、慶其追我。」鮮虞曰：「一與一，誰能懼我？」遂舍，枕轡而寢，食馬而食，駕而行。出弇中，謂嬰曰：「速驅之！崔、慶之眾，不可當也。」遂來奔。崔氏側莊公于北郭。丁亥，葬諸士孫之里。四翣，不蹕，下車七乘，不以兵甲。

按：崔杼所弒之君即齊莊公（光），此段史事，亦極爲後人稱許古代史官表現了「秉筆直書，不畏權貴」之精神，猶如前引第八則宣公二年「趙盾弒其君夷皋」之例，同樣是古代「正名」思想的表現，然其所謂正名，則是道道地地明知「君

不君」卻又「只責臣子」之正名。〔註75〕依《左傳》所載，崔杼娶了齊棠公寡妻後，齊莊公竟屢次染指崔杼之妻，齊莊公既身為人君卻一味逞其私欲，狹暱臣下之妻室，此種行徑誠可謂無恥之至極。好色之徒，理當不見容於當事人，亦宜為社會所唾棄，崔杼難抑心頭之怒乃人情之常，無奈齊莊公窮纏不已，不唯私密以行，甚且公然示意，遂致崔杼怒不可遏，必去之而後快。似此沒有人格的人君，若視挾君權以淫其僚屬為當然，又如何寄望其不至於淫暴天下之眾民？然而史官記載此一史事，未嘗對齊莊公之行徑有任何譴責，僅一味從「臣事君以忠」的角度，判崔杼「弒其君」之大罪，豈謂人君可以殺臣下，暴淫臣下之妻室，亦應列入臣事君以「忠」之範疇？〔註76〕齊莊公既死，從死者有賈舉等八子，祝佗父、申蒯與其宰亦為之死，宰相晏子則不死君難，蓋其以為「君為社稷死，則死之，為社稷亡，則亡之。若為己死，而為己亡，非其私暱，誰敢任之？」較諸為齊莊公而死者，晏子之見解，確乎高人一等，一個死於私德壞亂的君王，臣下實無恪遵「死君之義」的道理，比起來，晏子無寧更能明辨是非。《史記·齊太公世家》且載，人謂崔杼「必殺之」，崔杼曰：「民之望也，舍之得民。」〔註77〕甚至晏子不與崔杼慶封盟誓，「慶封欲殺晏子」，崔杼曰：「忠臣也，舍之。」〔註78〕對晏子所表現出剛毅正直的稟性，崔杼亦一再表明「舍之」，是又顯示崔杼不唯明辯忠奸，亦通情達理之人。

崔杼之殺史官，吾人在譴責之餘，或許亦應了解如此史官，無異是「淫暴之君的幫兇」，〔註79〕史官偏狹的忠君立場，致一面倒的抹黑臣下，能不撩撥受害者的殺機嗎？試想，在君權凌駕一切的情況下，崔杼又如何能維護己身合理的權益？在傳統僵化的體制下，唯有大事化小事，小事化無事的隱忍一切，藉此化解所有令人憤激的迫害行徑，然而，隱忍豈能終止迫害？當齊莊公表現悔意時，卻依然難逃一死，如此情事，諒必是古代君王挾淫威以害人的史事，已成為一公例，臣下不敢率爾相信，不能不說是顧慮日後潛伏的殺機。因此，當史官既無視威權加諸人性尊嚴的凌遲，又以偏狹的護主心態，淪為君王淫暴之行的共犯時，吾人又怎可稱許史官表現了「秉筆直書，不畏權貴」之精神？如此令譽，真可謂是非無準矣！崔杼明知史官不公不正，當他透過強硬手段試圖

〔註75〕同註45，頁382。
〔註76〕同註45，頁383。
〔註77〕同註26，頁1501。
〔註78〕同註51，頁1502。
〔註79〕同註45，頁383。

澄清事實，卻終究不敵傳統「忠君」的愚昧心態，徒留千古之惡名。

13、昭公元年「楚公子圍問王疾，縊而殺之」

經：冬十有一月，己酉楚子麇卒。

傳：楚公子圍使公子黑肱伯州犁城犫、櫟、郟，鄭人懼。子產曰：「不害，令尹將行大事，而先除二子也。禍不及鄭，何患焉？」冬，楚公子圍將聘于鄭，伍舉為介，未出竟，聞王有疾而還，伍舉遂聘。十一月己酉，公子圍至，入問王疾，縊而弒之，遂殺其二子幕及平夏，右尹子干，出奔晉，宮廄尹子晳出奔鄭，殺大宰伯州犁于郟，葬王于郟，謂之郟敖。使赴于鄭，伍舉問應為後之辭焉，對曰：「寡大夫圍。」伍舉更之曰：「共王之子圍為長。」子干奔晉，從車五乘，叔向使與秦公子同食，皆百人之餼。趙文子曰：「秦公子富。」叔向：「底祿以德，德鈞以年，年同以尊，公子以國，不聞以富。且夫以千乘去其國，彊禦已甚。詩曰：『不侮矜寡，不畏彊禦。』秦楚匹也。」使后子與子干齒。辭曰：「鋮懼選，楚公子不獲，是以皆來，亦唯命。且臣與羈齒無乃不可乎？史佚有言曰：『非羈何忌？』」楚靈王即位，蒍罷為令尹，蒍啓彊為大宰。鄭游吉如楚，葬郟敖，且聘立君。歸謂子產曰：「具行器矣。楚王汰侈，而自說其事，必合諸侯，吾往無日矣。」子產曰：「不數年未能也。」十二月，晉既烝。趙孟適南陽，將會孟子餘。甲辰朔，烝于溫。庚戌卒，鄭伯如晉弔，及雍乃復。

按：上述經文僅記楚王麇（《公羊傳》《穀梁傳》或稱卷，即郟敖）去世了。麇的去世，依《左傳》的說明，可知是公子圍，趁著問候楚王麇之病，用帽帶子將其絞死，並進一步除去楚王兩個兒子，國勢經過一番動亂，圍終於得逞繼位為楚靈王。即位後的靈王，甚為得意洋洋，大有會盟諸侯的態勢，國際的觀感卻不甚一致。如果併參《左傳》襄公二十九年與三十一年的記載，更能一窺皇室之葛藤；魯襄公二十九年夏，楚康王兒子麇即位時尚幼弱，康王的弟弟公子圍做令尹，鄭國行人子羽似有先見之明的說道：「松柏之下，其草不殖。」他已預見圍之強霸，恐非麇所能防範。迨魯襄公三十一年冬，衛國北宮文子見過令尹圍的威儀，即言於衛襄公曰：「令尹似君矣，將有他志。雖獲其志，不能終也。」進而又曰：「……君有君之威儀，……故能有其國家，令聞長世。臣有臣之威儀，……故能守其官職，保族宜家。……」顯見北宮

文子對令尹圍僭越身分的言行舉止頗有微詞，串聯這一系列的跡象，至魯昭公元年終使宮廷奪權一事完全明朗化。

　　猶如前面徵引的史事，公子圍和楚王麇彼此角力，一則是皇族閃亮耀眼的血緣身分，二則是政治組織誘人垂涎的政治權力，彼此糾結無法扯平的歷史之重演。輩分高且年紀長的圍，在麇即位以來，一再展現其凌駕少主的威儀，當他越是靠向權力核心，政權即如嗎啡般誘使他奮不顧身的攫而取之，君臣之分的血緣禮教，又豈是意氣風發的圍所在意的？來自外界的指指點點終歸如雷聲雨點，若傷不了自己，勢必挺身一試，因而，圍將聘於鄭，未出境時，聽聞楚王麇有疾，當機立斷即折回藉故問疾，縊殺了楚王。圍的威儀，較諸魯閔公二年弒君的慶父不知如何？才情出眾的慶父卻比不上圍的遭遇，因為圍畢竟接掌權位而為楚靈王，王位到手，得力於公侯身分、偶然機緣與派系人馬的支持，但終歸是權力核心爭權奪利的老戲碼罷了。戲台上，王侯將相粉墨登場賣勁地演出，各式身段忙不迭時地展現，曲折的劇情總少不了血腥的主題，死亡是更替生旦的必然條件，台上演得熱絡，台下的觀眾根本插不了手。試問，這般君臣名分的爭議，又能留給歷史何種正面的意義呢？

14、定公十三年「薛弒其君比」

　　經：薛弒其君比。

按：這一年經文記薛國弒君之事，《左傳》並無說明，他如《公羊傳》、《穀梁傳》、《史記》亦然。就整部經文所見薛國人名共九人，國君計八位，雜臣一位，〔註80〕被弒的國君比，則見諸經文之國君世次第七位，比被薛國人所殺事在定公十三年，回溯定公十二年春，經文又記載「薛伯定卒」（國君世次第六位，號稱襄公），顯見比即位僅約一年之譜，年祚甚短便被弒而亡。

　　究竟薛伯比與薛國之間有何恩怨？薛人又以何種方式弒其君？留白的歷史，讓後人窶費猜疑。但依杜預《春秋釋例》，此與前所徵引第十例成公十八年「晉弒其君州蒲」同屬一類，被弒之君是「眾之所共絕者」，因為君惡太甚，必欲去之乃國民公意，這是《春秋》寓褒貶的記事手法。史書寫法顯然認為，文字應有穿越時空的效力，在刀削筆刻的剎那，為惡的國君已遭終結的事實，對繼位之君必發揮警惕效果，甚至對後世之君都有不可抹滅的影響。但，如此貶抑之史筆，縱然能發揮效力，恐怕也只是短暫的，因為，悲劇不曾因而

〔註80〕程發軔，《春秋人譜》（台北：臺灣商務印書館，1990），頁3及頁58。

終止，災難更未遠去，趨緩的勢局依舊是權力蘊釀的溫床，臨界點一到，權力之爭即捲土重來，洸洸洋洋的春秋之筆，真的抵禦得了權力的巨獸嗎？歷史的答案很清楚。

15、哀公四年「盜殺蔡侯申」

　　經：春王二月，庚戌，盜殺蔡侯申，蔡公孫辰出奔吳。

　　經：夏，蔡殺其大夫公孫姓、公孫霍。

　　傳：蔡昭侯將如吳，諸大夫恐其又遷也承，公孫翩逐而射之，入於家人而卒。以兩矢門之，眾莫敢進。文之鍇後至，曰：「如牆而進，多而殺二人。」鍇執弓而先，翩射之中肘，鍇遂殺之，故逐公孫辰而殺公孫姓，公孫盱。

按：上述經文所記，盜殺蔡侯申（即蔡昭侯），事在哀公四年春二月，《左傳》之說明附在經文第四則夏之後，故並列之以詳其始末，至於《公羊傳》、《穀梁傳》亦均有傳。此處傳文，諸家斷句解說或有不同，關鍵在「承」字，一是連結上文成「諸大夫恐其又遷也承」，二是連結下文為「承公孫翩逐而射之」，斷句有別，凶手即幡然易位。若依第一種斷句方式，「承」意指「恐懼」，〔註81〕由於擔心蔡昭侯遷國，大夫公孫翩竟追逐射殺之，蔡昭侯中箭入家中而死，大夫文之鍇隨後則殺了公孫翩，並進一步放逐或殺掉其黨羽，如此一來，經文所謂的「盜」，乃指公孫翩。另若依第二種斷句方式，「承」意指「尾隨」，〔註82〕在憂心遷國情況下，諸大夫尾隨在公孫翩之後，意圖逐殺蔡昭侯，公孫翩掩護不成，蔡昭侯乃受傷入於庶民之家而死，文之鍇率眾繼續攻殺誓死護君的公孫翩，事成再逐一殲滅其餘黨，這麼一來，經文所稱之「盜」，變成了諸大夫。然而，《史記·管蔡世家》記載此事則曰：「昭侯將朝于吳，大夫恐其復遷，乃令賊利殺昭侯，已而誅賊利以解過，而立昭侯子朔，是為成侯。」此番說解，明指「盜」者，其名為「利」。

　　諸家對此則經文傳注歧異的觀點，儼然使歷史成了羅生門事件，吾人並不知誰才是真正的凶手，但弒君的犯案人被史筆烙上「盜」字，千古不容拭除。蔡昭侯遷國之抉擇，牽扯到晉、吳、楚的外交關係，年代若遠溯到魯定公三年冬（蔡昭侯十二年），由於當年蔡昭侯朝楚時，未能爽快將玉佩美裘贈

〔註81〕同註10，頁990。
〔註82〕楊伯峻，《春秋左傳注（二）》，漢京文化事業公司，，頁1615～1626。

予貪欲此物的楚令尹子常（即囊瓦），遭拘留三年獲釋後，曾到晉國，以兒子（元）及大夫的兒子為人質，請其伐楚；魯定公四年春，在周王室號召下，正會合諸侯，圖謀伐楚；蔡昭侯因不肯允諾晉國上卿荀寅的索賄，導致晉聯合諸侯而不伐楚；同年冬天，蔡昭侯則依仗吳王闔廬大敗楚師於柏舉，一場國際恩怨從此沒完沒了。直至哀公元年春天，楚昭王圍攻蔡國都城，以報復當年柏舉的戰役（定公四年冬），吃了敗仗出城投降的蔡昭侯，既聽命楚師的安排，卻在楚師還國後，轉向吳國輸誠；哀公二年冬十有一月，蔡遷國州來（屬吳）已為定局，反對者之一公子駟因而被弒。遷國殺臣所埋下的陰影，遂引發了哀公四年「盜殺蔡侯申」一事。透過歷史鏡頭，吾人看到各類政治人物交織的身影，楚子常與晉荀寅之舉，就如政治霸權的勒贖行為，蔡昭侯偏不依從，缺乏政治智慧的堅持，因而導致羞辱、揚棄、報復、遷國更迭地演出，紛至沓來的境遇，記錄了蔡昭侯由不願屈從，轉成仰人大動干戈，進而尋求庇護的心境，復凸顯其謀國不周的能力。遷國勞民傷財，遷入他人國度則將任人宰制，甚或淪落亡國，蔡國臣屬公孫駟等持反對立場，難道不是出於捍衛國格與國土完整之用心？試觀昭侯被弒，群臣擁立其子為蔡成侯，非為奪權之心昭如日月；然而，錯誤的決策，終使蔡國後代步上滅亡的命運。

對此弒君之關鍵人物「盜」，《公羊傳》認為其人乃「賤乎賤者孰謂？謂罪人也。」既指控此人弒君乃罪不可赦者，顯示其對史筆極具貶抑之意的肯定；《穀梁傳》則認為稱「盜」係「內其君而外弒者，不以弒道也。」亦即乾脆將此人的臣屬身分撤銷，逕以夷狄之外人視之，同樣顯示其對史書貶抑立場絕對的支持。從君臣應當「正名」的立場出發，晉杜預《春秋釋例·書弒例》宣稱：「然君雖不君，臣不可以不臣。」真可謂一語道破了「正名」的精神所在，當在嚴守上下的分際，居下位者千萬別越雷池一步，一越雷池，必致身名俱毀矣。然而，若再尋索一下歷史，放眼所見斑駁的印痕，能夠抽離政治權力互相傾軋的戲碼嗎？強國弱國林立的年代，紛擾難以杜絕，來自四面八方的君臣，一旦因緣際會地栽進「欲望城國」的演出，便再也無法自拔，「欲望城國」宛如天體中的巨大恆星，因為承受不住蜂湧爭搶權力加諸的重力，勢必崩潰坍縮形成巨大的「黑洞」，黑洞終將成為政治權力角逐者的墳場，甚至在其一定重力場範圍內，無辜的生命也難能倖存。

16、哀公六年「齊陳乞弒其君荼」

經：齊陽生入于齊，齊陳乞弒其君荼。

傳：八月，齊邴意茲來奔。陳僖子使召公子陽生，陽生駕而見南郭
且于曰：「嘗獻馬於季孫，不入於上乘，故又獻此請與子乘之。」出
萊門而告之故。闞止知之，先待諸外。公子曰：「事未可知，反與壬
也處。」戒之遂行，逮夜至於齊，國人知之。僖子使子士之母養之，
與饋者皆入。冬十月丁卯，立之，將盟，鮑醉而往，其臣差車鮑點
曰：「此誰之命也？」陳子曰：「受命于鮑子。」遂誣鮑子曰：「子之
命也？」鮑子曰：「女忘君之為孺子牛而折其齒乎？而背之也。」悼
公稽首曰：「吾子奉義而行者也，若我可，不必亡一大夫，若我不可，
不必亡一公子，義則進，否則退，敢不唯子是從，廢興無以亂，則
所願也。」鮑子曰：「誰非君之子？」乃受盟。使胡姬以安孺子如賴，
去鬻姒，殺王甲，拘江說囚王豹于句竇之丘。公使朱毛告於陳子曰：
「微子則不及此，然君異於器，不可以二，器二不匱，君二多難，
敢布諸大夫。」僖子不對而泣曰：「君舉不信群臣乎？以齊國之困，
困又有憂，少君不可以訪，是以求長君，庶有能容群臣乎？不然，
夫孺子何罪？」毛復命，公悔之。毛曰：「君大訪於陳子，而圖其小
可也。」使毛遷孺子於駘，不至，殺諸野幕之下，葬諸殳冒淳。

按：上列經文記齊公子陽生（即齊悼公）入齊，齊大夫陳乞（即陳僖子）弒
殺齊君荼（《公羊傳》稱舍）之事，併參《春秋》三傳，可詳其始末。荼是齊
景公寵妾所生，被立為太子時仍幼小，由景公俯首甘為「孺子牛而折其齒」，
卻不以為忤的現象來看，即知荼受寵的程度，陳乞深諳景公心意，表面上順
勢擁立荼為繼位之君，暗地裡則知會自己屬意的公子陽生奔魯。陽生是景公
庶子，景公一死，孺子荼即位，陳乞遣人告知公子陽生回國，經過一番從長
計議，意圖染指君位的陽生，由不願國內發生亂事的初衷，蛻變為「君二多
難」的立場，陽生既然表態「君有兩個就多了患難」，因而情勢急轉直下，乃
使由胡姬領著暫時避居賴地的荼，在即位當年很快地被弒於野外幕中，政權
從此確定落入齊悼公陽生手中。

　　攤在後人眼前的歷史扉頁，依然是熟稔的畫面，一個妻妾成群的王侯，
必須在眾多子嗣中擇取繼位人選，抉選的標準雖以「嫡長子」為上綱，盤根
錯結的血緣紐帶，衍生了許多變調的可能；妻妾寵倖的程度，成為世子身分
起落的指標；年齡閱歷的深淺，為政壇投入波詭雲譎的變數；各自擁立山頭
的人馬，則助長了政局星火燎原之大勢。總像一場拉鋸戰，各方使力裁切的

政治版塊，由雛型而成型，繼成型而變型，紛飛散置的政權碎塊，不知砸傷擊斃了多少冤魂。試問，一群政壇的菁英份子，不都是禮教出身的信徒麼？挾持「君臣」名號的信念，這些菁英份子，宛如置身野蠻叢林，搬演著一場又一場原始本能的遊戲，「叢林之王」的法則，不外乎「弱肉強食」，荼之於陽生，王甲、江說、王約之於陽生，可不是弱者就範於強者的場景嗎？剷除異己的結局，勢難排除搏鬥廝殺的過程。當史官以悲壯的史筆記下「齊陳乞弒其君荼」，縱令史官心中存著悲願，為悲劇的發難者或相關成員烙下永恆的印記，期盼後人記取慘痛的教訓，但，殺戮的戲碼依然循環地上演，週期容或長短不一，時代的巨輪總不留情地，將清夷的皇路一地碾碎。齊悼公繼位第四年，亦即魯哀公十年三月，《春秋》經文以「齊人弒悼公」之筆，為變色的風雲再添上一頁。這豈不意味著，擎天如柱的史筆，難敵政治角力的宿命？

二、「弒君例」之省思

無可諱言地，《春秋》這部史書所載，循著政治的主軸，盡是政治階層爭馳角逐，彼消我長的現象，週期不定卻循環上演的戲碼，就書寫者而言，確然有意藉由文字以記錄垂遠，穿透時間空間，將真理真相傳示於後人。《春秋》經文所表彰的「正名主義」，其實是意圖以「文字的威望」，建立其道德批判的權威。然而，文字的意義本可向所有讀者開放，甚至作無窮的開放，在開放的心胸中，重新理解歷史，還原其歷史真相，亦允為理性思維的呈現。《春秋》「弒君例」的現象是值得反思的，省思以透視現象的內在本質，並尋繹問題之癥結所在，是後人從歷史經驗汲取教訓，避免重蹈覆轍所不可免者。底下試從三個面向加以剖析。

1、政治權力凌駕一切的迷思

在春秋時代的政治結構體中，貴族出身的政治人物，整體而言，既擔負著治國安邦的責任，也享有著取用不盡的資源；個別而言，因行政組織形成職位高低的區別，則使資源享用有了多寡的差距；但不論何者，政治人物位居的統合指揮中心，其最大的共同特質則在「權力」。

理論上，地位愈高，權力愈重，資源當然也愈多，《左傳》所謂「名位不同，禮亦異數」（莊公十八年）便道盡了政治階層尊卑不同的界限。現實上，

政治權力與政治職位則具有分離性，〔註83〕如身爲大宗嫡裔的周天子在春秋時代，既喪失實際權威，其天子身分便形同虛位，實際掌權的是諸侯。即令在諸侯各國，也存在著權力與職位分離的情況，如《春秋》經文昭公元年所載楚公子圍，其權威便顯著地凌駕於楚王麇。在這樣特殊的歷史時局中，政治權力的升降起落，成爲屢見不鮮，司空見慣之現象。而封建制度所採行的，係以血緣紐帶作爲安頓政治職務的方式，以血緣關係來訂定職位尊卑高下，雖要求兩者的合一性，但血緣上盤根錯結的關係，一遇上「政治權力凌駕一切的迷思」，政局翻轉的情勢即如脫韁之野馬矣。

　　政治人物若能運掌天下，稱雄一時，則已然躍居權力的最高峰，其動見瞻觀必令人側目，權力非但是迷人的，權力更是足以令人目空一切地爲所欲爲；就上面徵引的弑君事例中，貴爲一國之君，仗勢其權而凌辱其臣屬者有之，如晉靈公（宣公二年）、齊莊公（襄公二十五年），即是挾「權力」而爲所欲爲的典型。然位居臣屬，覬覦權位乃精心策畫，或藉機策反者亦有之，如衛州吁（隱公四年）、楚公子圍（昭公元年），則是對「權力」深所著迷的類例。

　　政治場域理應是組織條理與理性思維最爲出色者，但攤在世人眼中，卻像極了「野蠻叢林」的陌生地，撲殺、咬囓、吞噬……等重重翻新手法，雖然出以堂而皇之的「正名」要求，卻難逃看似斯文，實則野蠻至極之惡相。放眼以觀諸般君臣較勁、父子決裂或兄弟鬩牆的景況，變色的風雲，難道不是肇因於「權力」之競逐嗎？難定的風波，又難道不是緣於篤信「政治權力」足以凌駕一切的迷思嗎？因爲迷思，甚難回頭，自然使世世代代的政治恩怨，難以劃上終點。

2、道德教化面臨困蹇的挑戰

　　任何一個社會組織的成員，置身在群居的社會中，終須面對社會制約的要求，以君臣組構而成的政治圈子，亦必須面對同樣的問題。《春秋》所記爲東周前期之史事，而周代既以周文著稱，周文的特色則在禮教，因此，禮教被視爲是放諸四海皆準的理想，亦是社會制約的當然代表。《左傳》所謂：「春秋之稱微而顯，婉而辨」（昭公三十一年）其所表彰的，便是依據禮教標準而

〔註83〕陳弱水，〈追求完美的夢：儒家政治思想的烏托邦性格〉，載於黃俊傑主編，《理想與現實——中國文化新論（思想篇一）》，（台北：聯經出版事業公司，1989），頁226。

予褒貶的正名思想。

就功能而言，禮教以「角色扮演，地位界定，規範遵循」三者合一為標的；就精神而言，禮教則以「自發自覺」的道德為最可貴。《春秋》經文隨處可見禮教的脈絡，「弒君例」則專就政治階層之禮教來立論，杜預所謂「然君雖不君，臣不可不臣」的確一語道出了真髓。但禮教既標榜自覺的道德，透過道德教化，欲其發揮社會制約的功能，在春秋的政治舞台上，果真能奏效嗎？「弒君例」中一批批出身權貴且深受禮教洗禮的政治菁英，上自君王，下至公侯，不斷脫軌的行徑，荒腔走板的演出，除了印證「權力」猶如魔咒般的深遠影響，又揭示了禮教漸至邊際，遂致失靈的冷酷現實，禮教終究難敵流於文飾的命運，道德教化已然面臨了困蹇的挑戰。

期許道德教化紮根，並發揮社會制約的效果，是撰述《春秋》始終一貫的立場，但「弒君例」中，君臣惡臉相向或惡鬥致死的現象，都在在說明了道德教化面臨挑戰，難以全面著力的事實，道德教化使不上力的結果，便衍生了綿延不斷的政治悲劇。

3、一切生命求生本能的掙扎

人是獨立於地球唯一能夠思考的強者，這樣的強者，面對生命本能時，卻往往顯露了脆弱甚而非理性的一面。對於政治場域的權貴階層而言，因為特殊的政治結構，勢難避免在權力與禮教之間常作徘徊。常作徘徊，卻能倖存於十字路口，或許是因為進退之際，選擇了禮教的退路，從而避開了迎面襲來的政治災難。

若「權力」像魔罩，「禮教」便可視為解除魔罩的法寶，也就是說，居高位的君王，若願意遵循禮教的制約，權力便不至成為泰山壓頂的催命魔罩；而居下位的臣屬，若樂意依據禮教的要求，權力則不至成為引君入甕的禁錮魔罩。但在「權力」迷思與「禮教」失靈交織下的時空，險象環生的鏡頭一一撲向前來。試觀《春秋》弒君例中，政治人物在政治的十字路口上，對進退的選擇能夠預料嗎？一旦政治人物態度不明，或被逼著對權力表態，或全然不顧禮教，或對禮教稍有鬆懈，如支使「鄭公子歸生弒君」的子公（宣公四年），便猶如置身十字路口上，縱橫交錯，疾駛而來的政治災難，便成了眼下脆弱生命最大的威脅。受威脅的生命，必激發出求生的本能，求生時的掙扎，有多少人能做冷靜理性的選擇？當生命轉至脆弱，面對著求生本能，不斷掙扎的結果，若不是個人負傷，或傷重而亡，便是玉石俱焚矣！一切生命，莫不如此。

三、小　結

在回顧歷史之際，質而無文的《春秋》經文，透過《左傳》詳實的記事，歷史舞台重現了綿長年代裡，競相馳逐、互別苗頭的權貴人物，在腥風血雨中，進行著新舊權力的交替。義例「寓褒貶」之說，雖然擲地有聲，企圖敲響道德的警鐘，欲收長久震懾人心之宏效；錯綜繁複的史實，卻揭示了血腥政治事件難以根絕的道理。

總結上述《春秋》的十六則弒君例之史事來看，雖然標榜所謂的正名觀念，卻未見得處在全然客觀公正的標準上，尤其君王擁有的優勢，或任意裁用人事，或逞一時快意翻轉政局，或出以惡言，或惡意羞辱等，泰半時刻帶給部屬的，是壓力下的求生本能，在求生本能的支使下，期盼有優雅的作為又談何容易？從質而無文的《春秋》經文上，實在不易直接領會歷史給予人們的警訊，透過經文，人們只看到各種恩怨情仇的糾纏不清，如果不是歷代學者的刻意解讀，微言大義真如縹緲的雲影。

細思《春秋》之流傳後世，又緊扣禮教，向世人宣明政治的正確立場在「正名」，足可見其對「筆之力甚於劍」的信念。劍足以傷人，亦為悲劇之源頭，本不足取，但藉由文字記錄，務期透過筆力，以喚醒政治人物，為天下蒼生打造一個幸福的家園，這始終如一的祈願，固然不容置疑；然而，數千年了，以筆之力使人在政治上得到幸福，依舊是這般長路漫漫。

從歷史上來檢視上述政治人物，在權力上較勁角逐的各式身段，總覺得一再搬演的復仇情節，無論是重打臣屬，或輕責君王，其實收效都微乎其微，只有透視政治結構的本質，才有改善的希望，政治結構的本質在權力，而權力若不能循著完善的制度來下放，並作出合理的分配，訂定有效的防惡機制，權力之爭永遠不會歇止。可以斷言，「不善的制度」才是政治權力角力的元凶，這是值得深思正視的大課題。

第三節　名實之辯的發端

一、率先提出正名論，確立政治道德之標準

1、僭越周禮的失範現象

任何社會，總有或多或少的準則，亦即有一套規範，以規定人們行為的

尺度。準則雖因地而異，與時俱變，但無論如何，它可以使人隱約地知覺到自己欲望所不能逾越的極限。〔註84〕孔子所處的春秋時代，卻是個失去規範的世代，至戰國時期又更爲變本加厲，存在於社會的衝突現象，各階層間的紛爭，以其規模、頻率與深度而言，堪稱是人類歷史上空前絕後的景象，由於當時的紛爭都在制度化的渠道之外進行，大家既不按牌理出牌，混亂的春秋戰國時期，可謂是失範社會（anomic society）的典型。〔註85〕

法國社會學家涂爾幹（Emile Durkheim）曾對「失範」一詞作理論上的引伸，依據對自殺行爲的研究，他發覺經濟狀況無論是鼎盛還是不景氣，自殺率都較諸往常爲高。蓋經濟蕭條之秋，賴以生活的資源驟減，過去習慣的生活方式未能立即改變過來，因而產生沉重的心理壓力，遂致自尋短見，這道理比較容易理解。至於經濟繁榮的時候，財富突然增加，一向節制需求的尺度斷裂，生活失去準繩，欲望驟然擴張，像山洪爆發不可收拾，亦會使人陷於手足無措之境地。〔註86〕涂爾幹研究的雖係自殺行爲，卻道出環境變遷足以造成失範的現象。環境變遷廣義而言，可以由政治、經濟、社會等層面來理解，春秋時期面臨的即是政治、經濟、社會皆逢劇變的年代，變動使舊有的規範逐漸失卻約束的作用，各階層人士之言行違逆社會容許的疆界，意味著人們的欲望未能受到節制，紛然並起的失範現象，則使孔子極爲憂心。

孔子認爲傳統文化中，周公制禮作樂形成的周文，曾締造周代隆盛的政治，維護了長久世代的秩序，是以對周代禮制典憲的規範功能，給予正面的肯定，孔子云：「周監於二代，郁郁乎文哉，吾從周。」（〈八佾 14〉）即表彰其對周文的信念。相對於周代藉由規範建構盛世的歷史，孔子不但面對著僭越周禮的現實政治與社會，又見識了諸多僭越周禮的歷史事件，這促使他必須作深度的思索。孔子曾屢次加以訾議當代的人物，如「季氏八佾舞於庭，是可忍也，孰不可忍也？」（〈八佾 1〉）乃指責魯大夫季孫氏僭用天子八佾之舞的規模；就「季氏旅於泰山」（〈八佾 6〉）即季孫氏逾越身分，逕行仿傚天子祭泰山之舉，毫不留情地予以譏誚；而對管仲「樹塞門」、「有反坫」等屬於諸侯規格的居家布局，則嚴厲地責備「管氏而知禮，孰不知禮。」（〈八佾 22〉）至於違禮的歷史事件，依《左傳》所載，如周襄王之妻翟后與王子帶（周襄王之弟）有染（魯僖公 24

〔註84〕張德勝《儒家倫理與秩序情結》（台北：巨流圖書公司，1990），頁 39。
〔註85〕同註 84，頁 38。
〔註86〕同註 84，頁 38～39。

年，公元前 636 年），齊襄公（姜諸兒）與妹妹文姜暗通款曲（魯桓公 18 年，公元前 694 年），陳靈公與陳國之卿孔寧、儀行父，私通於陳國大夫御叔之妻夏姬（魯宣公 9 年，公元前 560 年）等，皆屬男女淫亂之情事。孔子所批判的，雖然是統治階層逾禮的行徑，但一葉落而知秋，史冊所載，是帝王將相的風流往事，〔註 87〕又往往只是冰山一角；僭越禮教的事例，事態嚴重時所造成無可逆料的衝擊力，勢難抵擋悲劇的發生，置身這樣一個情欲橫流、張力十足的世代，孔子焉能不慨然發出正義的呼聲？

2、確立政治道德標準之政治訴求

就人類歷史軌跡尋覓，一個具有文化自覺意識的知識分子，不但對傳統有種臍帶的情感，對時代有著敏銳的觀照，對未來更有其一分特殊的使命感。放眼春秋時代，本是一個戰亂迭起、社會失序、道德汨沒、價值倒塌的時代，孔子既身為當代的知識分子，對周遭壞亂擾攘的現象，不僅懷憂滿腹，更屢思救治之道。孔子一生行跡多舛，五十五歲以前曾適齊，住了十二年，而後回到魯國，以教學為事；五十一歲始仕魯，使魯國大治；五十五歲時，見魯君不足與有為，乃藉故辭去司寇之職，從此展開十四年周遊列國的生活。〔註 88〕遊歷的生涯，使孔子見識了祖國以外依然壞亂叢生的景象，這不能不使他深思致亂的原因與補偏救弊的方策，其思考層面非但廣闊，更直指時代之癥結，勾勒出一幅理想社會的藍圖。

孔子為時代把脈診斷所下的論見，證諸與時人弟子的問答對談中，在反覆出現的議題而又各色各樣的論述中，卻可見其思想上的系統性，大抵而言，孔子的思想以仁義禮為基本理論，仁則是孔子學說的中心，〔註 89〕「仁」的觀念可謂貫通各個層面的理論。在諸多的議題中，孔子對政治問題的論述，在在顯示了他對現實政治的關懷，現實政治雖然偶有曇花一現的美景，但因爭權奪利導致擺盪不定的各種局面，因缺乏政治道德形成哀鴻遍野的普遍現象，既與孔子所理解的唐虞三代之治相距甚遠，也與孔子主張「大同之治」的仁政理想大相逕庭，這些或好或壞的現象，夫子即透過其嚴正的說辭，道

〔註 87〕如柏烈圖（V. Pareto）所言，史冊所記載只不過是帝王將相的風流往事。參 Raymond Aron, Main Currents in Sociological Thought, Vol.1. Harmondsworth: Penquin, 1965, p.162.並參同註 84，頁 45。

〔註 88〕孔子一生行跡，請參蔡仁厚，《孔孟荀哲學》（台北：學生書局，1984），頁 21～29。

〔註 89〕勞思光，《新編中國哲學史（一）》（台北：三民書局，1986），頁 111、118。

出個人對政治的主張。孔子的政治理想是由「仁」出發，仁不但是全德之名，更是道德價值的總根源，〔註90〕因而，孔子的政治主張必以道德政治為訴求；在孔子的觀念裡，道德政治並非不可行，道德政治是過去歷史真實的存在，是以孔子屢屢稱許唐虞三代聖王之盛世，並時而勸勉時君起而效尤，其所標榜的「禮治」與所推崇的「博施濟眾」（〈雍也 28〉）的政治型態，則幾已成為聖人施行仁政的公認標準。誠然，政治不能不以百姓的需要為訴求，道德政治必須義無反顧地著眼於百姓的需求，這種源自人類最真誠惻怛的情感，訴諸人類良心的千秋大業，正是孔子對時君深予寄望者。

然而，道德政治的施行，不僅有其合宜的內涵，更有其必須遵循的原則，細究孔子各方言論，孔子提揭的政治原則，簡單的說，不外乎為「運用政治道德，實現道德政治」。〔註91〕政治事務原係政治人物之要務，君臣則是古代政治人物之要員，究竟政治人物應有何政治道德？依孔子所論，政治道德實涵蓋甚多，諸如「修己以敬」、「任人以明」、「待臣以禮」、「居上以寬」、「臨下以簡」、「使民以義」、「發言以謹」、「為命以慎」、「施政以信」、「治事以敏」、「養士以惠」、「濟眾以仁」莫不是身為領袖人物應具備的政治道德；至於「出處」、「事上」、「臨民」、「任事」、「持恭」則是身為幹部人物應具備的政治道德。〔註92〕眾多的政治道德，探究起來，卻可以揭示出一個重要的標準，此即是孔子率先提出的「正名」觀念，「正名」可說是一切政治道德的指標，因為它觸及了權責的問題，又隱約指出權責不是空洞的口號，也不可能漫無邊際的存在事實，確立此一標準，乃可對政治人物的政治道德與政治倫理，加以檢覈把關。

3、因衛國情事率先提出「正名」的說法

正名思想可由古代史官之筆法與士師斷案精神窺見之，然而，正式提出「正名」一詞的，卻始自孔子，茲舉論語所載以闡明之。

> 子路曰：「衛君待子而為政，子將奚先？」
>
> 子曰：「必也正名乎！」
>
> 子路曰：「有是哉？子之迂也！奚其正？」

〔註90〕同註88，頁 74～75。

〔註91〕高明，《高明孔學論叢》（台北：黎明文化事業股份有限公司，1978），頁 111。

〔註92〕此處引領袖人物（即古代之君王）與幹部（即古代之臣屬）應有之政治道德，參同註91，頁 117～128。

> 子曰：「野哉由也！君子於其所不知，蓋闕如也。名不正，則言不順；
> 言不順，則事不成；事不成，則禮樂不興；禮樂不興，則刑罰不中；
> 刑罰不中，則民無所措手足。故君子名之必可言也，言之必可行也。
> 君子於其言，無所苟而已矣！」（〈子路3〉）

此處孔子論及「正名」的重要性，就史料來看，由於孔子目睹衛國父子展開
一場政爭的人倫悲劇，故表面上是專對衛國特殊的情事而發，事實上亦涵蓋
政治上與一般事物之普遍論說。〔註93〕此一事件之始末，係因當時衛國世子
蒯聵得罪其父衛靈公，被逐離國，衛靈公歿，蒯聵之子蒯輒繼立爲衛出公。
唯當時以晉國爲首的各國諸侯，仍承認蒯聵世子的名分，欲以武力支持其回
國就位，然其子既已繼位爲衛出公，乃以武力拒絕父親回國，嗣後，在蒯聵
強力挾迫下，衛出公輒出奔到魯，蒯聵則繼位爲莊公。〔註94〕孔子針對衛國
父子因爭權奪位致兵戎相向的作爲，提出「正名」觀念予以強烈的譴責，正
逢魯哀公十年，衛出公九年，亦即蒯聵尚未奪回政權之時，當時衛出公有意
禮聘孔子以輔其國，子路因問孔子從政的構思，不料卻引來孔子一番嚴正的
說辭。這番嚴正的說辭，不僅有其嚴厲批判的意義，傳達了絲毫不苟的人生
哲學，同時也使「正名」一詞，成爲石破天驚、永駐人心的說法。

二、兼論政治與一般事物的正名意涵

1、「正名章」涵蓋對政治與一般事物的正名要求

由子路篇第三章孔子與子路對「正名」的對話當中，吾人見到了孔子對
「正名」一詞意涵詳盡的解釋，這章文字，不僅「論理首尾完整，互相照應」，
對「正名」的解釋，以「名不正，則言不順；言不順，則事不成；事不成，
則禮樂不興；禮樂不興，則刑罰不中；刑罰不中，則民無所措手足。」逐點
逐句推論，更是「文法和邏輯整齊畫一」，〔註95〕孔子在作這番答覆時，可想
見其心態必是嚴肅的。究竟孔子願不願輔佐衛出公治理其國，孔子當下所表
明的「必也正名乎」，顯示他是以衛君身分的確定做爲自己從政與否的慎重考

〔註93〕陳大齊先生認爲，孔子此言（指「正名」之說），當是有關諸般事情的通論，
　　　　不是僅關一件特殊事情（指衛出公輒與其父蒯聵爭奪政權之事）。參陳大齊，
　　　　《論語臆解》（台北：臺灣商務印書館，1969），頁236。

〔註94〕同註26，頁1598～1603。

〔註95〕陳啓雲，〈論語正名語孔子的眞理觀和語言哲學〉，《漢學研究》第10卷第2
　　　　期（1992），頁27。

量，雖然對於蒯聵、蒯輒父子兵戎相見的作法，孔子沒有直接的批評，然「正名」兩字，卻猶如當頭棒喝，間接傳達其批判之意，孔子毋寧是在強烈責難衛國「父不父，子不子」之情事，實有違儒家倫理之標準，蓋倫理既失，一切的舉措亦必因之有了偏差，甚至出軌，是以孔子嚴正表明「爲政在先正名」的立場，一旦衛君名分能夠確定，孔子理當盡力扮好臣屬的角色，如不然，孔子的心意，必將如〈述而14〉所載子貢的話：「夫子不爲（指衛出公輒）也。」這是決然不可更改的。

　　孔子緊接著論述「名、言、事、禮樂、刑罰、民」之間環環相扣的關係，則顯示他是在強調與名分相隨的實質表現更應受到重視，試觀對於子路冒失的「野言」，孔子既云：「君子於其所不知，蓋闕如也！」又云：「君子名之必可言也，言之必可行也。」這意味著，孔子不但主張慎言，亦重視語言的知識內涵必須能精確的掌握，明確的傳達。〔註96〕須知，名必須透過語言的傳述，就政治上而言，語言既界定某一名分的意義，則名分當然不可隨意濫用，因之，具有某一名分，便必須如實的表現出此一名分的特質，此即孔子對衛國父子互爭權位，必求「先正其名」之用心。就一般事物而言，語言亦界定某一名物的意義，當事物的名稱已經冠上，則具有某一名稱的事物，又何嘗不須表現出此一名稱的實際特質？孔子對子路之責難，若從語言哲學的立場來理解，則又足以深信其對任何事物用名的謹慎態度了。

　　整體來看，孔子在子路篇第三章所論之「正名」，強調的無非是「名實相符」和「表裡如一」的觀念，不論是衛出公的父子關係，衛國的君臣之名，舉凡一切政治上的倫理，孔子無不要求務必切合「正名」的大前提，即令是一般的事物，亦不能違逆「正名」的基本原則。

2、未用「正名」說詞之正名主張

　　孔子的「正名」論，不僅因特殊的歷史事件具有政治上的意義，亦具有普遍性的哲學意義，〔註97〕也就是說，「正名」的觀念可以廣泛的加諸各種事物上。就歷代學者註解「正名」二字之意義來看，馬融解爲「正百事之名也」，

〔註96〕陳啓雲先生認爲，從論語整體來分析，孔子所注重的是「言」，而不是「名」。正名章最重要的結論也在「言」，而不在「名」。孔子批評子路「君子于其所不知，蓋闕如也！」，指的是語言的知識內涵。參同註95，頁29。筆者按：名既由語言來傳述，兩者實即一體之兩面，孔子既主張慎言，則語言若是認眞嚴肅的，名又豈能輕率馬虎呢？

〔註97〕同註95，頁30。

鄭玄註爲「正書字也」，朱熹註指「正祖禰之名」，劉寶楠則註曰：「正世子之名也」，前二說即泛指一般而說，而馬融註比鄭玄註所包尤廣，後二說均單就衛國當時的政情立說。〔註98〕諸家之意見，雖係就孔子「正名」章而言，然亦可從論語所載孔子其他言論得到佐證，這些言論雖未用「正名」字樣，實亦屬於「正名」之主張。

（1）就政治而立說者

在孔子周遊列國與教學生涯中，曾就政治的主題一再地述說，底下即徵引就政治立說之正名主張，並進一步申論之。

> 齊景公問政於孔子。孔子對曰：「君君，臣臣，父父，子子。」公曰：「善哉！信如君不君，臣不臣，父不父，子不子，雖有粟，吾得而食諸？」（〈顏淵11〉）

> 季康子問政於孔子。孔子對曰：「政者，正也。子帥以正，孰敢不正？」（〈顏淵17〉）

> 子曰：「其身正，不令而行；其身不正，雖令不從。」（〈子路6〉）

> 子曰：「苟正其身矣，於從政乎何有？不能正其身，如正人何？」（〈子路13〉）

> 子曰：「事君盡禮，人以爲諂也。」（〈八佾18〉）

引文第一則可說是「正名」章最直接的註腳，孔子提到人君應盡人君之道，如此，君之名與君之實才算相等，君的名才算得其正，〔註99〕其餘爲人臣、人父、人子，亦莫不如是。基本上，孔子視家庭孝友之事亦爲政之一環，孔子於〈爲政21〉云：「書云：『孝乎，惟孝友于兄弟。』施於有政，是亦爲政，奚其爲爲政？」人生世間所扮演的各種角色，不論立足於政治場合或身處家庭之中，都必須扮演得恰如其分，而扮相恰當與否，卻不僅止於外在的身分形相，最重要的是個體生命的言行舉止之實際表現，表現得宜，始見得與其身分搭調登對，表現不得宜，便覺得乖張奇異，是知「正名」確然是責求人

〔註98〕馬融所註經書，今皆不傳，其註解見《論語集解義疏》之何晏集解所引，鄭玄註見《儀禮注・聘禮》所引，朱熹註見《四書集註》，劉寶楠採全祖望之意見爲註收入《論語正義》，以上爲徵引各家註釋之出處，讀者可并參之。另參同註93，頁234〜236。

〔註99〕徐復觀著，蕭欣義編，〈先秦名學與名家〉，《儒家政治思想與民主自由人權》（台北：學生書局，1988），頁162。

們應有中規中矩的行爲，離經叛道則萬萬不可。引文第二、三、四則提到爲政在先「正己」的原則，又補充說明遵照「正己」的原則，即可順利推行政令，違逆原則，將使政令不行，而所謂「正己」，自然不外乎認識自己的身分，檢點自己的行爲，亦即必須言行合一，唯其如此，方可責令他人。此處孔子雖未舉任何時事或史事爲証，吾人卻不難從其他資料得到理解。至於引文第五則，孔子以「盡禮」爲人臣事君應有的態度，能盡禮則人臣之名才得其正，然而時人卻將盡禮誤說成諂，如此錯解，孔子乃提示時人用名不當，此亦不啻說明正名之必要性。蓋盡禮就應說成盡禮，才是用名的正道，如今實質上是盡禮的行爲，有人竟稱之爲諂，如此以惡名稱善行，名實不符，亂人觀感，貽害之極，其將使人不敢盡禮矣。〔註100〕君臣相待屬政治倫理之範疇，故第五則當可視爲孔子就政治上亂名的現象，所表達其一貫的正名主張。

（2）就一般事物而立說者

其次，孔子針對一般事物提出「正名」的看法，茲列舉說明之：

> 子曰：「觚不觚，觚哉觚哉！」（〈雍也 23〉）

> 子曰：「射不主皮，爲力不同科，古之道也。」（〈八佾 16〉）

> 子張問：「士何如斯可謂之達矣？」

> 子曰：「何哉，爾所謂達者？」

> 子張對曰：「在邦必聞，在家必聞。」

> 子曰：「是聞也，非達也。夫達也者：質直而好義，察言而觀色，慮以下人，在邦必達，在家必達。夫聞也者：色取仁而行違，居之不疑，在邦必聞，在家必聞。」（〈顏淵 20〉）

按引文第一則的「觚」，原指一種祭器，最早的觚是六角形容量二升，後來變成圓形的酒具，大家仍名之爲觚，器物外形改變而沿用舊有名稱的說法，依「約定成俗」原則，亦無所謂的錯誤，蓋器物製作原可不斷推陳出新，創意本不受限於既成的模式，然而，何以感慨「觚不觚」呢？這當溯源於觚的意涵。假若觚的定義是「有八角稜容量二升的祭器」，這種祭器所昭示的理想是「祈求八方和穆」，透顯出觚的八個稜角與八方和穆的象徵意義有其不可分割的關聯性，準此而言，此一器物之名，必須是外觀與其所指謂的思想內涵相吻合，亦即名實相符，始可謂觚之名得其正。由此我們可以理解，孔子所重

者，當爲某一名物的基本特質，與此一基本特質所昭示的重大意義，一旦器物之特質盡失，其意義即隨之俱亡，此時，若再沿用舊名，豈非誣蔑原有名物的莊嚴意義？無怪乎孔子要慨然而嘆「觚哉觚哉」了，這一嘆，誠然是對一般名物之濫用表達了糾正之用心。然論者也有將此解釋爲孔子以觚爲喻，責當時「君不君，臣不臣，父不父，子不子」之亂象，藉喻託諷亦是孔子常見之言論，〔註101〕此說於理亦通，若依此說，則又可將其納入「政治倫理」的議題。

引文第二則之「射」，乃古之鄉射禮，其禮「布候而棲革於其中以爲的，所謂鵠也。」由於人力有強弱，射禮主中的而不主貫革，蓋藉射以觀德，始爲射禮之意義。但周衰禮廢，列國兵爭，復尚貫革，無疑重演當年「武王克商，散軍郊射而貫革之射患」的場景，〔註102〕孔子必不樂見射禮淪爲較勁體力之歧徑，故爲射禮加以正名，期以古道正今之失，此又爲孔子針對一般事物匡正其名實之例證。

至於引文第三則，孔子正色指出子張所欲問的是「聞」而不是「達」，「聞」的作法是專門裝點表面，態度上似乎是仁，實際行爲卻全然不是，究其內心，分明是汲汲名利，無好義之心，卻矯揉造作僞裝成樂善好施的模樣，雖能博得一時令譽，終不能持久。論「達」者，既有忠信正直的本質，自無歪曲的心思，爲人處事必本諸道義，又能善解人意，謙沖爲懷，自修內在德性進而見諸行事，焉能不博得眾人信任，無入而不自得？此處，專就聞與達之名，孔子從實質內涵來論述聞與達並不相同，實質不同則名亦有別，孔子因子張之說而嚴予分辨聞與達實質有別，非但是糾正子張用名的不當，欲其加以改正，亦有期勉子張從根本入手以自立，進而得以通達之用意，蓋兩者之境界，當是「達」勝於「聞」。透過師徒這番對談，我們不僅深切的體會到孔子亟望弟子更上層樓的用心，也了解到孔子用「名」時抱著一絲不苟的態度，而對「名實相符」一向堅持的理念，在此無疑又得到了印証。

3、名實相符才是正名意涵的主體

綜上所述，孔子的「正名」觀念，主要雖是在政治倫理上立論，卻也擴及一般事物的用名方式，然不論何者，名必須用得適當而正確，因爲錯誤的用法勢將引起爭議，是以絕不容誤用；最重要的，由於人的自覺意識，名必與實相

〔註101〕朱熹，《四書集註》（台北：學海出版社，1989）所引程頤之意見，頁93。
〔註102〕同註101，頁71。

符，政治上的名實相符，所要求的是各人應盡的責任，一般事物的名實相符，著眼的則是群體生活相互溝通了解的需要，唯有名實相符，名的價值始能成立。無實之名，終究只是虛名，迷信虛名或濫用虛名，不僅無益，甚且可能有害，前文徵引古代史官批判「趙盾弒其君」與「崔杼弒莊公」之史例，正是迷信虛名的表現，知識分子因迷信君王之名位，卻不嚴予要求其實際的作爲，遂致放任君王作威作福，貽害蒼生，禍延子孫，這樣的歷史悲劇，放眼而望，寧非比比皆是？相形之下，孔子的正名論則顯然已對古人的正名思想作了修正，其云：「君君，臣臣，父父，子子。」或云：「觚不觚。」便是正告世人，「正名」絕非止於片面單方的要求，而是全面相互的要求，絕不容許例外，亦不寬容特權，論人論事必須仗義直言，秉公處理，亦須是非曲直，論斷分明，這即是溫柔敦厚如孔子者，對政治倫理所提揭的嚴正標準，對自然人間萬象所開示的認知方向，雖然所談的只是理論原則，卻十足表現他對眞理的尊重。

第四節　孔子正定名分的意圖

一、動亂年代與失序社會的啓迪

　　不論是面對著同一時代的客觀環境，或回顧著過往歷史的演變，身爲思想家者，必然較諸群眾有更敏銳的看法與更超然的認識。隨著時代的變遷，當群眾不願只作沉默的羔羊，而必發爲聲音的同時，我們也聽到了身爲思想家的孔子發出更爲響亮、更能直搗人心的說法，細究孔子的各種主張，實不能不視之爲時代之木鐸。

　　展讀史料所載，顯然地，孔子對所處的春秋時代縱然極爲不滿，卻又憂思滿懷，亟思救治之道。整體而言，那可是一個戰亂迭起，社會失序、道德汩沒、價值倒塌的時代，亦是一個空前鉅變的世代。個別來看，在政治方面，雖諸侯列國仍尊周室爲共主，周王室卻已無實權以令諸侯，周王室既已無力實行權令，又威信盡失，諸侯乃各自爲政，一些強權諸侯即在尊周室名號的表象下，以盟主地位進行實質的勢力擴張，非但彼此挑釁，甚至以強吞弱，諸侯之間引發的戰爭，重要的便有：齊襲晉太行之戰，宋向戌弭兵之會，吳楚初期相爭之戰，吳楚雞父之戰，吳破楚入郢之戰及吳越之戰等；〔註103〕而

〔註103〕此處所提，以孔子生卒年（西元前 551～479）爲上下限之戰爭，孔子出生前

以下剋上的事態，即諸侯遭遇弒（亂臣殺害其君）、逆（賊子殺害其父）的內亂事件，亦層出不窮，〔註104〕劉向說苑建本篇云：「春秋之中，弒君三十六，亡國五十二，諸侯奔走不得保其社稷者眾。」便直指其時王政之衰亂。而社會方面，西周時期由周公制禮作樂所形成的粲然明備之周文，講究的是以「親親」、「尊尊」為原則的社會倫理，社會倫理非但在於確立與維繫社會秩序，更為周朝的政治制度奠定禮治之基礎，但周文發展至春秋時代即逐漸隨著時變而崩廢，其時貴族生命腐敗墮落，已不能承擔這一套禮樂，不能實踐這一套周文，〔註105〕其時，不僅統治階層內部存在著諸侯僭越天子，卿大夫杯葛諸侯，家臣邑宰為患卿大夫等以下犯上的現象，〔註106〕亦出現了打破既成規範，不按舊有禮制的各種作風，如孟子所云：「世道衰微，邪說暴行有作，臣弒其君者有之，子弒其父者有之。」（滕文公下 9）孔子所云：「季氏八佾舞於庭，是可忍，孰不可忍也！」（〈八佾 1〉）及目睹「季氏旅於泰山」，乃興起「曾謂泰山不如林放乎？」（〈八佾 6〉）的感嘆，無非都在說明，在此周文疲弊的時代，隨著「尊尊」、「親親」社會倫理的動搖，既成規範不再被遵守，遂使各階層的界線逐漸趨於模糊了。

經濟方面，則隨著周室式微，徭役橫作，使井田制度潰潰，什一稅制亦隨之破壞，〔註107〕土地則緣於貴族本身封土有限，人口卻日漸繁衍，土地因而不夠分配，遂致各種紛爭與流變的產生，諸如地主的互相兼併，或如自耕農的佔地自耕，〔註108〕無不指出原本制約的經濟已逐漸轉向開放的方式。至於文化方面，其一是周公制禮作樂所賦予禮制的深意盡失，禮制不再具有社會道德力量，用來規範維繫整個政治社會，徒留下禮的外在儀文，甚而任由士大夫濫用，使禮制遭到破壞；其二是隨著社會變遷，戰爭頻仍，封建與井田制度破壞，引發官學的潰潰，進而帶動私人講學的風氣；講學之風加上士人階層興起與養士制度的產生，乃使游士學者，各道其所思所得，宣說於天下，此一思想言論之自由，自然帶動了學術思想的勃興。因而，細加分疏春

之戰役不錄，讀者可就所引相關資料參閱之。參張曉生、劉文彥編著，《中國古代戰爭通覽（一）》（台北：雲龍出版社，1990），頁 67～94。

〔註104〕姚大中，《黃河文明之光》（台北：三民書局，1981），頁 251。

〔註105〕牟宗三，《中國哲學十九講》（台北：學生書局，1983），頁 57～60。

〔註106〕同註 84，頁 42～43。

〔註107〕莊吉發，〈輕徭薄賦──財政與稅務〉，載於《民生的開拓──中國文化新論（經濟篇）》（台北：聯經出版事業公司，1989），頁 528。

〔註108〕同註 107，頁 148。

秋時代變遷的層面，誠然是廣袤而深遠的。

　　置身在這樣一個急遽變革的時代，孔子必然有著深切的感受，大抵而言，這真是一個「爾虞我詐，爭奪無已，社會失據，情欲橫流，沒有美麗的面紗，也看不見永恆的價值」的動亂年代。〔註109〕動亂的年代，失範的社會，常使人無所適從，然而，對思想家而言，卻像必須跨躍的低欄或障礙，促使其思想不斷的孕育與發展。孔子曾說過：「不曰『如之何，如之何』者，吾末如之何也矣！」（〈衛靈公15〉）這雖是孔子示人遇事應深思熟慮，戒人切勿妄行的說辭，然參諸「子入太廟，每事問」（〈八佾15〉），孔子自云：「學而不厭，誨人不倦」（〈述而2〉），「學而不思則罔，思而不學則殆」（〈為政15〉）等相關之言論，即知孔子實為一注重學習並長於思考的學者。孔子好學，教人為學，則以人格修養為本，知識傳授為末，這種以「學為人之道」為主要理想的學術性格，明顯地主導了孔子的思路。對於社會失序的現象，不論引起動亂的因素多複雜，動亂總是人跟人互相挑起的，於是，孔子自然地由人的角度切入問題的核心，他為時代把脈診斷的結論明顯的指出：是人倫關係的崩頹，人類生活行為的悖離道德，導致社會的失序。

　　換個角度來看，人生亦莫不如戲。在孔子以前，中國的歷史舞台已經上演了好長一段時間，孔子一登場，不料卻逢如此混亂不安的舞台，人生的戲碼幾乎是愈演愈發支離破碎了。戲要演得完美無缺，有賴舞台人員安安分分的演出，然而，很明顯的，這些成員是未按規矩隨意地搬演了。就像一個求好心切的導演，孔子非但用心的規畫著戲目的內容，更從歷史劇目中搜尋完美的經驗，即令他不是主導整個時代演出的導演，卻始終未曾放棄作為導演的用心。在孔子眼裡，歷代的堯、舜、禹、湯、文武、周公非但是聖明的君王，亦無疑是成功而傑出的導演，治國猶如導戲，須有一套要領方能使之井然有序，唐虞與三代之所以成為治世，一則是得助於道德倫理的普遍紮根，一則是善用禮義制度之綱紀，道德倫理與禮義制度，即是蔚為理想政治不可或缺的質素，孔子這番信念，具見於《禮記·禮運篇》，此篇詳論「天下為公」的大同世界與「天下為私」的小康世界，充分表現了孔子對理想政治的推崇與嚮往。理想的政治是社會安定的基礎，社會的安定關鍵則在於人間萬事萬物的各安其位、各盡其職，孔子一旦從歷史經驗中歸納出這樣的律則，便猶如掌握了導演戲劇的要訣，堅信唯有本著這樣的律則，才足以扭轉春秋舞台的亂象。

〔註109〕同註84，頁47。

二、循禮以重建道德倫理社會和道德政治秩序

正是基於對理想政治的期望，對社會安定的渴求與對人間萬事萬物各安其位、各盡其職的期勉，孔子把焦點鎖定在人的身上，從而對人類扮演的各種角色提出自覺的看法，宛如舞台上的演員，必須各自依著劇情的需要，並按著導演的安排，彼此在舞台上合作無間地揮灑起來，在收放自如間，將緊湊綿密的情節完美無缺的演出，孔子即提出「正名」的觀念作為各種角色演出的標準。孔子的「正名」思想不僅開示政治道德與政治倫理的用名標準，亦泛指一般事物應有用名的標準，正名的關鍵則在於名實相符，名的價值並不在其自身，而在於它所代表的某種意義，雖然孔子對用名的錯誤亦有所指正，但終究對於名的實質內涵較諸形式，無寧是更加的重視。

「正名」觀念誠然是孔子對人自覺的看法，亦是對名的一種自覺。孔子之所以必須由人的立場作自覺的看法，透過前述歷史與時代背景分析，可確知當是肇因於社會的失序，社會的失序，是人的情欲漫無節制以致之，這種無以節制的情欲，不僅表現在母子、兄妹的亂倫行為，叔嫂通姦的醜聞上，而為了政治利益所引發出來的亂倫事件，泯滅人性的作法，封國的併吞與逐君殺君的事件更是層出不窮，〔註110〕這種見諸史冊的記載，雖然只限於統治階層，卻通常是整個社會的冰山一角，〔註111〕史家所勾勒的驚濤駭浪之畫面，其實正並存著洶湧的暗潮；這樣一個翻天覆地的時代，非但使人心遑遑不安，簡直叫人不由自主地興起歹活不如好死的念頭。然而，僅管失序的社會，使一切的規範失靈失效，使人與人之間的凝聚因素頓然消失，從而使人人回復到極端自私的狀態，只顧一己之利益，〔註112〕孔子卻絕不隨波逐流，亦絕無坐視不顧的道理；他所思考的，是失序的社會如何重新加以控制，他所專注的，是混亂的現象如何再度回歸平靜。

一個人的思維模式，往往不能偏離其學術養成經驗。論語載衛公孫朝問子貢：「仲尼焉學？」子貢答以「文武之道，未墜於地，在人。賢者識其大者，

〔註110〕春秋時代橫跨二四二年（西元前 722～481），其間各國或因美色情欲或因爭權奪利，所引發的競逐廝殺慘絕人寰之悲劇，實不知凡幾。本文不另列舉，參柏楊，《中國人史綱（上冊）》（台北：星光出版社，1992），頁 110～170。

〔註111〕張德勝先生曾引柏烈圖（V. Pareto）所言「史冊所記載只不過是帝王將相的風流往事。」又據犯罪學家之見解，指出「報道（疑為導）或揭發出來的案件，通常只是冰山一角。」，參同註84，頁 45。

〔註112〕同註84，頁 45。

不賢者識其小者，莫不有文武之道焉。夫子焉不學，而亦何常師之有？」（〈子張22〉）孔子除了情鍾於文武之道，孔子更率先提倡「君子儒」的風範，開創了儒學，而對唐虞三代復多所稱道，再加上對五經的精湛研究與傾力教授門徒，這樣的學思歷程，自然主導了孔子的思維方向。由於在古典文化中優遊日久，又對傳統文化別有一番深情厚愛，孔子在回顧歷史的當下，幾乎毫無疑慮地認定「禮教德治」是使失序的社會重新得以控制的主要手段。〔註113〕失序的社會意味著原有的規範已然失去作用，孔子在心儀的歷代王朝典章制度中，特別推崇周王朝初期制定的禮節儀式。蓋周公順著先王政教之跡，制禮作樂所建構的周文，不僅承傳了重視道德人格生命的傳統，更將人倫道德統歸到禮的範圍之中，以禮來規範人之言行，以樂來陶冶人之德性，是知，舊日的規範就存在周文禮樂之中，而欲使社會恢復秩序，當務之急，自然是尋回舊日的規範了。因而，孔子認為禮節儀式也是一種教育，它可使貴族、平民、奴隸都各自固守自己的名分，不相逾越，只要大家自覺的甘心安於現狀，安分守己，不去追求個人名分所不應有的東西，社會就會永遠和平。換言之，孔子認為透過禮的教育——禮教，可以辦到用血腥鎮壓手段所辦不到的事，能夠使社會恢復到紀元前十二世紀那種貴族的樂園時代。〔註114〕

然禮樂典制，畢竟只是業績，其指導原則，則是道。〔註115〕孔子對「道」體悟最為深切，是以這些禮節儀式，孔子不僅將它作為教材來教授學生，還進一步詮釋各種禮制的意義作用，制禮的精神，更別具創見地將原本著重於外來感化能力之禮儀，反身上提，由外入內，立下仁教，點出禮的意義在於其「道」，道的本質內容則在於仁義之心，這仁義之心，乃生命大公無私之所在，〔註116〕仁義之心本為生命的內在，乃成就道德人格之本源，唯有將仁義之心表露出來，始能彰顯個人正面的德性生命，個人的生命價值也才能得到肯定。孔子雖與周公同樣重視道德人格生命的傳統，然卻將其內化於人心，將禮樂之教的外塑力量，轉為內發的力量，他堅信這仁義之心，方可使人成為自我的真正主人。漫無節制的情欲是人負面的生命，放縱人的負面生命以逞其所能、達其所需的結果，是社會的亂象失序；圓融宏闊的仁義之心則是人的正面生命，孔子憑其智

〔註113〕同註84，頁148。
〔註114〕同註110，頁176。
〔註115〕同註88，頁47。
〔註116〕蔡仁厚先生云：「孔子立仁教，是反身上提以透顯形上的仁義之心，予周文以超越的解析與安立。」，參同註88，頁47。

慧，堅決的主張必須竭力表現人的正面生命，以獨善其身，進而兼善天下，則社會自然呈現井然有序的景象。孔子一再強調，行禮最根本的，在於存乎內在之情性，而非存於外在之形式，〔註117〕內在之情性，當指人天生惻怛之情感，指人的仁義之心，試觀論語所載孔子之言論即知。

> 林放問禮之本。子曰：「大哉問，禮，與其奢也，寧儉。喪，與其易也，寧戚。」（〈八佾 4〉）

> 子曰：「人而不仁，如禮何？人而不仁，如樂何？」（〈八佾 3〉）

> 子曰：「禮云，禮云，玉帛云乎哉？樂云，樂云，鐘鼓云乎哉？」（〈陽貨 11〉）

由於禮必須發自愛人的內在情感，出自真誠的內在本性，不容絲毫的虛偽，所以儀文節目、行為規範等禮的外在形式，實為末節而已，末節絕對須要植基於根本的仁義之心；唯兩者雖有本末之分，卻不可本末倒置，抑或本末兼廢，畢竟誠摯真切的情性也要透過合宜適度的行為來表態，故儀式可簡樸，但不可廢棄，情性可道地，但不可虛偽。孔子對禮制之作用與意義特別重視，因而絕不輕言廢棄，是以當子貢欲去告朔之餼羊時，孔子即正色答道：「賜也，爾愛其羊，我愛其禮。」（〈八佾 17〉）蓋孔子雖慨嘆魯自文公以來，怠於政禮，始不視朔，廢朝享之祭，卻慶幸有司仍供備其羊，可免羊亡禮遂廢之虞，必欲使後世見此告朔之禮，進而希望有朝一日得以復行告朔之禮。〔註118〕足見古禮之所以必須保存，正由於禮所蘊含的深層意義。禮制所以有意義，則又緣於禮具有不可抹滅的功用，禮之於人，不僅具有指導之作用，而且具有節制之作用；指導之作用，在使人之行為積極的合乎規範，節制之作用，在使人之行為消極的不越乎規範，〔註119〕也就是說，禮一方面可以誘導人從善，一方面亦可以戒絕人從惡，一個人對是非善惡若能加以辨識，從而加以抉擇，據禮勉力而行，當然稱得上是頂天立地的正人君子了。孔子即屢言禮是人立身的必要條件，如對伯魚言：「不學禮，無以立。」（〈季氏 13〉）於他處亦云：「不知命，無以為君子也；不知禮，無以立也。」（〈堯曰 3〉）又云：「興於詩，立於禮，成於樂。」（〈泰伯 8〉）孔子所以要人學禮、知禮，乃因禮是使人進

〔註117〕同註 91，頁 194。
〔註118〕阮元校勘，《十三經注疏（8）論語孝經爾雅孟子》（台北：藝文印書館，1997），論語注疏之部，頁 29。
〔註119〕同註 91，頁 193。

退有節的準據，禮不但要求人的言行舉止應符合節度，更因禮必源於仁義之心，是以合於禮的行為，即為道德的行為，道德的行為值得肯定，亦深具價值的意義。一個人若處處事事確實依禮行事，即是從內在的仁義之心到外在的道德行為全然吻合的表現，這種內外一致，表裡如一的行為表現，正是孔子正名思想所強調「名實相符」的根本精神所在。孔子所以強調禮教的重要，不但意在教人認識禮教具有指導與節制的雙重功用，教人了解仁義之心與道德行為的一貫性，最終的用意，則在於教人能主動內發地表現合於禮制標準的道德行為，而這，非但是禮教最為崇高的目標，更與孔子一貫主張以德治人的精神相契合。禮教德治之所以必須全面採行，正因為孔子深信禮教德治足以使人全面主動內發的表現道德行為，而既然人我之間唯有道德之行，則又何來血腥暴行？樂園又何以不會重現？

　　綜上所述，可知孔子的正名思想係針對社會的失序現象而發，失序社會所呈現舊有規範失靈失效的弊端，使孔子曼費苦心欲從禮教入手，期盼藉此尋回舊日的規範，更進而將原本著重外來感化力量的禮教導入內發主動的仁義之途，意欲使人在認清禮教的本質意涵之際，心悅誠服地主動服膺一切的禮教德治，一旦人人能主動服膺規範，那即是社會秩序得以重整，政治倫理得以重建的時候了。平心而論，孔子的正名思想自有其獨到之處，亦有足以發人深省者，只不過，社會秩序是否真能藉由禮教德治加以有效的整頓，卻有待進一步的檢驗。

第五節　孔子名實思想在學術思想史上的意義

一、立論洞燭機微透顯強烈自覺意識

　　在中國文化進展歷程中，孔子之地位所以倍受肯定，可以從多方面來理解，大體而言，孔子不但在周末創立了儒學，率先倡導私人講學，其學說甚且決定了中國文化傳統重德的特性。孔子所開創的儒學，除具有其系統性的自覺理論外，對價值和文化問題，也持有確定觀點和主張。〔註120〕觀其思想，雖不能免除文化遺產的孕育，卻不致於完全的墨守成規，其學說往往呈現出革新意味的趨向。以周文而言，孔子雖然心嚮往之，復稱許周公制禮作樂之

〔註120〕同註89，頁101。

價值，卻又進一步將禮樂由外在的儀文，反身上提，點出其內在精神是「仁」內在眞誠惻怛的情感。推動禮樂教化的目的，在能「安上治民」與「移風易俗」，所憑藉的則是外爍的力量，「仁」觀念的提出，卻巧妙地將其轉化爲內發的力量，將周文的人文精神作進一步的自覺肯定，因此，孔子的仁學實具有創新的意義。

孔子的學說以仁爲核心，仁義禮爲其理論之主脈，正名觀念即是順此理論主脈發展出來的。正名思想存在於古代史官所記之史冊，雖如此，史官卻未曾提出「正名」一詞，必待孔子才正式提出，「正名」一詞具有創新的意義，可就語言發展的立場來探討，約略而言，它不但是新生的詞彙，也具有新穎的詞義；詳細地說，正名是由舊材料（正、名兩個字）重新組合成的新詞，孔子創造這個新詞，表面上是對「名」的關注，其機緣則由衛國父子（蒯聵、蒯輒）爭權奪位所觸發。因此，孔子欲正定名分的對象，顯而易見的是指衛國父子，然正定名分的理由，則是衛國父子脫軌行爲的表現，以及在政治名分上產生了爭議。就禮教觀點，由於雙方干戈相向的行爲表現不符道德倫理的標準，立場既失，名分隨之擺盪不定，故亟需使其回歸道德倫理的界限，重新嚴正地確認一己的名分。而雙方政治立場未能確定，則爲兵戎相見的導火線，是以不能不作事實的澄清。因此，孔子對衛國父子未能表現出與父子之名分相吻合的行爲，又徒然引發政治局勢的騷動，所發出「正名」的感慨，眞正關切的是事實表現的偏失。這種對人物角色要求其「名實相符」的思想，已然點出了名所代表的眞正意義才是重點所在，「名」必符於「實」，才不至徒負虛名，虛名非唯無益於教化的推展，甚且將衍生負面的效果，所謂「名不正，則言不順，言不順，則事不成，事不成，則禮樂不興，禮樂不興，則刑罰不中，刑罰不中，則民無所措手足」，即明白指出彼此環環相扣的連鎖效應，骨牌反應的最嚴重結果，則是社會秩序的大亂。然何以「實」才是名的眞正意義所在，正名篇的結論「君子名之必可言也，言之必可行也，君子于其言，無所苟也。」可視爲是畫龍點睛的說法，孔子既云名必落實到言，語言的最高層次則是眞理內涵。〔註121〕君子必欲符合眞理內涵，自然不能不論其實際作爲，亦即必須由君子的實際作爲來加以判斷，一個具有眞理內涵的君子，又何至於事情辦不通呢？孔子所以強調君子不可苟且其「言」，又在他處提示「君君、臣臣、父父、子子」之道，反覆提點爲政之道在「正其身」，這一切，莫不是循著「名」必切合「實」的道理而發，

〔註121〕同註95，頁193。

這樣的立論，較諸古代史官「嚴於亂臣」，卻不追究君王實際作爲的正名思想，其創新精神，又豈容抹煞呢？

孔子強調名必切合實，可說源自強烈的自覺意識。一般而言，對人們實踐活動的覺悟程度可區分爲自發和自覺，自發是指人們尚未認識和掌握客觀事物的本質和規律時的活動，而自覺是指人們認識並掌握一定客觀規律時的一種活動，自發階段往往包含著自覺性的萌芽，在反復實踐活動中則由自發向自覺發展，故自覺是自發的深化，〔註122〕顯而易見，自覺是人類理性思維的表徵。本文前已分析，孔子正定名分的用心，是受到動亂年代和失序社會的啓迪，希冀循禮以重建道德倫理的社會，建立道德政治的秩序。試想，生存在動亂年代的豈止孔子而已，然孔子畢竟有別於一般人，他不但擅長思索，而且常作深度的思考，「人生的價值」即是他思量的重點問題。孔子將人生的價值定位在道德的修養及人格的完成，道德修養及人格的完成不能不關涉人的言行舉止，甚至牽連到人的思想意識，道德必須由觀念一路延伸到實踐，才算大功告成，因此，道德事業稱得上是人生最嚴肅的主題。由於這樣的思想性格使然，孔子捨「道德」則不安，必「聞道」而「夕死可也」。對道德事業，他有強烈的自覺意識，屢屢作自我嚴格的要求，他對人生的體驗，日積月累之後，越發使其堅信道德價值的永恆性，也蔚爲指引世人不可移易的信念。

就人群角色的扮演而言，孔子注意到社會組成分子雖有各式各樣的名，名畢竟不足以彰顯個體生命的道德價值，孔子必欲提出「正名」的說法，其深層意義，即是提醒人們必須隨時評核自己的整體表現能否符合道德的標竿，人必須求其名實相符，雖然有外在的禮作爲評估標準，此一標準的源頭卻直指內在的「仁」，因此，「正名」的工作，實即是「正己」的工作，正己必須是自發性的，而不必依賴教條來強加於人。孔子曾以「修己以敬……修己以安人……修己以安百姓」來描述君子之道，以「君子求諸己，小人求諸人」的對照說法，以凸顯君子自我要求的特性，這種自發性的要求，與「名實相符」的精神是一致的，孔子眞誠地希望人們扮演絕對稱職的角色，以完成道德人生的價值，至於角色稱職與否，當然不能捨實際作爲而不談，孔子由自覺意識進行個人對生命的總體檢察，又進而期許人們，不論是政治或家

〔註122〕劉文英主編，《哲學百科小辭典》（甘肅：甘肅人民出版社，1988），頁 91。並參周琳、李世家、袁友文主編，《簡明哲學小詞典》（四川：四川人民出版社，1986），頁 122。

庭孝友之事，甚至世間一切事物無一不能不作總體的檢查，如此的胸懷天下，以天下爲己任之職志，如非強烈的自覺意識，又何以致之？

二、爲先秦諸子各家立說分派之根據

　　就歷史脈絡言，孔子因春秋時代社會動盪、禮壞樂崩、名存實亡的嚴重現象，所提出的正名論，與鄧析的刑名說旨趣不同，但孔子正名思想卻引發了關注。戰國時代社會變革尤甚於春秋時代，春秋戰國時期，許多舊事物的「名」已經不能適應到新的內容（實），一些新生事物的「名」尚未得到社會的公認，因此，不同階層的代言人，都從維護自己社會集團的利益出發，企圖解決「名」和「實」的矛盾。〔註123〕這些代言人即屬先秦時期的思想家，分別從不同的角度來探討名實之問題，名家的開創者鄧析與孔子年代相近而早逝，鄧析的刑名之辯，固然在一定程度上反映了名實必須一致的要求，也意識到名必須具有確定性的邏輯要求，而以批評朝政、倡導革新爲主；〔註124〕但孔子則是提揭「正名」的明確說法，爲名實之辯揭開序幕的首位哲人。〔註125〕孔子作爲儒家學派的開創人，對周禮遭到破壞，引發名存實亡，企圖通過正「名」以正「實」，恢復周禮的名分制度，既提出正名說，加上大規模地進行私人講學，學脈相承與學派流衍形成了傳播的力量，在一定的歷史與學術條件下，儒學成爲當世之顯學，引發的注意與影響力，理當非比尋常；以正名議題爲觸媒，即引發如稷下學者討論的熱潮，名實之辯乃成爲百家爭鳴重要內容之一，然思想家們的論辯卻各自觸及了不同的領域。就《漢書·藝文志》所提九流十家當中，儒、道、墨、法、名各家學者，都對名實關係進行了探討，這場世紀性的名實之辯，由孔子展開，至戰國七雄爭霸，由於軍事外交活動頻繁，鬥爭錯綜複雜，遂使名辯思想爭論達到了高潮，底下試略述之。〔註126〕

　　以儒家而言，自孔子提出正名論，即主張要名實相符，其基本旨趣，在

〔註123〕方克立，《中國哲學小史》（台北：木鐸出版社，1986），頁56。

〔註124〕周云之、劉培育，《先秦邏輯史》（北京：中國社會科學出版社，1984），頁23～25。

〔註125〕萬榮晉，《中國哲學範疇導論》（台北：萬卷樓圖書有限公司，1993），頁336。

〔註126〕各家對名實問題之論辯，綜參：(1) 牟宗三，《中國哲學十九講》，(2) 馮友蘭，《中國哲學簡史》，(3) 勞思光，《中國哲學史（一）》，(4) 侯外盧主編，《中國思想史綱》，(5) 陳孟麟，《先秦名家與先秦名學》，(6) 李賢中，《先秦名家名實思想探析》。

於確定道德秩序與政治秩序之標準。孟子則確立儒學系統理論，雖不特言「名」，但其所論則將正名的思路吸入，化爲道德哲學的骨幹，其所論「性」、「四端」、「五倫之教」，乃至「革命」的主張，都可視爲是正名思想的溯源與發展，而以道德實踐爲主調，其基本旨趣與孔子性質相同。至於荀子〈正名篇〉，則兼含了涉及倫理學、認識論與邏輯學等，荀子在主體方面的主張與孔孟稍有歧異，正可看出他與孔孟不同的學問性格。

若道家而言，老子以「道」爲「無名」，以「萬物」爲「有名」，將道與名相配，所論之名爲形上意義理論意義之名。老子無名之觀念，至莊子即發展爲廢除名言之說，唯莊子雖常與辯者周旋，卻力証認知活動無意義，所持詭辯之說，主旨只是向人展示其高論。整體來看，道家主張「名者實之賓」，故曰：「道不可言」，所論雖與儒家有別，亦具有其哲學意義。

就墨家而言，《墨經》作者雖非墨子本人，但所論「同異」、「堅白」問題，或「名」與「謂」之論述，涉及了邏輯理論，此類詭辯問題，由於離常識較遠，曾引起墨家內部爭論，一般人亦覺得難解。整體而言，墨家主張「名實相證」，故曰「意規圓三者具，可以爲法」，這與儒家的趨向也有差別。

至若法家而言，韓非有「形名（或刑名）」之說，代表法家「形名」之論，此所謂「形」或「刑」，皆指實際成績，亦與「實」相似，專指政治工作中之「實」，即強調政治工作中之成績。以此觀之，法家之特色乃在於「實踐旨趣」。

最後，說到名家，惠施所論「合同異」、「物方生方死」等十個論題，其旨在「麻物（分析萬物）」，強調的則是萬物的「同」；公孫龍從「別同異」的角度，提出「白馬非馬」、「離堅白」之論說，強調的是萬物的「異」，與惠施之旨趣有異。大抵而言，名家對名的探討，是站在純認知的立場，只探索邏輯學和形上學問題，又多用詭辯方式，所論違離一般常識所知，然司馬談雖論名家有「苛察繳繞，使人不得反其意」之失，卻又肯定名家具有「控名責實，參伍不失，此不可不察也」之優點，足見其雖爲詭辯，亦有於理可通之處。

綜上所述，吾人可以看出，孔子的正名論所引發的名實問題之辯說，可謂至爲紛繁熱鬧，但因哲人不同的著眼點，使爭論從政治、法律、倫理領域提高到哲學認識論的高度，就學術發展的立場言，孔子無疑栽下了智慧的種子，也開啓了哲人智慧的泉源，名實之論，成爲先秦百家爭鳴競相探討的內容，蔚爲中國文化寶貴的資產，就這些現象而言，足以肯定其名實思想在學術思想史上的意義。

第六章　孟子名實思想探賾

第一節　深度解讀歷史環境與衛道精神

一、對歷史環境的意識反應

　　在綿亙不斷的歷史長流中，猶如迅速移動的畫面雖呈現了無以計數的人生主題，卻難免歷史的一再重演，週而復始的演出留下的史料，可說是後人用來了解古人古事的憑藉。對一般人而言，史料或許只是一堆僵死的歷史陳跡，供人憑弔或賞玩而已；對孟子而言，史料所載歷史人物的行止，歷史的史實，卻是具有警醒作用的重要資訊。趙岐嘗云：「孟子生有淑質，夙喪其父，幼被慈母三遷之教，長師孔子之孫子思，治儒術之道，通五經，尤長於《詩》《書》。」〔註 1〕由於學術淵源深廣，沉潛經書力久，孟子因而兼具博雅好學與通曉經術之特長。獨特的造詣與過人的智慧，使孟子在展讀史料之際，特別用心深思其意義，他把歷史經驗當作一種可以被後人注入意義的「符號」，猶如孟子所云：「晉之《乘》、楚之《檮杌》、魯之《春秋》，一也。其事則齊桓、晉文，其文則史，孔子曰：『其義，則丘竊取之矣。』」（〈離婁下 21〉）因此，在孟子的論述裡，閱讀歷史或思考歷史是一種創造意義的活動。〔註 2〕但是，「歷史」所乘載

〔註 1〕　盧宜旬校，阮元審定，重栞宋本《十三經注疏（8）論語孝經爾雅孟子》（台北：藝文印書館，1997），孟子注疏之部，頁 4。
〔註 2〕　黃俊傑，《孟子思想史論》（台北：東大圖書公司，1991），頁 15～16。

的意義並不能自我表白，它有待於讀史者的解讀，注入「意義」，才能使零碎而個別的歷史事件，貫串組合成爲可理解而有意義的歷史圖像。〔註3〕孟子即是透過這樣用心的解讀，從古聖先賢、歷史人物、或往事陳跡等歷史事件中，尋求其一貫的歷史經驗意義，這種「自史事求史義」的方法，可說是孟子具體性思維方式之一，〔註4〕值得一提的是，孟子基本上是將歷史經驗視爲一種理想，而不只是將它視爲一個過去的事實，這種強烈的理想性格，〔註5〕使孟子在解讀歷史的同時，往往嚴予分辨歷史的是非善惡，論斷史事的成敗興廢，進而從中擷取足資取法者，以爲後世天下之典範，比如孟子所主張的「法先王之道」，即是強調歷史經驗之重要，亦是認可歷史經驗存在理想典範的表徵，因此，較諸一般人而言，孟子對歷史的意識反應毋寧是強烈而深刻的。

然而，孟子在沉潛經書典籍之餘，畢竟不曾自外於現實的環境，尤其是置身在社會動盪不安，政治四分五裂，學術紛歧並出的世代，作爲一個對歷史有強烈意識反應的思想家，孟子對現實環境既存的現象，對當代人物的言行，理當比尋常人物更加用心的思索，對於流行的風潮，紛紜的學說，亦勢必透過睿智加以審慎的判斷。整體來看，孟子對時代脈動的感覺是敏銳的，他嘗說：「聖王不作，諸侯放恣，處士橫議，楊朱、墨翟之言盈天下；天下之言，不歸楊則歸墨。楊氏爲我，是無君也；墨氏兼愛，是無父也；無父無君，是禽獸也！……楊墨之道不息，孔子之道不著，是邪說誣民，充塞仁義也。仁義充塞，則率獸食人。人將相食，吾爲此懼；閑先之聖之道，距楊墨，放淫辭，邪說者不得作。……能言距楊墨者，聖人之徒也。」（〈滕文公下9〉）當一般人普遍地隨著社會風潮，一味的趨著流行時，孟子卻以知識分子的立場，由不同的角度來思考有別於流行的觀念。因而，他的觀念是獨立於潮流之外的，他既不齒「同乎流俗，合乎污世」（〈盡心下 37〉）的「鄉愿」，自然流露出對時代強烈的批判性，而批判，則必須立足於比較的基點上，顯而易見的，孟子是以源自傳統文化道統，復由孔子發端的儒學，作爲並世流行思潮的評量標準，儒學之得以作爲評量標準，自然是源於孟子對歷史經驗之理想性的歷史意識使然，由於對孔子的心儀崇仰，與對傳統文化價值的肯認，孟子別樹一格地以衛道者姿態，一方面不遺餘力地宣揚傳統文化，指引

〔註3〕 同註2，頁18。
〔註4〕 同註2，頁13。
〔註5〕 同註2，頁19。

人們重新認知傳統重德精神的眞諦，一方面竭盡所能地扮演儒學鬥士，不惜與處於優勢的墨、道、法家週旋到底，甚而全面地批評諸子百家，力圖扳回儒學的劣勢；是以，孟子不僅深入歷史，也走出歷史，更走入現實，僅管擁抱現實是一件痛苦的事，這位哲人卻義無反顧地躍入，他以犀利的眼光檢視周遭的一切，以雄辯濤濤的口才駁斥對立的學說，而以強烈的使命感規畫現實的遠景，因而，孟子對現實環境的意識反應仍然是強烈而深刻的。

二、以衛道者自居

孟子這種對歷史環境強烈的意識反應，說明了他對歷史的特殊看法與對時代特有的使命感，而這種特殊的看法與使命感，更融鑄成孟子強烈的衛道精神，孟子即以知識份子的立場，本其崇高的人格，對傳統文化之價值不遺餘力地加以維護，他試圖爲傳統文化找出活絡的泉源，爲傳統文化立下不朽的根基，並以縝密的心思爲傳統文化找出一條脈絡可尋的統緒。

何以孟子欲「以衛道者自居，以維護傳統文化之價值」？孟子既對經書多所接觸，而經書則爲記載傳統文化之精華，傳述修己安人之道的典籍，傳統文化本是歷代人物透過其智慧，爲了生存和理想所創造出來的文物和制度，及其世代累積相傳的行爲，經書所載雖爲古人古事，然孟子並不把它當成一堆已爲陳跡的史料而已，透過強烈的意識反應，他很用心的解讀歷史人物的作爲，歷史舞台的演出事件，以探尋其中蘊含的重要意義。猶如前面所提及的，孟子強調歷史經驗的重要，提示人們從歷史中汲取靈感，在所有歷史經驗中，孟子特別注重堯、舜、三代的治績，甚且普遍地將其歷史經驗視爲是一種理想，雖然孟子偶而也有懷疑史實記載的正確性，〔註6〕但，可以肯定的是，孟子將歷史經驗視爲是後人應當取法的對象。孟子云：「今有仁心仁聞，而民不被其澤，不可法於後世者，不行先王之道也。故曰：徒善不足以爲政，徒法不足以自行。《詩》云：『不愆不忘，率由舊章。』遵先王之法而過者，未之有也。」（〈離婁上 1〉）他之所以主張服「先王之道」，原因即在於對先王理想人格的崇仰，先王理想的人格表現在其「正德、利用、厚生」的行事上，孟子有意將具有理想人格的古帝，順著朝代貫串成一條縱貫的系統，

〔註6〕 筆者按：如「盡信書，則不如無書。吾於〈武成〉，取二三策而已矣。仁人無敵於天下：以至仁伐至不仁，而何其血之流杵也。」（〈盡心下 3〉）即是孟子對史書的懷疑。

形成所謂的「道統」。〔註7〕再加上個人對孔子偉大道業的肯定與崇仰，於是，由堯、舜、禹、湯、文、武、周公、孔子一脈相傳下來的「道統」，遂成為中國千古不易的定論。此一道統的最大特色，即在於充分表現了儒家重德精神的德業，而這一特色，正是傳統文化最為可貴的地方。

孟子提出「道統」的觀念，說明了他對傳統文化強烈的認同，也表現他對歷史經驗之理想性的充分信念，因而，他認為傳統文化自有不可抹滅的價值。但在戰事頻仍與異說迭起的環境下，他目睹傳統文化遭到委棄，傳統價值面臨淪潰的現象，於是，乃有挺身而出以「衛道」的想法，孟子所要護衛的，不但是中國傳統的道統，也是儒家的思想，他所要維護的，不外乎是傳統文化的價值。吾人皆知，以儒家思想為主流的傳統文化，其重心乃在於德性的實踐，儒家學說自孔子開創以來即普遍認為，古代聖哲堯、舜、禹、湯、文、武等政治領袖，他們為了實踐完善的政治理想，格外的注重個人與外界之人、事、天三方面關係的合理與調適，而欲達到合理與調適，必須從自己內省修德做起，即是先要培養德性的主體，培養德性的主體即「正德」的工夫，由「正德」才可「利用」、「厚生」，故德性的實踐是達成政治理想必經的途徑。〔註8〕孔子不但秉承古聖先哲正視道德人格之美志，更進而指出「正德」的工夫，乃是以「使生命歸乎仁義之途」為歸趨，這種偏向以人的生命為對象，強調德性生命與精神層次的提昇，同時以「踐仁成聖」為道德實踐總目標的儒家學問，即形成所謂的「生命的學問」，孟子所以要挺身衛道，便是意在使這「生命的學問」之薪火綿延不絕，薪火不滅，人間的世功才渴望有成。德性的實踐即是道德的行為，道德非但是「個人的」，亦須是「人人如此」，故道德亦是「大群的」，〔註9〕道德既然關乎整個大群，談道德實踐自然不能

〔註7〕 儒家的「道統」觀念，開始於孔子的「古帝理想化」，所謂「古帝理想化」，就是孔子把古代的帝王，套進儒家的框架，使古代的帝王都成為儒道的實踐者，作為推行儒道時宣揚的根據。這個觀念到孟子手中，已成定型。至於孟子如何有意把古帝連成一條系統脈絡，參韋政通，《先秦七大哲學家》（台北：水牛圖書出版事業有限公司，1987），頁 45～47。或參韋政通，《儒家與現代中國》（台北：東大圖書公司，1984），頁 5～7。

〔註8〕 牟宗三，《中國哲學的特質》（台北：台灣學生書局，1987），頁 14～15。

〔註9〕 錢穆先生認為：「中國人所謂的道德，要能由我一人，從這裡到那裡，不需外邊條件、外邊力量，來幫助。道德是個人的，人人如此，又便是大群的。」參錢穆，《從中國歷史來看中國民族及中國文化》（台北：聯經出版事業公司，1987），頁 108～109。

忽略個人與外界之人、事、天的合理與調適；對儒家而言，個人與他人之往來，不僅有一套必須遵循的規範，更不容絲毫的差池，這一套使人我之間彼此默許、和諧相處的規範，即是所謂的「倫理」，倫理亦涵蓋於道德之中，倫理又像是道德的攣生兄弟，有其共通的特質，其特質即在於以「仁」爲基本精神，〔註10〕道德必出於仁心，倫理亦必本諸仁心出發，又以義理爲歸趨，則道德倫理之足可珍視也就不言而諭了。道德倫理之所以蔚爲儒家思想的特色，向來被視爲是傳統文化價值之所在，若追本溯源，不僅與古代聖王之作爲脫離不了干系，更與孔子的大力倡導、孟子的挺身衛道有著密切的關聯，孔孟二哲甚至可說居功厥偉。孟子終其一生，對道德倫理誠然秉持如磐石的信念，堅信道德倫理是人生而爲人的意義所在，亦深信傳統文化若捨除道德倫理，則一切的文物制度必將根基動搖，以致無由發展成枝繁葉茂的盛美景況，或將起落無定，甚而萎謝凋零，道德倫理是傳統文化彌足珍貴的價值所在，因而，孟子義無反顧地扮演著維護傳統文化，護衛儒學的鬥士。

第二節　名實之辯的開展

一、承續傳揚孔子的名實思想

　　提到孟子的衛道精神，尤須特別論述他與孔子之間深厚的淵源。孟子嘗云：「乃所願，則學孔子也。」（〈公孫丑上2〉）復自云爲仲尼之徒，又推崇的說：「自有生民以來，未有孔子也。」（〈公孫丑上2〉）他對孔子的崇仰，誠然到了無以復加的程度。但孟子之生，去孔子將近百年，他雖尊崇孔子，立意學習孔子，也只能私淑而已，時代的隔離，雖使他無法親炙孔子門下，但私淑日久，又立意爲「聖人之徒」，則孟子深受孔子學說之影響自不待言。孟子的思想即深受孔子這位遙遠的領航者之指引，但在承傳孔子思想之餘，也有獨自加以發揮的地方。

　　孔孟思想淵深博大，究其學說，更可如數家珍，本文因以「名實思想」爲探討範疇，自然無法一一觸及，是以僅就題旨來論述。孔子的正名思想，

　　〔註10〕高明先生提到：「孔子倫理學說的基本精神是一個『仁』字。將這個『仁』也就是愛人的精神，發揮在人與人的各種關係上，就成爲種種的美德懿行。」參高明，《高明孔學論叢》（台北：黎明文化事業股份有限公司，1978），頁59。

雖然是源自古代的正名思想，卻作了重要的修正，孔子的「正名論」探討的是政治倫理，與一般事物用名的方式，必期符合「名實相符」的原則。政治倫理須以道德爲前提，道德是出諸人最眞實的情感「仁」，政治倫理即必須從「仁」出發，以求人人各盡其職，始足以稱「名實相符」，違背了仁的政治，不僅是「名實不符」的惡質政治，亦是不道德的政治，因而政治倫理實際是與政治道德連線的；至於一般事物的用名方式，亦須講究倫理的標準，其標準則不外乎用名能合理得宜，亦即所用之名號能涵蓋其意義內涵，彰顯其基本特質，亂用名號，不僅易於混淆公共視聽，亦有礙於群體的溝通了解，情況嚴重時，甚至是不道德的。因而，正名所論之政治倫理或一般事物的用名方式，亦莫不關涉道德倫理的範疇，道德與倫理實一體之兩面，本相依而共存，道德倫理既是儒家思想的精華，是儒家的重頭戲目，則「正名」觀念之受到矚目也就可想而知了。

　　自孔子在〈子路篇〉第三章正式提出「正名」一詞，復進一步說明「名不正，則言不順；言不順，則事不成；事不成，則禮樂不興；禮樂不興，則刑罰不中；刑罰不中，則民無所措手足。」（〈子路 3〉）又提到「君君，臣臣，父父，子子」（〈顏淵 11〉）的代表性論述以來，「正名」兩字，不但象徵著檢驗人們身分的嚴正標誌，亦幾近是責求人們表現道德倫理行爲的象徵口吻。孟子強烈的衛道精神，既然對道德倫理的價值予以絕對的肯定，則對孔子以道德倫理爲訴求目標的「正名思想」自然亦是認同的；然而，這一前一後未經親炙，卻因私淑而薪火相傳的哲人，對於源自古代正名思想的立論，若細加探討比較，當可發現其思想由發端到思想體系的一貫發展脈絡，〔註11〕就如有機物一般，經由孟子在孔子開創的思想種苗上，用心點染，刻意培植之後，乃使孔子的正名思想蔚爲千年不朽的神木，這不朽的神木，不僅始終綠意盎然，展現著特有的絕代風華，更成爲華夏民族永遠的文化圖騰。由種苗到神木，自然存在著不可割捨的淵源，當然也存在著不可忽略的差異。大抵來說，孔子正式提揭「正名」一詞的正名論，是立基於「仁」的基礎上，觸及的論點亦普遍而廣闊。孟子的名實思想可由關涉人倫、政治領域議題，以

〔註11〕韋政通指出：「儒家哲學，發端於孔子，但初步完成儒家思想體系的是孟子。」參韋政通，《先秦七大哲學家》（台北：水牛圖書出版事業有限公司，1987），頁37。另外，勞思光先生提到：「就儒家之方向講，孔子思想對儒學有定向之作用。就理論體系講，則孟子方是建立較完整之儒學體系之哲人。」見勞思光，《新編中國哲學史（一）》（台北：三民書局，1986），頁159。

及就概念語詞展現思辨特色論點的面向來探討，以人倫、政治領域議題而言，孟子雖然未正式明言「正名」的用詞，然其對五倫的界說論述與對政治上獨樹一幟的主張，卻是正名觀念的具體呈現，孟子所論，不僅肯定孔子以「仁」為基礎的觀點，更推本溯源，上溯到人的心性本源，從人的「本心善性」推論人的倫理表現與政治上應有的施為，為五倫與德治找出內在超越的總根源，從而使倫理觀念成為牢不可破的生活規約，使內聖外王成為不可移易的文化理想，可說是孟子繼述孔子之志而又別具創意的見解。就概念語詞展現思辨特色論點而言，孟子則擅用各種思辨手法，對概念語詞之名加以辨析其名實關係，彰顯其主觀唯心的思路，亦蔚為其思想的特色。孟子對五倫的論述是詳細而深入的，對政治上的主張亦是精采透闢的，在思辨方法上是豐碩的，唯觀其所論，較諸孔子，則顯然對「名」的道德意義更加精詳，這至高無上的道德規約論，誠然是承傳自孔子思想卻又別有創發的見地，孔孟的「正名思想」對後世影響之深遠，猶如異世並存的雙璧，前後輝映，光照人間，為後人指引了一條人生大道，世世代代的人，就在這光環照耀下，不敢稍越雷池一步，極力遵彼大道前行，卻在前行之際，驀然驚見生命的底蘊，竟是這樣的沉痾，生命的旅途，竟是這樣的勞頓，在景仰欣羨的心情之外，總難免別有一番的滋味湧上了心頭。

二、融合墨子名辯規律技巧的論辯

作為一位卓越的思想家，在表述個人觀點，或與對手交鋒時，必須有一套足以開悟他人，亦即能夠說服別人的方法。在時人心目中，孟子被視為是「好辯」者，好辯必發為議論，又需要論辯的技術，始見得彼此的勝負。就論辯而言，我勝彼敗，雖然是勝方稱心佔上風之事，勝負終究是手段而已，論辯之核心目的，宜在於判別是非，必須能立正破邪，論辯始稱得上價值。〔註12〕

孟子所與論辯的對象，以揚墨之徒與告子為主要的論敵，其他與孟子異見而為孟子所未詳述與未道及的尚不乏其人；論辯是理性思維的展現，孟子既時常與人論辯，有時且指點其弟子如何答覆他人，因而對於思維與論辯的根本問題，即建立判定論辯是非的標準，甚為關心。〔註13〕論辯期能獲勝，

〔註12〕陳大齊，《孟子的名理思想及其辯說實況》（台北：臺灣商務印書館，1983），頁4、10。
〔註13〕同註12，頁6～7。

須具備清晰的頭腦、敏銳的思維、準確的語言，孟子善於判斷、分析他人的發言，〔註 14〕得天獨厚的資質，使其足以雄辯滔滔，也使其對思想所當遵循的理則，如「不執一」、「揣本」等，提出了精闢的見解。〔註 15〕但，由於所持判別是非標準的基本觀點是絕對主義，又不免懷有求勝之心，故其論辯，難免有義理粗疏之實，用名立說亦或有欠精當之處。〔註 16〕

世人雖稱孟子「好辯」，實則孟子為「善辯」之思想家，究其發為議論在「我亦欲正人心，息邪說，距詖行，放淫辭，以承三聖者。」（〈滕文公下 9〉）由於立志承傳大禹、周公、孔子等聖人之志業，又必固守著仁義之道，是故既極力闡揚其仁義學說，而對違逆仁義之言論必予嚴厲的駁斥。孟子運用思辨方法建構仁義體系的學說，如極為著名的「人禽之辨」、「義利之辨」和「王霸之辨」，即針對概念之名與對應之實加以辨析，孟子運用常見的推理方式，最常用的譬喻即屬類比推理，〔註 17〕以「王霸之辨」為例，孟子依「以力假仁者霸，……以德行仁者王。」（〈公孫丑上 3〉）就「王霸」概念之「名」確立其「實」之內涵，概念既經確定，又曰：「行仁政而王，莫之能禦也。且王者之不作，未有疏於此時者也；民之憔悴於虐政，未有甚於此時者也。飢者易為食，渴者易為飲。」（〈公孫丑上 1〉）此則言論以「飢者易為食，渴者易為飲」為譬喻，闡明人民憔悴於虐政而渴望平治的時代，推行仁政即格外容易王天下。但孟子表述概念時，未見演繹推理的運用，雖有相當於歸納推理，卻語焉不詳；然其實際言論，亦有合於演繹推理與歸納推理的形式。〔註 18〕趙岐稱：「孟子長於譬喻」，〔註 19〕故其與人問答論辯時，幾乎無不用譬喻以申其說，其間或不用的，實居少數。〔註 20〕孟子間亦用及「援」的論式，援的性質與譬喻有相似處，亦屬類比推理。〔註 21〕《墨子・小取》篇論「辯」，包括「譬侔援推」，以討論各種不同的論證形式，闢、侔、援皆為類比的方式，但各有自己特殊的領域，「推」則為歸納推理。〔註 22〕孟子大量用「譬」或間

〔註 14〕王晉光，《論語孟子縱言》（台北：臺灣書店，1999），頁 147。
〔註 15〕同註 12，自序及頁 24。
〔註 16〕同註 12，頁 7～9、102～103。
〔註 17〕同註 12，頁 76。
〔註 18〕同註 12，頁 84。
〔註 19〕同註 1，頁 4。
〔註 20〕同註 12，頁 74。
〔註 21〕同註 12，頁 82。
〔註 22〕鐘友聯，《墨家的哲學方法》（台北：東大圖書公司，1986），頁 79、83、158

用「援」，以建構自己的言論，即與墨子依「譬侔援推」的主張進行論證的方法，有謀合之處。

此外，如孟子對「人禽之辨」的立論，係由「人之異於禽獸幾希」的「人性」來論證，人性則由「不忍人之心」、「四端之心」來界定。為了論證人性的普遍性，孟子引有若的話說：「麒麟之於走獸，鳳凰之於飛鳥，太山之於丘垤，河海之於行潦，類也。聖人之於民，亦類也。」（〈公孫丑上 2〉）又云：「故凡同類者，舉相似也；何獨至於人而疑之？聖人與我同類者。」（〈告子上 7〉）就是把人作為一個「類」來考察，他從人的「類」本質來思考，又把人和物作類比，聖人雖然智慧人格比一般人高出一等，但以人性而言，既是「同類」，自可推演出聖人與一般人在「類」的面前一律平等。〔註23〕孟子對「類」概念的辨析與類比推理的運用相當的重視，論證概念的名實關係，由「知類」角度切入的論述較多，孟子又曾提出「求故」的問題，但正面的論證不多。〔註24〕墨子則更早地從名實關係的角度，明確地提出「察類」、「明故」的思想，《墨子‧非攻下》云：「子未察吾言之類，未明其故也。彼非所謂攻，所謂誅也。」乃針對非墨子者質疑「湯伐桀，武王伐紂」應屬「攻伐為不義」之行徑，墨子將湯、武的舉動依其特殊的屬性歸為「誅」的類別，以與純粹用武力征伐的「攻」之類別，作出區隔。孟子雖對墨子思想攻擊不遺餘力，究其「知類」、「求故」之思辨方式，則顯然淵源於墨子「察類」、「明故」的思想，〔註25〕是又足證孟子對墨子名辯規律技巧的吸收與融合。

三、由唯心主義確立「以名正實」的哲學基礎

名實之辯不是一個孤立的問題，而是和一個思想家世界觀、認識論和政治理念都有密切的關聯，〔註26〕甚至關涉著其他的範疇。孟子在表述各種論題時，明顯地傾向由超知性層的認識心來理解，它與知性層的認識心有所區別，超知性層的認識心屬於智的直覺，而知性層的認識心則屬邏輯思辨的。〔註27〕智的直覺，是別具智悟的哲思，〔註28〕是主體性的展現，亦是獨特的

〔註23〕　翟廷晉，《孟子思想評析與探源》（上海：上海社會科學院出版社，1992），頁97。
〔註24〕　同註23，頁 269、275。
〔註25〕　同註23，頁 267。
〔註26〕　同註23，頁 265。
〔註27〕　牟宗三，《名家與荀子》（台北：台灣學生書局，1994），頁 225。

生命體悟，〔註29〕由此種心靈開展的思維，其獨特處即在於肯認道德主體的存在。孟子即依據道德主體存在之理念，加以論述其仁義體系各種概念的名實問題，由於論述的概念是獨特心靈的產物，又在普遍經驗的驗證上有待考驗，孟子被視爲是唯心主義的，且是先驗立場的。〔註30〕孟子以先驗的道德意識爲一切事物之準據，又爲一切理念之基點，固然強化概念的優先性，也擴大了名的作用性，孟子企圖「以名正實」的哲學思路，〔註31〕非唯與孔子「由名定實」、「循名責實」〔註32〕並無二致，其意圖又更明顯。

1、名為第一性，實為第二性的哲學思路

孟子本著智的直覺，以獨特的心靈進行宇宙人生的解讀，在「以名正實」的哲學思路下，孟子揭示的哲學概念之「名」與「實」相對照，當是名爲第一性，實爲第二性。

如在人性論中，孟子藉由四端之心來解釋人性之善，又據人之善性，推論人生的道德志業可以完竟。孟子如此描繪所謂的四端之心是「人皆有不忍人之心。……惻隱之心，仁之端也；羞惡之心，義之端也；辭讓之心，禮之端也；是非之心，智之端也。人之有是四端也，猶其有四體也。」（〈公孫丑上 6〉）孟子以仁義禮智爲人天生四種善性的端倪，四端之心即不忍人之心，簡言之爲仁義之心，或稱本心，或謂良心，這是由人有四端之心證明性善之主張。〈盡心上 1〉云：「盡其心者，知其性也，知其性，則知天矣。」既提揭盡心是知性知天的關鍵所在，亦爲一般所稱孟子「即心說性」的依據。由〈盡心上 1〉的說法，再結合孟子的「誠身有道：不明乎善，不誠其身矣。是故誠者，天之道也，思誠者，人之道也。」（〈離婁上 12〉）「心之官則思，思則得之，不思則不得也。此天之所與我者。」（〈告子上 15〉等說辭，孟子更進一步道出人應有所自覺，「眞誠無僞」的「義理之天」，是人所以具有思誠明善能力道道地地的根源。孟子又云：「君子所性，雖大行不加焉，雖窮居不損焉，

〔註28〕 牟宗三，《中國哲學十九講》（台北：臺灣學生書局，1999），頁 303。
〔註29〕 陳榮灼，《「現代」與「後現代」之間》（台北：時報文化出版企業有限公司，1992），頁 162～163。
〔註30〕 方克立，《中國哲學小史》（台北：木鐸出版社，1986），頁 34。
〔註31〕 同註23，頁 265。
〔註32〕 萬榮晉，《中國哲學範疇導論》（台北：萬卷樓圖書有限公司，1993），頁 338。並參侯外廬主篇《中國思想史綱》（台北：五南圖書出版公司印行，1993），頁 27、32。

分定故也。君子所性，仁義禮智根於心。」（〈盡心上 21〉）句中「分定」指「性」得自「天之全體」，〔註33〕不但可與〈盡心上 1〉之性與天道相通、相呼應，且以「仁義禮智」爲「性」的內容，由內容彰顯意義，而此價值意識，則以「心」爲根源生發處，然窮本溯源，「義理之天」始是心性外在超越的最初源頭。孟子本諸天道，進而由心說性，「心」與「性」名號雖然不同，卻是可以替換的概念，故兩者是二而一的存在。孟子以飄渺的天道爲總根源，作爲心、性概念的出發點，心性之「名」所涵攝之「實」，即爲「仁義禮智」之內涵，此種說法見證了名爲第一性，實爲第二性的思維；這與「實先於名」的經驗論者殊別，如告子稱：「食色，性也」（〈告子上 4〉），荀子云：「生之所以然者謂之性。性之和所生，精合感應，不事而自然謂之性。性之好、惡、喜、怒、哀、樂謂之情。」（〈正名篇〉）告子與荀子係由經驗事實的認知來界定人性。

　　孟子深信四端之心，乃人人所本有，然而，雖同爲生命體，卻出現了或能夠或無由覺知的現象，孟子曰：「人之所以異於禽獸者幾希，庶民去之，君子存之。舜明於庶物，察於人倫，由仁義行，非行仁義也。」（〈離婁下 19〉）又曰：「舜之居深山之中，與木石居，與鹿豕游，其所以異於深山之野人者幾希。及其聞一善言，見一善行，若決江河，沛然莫之能禦也。」（〈盡心上 16〉）此處指出，舜爲能夠覺知又能存養「本心善性」之君子，「仁義」即其心、性之本質，亦即爲心、性之「實」，本心善性的行爲表徵是「明於庶物，察於人倫」，是「若決江河」的「善言、善行」，這使心性之「實」顯得更加地鮮明而具體；相對於舜，一般人則不以爲意地將自存的善性拋棄了。孟子曾意味深長地說：「仁、義、禮、智，非由外鑠我也，我固有之也，弗思耳矣。故曰：求則得之，舍則失之。」（〈告子上 6〉）、「雖存乎人者，豈無仁義之心哉？其所以放其良心者，亦猶斧斤之於木也，旦旦而伐之，可以爲美乎？」（〈告子上 8〉）、「仁，人心也；義，人路也；舍其路而弗由，放其心而不知求，哀哉！人有雞犬放，則知求之；有放心，而不知求。學問之道無他，求其放心而已矣。」（〈告子上 11〉）孟子言之鑿鑿地強調本心之存有，然而，一般人如不予思索或日夜戕害，不加以操存，便可能梏亡，孟子對心、性既存獨到的見解，上述發出「求其放心」的慨言，不僅有「以名正實」的深意，又兼括對人們道德志業熱切的期勉。

〔註33〕　「分定故也」，朱熹註曰：「分者，所得之於天之全體，故不以窮達而有異。」參朱熹，《四書集註》（台北：學海出版社，1989），頁 390。

以王道而言，孟子亦以不忍人之心的道德意識爲本，緊扣著仁政來論述，認爲發政施仁、先義後利皆爲建立王道不可或缺的法門。觀孟子所云：「以德行仁者王」（〈公孫丑上 3〉）、「行仁政而王，莫之能禦也」（〈公孫丑上 1〉），顯示「王」者之「名」，應以行「德政」、「仁政」爲「實」。施行仁政的依據在「人皆有不忍人之心。先王有不忍人之心，斯有不忍人之政矣。以不忍人之心，行不忍人之政，治天下可運之掌上。」（〈公孫丑上 6〉）不忍人之心即是四端之心，孟子以此點出了王者的本質，不忍人之心雖爲先驗的概念，卻是發政施仁的源頭，此即確立了「王」者之「名」的第一性概念，是無可疑義的。由「王」者之「名」的第一性概念出發，進而須檢驗「王」者之「實」，則是仁政的具體作法，孟子云：「保民而王，莫之能禦也。」（〈梁惠王上 7〉）「不違農時，穀不可勝食也；數罟不入洿池，魚鱉不可勝食也；斧斤以時入山林，材木不可勝用也。穀與魚鱉不可勝食，材木不可勝用，是使民養生喪死無憾也。養生喪死無憾，王道之始也。」（〈梁惠王上 3〉）「是故明君制民之產，必使仰足以事父母，俯足以畜妻子，樂歲終身飽，凶年免於死亡。然後驅而之善，故民之從之也輕。」（〈梁惠王上 7〉）「夫仁政，必自經界始。」（〈滕文公上 3〉）上述系列的說辭指出，身爲王者必須規劃並推動保民措施、經濟制度、土地政策等仁政之「實」，通過「實」的檢覈，王者始稱得上「名實相符」。孟子描述王者之名實關係，可謂充滿著理想性，其對時君曉以「義利之辨」的主張，同樣是對王者進行「以名正實」的思想呈現。

2、事實認識與價值理想的權衡取捨

在探索人生宇宙問題時，孟子對普遍經驗、特殊經驗的事實，或來自直覺即得自個別生命體會的概念，固然經由仔細地深思，但在是非判斷上，既採取絕對主義的基本觀點，亦即就本質立論，〔註 34〕因而在表述世界觀、認識論或政治理念時，往往就事實認識與價值理想加以權衡取捨，明顯地趨向價值層面的立場。

以義利之觀念言，孟子對梁惠王所云：「王何必曰利？亦有仁義而已矣。王曰：『何以利吾國？』大夫曰：『何以利吾家？』士庶人曰：『何以利吾身？』上下交徵利而國危矣。萬乘之國弒其君者，必千乘之家；千乘之國弒其君者，必百乘之家。萬取千焉，千取百焉，不爲不多矣。苟爲後義而先利，不奪不

〔註34〕　陳大齊，《名理論叢》（台北：正中書局，1970），頁 105。

釁。未有仁而遺其親者也，未有義而後其君者也。王亦曰仁義而已矣，何必曰利？」（〈梁惠王上 1〉）這是孟子試圖釐清在政治脈絡中的兩種思路，對梁惠王曉以「義利之辨」的為政之道，這一章關於義、利的對話，旨在說明「後義先利」之弊，強調「先義後利」之優，兩者都是從行為效果來分析利害得失，以陳述王道的可行性。〔註35〕此外，如鄒與魯鬨。穆公問曰：「吾有司死者三十三人，而民莫之死也。誅之，則不可勝誅；不誅，則疾視其長上之死而不救，如之何則可也？」孟子對曰：「凶年饑歲，君之民老弱轉乎溝壑，壯者散而之四方者，幾千人矣；而君之倉廩實，府庫充，有司莫以告，是上慢而殘下也。曾子曰：『戒之戒之！出乎爾者，反乎爾者也。』夫民今而後得反之也，君無尤焉。君行仁政，斯民親其上，死其長矣。」（〈梁惠王下 12〉）孟子認為「君行仁政」可以獲得「民親其上，死其長」的善意回應。上述表彰了孟子對現實並非完全漠視，換言之，反映出孟子相當程度地對事實的認識。

　　然而，通觀孟子思想，在不排除對現實利害的考量，對現實的不確定性有所認知之外，主要卻是由「仁義內在」的人性本質，作為價值權衡的標準，〔註36〕以揭舉王道理想、道德倫理的實踐途徑。如針對滕文公問曰：「齊人將築薛，吾甚恐，如之何則可？」孟子對曰：「昔者大王居邠，狄人侵之，去之岐山之下居焉。非擇而取之，不得已也。苟為善，後世子孫必有王者矣。君子創業垂統，為可繼也。若夫成功，則天也。君如彼何哉？強為善而已矣。」（〈梁惠王下 14〉）而對戴盈之所問：「什一，去關市之徵，今茲未能。請輕之，以待來年，然後已，何如？」孟子曰：「今有人日攘其鄰之雞者，或告之曰：『是非君子之道。』曰：『請損之，月攘一雞，以待來年，然後已。』如知其非義，斯速已矣，何待來年。」（〈滕文公下 8〉）上述引文中，對君子創立的基業，蔚為美好的傳統能否承繼，孟子認為「若夫成功，則天也」，無疑是理解到現實情境非人力所能完全掌控；至於戴盈之對宋國徹底改變稅制，提出「請輕之」的緩進方式，亦當是基於許多現實的考量。〔註37〕孟子雖充分理

〔註35〕袁保新，《孟子三辨之學的歷史省察與現代詮釋》（台北：文津出版社，1992），頁 146～147。

〔註36〕如袁保新先生指出，孟子的政治思考並沒有完全從利害的觀點出發，他之所以暢發義利之辨，揭舉王道理想，最主要的根據還是他主張「仁義內在」的人性論。參同註35，頁 148。

〔註37〕同註35，頁 149。

解到現實變化之不可測度，〔註 38〕卻主張「強爲善而已矣」、「如知其非義，斯速已矣」的堅定立場，其說法皆明顯透露孟子對仁政的思維向度是，以仁義爲懷，以執政者的道德責任爲優先考量，亦即道德的理由勝於現實利害得失的取捨。〔註 39〕易言之，孟子對王道秉持的理念是，非消極地順應現實而冒然地放棄理想，亦即絕不與現實妥協，而是以積極態度，當仁不讓地依據價值理想而行。

　　孟子認爲遂行王道必依據仁義之心，便是在前提上設定王者之「名」必具「仁義之心」的存有，〔註40〕王者由存有之心發動，化爲現實的政治施爲，則屬與王之「名」相應的「實」，故唯有落實「仁政」所描述的保民、經濟、土地等措施，始符合孟子「以名正實」的思維向度。此種思維，使孟子高懸普遍人性尊嚴、道德理想的價值觀，立於顛撲不破的地位。

　　就人性概念而言，孟子的思路，同樣出現了對事實認識與價值理想的權衡取捨。孟子以四端之心界定人性，以仁義禮智爲人性的內容，此爲「性善」的典型說法。然而，孟子亦曾以「性」、「命」對舉來論說，〈盡心下 24〉云：「口之於味也，目之於色也，耳之於聲也，鼻之於臭也，四肢之於安佚也，性也，有命焉；君子不謂性也。仁之於父子也，義之於君臣也，禮之於賓主也，智之於賢者也，聖人之於天道也，命也，有性焉；君子不謂命也。」論述中「性也，有命焉」及「命也，有性焉」，「有」即「又」字，命與性義相近似，命言其爲天賦，性言其爲固有，就由來而言是相同的。〔註 41〕不過，孟子終究以「口之於味也」五事，稱爲命，以「仁之於父子也」五事，當爲性，顯示「命」或「性」皆具有多元的內容，但兩者之意義必有差別。在「命」、「性」對舉的說法中，孟子瞭解「口之知覺嗜欲」事實存在於生命中，亦以「性」稱其爲天賦固有，然孟子更重視思索生命的終極價值，生命的價值理想在道德倫理的實踐，僅停留於自然人的嗜欲是無法達成的，必須爲生命找到創生價值的源頭，這使孟子設法對生命的質素進行分解，予以提煉。孟子將天賦的「口之知覺嗜欲」，正名爲「命」字；而特別著重於固有的「仁之於

〔註 38〕同註 35，頁 150。

〔註 39〕同註 35，頁 149～150。

〔註 40〕筆者按：王者具「仁義之心」之道德意識，就孟子思想體系，此一「先驗主體」是「一切有效聲稱的自足基礎」。參布魯格編著，項退結編譯，《西洋哲學辭典》（台北：華香園出版社，1989），頁 266～267。

〔註 41〕陳大齊，《孟子待解錄》（台北：臺灣商務印書館，1981），頁 16。

父子」之事，將其正名爲「性」字；孟子立意將人性作此區分，「命」當猶如告子「即生說性」的說法，「性」始是孟子「即心所性」的一貫主張，而其區分的差別，則在於價值的不同，孟子推崇的是仁義禮智諸德。孟子性命對揚的觀念，又見諸其所云：「體有貴賤，有小大。……養其小者爲小人，養其大者爲大人。」（〈告子上 14〉）「從其大體爲大人，從其小體爲小人。……耳目之官不思，……心之官則思，……此天之所與我者，先立乎其大者，則其小者不能奪也，此爲大人而已矣。」（〈告子上 15〉）文中所稱「小體」與「大體」之別，正如「命」與「性」的區分，孟子指出「心」爲能思明理之「大體」，必須先立定之始能成爲大人。孟子又云：「有天爵者，有人爵者。仁義忠信，樂善不倦，此天爵也；公卿大夫，此人爵也。……今之人修其天爵，以要人爵；既得人爵，而棄其天爵，則惑之甚者也。」（〈告子上 16〉）「人爵」與「天爵」亦猶「命」與「性」之分，但孟子強調修天爵始爲得道之要妙。上述立論，彰顯出孟子對性、命的界定，是「分解地說性」的思維路數，[註42] 其說法則展現爲宋儒「義理之性」與「氣質之性」的二分法主張，宋儒仍以「義理之性」爲中心，置「氣質之性」於邊緣地位。孟子對人性自有體悟，他在孔子提出「性相近也，習相遠也。」（〈陽貨 2〉）的素樸看法之後，對人性之名，進行深層的挖掘與詳盡的補充，更極盡能事地賦予道德崇高的理想性。

第三節　以心性爲本源，人倫關係爲歸趨的正名思想

一、道德倫理是人生的意義

儒家認爲道德倫理是人生而爲人的意義所在，是以立足於世間的人，儘管生存的方式有著千差萬別，卻絕不能捨道德倫理的目標而他去，捨它而去，便將墮入迷惘人生，愧當爲人矣。孔子的正名觀念雖然是針對著政治與社會秩序的需要，而提出「名不正，則言不順」以「正定名分」、「畫定權責」的方式來建立政治秩序，以使每一份子各自完成其責任，並以「君君，臣臣，父父，子子」的相互對待關係，爲人倫立下初步的規範，其實亦莫不是環繞著「道德倫理」的主題而立論者，因爲道德倫理終究是人生的標竿，憑藉的

〔註42〕曾昭旭，〈呈顯光明・蘊藏奧秘——中國思想史中的人性論〉，收錄於《理想與現實——中國文化新論（思想篇）》（台北：聯經出版事業公司，1989），頁13。

則是「仁」的眞誠情感，是人的「仁義之心」，因而，孔子的正名思想終究是由「仁」的核心觀念發展出來的。

孟子將孔子的正名觀念擴充爲「父子有親，君臣有義，夫婦有別，長幼有序，朋友有信」（〈滕文公上 4〉）的五倫觀念，五倫對人的地位界定、角色扮演、規範遵循等主張都有嚴格的規定，其所探討的是人際之關係，所提揭的是共同遵循的規範，既曰共同規範，便意味著不容任何人例外，故五倫是對各種角色的行爲示範，示範的標準是不允許偏離的，一個人的出處動靜若與標準密切吻合，絲毫不差，自然稱得上「名正言順」、「名實相符」矣。因而，孟子的五倫觀念，實即爲正名觀念的具體呈現，因爲五倫所界定的人倫關係，緊扣的正是倫理的議題，倫理與道德是分不開的，蓋倫理恰又涵蓋於道德之中，道德倫理是人立足天地間的根基，孟子所以詆訶揚朱墨子「無父無君，是禽獸也。」（〈滕文公下 9〉）便是基於對道德倫理的重視，亦是對道德倫理價值的認同。就正名思想所觸及的人倫關係來看，孔孟二人對人倫的器重實不分軒輊，所不同的，則是孟子所論要比孔子來得精詳，且將孔子以「仁」爲核心的正名思想，導入人的心性本源，其所主張的本心善性，非但爲孔子「仁」的眞誠情感覓得了源頭活水，爲人倫關係奠定了倫理的基礎，也爲孟子確立了思想史上不朽的地位。

二、由天理下貫的本心善性是道德倫理的基礎

孔子正定名分的用心，是爲了使失範的社會能重建和諧的秩序，重建秩序必須激起人的自覺，從人內在眞誠的情感，亦即從「仁」出發，以使人主動服膺規範，表現出合於禮教的行爲，促成和諧的人倫關係，如此一來，即可使人人「名實相符」，而社會秩序亦自然達成矣。孟子對孔子的仁學體悟甚深，「仁」是內在的道德情感，是發乎內而著於外的，順著這個思路，孟子將孔子的仁學進一步導向內在道德主體性的方向，亦即從人自身尋求道德的主體，根據孔子仁的內在道德情感，孟子提出了人性本善的說法，孟子認爲，不論聖凡，人性皆是善的，因爲人性本善，故人人都可能成聖成德，「人皆可以爲堯舜」（〈告子下 2〉），此一性善說的提出，不僅肯定人的道德主體性，也爲人的道德修養達到圓善的可能性，開示一條樂觀的道路，更爲人倫關係的維繫，確立一個安全可靠的基石。

人的生活行爲雖然複雜繁多，但大體都是在人倫關係，也就是在人與人

的關係中呈現，〔註43〕人倫關係可能有好有壞，孟子企盼的是理想而美好的人倫關係，五倫所界定的便是使不同角色達成和諧關係的軌範，孟子認爲可以透過教育的方式來深化人們樂於遵循規範的意願，孟子嘗云：「后稷教民稼穡，樹藝五穀；五穀熟，而民人育。人之有道也。飽食、煖衣、逸居而無教，則近於禽獸。聖人有憂之，使契爲司徒，教以人倫：父子有親，君臣有義，夫婦有別，長幼有序，朋友有信。」（〈滕文公上4〉）教以人倫是聖人之志業，《尚書‧堯典》即記載舜帝對契吩咐道：「契……汝作司徒，敬敷五教，在寬。」唯並未詳述五教之內容，〔註44〕孟子不僅將五教作了一個明確的定義，將其正名爲「人倫」之教，而且藉著聖人的事蹟說明人倫之教的迫切性與重要性，孟子理當深信教育有助於人倫之運轉，教育亦必能使人倫關係臻於理想的狀態。然則，何以五倫這般不容忽視，教育又爲何有益於促成五倫關係呢？歸根究底，實與孟子對人性的認知有著密切的關連；孟子主張人性本善，而性善即是仁的道德情感之本源，由於人性本善，對性善有所自覺的人，在人群往來之際，彼此以其至善的心性禮遇對方，理應不容虞慮；五倫之所以值得重視，便是立基於以性善爲出發點的良善用心。但天下人恐難對人性皆能有所自覺，迷失的人畢竟不在少數，對此迷失之人，孟子即主張透過教育使其重新認識人性的原貌，對人倫軌範有著理性的認知，從而自然而然地表現出規範的行爲，教育之所以有益於催化五倫關係，此無它，只因人人先天具有性善的種子，教育不過是適時地提供種子抽根、發芽、茁壯的環境罷了！

　　孟子將五倫建築在人性的基點上，較諸於孔子以「仁」爲出發點的人倫觀念，無疑是對孔子學說作了更深入的挖掘，它觸及了生命最初的根源，性善亦猶如遺傳學上所謂的基因，基因所蘊涵的特質必隨生命的成長而形諸於外，除非基因產生惡質的突變，否則人按理都依照基因來展露其生命的風華。關於人性的看法，孔子雖率先提出「性相近也，習相遠也。」（〈陽貨2〉）之說法，並未明確指出人性好壞。然孔子從主觀方面開闢了「仁」的道路，以仁爲內在於人之真性情，此等真性情，人當能自我感知，並透過「踐仁成聖」一路，以達成道德人格的圓滿完善，「仁」點出了人具有內在可貴和完善的本

〔註43〕蔡仁厚，《儒家思想的現代意義》（台北：文津出版社，1987），頁266。
〔註44〕按舜帝所指示之五教，孔穎達《尚書正義》曰：「文公十八年《左傳》曰：『布五教於四方』父義、母慈、兄友、弟恭、子孝，是五常之教也。」參盧宣旬校，阮元審定，重栞宋本《十三經注疏（1）周易尚書》（台北：藝文印書館，1997），尚書注疏之部，頁44。

質，孔子論「狂者進取，狷者有所不爲」，亦隱約透露普遍先天的人性是傾向於善的。〔註45〕孟子則紹承孔子之言仁，對人性直截了當的提出性善的看法。孟子對人性的看法並非憑空無據的，一方面他在生活中加以深刻的體認，並由心入手，指出人先天即具有惻隱、羞惡、辭讓、是非等四端之心，四端之心爲不忍人之心，此心即人之仁義心，即良心，亦即是本心，本心所呈現的只是理義，聖人即常保此心，據此本心以表現出圓善的行爲，一般人則常失本心，因而又勸人「求其放心」。另一方面，孟子透過客觀的考查，以「聖人先得我心之所同然耳」（〈告子上 7〉）爲例，說明聖人較常人更喜好理義；以「捨生而取義」（〈告子上 10〉）爲例，說明賢人捨身取義之行爲，並指出聖賢的表現，都是良知的呈現；又據「嘑爾而與之，行道之人弗受；蹴爾而與之，乞人不屑也。」（〈告子上 10〉）之現象，說明飢者面臨施與者輕蔑的態度，寧死而不受施捨；據「上世嘗有不葬其親者，其親死，則舉而委之於壑。」（〈滕文公上 5〉）之事例，說明古人見親人暴屍野外，蟲獸食之，乃心生不忍，從而指出平常人也有在刹那間顯露其良知的現象；經由這番人倫日用的體証，孟子因而論斷人性本善，顯見孟子的性善說並非無的放矢，這與生俱存於人的本心善性，便是推動五倫運轉的動力，亦是人成就道德倫理的基礎。

　　然若推溯孟子的性善說，實又與其對天的觀念有絕對密切的關連。按孔孟均承認人間的價值有超人間的來源，此一外在超越的源頭即天，〔註46〕孟子所論之天，有指自然之天，意志之天，命運之天與義理之天等，〔註47〕其中義理之天即爲本心善性的外在超越根據。孟子曾云：「誠身有道：不明乎善，不誠其身矣。是故誠者，天之道也，思誠者，人之道也。」（〈離婁上 12〉）孟子認爲使人心誠實的最好方法，即是了解天理的美善誠實，而天道之本然即

〔註45〕孔子所云「狂者進取，狷者有所不爲也。」（〈子路 21〉）「古之狂也肆……古之矜也廉……古之愚也直」（〈陽貨 16〉），蔡仁厚先生即指出，「進取」、「不爲」、「肆」、「廉」、「直」，皆爲血氣之偏中所顯出的善。參見蔡仁厚，《孔孟荀哲學》（台北：學生書局，1984），頁 88。

〔註46〕外在超越的天，如何轉化爲內在超越的「仁」或「心性」，請參同註45，孔子之部第六章「性與天道」，頁 100～116；孟子之部第四章「盡心知性以知天」，頁 227～240。或參余英時，《中國思想傳統的現代詮釋》（台北：聯經出版事業公司，1990），頁 15～22。

〔註47〕孟子言天甚多，其意旨歷來學者論之甚詳，請參同註41，頁93。馮友蘭，《中國哲學史》（香港，文蘭圖書公司，1967），頁 163。同註 45，頁 236～237。許宗興《孟子的哲學》（台北：臺灣商務印書館，民國 1989），頁 86～89。

是眞實無僞的，此眞實無僞之天，即爲「義理之天」，人應勉力做到如天理一般眞誠無僞的地步。但人不只要了解天理，更應辨明此理即在人的自身，應該自覺人存在著眞誠無僞的本性，孟子所云：「心之官則思，思則得之，不思則不得也。此天之所與我者。」（〈告子上 15〉）便明顯的透露這番用意，心官的思考功能，是上天所賦予的，是以人的確具有思誠明善辨理的能力，這種思辨能力不僅內具於人心，而且是道道地地源自於天，因而「義理之天」才是人本心善性的最初源頭。〔註 48〕心官又具有道德自覺的能力，由於自覺，乃能認知自我存在的眞誠本性，更由於不斷的自覺，人眞誠的本性才能夠永遠朗現於外，永遠不隨物欲流轉，故自覺不但是使良知以本來面目呈現的內在動力，自覺對自我亦有其約束力量，更可強化人成就道德的信念，它是人作爲自我生命主宰的最重要關鍵。

　　透過上述的論述，可知孟子是確認人之德性實由天所賦予，孟子即由人之德性以推說天之德性，認爲天道同於人道，並據此以建立道德形而上的天道觀。天道是形而上的存在著，唯對此義理之天，孟子雖肯定其存在卻不予深究，就如孔子一樣，孔子對天道這客觀超越的存有並不費其智測，他把這存有面暫時拋開，而向「踐仁成聖」的路徑前進，以實踐活動來証知天道，其實踐方式，在孔子必踐仁以知天，在孟子則必盡心知性以知天。〔註 49〕孟子云：「盡其心者，知其性也，知其性，則知天矣。存其心，養其性，所以事天也。」（〈盡心上 1〉）此處提揭盡心是知性知天的關鍵所在，無異是指人欲了解人性與天道，根本不必向外追問，只須向內求取，將四端之心擴充到極點，即可証知仁義禮智之善性與美善誠實的天道。孟子昭示吾人不由認知活動去推求猜測天，而由實踐入手，只要竭心盡力踐屨本心，發揮本性，便是天理之昭彰，天理之流行，也就是說，當人盡其本心本性，實即是本天道而行，故心性天是通而爲一的。孟子由「盡心」入手，要人自動自發，自律自主的去實踐，正當人去實踐道德時，道德之理即當下呈現，而天道亦隨之彰

〔註48〕據趙岐與朱熹對離婁上十二章的注疏，並與告子上十五章互相參照，當可印証眞實無僞之天，即義理之天，義理之天是人本心善性的最初源頭。按「天之道」與「人之道」之義，趙岐注曰：「授人誠善之性者，天也。思行其誠以奉天者，人也。」參同註 1，頁 133。朱熹注曰：「誠者，理之在我者，皆實而無僞，天道之本然也。思誠者，欲此理之在我者，皆實而無僞，人道之當然也。」參朱熹，《四書集註》（台北：學海出版社，1989），頁299。

〔註49〕同註 45，頁 109、229。

顯，是知，人的心性雖由天下貫而來，義理之天雖爲人本心善性的總根源，唯此源頭能否成爲生命的活水，人才是眞正的關鍵所在。

孟子將高懸奧妙的天道，由客觀的外在，內轉爲人的本心善性，強調人只要盡心即可彰顯天道，不僅消解了超越世界與現實人間的距離，也賦予了克盡人倫之道積極正面的意義，因爲盡人倫正是美善誠實本性的實踐，亦是天道的彰顯，這一內轉，非唯使天道不再撲朔迷離，高不可攀，所扣住的義理之天，亦使人的本心善性免於掛空。雖然天道幽邈不可測知，天道卻存在著，人的本心善性即是由天道下貫而來，下貫之情形，既無法証知，然而，人終究無需去証知，相信它，並切實的行去，也就夠了。五倫所強調的，不正是要人依著天理，順著本心善性，專心投入自己的角色，用體貼的心去對待周遭的一切，以使道德倫理隨時隨地地展現，使人人歡喜自在的活著嗎？五倫其實就是道德倫理行爲的表現，五倫之所以不容改易撼搖，所以不會鬆動，正是這由天道下貫而來的本心善性，賦予它牢不可破的固力，有了這良知天理作爲儒家道德倫理的基礎，〔註 50〕亦即有了這本心善性與天理作基礎，五倫的價值自然是不可否認了。

三、依「循名責實」論述五倫關係的正名思想

傳統中國是一個以倫理爲本位的社會，中國社會之所以重視倫理，則是受儒家思想之影響所致，傳統儒家所強調的倫理，以五倫關係爲主，五倫的說法至漢代三綱說提後，即漸爲五常的觀念取代。五倫說注意人對人的相互關係，五常則轉變爲人對理、對位分、對常德的片面絕對關係，〔註 51〕此說不但成爲五倫說最高最後的發展，也幾乎成爲世俗對五倫意義的認知。以五倫爲主的倫理思想是孔孟學說中重要的思想體系之一，倫理思想乃由孔子始倡，孔子是因爲身處一個無序與失範（失去規範）的時代，因爲見到了社會由巨大變遷帶來的危機，於是提出「如何重建規範秩序」的問題，作爲對當時社會亂象造成挑戰的回應，〔註 52〕孔子提倡正名循禮，作爲重建社會秩序的手段，其所提示「君君，臣臣，父父，子子」（〈顏淵 11〉）以明人倫爲治國

〔註 50〕 筆者按：儒家所論道德倫理，莫不是本諸良知天理。蔡仁厚先生即提出「良知天理就是儒家倫理的基礎。」，參同註 43，頁 266。

〔註 51〕 韋政通，《倫理思想的突破》（台北：水牛圖書出版事業有限公司，1990），頁 13。

〔註 52〕 張德勝，《儒家倫理與秩序情結——中國思想的社會學詮釋》（台北：巨流圖書公司，1990），頁 61～94。

之要道的正名思想，便是孔子社會秩序情結下的產物。孟子猶如孔子一般，具有類似的情結，甚至是大一統的情結，唯孟子將孔子的人倫之道擴充爲五倫的觀念，孟子所界定的五倫，即所謂的「聖人有憂之，使契爲司徒，教以人倫：父子有親，君臣有義，夫婦有別，長幼有序，朋友有信。」（〈滕文公上 4〉）是對不同角色間彼此關係嚴格的規定，五倫說涵蓋的關係範圍較孔子所論來得詳細，然其規定卻只是原則性、綱領性的，孟子據此原則所作的論述甚多，茲分述於下。

　　孟子視「教民」爲君王的職責之一，君王所要教導人民的，最基本的工作即是初始的人倫教育，人倫之教是三代共有的教育內容，孟子則進一步闡明人倫之道即是五倫之教，五倫之中，父子、夫婦、兄弟同屬親戚關係，君臣、朋友屬社會關係，孟子在論述時，雖兼及了彼此相互關係，卻每有此詳彼略之傾向，是以易於造成主從輕重有別的印象。茲先從親屬關係談起，首先，就父子一倫來看，這是孟子談得最多的一環，孟子既云：「父子有親」，這「親」是用來提示父子之間彌足珍貴的「親情」，親情來自血緣，血緣有著割捨不斷的臍帶之情，是屬於永恆的存在，對這種血脈相連關係的存在，孟子極爲重視，因而對於子待父之道，孟子言之甚詳。其論點則包括「事親盡孝」、「養心甚於口體」、「本仁義心事父」等，孟子云：「事孰爲大，事親爲大，……事親，事之本也。」（〈離婁上 19〉）又云：「不得乎親，不可以爲人；不順乎親，不可以爲子。」（〈離婁上 28〉）父親是人子生命所從出，一個人得有機會生而爲人，不能不感念生命的起點，而飲水思源最好的方式，不外乎「順從」，順從正是孝道的精神表現，孔子所謂的「三年無改於父之道，可謂孝矣。」（〈學而 11〉）與孟子所謂的「順乎親」實可相互呼應，蓋孝經所提倡的「體貼親心，不違親意」看似簡單，實則不易。須知人心最爲複雜，理性與感性揉和而成的心有時是挺難捉摸的，正因爲父母的心可能不易控捉，是以必須格外小心，孟子教人順勢而導之，可眞是賦予人子一項挑戰性的工作，況且人又各有自己的意志，人子撇下自己的想法，不敢自專，而必以父母心志爲從，亦是莫大的挑戰，挑戰的工作是了不起的，因以謂之「事親爲大」，挑戰的工作亦是不可缺的，是又謂之「事親，事之本也。」若是天下人子都能挑起這艱鉅而根本的工程，孟子認爲天下大有希望了，觀其所云「人人親其親、長其長，而天下平。」（〈離婁上 11〉）即可爲証。人子應盡「孝」道，原則在於「順」親，亦宜遵從「禮制」，所謂「親喪，固所自盡也。曾子曰：『生事之以禮，

死葬之以禮，祭之以禮，可謂孝矣。』」（〈滕文公上2〉）正是說明孝的表現不外乎以合禮為度。但孝道不能流於空泛，亦不能流於口號，而必須付諸實際，孟子云：「曾子養曾晳，必有酒肉；將徹，必請所與；問有餘？必曰：『有。』曾晳死，曾元養曾子，必有酒肉；將徹，不請所與；問有餘？曰：『亡矣，將以復進也。』此所謂養口體者也。若曾子，則可謂養志也。事親若曾子者，可也。」（〈離婁上19〉）養口體只是養親起碼的要求，孟子教人應嚴予分辨，養親畢竟以「心志之養」為首要，「口體之養」應為其次，而以兩者兼備為宜。孟子又云：「為人子者，懷仁義以事其父。」（〈告子下4〉）這可是道出了以上種種事親觀念的總源，原來，子之待父，所根據的乃是出自人的本心善性，善良的心性是驅策人子事親的動力，這股動力預期只會將人帶往快樂和諧的境地。

相形之下，孟子對父待子之道提示的並不多，其所論包括為人父者應負「教養」之責，採行「易子而教」的方式。孟子云：「中也養不中，才也養不才，故人樂有賢父兄也。如中也棄不中，才也棄不才，則賢不肖之相去，其間不能以寸。」（〈離婁下7〉）初生的生命必須加以撫養，以使其順利成長，本不在話下，而成長的生命隨即面臨繁複多樣的社會，則不能不待父親教以應變立身之道，此處雖言養，實宜包括教之用意，因為「中與不中」，「才與不才」，無法經由自然生命的撫養有所改變，只有教育的力量才足以影響改變之，因而「教養」實為人父者應盡之天職。孟子又云：「古者易子而教之，父子之間不責善。責善則離，離則不祥莫大焉。」（〈離婁上18〉）又云：「責善，朋友之道也；父子責善，賊恩之大者。」（〈離婁下30〉）乍看此言，似乎與「教養」有所悖離，然思及為人父母「望子成龍，望女成鳳」的心境，當可預料其難免「愛之深，責之切」之作法，為免因父母嚴正的說辭致使親子彼此陷於強烈的衝突或僵局，孟子因而又示以「易子而教」的觀念，雖然論述未詳，推其用意，或因顧慮父母積習已深，難以改變，或為防範管教失之偏頗而傷了父子感情，權且由朋友瓜代教善之責，或許更能抽離失之急切的情境，改以冷靜理性的態度待之，其成效或許更勝一籌。總之，為免親情的困擾，「易子而教」實不失為「教養」出現棘手現象時的補救之道。

其次，就夫婦一倫而言，孟子以「夫婦有別」之「別」為夫婦立下分際，這種分際見仁見智，人言言殊，有人以為此當指男女身分地位之差別，亦有認為應指男女體質上的差異，筆者以為，孟子身處父權中心的時代，由於受

到傳統社會父權觀念的影響，孟子視夫妻如主從之關係，妻子因而居於從屬地位的傾向極其明顯。孟子云：「良人者，所仰望而終身也。」（〈離婁下 33〉）又云：「女子之嫁也，母命之，往送之門，戒之曰：『往之女家，必敬必戒，無違夫子。』以順爲正者，妾婦之道也。」（〈滕文公下 2〉）在古代，女子既無經濟自主權，接受教育的機會又微乎其微，丈夫顯然才是妻子希望之所繫，因而妻子唯有卑恭屈膝，一味地順從，女子既沒有主權，便只能「以順爲正」如鳥蘿般依附丈夫而生存。孟子深知，家庭必須由男女共同來組合，其云：「丈夫生而願爲之有室，女子生而願爲之有家；父母之心，人皆有之。不待父母之命、媒妁之言，鑽穴隙相窺，踰牆相從，則父母國人皆賤之。」（〈滕文公下 3〉）夫妻的結合是人之大倫，必須依禮愼重而爲之，照理說，無論男女對家庭的責任應該是一致的，但傳統社會顯然是把養家的責任歸諸男子的，他所提及的「是故明君置民之產，必使仰足以事父母，俯足以畜妻子。」（〈梁惠王上 7〉）所論雖爲王道之思想，亦無疑道出男子一旦結婚，就要負起畜養妻子的責任。雖然孟子並未論及夫對妻之道，但丈夫既要主持一家生計，妻子必賴其供養，又必依順其意，則丈夫之威權勢必凌駕妻子之上，可想見矣。

再者，就兄弟一倫，孟子所論「長幼有序」之「序」，從年齡來論，宜兼指兄弟之排行，與年長者年幼者之分野，手足之情誼值得重視，而敬老尊賢亦是中國特有之古風。孟子謂：「父母俱存，兄弟無故，一樂也。」（〈盡心上 20〉）正是對手足之情的肯定，蓋親情源自天性，血緣上的親密關係，及朝夕相處的經驗，都足以使兄弟心手相連，孟子即以「人之所不學而能者，其良能也；所不慮而知者，其良知也。孩提之童，無不知愛其親者，及其長也，無不知敬其兄也。親親，仁也；敬長，義也。無他，達之天下也。」（〈盡心上 15〉）說明兄弟之情與敬重長老都是良知良能的自然表現。孟子所開示的弟對兄之道是「悌」，其云：「壯者以暇日修其孝悌忠信，入以事其父兄，出以事其長上。」（〈梁惠王上 5〉）又云：「仁之實，事親是也。義之實，從兄是也。智之實，知斯二者弗去是也。禮之實，節文斯二者是也。樂之實，樂斯二者，樂則生矣。」（〈離婁上 27〉）無非說明爲人弟者必須敬重兄長，順從兄長，這不但是義理行爲的具體表現，是合於禮制的行事作爲，更可讓人獲得無限的快樂，凡有智慧者，莫不依此而行。兄弟相處，貴於「以仁義相事」，孟子云：「爲人弟者，懷利以事其兄……終去仁義，懷利以相接；然而不亡者，未之有也。……爲人弟者，懷仁義以事其兄，……去利，懷仁義以相接也，然而

不王者，未之有也。」（〈告子下 4〉）便是一再強調以「仁義」爲出發點的兄弟之情才能持久不衰，才能福禍與共，以利益相結合的兄弟之情必將擺盪不定，甚且反目成仇。談到兄待弟之道，孟子以舜之待象爲例，而曰：「象憂亦憂，象喜亦喜。」（〈萬章上 2〉）「仁人之於弟也，不藏怒焉，不宿怨焉，親愛之而已矣。」（〈萬章上 3〉）指出兄長對諸弟應有包容的雅量，不唯應與之同憂共喜，尤須化除怨恨，代之以親愛之情。

若論年長者年幼者之間，孟子云：「徐行後長者，謂之弟；疾行先長者，謂之不弟。」（〈告子下 2〉）此處之弟與悌相通，正如弟對兄之態度，年幼者對年長者基於敬重的心態，自應行禮如儀，處處表現出尊敬謙讓的樣子，此雖然是就禮節而言，但深一層想，年長者智慧經驗皆甚於年幼者，值得取法之處甚多，年幼者不宜遽然超越，以免躁進之失，實亦值得年輕人戒慎。孟子又云：「老吾老以及人之老，幼吾幼以及人之幼。」（〈梁惠王上 7〉）幼者敬重長老，長者愛護幼者，顯已兼顧了長幼雙方彼此體貼的心意，蓋人與人之間，單向的付出往往易於遭致悵恨遺憾，而雙向的流通則足使情誼鞏固，因而，長幼任何一方都不得有所疏忽或馬虎。做人，畢竟要盡到人真正的責任。

試觀孟子所論之親戚關係，雖然父子、夫婦、兄弟三倫的基本立場是相互性的關係，然而，孟子在論述時，卻不自覺地偏向於一方，如強調子對父之孝，婦對夫之順，弟對兄之悌，而於另一方面則僅略加陳述，甚或略而不提，不免易於造成由相互性關係轉爲片面的絕對關係之傾向，從而使彼此關係變得固定而僵化，此是吾人必須加以留意的地方。

孟子論及君臣與朋友之社會關係時，對君臣一倫則頗重視。所論「君臣有義」之「義」，顯示君臣之間必須要有合理的相待之道。孟子云：「是以惟仁者宜在高位；不仁而在高位，是播其惡於眾也。」（〈離婁上 1〉）「君仁，莫不仁；君義，莫不義；君正，莫不正；一正君而國定矣。」（〈離婁上 20〉）由於君王位居政治的主導地位，是人倫秩序之樞紐，因而孟子特重君王德性之好壞。但，鑒於現實政治的君王是世襲制度下產生的，君王之德性無由保証，是以孟子強調人臣的首要責任在規諫引導君王趨向仁道，諸如：「有官守者，不得其職則去；有言責者，不得其言則去。」（〈公孫丑下 5〉）「責難於君謂之恭，陳善閉邪謂之敬，吾君不能謂之賊。」（〈離婁上 1〉）「人不足與適也，政不足與閒也。惟大人爲能格君心之非。」（〈離婁上 20〉）「君子之事君也，務引其君以當道，志於仁而已。」（〈告子下 8〉）等，都在說明人臣應善盡言責，

以格君心之非，引導君王步向正道；人臣若未能盡其職守，未能發揮言責，理當掛冠求去。孟子堅決反對人臣將君王誤導至邪僻殘暴的路徑去，其云：「今之事君者，皆曰：『我能爲君辟土地、充府庫』。今之所謂良臣，古之所謂民賊也。君不鄉道，不志於仁，而求富之，是富桀也！『我能爲君約與國，戰必克。』今之所謂良臣，古之所謂民賊也。君不鄉道，不志於仁，而求爲之強戰，是輔桀也。」（〈告子下　9〉）對於仁政王道頗爲冷漠的君王，孟子痛詆人臣不知規諫君王向上，反而一味迎合君王之惡，是猶如助桀爲虐，孟子期期以爲不可。所謂「長君之惡其罪小，逢君之惡其罪大。」（〈告子下　7〉）雖云罪有大小，但人臣坐視君王之惡行而不顧，或蓄意推波助瀾，則人臣與君王實皆罪不可逭。觀孟子所論人臣事君之道，賦與人臣的職責相當沈重，因爲君王爲善爲惡與否，依然可以長坐其寶位，而人臣卻面臨著去留的選擇。

　　至於君王待人臣之道，孟子強調君王應懂得任賢使能，其云：「貴德而尊士，賢者在位，能者在職。」（〈公孫丑上　4〉）便是直指用人唯才之重要性，藉助人才以推動朝廷官府各項事務，是古往今來明君不可或缺的認識。進賢退惡更有賴民意全面的檢驗，孟子云：「國君進賢，如不得已，將使卑踰尊，疏踰戚，可不愼與？左右皆曰賢，未可也；諸大夫皆曰賢，未可也；國人皆曰賢，然後察之，見賢焉，然後用之。左右皆曰不可，勿聽；諸大夫皆曰不可，勿聽；國人皆曰不可，然後察之，見不可焉，然後去之。」（〈梁惠王下 7〉）足見君王只有廣開言路，明察秋毫，始能進用眞正的人才。孟子也重視「世臣」（〈梁惠王下 7〉），因爲世臣的經驗智慧足資借重，因而主張對大臣應予尊重信任，所謂「治國家，則曰：『姑舍女所學而從我。』」（〈梁惠王下　9〉）的唯我獨尊作法，則是絕大的避諱。基本上，孟子認爲君臣之間的關係是平行而相互的，孟子云：「君之視臣如手足，則臣視君如腹心；君之視臣如犬馬，則臣視君如國人；君之視臣如土芥，則臣視君如寇讎。」（〈離婁下　3〉）君臣相處之道在於禮，禮則應符合仁義的本質才須遵行，因而人臣可隨君王待己之態度予以適度的調整。〔註53〕

　　在傳統社會，君臣之間的關係是緊密而微妙的，蓋君王無論聖明與否，如無臣下以爲輔佐，龐雜的政治事務絕難逐一推展，而臣下在實際參與政治之際，擁有的實權與影響力，則又不能不讓自認「天賣英明」、「唯我獨尊」

〔註53〕參王邦雄、曾昭旭、楊祖漢編著，《孟子義理疏解》（台北：中華文化復興運動推行委員會，1982），頁 199。

的君王有所戒懼，從權責分配的立場而言，如能對兩者作出合理適切之分配，當可預期彼此有著蜜月合作的關係，但，鑑於君臣之間恆常存在著權力的拔河賽，導致政局起伏不已，針對這種屢見不鮮的政治紛爭，孟子別具慧眼提到了他獨特的看法，以期解決政治權力轉移的問題，這是孟子正名思想中值得探討的一環。

最後，說到朋友一倫，孟子標舉「朋有有信」，而「信」當是強調朋友之間的交往，必須以誠懇信實爲貴，誠懇信實其實即爲天道的本然，人人以誠信相待，不僅符合天理，亦無疑是自我良知的呈現。孟子對此所論不多，曾謂：「不挾長，不挾貴，不挾兄弟而友；友也者，友其德也，不可以有挾也。孟獻子，百乘之家也，有友五人焉……獻子之與此五人者友也，無獻子之家者也……非惟百乘之家爲然也，雖小國之君亦有之……非惟小國之君爲然也，雖大國之君亦有之。晉平公之於亥唐也，入云則入，坐云則坐，食云則食，雖蔬食菜羹，未嘗不飽，蓋不敢不飽也。」（〈萬章下 3〉）孟子強調朋友之間爲平行關係，故不能依恃「長」、「貴」、「兄弟」等外在身分之高低，而影響其對等性，就是身爲大國之君，與朋友相待時，仍應平等往來，〔註 54〕這種撇開社會成就，純由平權的角度論人之交情，實爲威權時代令人耳目一新的說法。孟子云：「責善，朋友之道也。」（〈離婁下 30〉）因爲朋友之交，最重要的在於砥礪自己的德性與增進自己的德行，是以知識之充實，情意之交流，利益之獲取都在其次。

綜觀孟子對五倫關係的論述，孟子最重視的當是家庭成員中父子、夫婦、兄弟的自然關係，故所論述的也較詳細；至於君臣一倫，則因受到封建事實的影響，孟子亦頗重視此自然關係，因而論述頗多頗詳。整體來看，五倫強調的是家庭成員的和諧關係，可視爲是以家庭爲本位的倫理；而家庭關係要處得和諧，憑藉的是仁愛的自然之情，即人之「仁義善性」，孟子將親情視爲天生最珍貴者，因而人倫的實踐次序，即以親親爲先，並往外推擴進而能仁民，而愛物，可見五倫即是仁愛的倫理；仁愛之情，實即「不忍人之心」的表露，是人的「良知良能」之發露，良知是天然可貴之至寶，本良知以盡人倫之事，乃天經地義之事，是知五倫當是本諸良知的倫理。良知不但是成就人倫的憑藉，本心良知實亦是人成就道德事業的主要根據，孟子深信由道德主體出發當可通往聖人的境地，他對統治者一向以聖王相期許，對一般人亦

〔註 54〕許宗興，《孟子的哲學》（台北：臺灣商務印書館，1989），頁 279。

有「人皆可以爲堯舜」（〈告子下　2〉）的信念，顯見他對全中國人一致的期望即是人人都能「成聖」，成聖乃是道德事業的至善境界，而五倫既然強調以本心善性爲出發點，以良知爲開端，則人倫之事應該有可能臻於圓善的境界，而且亦必須以圓善爲理想目標，乃同然之理，人倫之所以可貴，固然因爲它是天理良心的表現，也因爲它有維持和諧與秩序的功能，因而君子必盡其本性，不斷努力地追求人倫的表現，亦必嚮往聖人至善之境界，就此理想層面而論，五倫實可逕視爲成聖的倫理。然歸根究底來說，孟子對整個社會組成分子的認定，主要是通過孔子的「正名」思想而來，五倫所要求的是父慈、子孝、君仁、臣義、夫主、婦順、兄友、弟悌、友信等名實相符的關係；名分就像人終身相隨的烙印，人必須永遠依照烙印的指示行事，才得以維持人際關係的穩定，五倫不但界定了人的角色地位，也規範了人的行爲標準，故五倫當然是道地的正名倫理。從五倫兼具仁愛、良知、成聖等特色，再從正人名分地位，規範人行爲標準的正名立場來看，一個人如要扮演得恰如其分，自然是不可違逆仁愛、良知、成聖之特色，這些特色即是「名」所內涵的道德眞義，而這道德眞義正是孟子正名思想所側重的核心所在。

　　事實上，孟子的正名思想，除了表現在以人倫關係爲本位的五倫觀念外，尚有不少言論亦可視同正名思想的呈現，茲舉孟子所載之言論以明之。

　　　　孟子曰：「從其大體爲大人，從其小體爲小人。……先立乎其大者，則其小者不能奪也。此爲大人而已矣。」（〈告子上 15〉）

　　　　孟子曰：「有天爵者，有人爵者。仁義忠信。樂善不倦，此天爵也；公卿大夫，此人爵也。……既得人爵，而棄其天爵，則惑之甚者也，終亦必亡而已矣。」（〈告子上 16〉）

　　　　孟子曰：「居天下之廣居，立天下之正位，行天下之大道；得志與民由之，不得志獨行其道；富貴不能淫，貧賤不能移，威武不能屈，此之謂大丈夫！」（〈滕文公下 2〉）

　　　　孟子對曰：「王何必曰利？亦有仁義而已矣。……上下交征利，而國危矣。萬乘之國，弑其君者，必千乘之家；千乘之國，弑其君者，必百乘之家。萬取千焉，千取百焉，不爲不多矣；苟爲後義而先利，不奪不饜。未有仁而遺其親者也；未有義而後其君者也。王亦曰仁義而已矣，何必曰利？」（〈梁惠王上 1〉）

孟子曰：「以力假仁者霸，霸必有大國。以德行仁者王，王不待大：
湯以七十里，文王以百里。以力服人者，非心服也，力不贍也。以德
服人者，中心悅而誠服也，如七十子之服孔子也。」（〈公孫丑上 3〉）

孟子曰：「我知言，我善養吾浩然之氣。」

公孫丑曰：「敢問何謂浩然之氣？」

孟子曰：「難言也。其為氣也，至大至剛，以直養而無害，則塞於天
地之閒。其為氣也，配義與道；無是，餒也。是集義所生者，非義
襲而取之也；行有不慊於心，則餒矣。……」

公孫丑曰：「何謂知言？」

孟子曰：「詖辭，知其所蔽；淫辭，知其所陷；邪辭，知其所離；遁
辭，知其所窮。生於其心，害於其政，發於其政，害於其事。聖人
復起，必從吾言矣。」（〈公孫丑上 2〉）

表面上看來，以上或許只是針對「大人、小人」，「天爵、人爵」，「大丈夫」，
「義利」，「王霸」，「知言養氣」一些名詞意義的界定，界定的標準，或從其
特性、作為，或從其產生方式，影響層面等不同面向加以反覆立論；深一層
來看，卻根本是「緊扣意指的價值要求」，或「緊扣經驗的具體事實」之名學，
〔註 55〕孟子立論的用意是嚴肅的，因為這些言論教人應從道德意義的立場予
以嚴格分辨，並慎加擇別取捨，以使積極正面的價值觀念先形確立，再落實
至現實人生，如此一來，則人的條件即已具備，人生的意義也就不至落空了。
雖其言論有專對特定對象而發者，卻具有普遍性的意義，因為從人的主要特
質而言，人既為萬物之靈，則人與萬物最大的分野當在於理性的呈現，道德
是人類理性思維的發展，因此，道德的意義彌足珍貴；孟子所以一再強調凡
人應為「大人」，「大丈夫」，應懂得「義利之辨」，「王霸之別」，以「天爵」
為貴，培養「知言養氣」的工夫，便是著眼於道德意義的角度，一個人若能
把握住「道德人」的特性，又完完全全呈現此特性，就「人」之名而言，不
就合於名實相符的要求嗎？而這，正是孟子對時人殷切的期勉，對全中國人
所開示的人生方向。五倫所論之角色，應可視為廣義的社會人，儘管社會人
有許多相異的稱謂，高低的位階，不同的身分，唯任何社會人要扮演得成功，

〔註 55〕徐復觀、蕭欣義編，《儒家政治思想與民主自由人權》（台北：學生書局，1988），
頁 266。

其先決條件，自然是不可違逆「道德人」的基本條件。因而，此處所列之言論，乍看雖狀似與五倫無關，細思實是與五倫有著不可分割的連繫關係，因為，在深入了解這些名詞背後深藏的道德意義之後，吾人可以確知，一旦「大人」，「大丈夫」，「義利」，「王霸」……之名得以正名，吾人便能透過它安然地通往五倫所勾繪的人際關係網路，怡然自得地行走其間，從而成為稱職的任何角色。

第四節　環繞「政治領域」而獨樹一幟的正名主張

一、以君道臣道，正統治者之名位

1、君臣是官僚組織核心，以淑世濟民為理想

在孟子所論述的五倫關係中，孟子除了對父子一倫詳加論述外，對君臣一倫著墨之多更不在話下。細究其原由，蓋因家庭本是社會組織的基本單位，是以不容忽視，而由眾多基本單位組合而成的社會組織，必須有一統合指揮之系統，始能使整個社會組織正常自如的運轉，並四平八穩的成長，此一統合指揮系統，在貴族政治崩潰後，即非政治上的官僚組織系統莫屬。〔註56〕官僚系統足以動員社會群眾的力量，更足以左右社會群眾的發展路向，在人類尚處草莽洪荒的時代，為了資源的取得而引發的爭執糾紛，可說是人與人之間常存的緊張關係，殆至人類漸進至文明時代，社會形態由氏族部落進入城市國家的時代，由一群智慧人士組成的官僚組織，自然負起了調解所屬社會糾紛的重責，他們集結各方人才，運用各式各樣的方法，一方面將資源做比較合理的分配，一方面扮演著排難解紛的角色，試圖為社會訂定一套可供遵循的制度，以建立和諧安詳的社會秩序。然而，在世代交替，人物更迭的過程中，或因天災人禍，或因人心思變而衍生的各種新舊的社會問題，導致原有制度起了某種程度的變革，乃是歷史演化進程中不可避免的現象；社會出了狀況，自然急待人們去解決，而官僚組織系統可說是解決社會問題最為有力的政權機構，在以前的任何世代，官僚組織系統最為人們所倚重，實不容懷疑。

〔註56〕鄭欽仁先生提到：「國家成立，官僚體制發達起來。隨著周代『宗族的封建制』下貴族政治的崩潰，相繼發生的是官僚政治的萌芽、茁長。」孟子已處於封建制度崩潰的時代，官僚政治已日漸發達。參鄭欽仁主編，《立國的宏規——中國文化新論（制度篇）》（台北：聯經出版事業公司，1991》，頁3、13。

　　而在君權至上的時代，身為統治者的君王當是官僚系統中最為舉足輕重的人物，其次便是所屬的王公大臣們，在這個以君王為首，臣下為輔的政治機構裡，君臣雙方即群策群力，透過制度來支使人民的行為，共謀對策以消解社會面臨的問題，因此，人民的福禍安危可說完全掌握在君臣手中。君臣扮演的正是主導群眾命運的統治者，對於這樣足以翻雲覆雨的統治者，孟子本著熱切的關注，殷切的期勉，在詳盡的論述中，為吾人揭示出理想的統治者應有的器識與作為。

　　統治者所居之「名」，不僅有別於一般民眾，即所居之位，亦遠甚於一般群眾，在常人眼裡，君王地位之崇高誠可謂人間之至尊，而王公大臣之榮幸亦每每教人稱羨不已。然而，在孟子眼裡，君王卻宜置身百姓之下，孟子所提「民為貴，社稷次之，君為輕。」（〈盡心下14〉）這一震撼古今的說辭，雖然是源自古代民本思想的啟蒙，其實亦可視為是其個人特有歷史環境意識的必然反應；而孟子特重知識分子的人格，強調知識分子不論出仕與否都宜為衛道之人士，並樹立起特有的型範，亦是起因於他對時代強烈的使命感，與對歷史環境的意識反應。整體來說，孟子對統治者的要求可以簡括為「行之有道」，也就是說身為君王的要符合所謂的「君道」，身為臣下的要切合所謂的「臣道」，道是有規矩可循的，是嚴謹而不容絲毫苟且的，孟子深信君臣應以「道」為標記，循著合理而不偏差的正道，全心全意地投入治國平天下之千秋大業。孟子所論述之君道與臣道充滿著理想性，理想來自歷史足資借鏡的經驗啟示，與當前令人焦慮的殘酷現實，交織而成的淑世濟民之襟懷，因為有著救世的強烈意願，是以孟子幾乎是從殉道者的角度來思量貴為統治者應有的存心與作法，他為他們規畫農村建設的理想藍圖，全力促銷這套理想，殷切期盼幸福社會的實現，自己更是當仁不讓地扮演宣揚儒道的先鋒，率先為知識分子立下一個令人景仰的型範。

2、君道應以王道仁政為前提，保民、養民、教民為內涵

　　那麼，究竟孟子所論之君道如何？大抵而言，可用「崇尚王道」以概括之。孟子的王道思想，主要來自對古代聖王「正德、利用、厚生」具體表現之認可，聖王不但德性修養足以感召化導天下人民，復能藉助其權位，通過客觀的制度與方法，以謀得政治上的人文化成，使天下人同享安樂的生活，換言之，聖王是內聖與外王並立的存在。孟子以為自古以來由堯、舜、禹、湯、文、武、周公相傳下來的政績都是足資後人取法的聖王大業，聖王能成

就其大業，主要是以王道治天下，亦即本仁心以行仁政，這與孔子的仁政思想，其精神取向是一致。基本上，孟子對戰爭紛紜，喋血山河的戰亂世代，是主張尊王絀霸的，其云：「以力假仁者霸，霸必有大國。以德行仁者王，王不待大。……以力服人者，非心服也，力不贍也。以德服人者，中心悅而誠服也。」(〈公孫丑上 3〉) 王者霸者在政治道德上有不可同日而語的價值之分，蓋王者，出乎仁義之心以行，無意於服人，而人不能不服；霸者，出乎功利之心以行，有意於服人，而人不敢不服，﹝註57﹞此兩者最大的差別在：王者，使人不能不服，則人民是主動願意的歸附，其向心力必然持久而長遠，霸者，使人不敢不服，則人民當是被動違願地聽命，其離心力雖暫潛藏而終必爆發，因而雄霸天下只容一時，稱王天下才能永久。孟子對王霸之分，作如此警切的解說，正說明本乎仁義之心的政治，所贏得人民誠摯的回應，較諸圖謀私心的政治實不可以道里計。王霸之分就在於仁政，仁政思想不但是孟子為動亂世代所謀求的和平解決方案，亦是他為「君道」所提揭的大方向。

　　孟子希冀當權者的國君能以仁政號召天下，使四海歸心，為了鼓舞時君勉力以行仁政，孟子嘗以「人皆有不忍人之心。先王有不忍人之心，斯有不忍人之政。以不忍人之心，行不忍人之政，治天下可運之掌上。」(〈公孫丑上 6〉) 之名言，指出行仁政其實不難，古代先王因能本著不忍人之心，唯恐生民遭受荼毒，故能行仁政於天下。不忍人之心，是不分古今，人皆所有的，這不忍人之心即四端之心，即仁義之心，此不僅為人禽之辨的依據，更是推行仁政的動源。人性理應無質變的可能，故推行仁政，關鍵不在客觀條件之好壞，而在主觀意識之存廢，亦即是為與不為，願與不願的問題。雖然王道之實現至為不易，因為尚牽涉到客觀之各種措施，然而孟子深信，只要人君真的有心，真能本著不忍人之心，力求王政實現，則治天下可如運之掌上，反掌折枝之易事。這不忍人之心，孟子曾反覆以「人皆有之」(〈告子上 6〉)，「人皆有所不忍……人皆有所不為」(〈盡心下 31〉) 來強調它存在的永恆性，這種出自對人性本善的樂觀信念，不但意在勸勉君王本良知以盡其天職，亦是對天下人類全面的提撕與期勉。

　　然而，本仁心以行仁政的「王道」觀念，畢竟只是一個原則性的說法，在此大前提下，吾人從孟子眾多的論述中，又可歸納出孟子就數個層面以細

﹝註57﹞朱熹，《四書集註》(台北：學海出版社，1989)，頁 240。並參同註 53，頁 267～269。

論推行仁政應有的具體措施，這些具體措施，可分別就「保民」、「養民」、「教民」三個主題來探究，這是身居君王之位者必須盡到的義務。

首先，就「保民」而言，孟子即嘗針對齊宣王問桓文之事，循循善誘以「保民而王」（〈梁惠王上 7〉）之道理，蓋桓文爲春秋五霸之屬，由於係先以詐力稱霸天下，[註58] 有違孟子尊王絀霸之原則，是以孟子絕口不提桓文之事。孟子所論保民之道，旨在保護人民的生命，其方法，一方面設法保護人民免於自然環境之禍殃，另一方面在使人民免於人爲的禍端。自然環境之禍殃，如洪水猛獸之威脅造成生命財產莫大的傷亡損失，即是君王必須正視的問題，孟子云：「當堯之時，天下猶未平，洪水橫行，氾濫於天下；草木暢茂，禽獸繁殖。五穀不登，禽獸偪人，獸蹄鳥跡之道交於中國；堯獨憂之，舉舜而敷治焉。舜使益掌火，益烈山澤而焚之，禽獸逃匿。禹疏九河……然後中國可得而食也。」（〈滕文公上 4〉）又云：「天下之生久矣，一治一亂：當堯之時，水逆行，氾濫於中國，蛇龍居之。民無所定……使禹治之。禹掘地而注之海，驅蛇龍而放之菹。……險阻既遠，鳥獸之害人者消，然後人得平土而居之。」（〈滕文公下 9〉）治世聖王深受孟子稱讚，即源於這種憂世之用心，力圖保民之作爲，保民不僅止於存心，而要懂得藉助人才，以有效牢靠的方法，及時爲民除害，才足以保護人民免於自然環境之禍殃，此當是領導階層不可推諉的責任。又如水旱之災導致荒年歉收，民生饑饉之現象，領導階層即應責無旁貸立即予以周濟，觀孟子對（鄒穆公）曰：「凶年饑歲，君之民，老弱轉乎溝壑，壯者散而之四方者，幾千人矣；君之倉廩實、府庫充，有司莫以告。是上慢而殘下也。」（〈梁惠王下 12〉）便是對當權之人，任令百姓自求生死，而未能及時賑災濟民，予以嚴詞譴責其人殆失職責，未能克盡保民之責任，是知執政者對突如其來的災害，不僅要能應變，更須未雨綢繆。

除天災之外，孟子也提醒執政者應憑其智慧進行便民的永久之計。當子產主持鄭國政事，曾用自己的座車，在冬天載運百姓渡過溱水和洧水，孟子即批評道：「惠而不知爲政。歲十一月徒杠成，十二月輿梁成，民未病涉也。君子平其政，行辟人可也。焉得人人而濟之？故爲政者，每人而悅之，日亦

〔註58〕 齊宣王問桓文之事，孟子對曰：「仲尼之徒，無道桓、文之事者，是以後世無傳焉，臣未之聞也。無以，則王乎！」朱熹註曰：「董子曰：仲尼之門，五尺童子，羞稱五霸；爲其先詐力而後仁義也。」參朱熹，《四書集註》（台北：學海出版社，1989），頁 204。

不足矣。」（〈離婁下 2〉）百姓需要便捷的交通網路，因此，面對自然環境存在著山水阻隔的形勢，孟子認為以輿馬濟人，雖能濟一時之窮，畢竟只是小惠，執政者應修橋築路以利於行，始是長遠之計，這無疑擺明，執政的君子所作的「保民」措施，必須是有別於小惠的大德，他必能竭盡所能，透過最有效、最可靠、一勞永逸的方式，以保護百姓生命的安全，解決其現實生活的困難。

對於人為的禍端，孟子以為必須嚴加防範的，一是政治上不當的施為，一是軍事上的窮兵黷武。孟子嘗云：「庖有肥肉，廄有肥馬；民有飢色，野有餓莩；此率獸而食人也！獸相食，且人惡之；為民父母行政，不免於率獸而食人，惡在其為民父母也？」（〈梁惠王上 4〉）又云：「今也，治民之產，仰不足以事父母，俯不足以畜妻子；樂歲終身苦，凶年不免於死亡；此惟救死而恐不贍，奚暇治禮義哉？」（〈梁惠王上 7〉）官家如果只知滿足一己之私欲，卻不知以公利為主，忽略了廣大群眾的需要，孟子認為實在有失為民父母官之職責，為民父母官對百姓有愛護與教養的權責，亦有義務為百姓規畫產業，像「率獸食人」這樣一味圖謀私利而罔顧公益，「不知為民制產」這種思慮不週，規畫欠當，疏忽公利的作法，勢必導致民生的凋敝，對群眾造成莫大的傷害，因此，為免政治的失職，執政者唯有摒除私利，從聲色犬馬腐化生活的迷夢中醒來，以生民為首，以公利為念，在正確的施政方式下，始可確實盡到「保民」的責任。

自古以來層出不窮的戰事，有基於保國衛民，征伐無道之需要；有源於挑撥離間，謀求功名利祿之用心；有出於闢土地，增府庫之野心；不論事出何因，孟子除對弔民伐罪，解民倒懸，以至仁伐至不仁的戰爭表贊成外，對其他的戰爭，則竭力反對。〔註59〕但征伐之道，限於以上而征下，即天子始可討伐有罪之諸侯，孟子云：「春秋無義戰，彼善於此，則有之矣。征者，上伐下也；敵國不相爭也。」（〈盡心下 2〉）便是正告諸侯之國不可互相征討，唯有以上征下，始不致令政治失序，如任令諸侯起鬩，不僅鼓勵武力侵犯，使國際秩序大為動亂，而戰爭之患亦將永難斷絕。蓋人類社會只有在和平安定中，才容易進步，戰爭所引起好勇狠鬥的野性，隨著戰鬥技術的提昇，勢必將社會文明摧毀殆盡，而災後重建的艱鉅工作，更為阻撓人類進步的絕大障礙，因而征伐實是不得已而為之的事。孟子主張由上征下實是承認中央對地方的管束權，期望領導中心

〔註59〕唐林泉《孟子政治思想新論》（台北：臺灣商務印書館，1978），頁 13。

的統一，以防土地的分化。一旦悖離此一原則，孟子即要嚴加譴責，如「齊人伐燕」（〈公孫丑下 8〉）一事，孟子雖私下嘗語齊國大臣沈同燕國可伐，燕國所以可伐，乃因燕王子噲私相授受燕國於燕相子之，封侯的職權在天子，而不在諸侯王，燕王行徑已違背體制，可謂無道，故燕國可伐，然孟子從未鼓舞或贊同齊國伐燕，齊冒然伐燕，有違天子討伐有罪諸侯國之原則，同樣是無道，故以無道伐無道，猶如「以燕伐燕」，〔註60〕如此「以暴易暴」，孟子自然堅決反對，因為天子與諸侯國君名位畢竟有別，名位不同，所應執行的任務自有差異，孟子的批駁，雖然是基於戰爭有違「道德仁義」的立場，其實亦是出於「正名」觀念的要求，而其正名觀念與道德意涵則是緊密不可二分的。

原則上，孟子主張以上伐下，因而堅決反對平等國間互相征伐，〔註 61〕也反對下之伐上。唯獨面臨倒行逆施，殘暴無道的執政者，孟子提出「唯天吏，可以伐之」（〈公孫丑下 4〉）的看法，天吏的職責在替天行道，〔註62〕是以像「湯始征，自葛載，十一征而無敵於天下，……誅其君，弔其民，如時雨降，民大悅。」（〈滕文公下 5〉）或「湯放桀，武王伐紂」（〈梁惠王下 8〉）之事，孟子認為湯移師葛等十一國，既意在解民倒懸，使百姓免受暴政之苦，其義行值得肯定；而桀紂殘仁賊義，乃君不君之流，名實既不相符，自無須以君臣論之，孟子稱湯武之舉為「誅一夫」，則是肯定革命的神聖性。在暴政橫行的時代，孟子特別推崇類此征伐有道的戰爭，實在是出於統治者未能盡其職責的權宜之計，只因居其名位的君道已失，乃不得不借助天吏代天行道，以克盡保民之職責。孟子的反戰思想極為強烈，其云：「爭地以戰，殺人盈野；爭城以戰，殺人盈城；此所謂率土地而食人肉，罪不容於死。故善戰者服上刑，連諸侯者次之，辟草萊、任土地者次之。」（〈離婁上 14〉）強戰之行為，不論勝敗，戰必傷亡，必致百姓流離失所，兵慌馬亂，對生民的摧殘，帶來慘重的損失，絕非任何贏家的斬獲所可比擬；而戰爭所挑起人類好勇狠鬥的原始野性，加深國與國間的仇隙，使仇隙永無休止的循環下去，最終帶給人類的將是一場無止盡的浩劫，治國者，焉能不力避窮兵黷武的戰禍？孟子曾痛詆：「不仁哉，梁惠王也！仁者以其所愛，及其所不愛，不仁者以其所不愛，

〔註60〕 對於齊伐燕，孟子指出「以燕伐燕」，朱熹注曰：「言齊無道，與燕無異。如以燕伐燕也。」參同註58，頁 254。

〔註61〕 同註54，頁 263。

〔註62〕 關於「天吏」，朱熹注引呂氏曰：「奉行天命謂之天吏，興廢存亡，惟天所命，若湯武是也。」參同註58，頁 241～242。

及其所愛。……梁惠王以土地之故，糜爛其民而戰之，大敗；將復之，恐不能勝，故驅其所愛子弟以殉之。是之謂以其所不愛，及其所愛也。」（〈盡心下 1〉）一切出於私意的戰爭既有違仁道，亦是對百姓不負責任的惡行，無論成敗如何都是孟子堅決反對到底的。

其次，談到「養民」的措施，孟子對於如何養活人民自然生命的各種經濟制度，論述的層面包括土地分配、產業經濟制度、賦稅徵收等主要問題，即對處在社會邊緣的老弱貧困之人，也有其一套社會救濟的理念。〔註 63〕孟子嘗云：「（百姓）救死而恐不贍，奚暇治禮義哉？」（〈梁惠王上 7〉）足見儒家治人的政治標準，必以人民的自然生命之要求居於第一地位，德性之提昇，則居於第二地位。〔註 64〕滿足人民自然生命之要求的根本所在，當以解決人民的衣食需求為優先，孟子所處的時代，雖工商業已崛起而漸至繁榮，畢竟仍未脫以農立國的特色，民生衣食所需主要仍來自土地，其時又有土地買賣之風，逐漸有土地兼併與集中的現象，造成貧富極大的差距。試觀孟子對土地分配之主張，可謂兼具傳統與時代之精神。孟子云：「夫仁政，必自經界始，經界不正，井地不均，穀祿不平，是故暴君污吏，必慢其經界。經界既正，分田制祿，可坐而定也。夫滕，壤地褊小，……請野九一而助，國中什一使自賦。……死徙無出鄉。鄉田同井，出入相友，守望相助，疾病相扶持，則百姓親睦。方里而井，井九百畝；其中為公田。八家皆私百畝，同養公田。公事畢，然後敢治私事。」（〈滕文公上 3〉）孟子對井田制度頗為嚮往，雖然井田制度曾否為周代的政治措施，未有定論，〔註 65〕孟子卻視之為理想制度，他以「百畝」為農民擁有私田之標準，百姓既能自營私田，謀生活所需，又由八家共同管理種植公田，增益政府公帑，使百姓兼能享受權利，並盡其義務，符合利益均霑，勞役均等的原則，其理想自是顯然而易見的，孟子因此批判不知畫定經界者為「暴君」。孟子屢次言及「耕者之所獲，一夫百畝；百畝之糞，上農夫食九人，上次食八人，中食七人，中次食六人，下食五人。」（〈萬章下 2〉）「五畝之宅，樹之以桑，五十者可以衣帛矣。雞豚狗彘之畜，無失其時，七十者可以食肉矣；百畝之田，勿奪其時，數口之家，可以無飢

〔註 63〕 同註 54，頁 264。及參同註 59，頁 55～71。
〔註 64〕 同註 55，頁 197。
〔註 65〕 蕭公權先生稱「井田制度是否行於周代，尚無定論。」參蕭公權，《中國政治思想史（上）》（台北：聯經出版事業公司，1990），頁 43。

矣。」（〈梁惠王上 3〉）「百畝之田，匹夫耕之，八口之家，足以無飢矣。」（〈盡心上 22〉）此番信念，是來自保障農民私有土地，可使供應民生日用的農產品貨源不缺，並避免土地兼併，轉作它用而造成供需失調的現象，因此，孟子主張每家分配百畝的土地，雖延續了周代傳統保守的精神，卻也是針對時代弊病提出的鍼砭之見，其時代性與晚近提倡「耕者有其田」以保障農民生活的現代精神，亦足可遙相呼應。

土地分配是養民的根本問題，而產業經營則是緊接著衍生的土地利用的實際問題，產業經營觸及的是經濟問題的解決，孟子對經濟問題的重視，主要是著眼於世俗之人現實生活的基本需求，孟子云：「無恆產而有恆心者，惟士為能。若民，則無恆產，因無恆心；苟無恆心，放辟邪侈，無不為已。及陷於罪，然後從而刑之，是罔民也。焉有仁人在位，罔民而可為也？是故明君制民之產，必使仰足以事父母，俯足以畜妻子；樂歲終身飽，凶年免於死亡，然後驅而之善，故民之從之也輕。……王欲行之，則盍反其本矣。」（〈梁惠王上 7〉）生理需求人人生而無異，然而，孟子顯然地認為，讀書人心志經過訓練，畢竟較能以其他方式疏導自然的生理需求，甚至以自我實現取而代之，而現世一般人則多為生理需求所牽引，必須基本層次的生理需求滿足之後，才能漸進於道德的理想層次。〔註 66〕道德問題之解決，不僅有賴經濟問題之解決，還牽涉到教化、社會制約、意識形態等，孟子此論，實是強調經濟問題之重要性，以經濟問題之解決為道德理想之入手處，可謂是切中要害之論，其解決之道是使人人擁有恆常的財產，即每家分配百畝之田地。有了土地，進一步開發利用始足以滿足衣食所需，孟子主張土地利用，應同時注意農、林、漁、牧四項的維護與推廣，〔註67〕孟子云：「不違農時，穀不可勝食也；數罟不入洿池，魚鱉不可勝食也；斧斤以時入山林，材木不可勝用也。穀與魚鱉不可勝食，材木不可勝用，是使民養生喪死無憾也。養生喪生無憾，王道之始也。」（〈梁惠王上 3〉）即是以墾田耕植、種桑養蠶、培育山林、養殖魚鱉、畜養家畜為積極鼓勵的生產對象，而所謂農事之「不違農時，勿奪其時」，林業之「以時入之」，畜牧之「無失其時」，漁業之「數罟不入」，則是強調生產要領在於「適時」、「適度」，亦即在於能順著萬物生長的時機，產品之利用，應有合理的限制，孟子可謂深得資源開發與利用之道，蓋把握得

〔註66〕同註54，頁 265～266。
〔註67〕同註59，頁 58。

住時機，各種產業即能充分的供應，適當的節制，才能保持萬物的生生不息，他以「養生喪死無憾，王道之始也」來責求君王，顯見執政者實施愛民的政治，必須協助人民完成各項的產業經營，把人民的自然生命擺在第一地位，以養民為先，是不容置疑的。

孟子論產業之經營，僅言及農、林、漁、牧，並未兼及新興的工、商等其他行業，蓋因農業社會人民的基本需求，主要仍仰賴農、林、漁、牧之供應，雖僅舉其大概，實是開示時君應重視此一問題。至其所示之具體方法，又僅約略言之而未嘗詳論，蓋此等實務問題從事其行業者自然深曉，孟子不見得為一專家，然卻為此等行為，指示了一條可供遵循的方向。

相對於有謀生能力的一般百姓，在社會上陰冷的角落裡，猶有一批老弱貧困、孤苦無依的人生存著，孟子對這特殊的族群，曾投以特殊的關懷。孟子云：「昔者文王之治岐也，……老而無妻曰鰥，老而無夫曰寡，老而無子曰獨，幼而無父曰孤，此四者，天下之窮民而無告者；文王發政施仁，必先斯四者。《詩》云：『哿矣富人，哀此煢獨。』」（〈梁惠王下 5〉）對這批生活在社會邊緣，有著貧弱的身世，孤苦的處境，雖渴望生存，卻無力生存的弱勢族群，孟子認為國君不僅不能忽略鰥寡孤獨之存在，更須要照顧其生活起居。就現代人觀點，對孤苦無依之人的特別照顧，當屬社會救濟之業務，孟子雖未明言，亦未詳論，卻隱然透露此一思想。孟子云：「民非水火不生活，昏暮叩人之門戶，求水火，無弗與者，至足矣。聖人治天下，使有菽粟如水火；菽粟如水火，而民焉有不仁者乎！」（〈盡心上 23〉）孤弱之人每因無力生產致生活環境甚差，生活條件既惡劣而又不能不討生活，勢必隨之衍生許多社會問題，為仁君者，豈有坐視不顧之理？仁君既然「哀此煢獨」，自然應當「先斯四者」，推孟子意，當是給予適當的救濟，使之維持某一生活水準，此種思想，與現代民主國家注重社會救濟與社會福利之措施，可謂吻然若合。孟子特舉文王之作法，以為統治者力行「君道」之指標，觀其不僅為一般百姓作「制民之產」的主張，又兼為特殊情況之人提出「社會救濟」的建議，這種對人類生存權利普遍而全面的觀照，實值得身負「養民」責任之當權者再三深思。

若論國家財政經費主要來源的賦稅徵收，基本上，孟子主張應薄收百姓的賦稅，薄稅是使民致富的方法之一，亦是保障百姓生活的必要手法，厚其稅斂猶如苛政，苛政難穩人心，亦非仁政之道，孟子云：「易其田疇，薄其稅斂，民可使富也。食之以時，用之以禮，財不可勝用也。」（〈盡心上 23〉）又云：「王

如施仁政於民，省刑罰，薄稅斂。」（〈梁惠王上 5〉）徵稅雖可增益國庫收入，卻不宜影響百姓生活，而必以合理爲度，故孟子堅決主張施行仁政的要務之一是採行薄稅。稅賦宜薄，總應有一個足資採行的徵收標準，孟子嘗云：「夏后氏五十而貢，殷人七十而助，周人百畝而徹；其實皆什一也。徹者，徹也。助者，藉也。……貢者，校數歲中以爲常，……《詩》云：『雨我公田，遂及我私。』惟助爲有公田。由此觀之，雖周亦助也。」（〈滕文公上 3〉）孟子認爲，周的稅法，在百畝田中徵取十畝田的生產稅額，實兼含助法的精神，貢、助、徹三種稅法名稱雖不同，其實抽取的都是十分之一的稅率，顯然，孟子贊同古人行什一的稅率，唯以井田制度最能符合民生所需，故什一的稅率，必須是在制定經界，每家授田百畝，並行井田之制時，方爲可取。孟子嘗就白圭所問：「吾欲二十而取一，何如？」而答以：「夫貉，五穀不生，惟黍生之；無城郭宮室宗廟祭祀之禮，無諸侯幣帛饔飧，無百官有司，故二十取一而足也。今居中國，去人倫，無君子，如之何其可也？陶以寡，且不可以爲國，況無君子乎？欲輕之於堯、舜之道者，大貉、小貉也；欲重之於堯、舜之道者，大桀、小桀也。」（〈告子下 10〉）孟子對周人白圭欲學貉道，更稅法爲二十取一，即駁斥之，二十取一雖輕於什一之稅法，孟子則未予贊同，蓋財政稅收過儉，必將危及文化建設工作，貉國爲夷狄蠻荒之國，未暇注意文化之建設，採行稅率偏低，文化建設終將停滯不前，中國則爲一禮儀之邦，人文化成乃王制之要務，取什一稅率，方足以推展人文化成之事，足見孟子對文化建設之重視。推行文化建設，應以財政爲基礎，採什一稅制，自是兼顧了百姓負擔的合理性與政府財政的適用性。而凡是合理之制度，自宜放手立即施行，不宜猶疑再三，或假辭令以爲推託。孟子嘗針對宋國大夫戴盈之的說辭：「什一，去關市之征，今茲未能。請輕之，以待來年然後已，何如？」而引譬爲喻：「今有人日攘其鄰之雞者，或告之曰：『是非君子之道。』曰：『請損之，月攘一雞，以待來年然後已。』如知其非義，斯速已矣；何待來年？」（〈滕文公下 8〉）這段對話，再度說明孟子以什一爲合理稅率，國君應當從善如流，立即採行，不宜藉口推諉的主張，也充分顯現了孟子擇善固執的精神。

孟子曾對民生實際需求做過客觀的考量，因此，在薄稅的主張之外，孟子尚有免稅的看法。其云：「有布縷之征，粟米之征，力役之征。君子用其一，緩其二。用其二而民有殍，用其三而父子離。」（〈盡心下 27〉）繁瑣的稅目，是百姓揮之不去的夢魘，乃古今皆然，孟子對各種稅制，但求盡量顧及人民，

務期從簡不從繁，以做到稅率合理，名目統一。〔註 68〕因此，孟子強調取之無度的稅法，將對群眾造成重度的挫傷，為人君者，不能不謹慎為之。徵稅不宜重疊繁複，而宜化繁為簡，明定免稅的項目，孟子云：「尊賢使能，俊傑在位，則天下之士，皆悅而願立其朝矣；市，廛而不征，法而不廛，則天下之商，皆悅而藏於其市矣；關，譏而不征，則天下之旅，皆悅而願出於其路矣；耕者，助而不稅，則天下之農，皆悅而願耕於其野矣；廛，無夫里之布，則天下之民，皆悅而願為之氓矣。信能行此五者，則鄰國之民，仰之若父母矣。」（〈公孫丑上 5〉）此處明確地提到，像是商人，在市場上，只徵商號的房捐，而不徵貨物稅，或徵貨物稅，而不徵房捐，在關卡上，不收商民的捐稅；對於農民，農人只須助耕公田，不必再徵私田的租稅；至於人民的住宅，只要居民已服力役之稅，就不再課征顧役稅、土地稅等雜稅；〔註 69〕免稅一則足以減輕人民生活的負擔，一則可以鼓勵各行各業人士安心從事其專業經營，這種體恤生民的作法，正是孟子對君王行之有道的嚴正要求。

綜觀孟子所述君王養民之道，從土地分配，產業經營，社會救濟，以迄徵稅的方法，無一不是立足於民本之立場，其道德色彩之濃厚，充分顯現了儒家仁政思想的特色。

孟子提倡仁政的要點，不外養民與教民兩端，養民的政策已如前面所述，說到「教民」的政策，孟子則認為教民之事不可遲緩廢弛，雖然就施政的程序而言，養民先於教民，就重要性而言，亦是養民重於教民，但是在自然生命得到適度的保障之後，即不可疏於教民的工作，教民不但有助於養民目的之達成，對於文化水平之提昇更有其必要性。孟子云：「人之有道也。飽食、煖衣、逸居而無教，則近於禽獸。」（〈滕文公上 4〉）「上無禮，下無學，賊民興，喪無日矣。」（〈離婁上 1〉）一般而言，人的生理需求固然必須先得到滿足，但滿足之後，如不透過教育，認識各種價值意義，對精神層面做更進一層的追求，不僅對人生易於感到迷惘，也極易沈迷於各種佚樂活動，耽溺於各種慾望的滿足，結果或因慾壑難填，導致犯罪行為發生，其將危害社會，成為社會動亂之源，實非天方夜譚。孟子因此指出，人的通性是，自然生命雖得到滿足，若未經教化，終究不過為一衣冠禽獸；一個普遍不知學習禮法

〔註 68〕王支洪，《孟學的現代意義》（台北：東大圖書公司，1984），頁 64。
〔註 69〕同註 68，頁 64～65。

的社會，自然亦是亂民麇集，極易導致滅亡的命運。因此，人的自然生命亟須教育功能來引領、強化，唯有透過教育，給予思想、行為上各種啟導訓練，個體的生命境界才得以提升。

　　那麼，孟子所倡導的「教民」政策又如何呢？以今日的觀點來看，教育的課程本涵蓋甚廣，透過教育足以使人廣泛深切的認知，因而認識論可說是為所有實踐行動紮根的工作。孟子一向強調人的道德生命之重要，又殷切期許社會的和諧秩序，道德不僅止於存心，更要付諸行動，能實踐道德行為的人，始可以名之為道德人；而做為一個道德人，最基本的條件則是必須能絲毫不苟的盡其人倫，人倫關係不但是人們立身社會必須處理的課題，亦是影響社會和諧與秩序的重要關鍵，在這雙重的期許下，孟子很自然地把「人倫教育」列為「教民」的主要工作。在孟子所規畫農村建設的理想藍圖裡，孟子即曾提到：「謹庠序之教，申之以孝悌之義，頒白者不負戴於道路矣。」（〈梁惠王上 7〉）孝悌之道即涵蓋於五倫之教的父子、長幼二倫，孟子又一再引述三代的人倫之教，其云：「設為庠序學校以教之。庠者，養也；校者，教也；序者，射也。夏曰校，殷曰序，周曰庠，學則三代共之，皆所以明人倫也。人倫明於上，小民親於下。」（〈滕文公上3〉）又云：「聖人有憂之，使契為司徒，教以人倫：父子有親，君臣有義，夫婦有別，長幼有序，朋友有信。」（〈滕文公上 4〉）人倫教化之意義，正如本文前所論述，在人類頻仍而密切的互動關係中，五倫之教，是就每一個人的行為而給予基本規範的啟示，〔註 70〕「親」、「義」、「別」、「序」、「信」，即是人們應當遵循的行為標準。五倫雖對不同身分的人訂定各種行為規範，由於人兼具各種角色，自然必須同時奉行五種行為準則，透過人倫之教，一方面既可培養完善的人格，另一方面又可藉此消彌人我之間的隔膜、衝突，進而創造和諧的禮樂社會，維護社會長治久安的秩序，因而，五倫之教的必要性，實乃無庸置疑。

　　提倡教育，不能不假手執行教育工作的機構，孟子明言三代皆設有學校，學校則是由統治者所提供，學校的設立，有助於教育普遍而全面的推行。至於施教的方式，一般而言，總以「言教」為普遍採行的方式，孟子則特別標舉「身教」的可貴與必要，其云：「行有不得者，皆反求諸己；其身正，而天下歸之。」（〈離婁上 4〉）「君仁，莫不仁；君義，莫不義；君正，莫不正；一正君而國定矣。」（〈離婁上 20〉）「以善服人者，未有能服人者也。以善養人，

〔註 70〕徐復觀，《學術與政治之間》（台北：學生書局，1988），頁 301。

然後能服天下。天下不心服而王者，未之有也。」（〈離婁下 16〉）孟子這樣一再強調君王必須修養其德，本著正道，並以其美德正道教化百姓，便是說明，君王服人的理由，在於其言行能為天下人的表率，既為天下人表率，便不勞君王立言號令，天下人即能望風所從，一併歸趨於善。以「身教」而非「言教」來教化百姓的君王，其人當有實質的善行嘉惠百姓，故其道德人格不僅無庸疑慮，其潛移默化的力量亦不可以道里計。強調君王不須藉「言教」來立教，深思其義，即因為「言教」可能流於空泛的口號，又極易給統治者藉口，將其個人的權力意志以各種方式神化為真理與價值，從而以政治的強制力量，強迫人民服從之；因而，君王不僅要以「身教」為天下人表率，化導天下人，尚須通過師傅、諫諍、輿論來終身受教。〔註71〕孟子曾以「仁言，不如仁聲之入人深也；善政，不如善教之得民也。善政，民畏之；善教，民愛之。善政，得民財；善教，得民心。」（〈盡心上 14〉）來肯定行仁，身教成功的君王，必受民眾之擁戴，如此看來，古往今來的執政者如欲成為群眾光環的核心，真是捨「身教」別無望矣。

然而，人間的道理，人事的規矩法度，雖然可以透過正確的示範教人明白依從之，卻終究須要落於言詮，「言教」本身是傳達一切道理開門見山的方式，適切的言辭解說，再佐以正確的示範，一切事理自能令人豁然開朗。因為「言教」亦不可廢除，君王既非「言教」的適當人選，則擔任其職的，自然是學校機構的專職人員，孟子明言三代均設有學校，「皆所以明人倫也」，復舉舜特別派遣掌禮教的司徒之官契「教以人倫」，顯見負教導之職的，當為師儒即是。官家師儒，必循「禮求賢才」的管道而得，賢能之人須協助君王處理龐大而複雜的政治事物，教育即是廣義的政治事物之一環，因而教育事業有賴師儒來推動執行。師儒必須靈活運用各種教學方法，如孟子所云：「君子所以教者五：有如時雨化之者，有成德者，有達財者，有答問者，有私淑艾者。」（〈盡心上 40〉）此五者，前四者均屬直接施教的方式，概須藉助語言媒介來引導點化優劣良窳的各路人才，末者則著眼於君子的身教，亦即君子能以其善言善行來啟導私淑之人，總的來看，語言本是傳達理念，解說道理最為便捷的原始工具，則「言教」自然是師儒施教時普遍採用的方法了。師儒可以是官學的，也可以是私學的，〔註72〕然不論工作屬性如何，只要是作

〔註71〕同註70，頁301～302。
〔註72〕在西周以前，「學自為公卿大夫子弟而設，但庶民之秀者，也可以進學校就讀，

爲時代知識分子的師儒，經由客觀的觀察與親自的體証，加上傳統文化的教養，必然較諸百姓更能思索人倫之所宜，唯其了解人倫之可貴與必要，自然必須以語言爲開啓知識之鑰，透過「言教」，全力加強宣導，以化導天下人歸向人倫之正途；亦須藉助「身教」，發揮潛移默化之功，以使天下人樂於展現人倫之大體。試觀孟子「閑先聖之道，距楊墨，放淫辭，邪說者不得作。……我亦欲正人心，息邪說，詎詖行，放淫辭，以承三聖者。」（〈滕文公下 9〉）這種爲了護衛儒學，不惜與流行思想抗辯的表現，正是對師儒必須盡其「言教」與「身教」角色的最佳詮釋。

在孟子本著儒家以道德修養爲主的理想主義精神，與亟欲重整社會道德淪喪，重建社會和諧秩序的情懷下，孟子主張教民必以「人倫之教」爲重心，可說是自然而然的趨勢，雖其所論僅偏重人倫教化，卻並非意指技藝教育可以偏廢，一方面，在農業社會的環境下，農商百工的專業知識與技術，自有薪傳之理，[註73] 另一方面，社會本是「勞心者治人，勞力者治於人。」（〈滕文公上 4〉）的分工型態，知識技術誠不勞儒者費心，是以孟子僅就社會的狂潮巨瀾，提倡「人倫教化」，以作爲救治社會沈痾的處方；重點工作即是絜根的工作，落實絜根的作法，其餘枝節問題亦必能在生機盎然情況下蓬勃生長，乃理之當然；孟子呼籲統治者以「身教」率行天下，爲統治者確立符合名位當行之君道，又身先士卒地履行「言教」、「身教」職責，以喚醒所有的師儒同來化導天下蒼生步向人生正途，這種崇尚道德理想，苦心孤詣力挽狂瀾的作爲，毋寧是令人蕭然起敬的。

綜觀孟子所論之君道，可謂詳贍而豐富，又細膩而深入，但緣於傳統「民本思想」的素養與「民貴君輕」的獨到主張，他對君王擁有的權限，只是輕輕一筆帶過，而著重於君王應負之責任與應盡之義務。孟子不僅從責任義務的角度，又從性善論的觀點，體認人生命本身的莊嚴美好，肯定人除了求生的本能欲望之外，尚有向善的可能，從而強調生命的存在正代表人的尊嚴，

但是一方面庶民之秀者究占庶民的少數，而且庶民在學的人數比例恐怕也很小——學仍是爲貴族而設的。庶人受教育的機會固然少，而且在校中還有差別待遇：『貴族受治術教育，庶民受技藝教育。』」至春秋以後，「私人講學之風興，以取代官學傳播學術。而此時已是官師分途，有教無類的局面了。」此段敘述，正是指陳春秋以後官學、私學並存的現象。參宋淑萍，〈淵源有自——先秦學術的萌芽〉，收錄於林慶彰主編，《浩瀚的學海——中國文化新論（學術篇）》（台北：聯經出版事業公司，1987》，頁 83～84。

〔註73〕同註45，頁 315。

人的尊嚴是值得肯定的，因而人應該受到尊重；〔註74〕這種出諸道德意義層面的認知與要求，促使孟子對君王如此這般的求全責備，這分心繫天下蒼生的嚴正說辭，實足資天下統治者三復斯言，愼思愼行矣。

3、臣道宜由「崇尚仁義為道而仕」入手，固守「以道統感制衡君權」之防線

統治階層除君王之外，當為王公大臣等臣屬了，這些為人臣子的，在政治領域裡既是君王的左右手，自然亦是身繫國家強弱安危與百姓福禍生死之關鍵人物。依據體制的作法，臣屬當擢拔自知識分子，西周以前的知識分子隸屬貴族階層，春秋以後的知識分子則來自廣大的士人階層，〔註75〕對於這些出身士人階層的知識分子，一旦鯉躍龍門，踏入仕宦之途，成為宦僚組織裡參與決策或執行決策的人物，其於現實人間的影響誠不可以道里計。一如對當世君王應「行之有道」的期勉，孟子對人臣角色亦以「行之有道」相勸勉，唯因君臣角色不同，負責的對象與事務難免有些差異，所論之君道、臣道雖然各有不同的表現手法，然細究其本質，卻同樣根源於道德意義的考量，殊途同歸於道德理想的目標。整體來看，孟子所論之臣道，大抵可循「尚志（崇尚仁義）」、「為道而仕」、「以道統感制衡君權」三個主題依次來探討。

首先，就「尚志」而言，孟子曾提出「勞心者治人，勞力者治於人。」（〈滕文公上 4〉）「無君子莫治野人，無野人莫養君子。」（〈滕文公上 3〉）的說法，顯示孟子深信社會是分工的，人的社會地位也有高下之別，勞心者即是君子，君子的社會地位所以要比野人來得高，其決定標準乃在於個人的成就，而非個人的出身，這種依據「成就類型」而予區分的方式，〔註76〕較諸一般依行業而分士農工商，或依出身而分王公貴族、百姓庶民，雖有不同的分法，卻一樣認同社會階級的存在。孟子擁有強固的民本觀念，因而，雖對人群作如此的分界，其人卻絕對沒有藐視勞動階級的意識，賦予不同工作性質的人群一個適切的稱謂，不但表現了「正名」的精神，也足以反映孟子對現世人生真象的正視。因為人的智慧、能力與道德，本有聰明愚笨、賢明不肖與善良

〔註74〕韋政通，《中國的智慧》（台北：水牛圖書出版事業有限公司，1985），頁41。

〔註75〕關於士人階層如何成為知識分子的代稱，參余英時，《中國知識階層史論（古代篇）》（台北：聯經出版事業公司，1980），頁4～24。

〔註76〕段國昌、劉紉尼、張永堂譯，《中國思想與制度論集》（台北：聯經出版事業公司，1981），頁272。

邪惡之分，天賦條件既然有別，每人扮演的角色便有所不同，擔負的工作也有所區分；於是兩種不同工作的基本形式隨即產生，其一是勞心者，他們是不參與生產工作的，這群人包括學者與官吏，他們的功能是作研究與磨礪品德，其職責在治理天下人；其二是勞力者，他們必須直接參與生產工作，這一群人包括農夫、工匠、商人及其他，他們的功能是生產物品與提供服務，其職責在供養天下人。〔註 77〕這種分工專職觀念，可說是理性的，因為分工合作，不僅可以交換所需，互補不足，更可以提高工作效率，使產品品質精良化。在孟子時代，士不但不再專屬貴族階層，且已轉化為四民之首，亦已成為知識分子的代稱，〔註 78〕知識分子所能領袖群倫的，當在於學問一項，而不在其權勢，這些接受六藝教育洗禮的士人，是屬於孟子所謂勞心階級中的學者，勞心階級的職責既是治理天下人，則身具學養的士人未來當以仕宦為出路乃水到渠成之事，春秋戰國時代的尚賢政治，便有許多士人人才得到國君的擢拔任用，〔註 79〕這與孟子所云：「舜發於畎畝之中，傅說舉於版築之間，膠鬲舉於魚鹽之中，管夷吾舉於士，孫叔敖舉於海，百里奚舉於市。」（〈告子下 15〉）被起用的人才，雖然出身背景或有出入，卻有其共通條件，即是其人皆為道德上有所成就之人，亦即是孔子所謂的君子，因而士人可稱得上是有機會輔助國政的儲備人才。

士人的從政機會，姑不論能否到來，對這些儲備人才，孟子認為必須先培養其道德操守，懷抱文化理想的襟度，簡言之，即齊王子墊問及「士何事」時，孟子所答之「尚志」兩字，「尚志」之義，孟子進一步解釋道：「仁義而已矣。殺一無罪，非仁也；非其有而取之，非義也。居惡在？仁是也。路惡在？義是也。居仁由義，大人之事備矣。」（〈盡心上 33〉）孟子何以強調士人應「尚志」，立志以行仁義？蓋仁義即是儒家之道，是古代聖王之道，是天地

〔註 77〕 同註 76，頁 269。

〔註 78〕 士人由低級的貴族，因應封建制度的崩壞帶來社會階級的流動，成為上層貴族下降與下層庶民上升的匯合之所，促使士人數激增，終至轉化為「士農工商」的庶民之首，參同註 75，頁 10～24。

〔註 79〕 李弘祺先生提到：「考試制度的理想源始於春秋戰國時代的尚賢政治。當時周天子的權威下墮，傳統的封建貴族無法應付新的局面，於是國君不得不起用新的、沒有家庭背景的人才處理國事。」這段話足以說明新興士人階層受到擢拔任用的現象。參李弘祺，〈科舉——隋唐至明清的考試制度〉，收錄於鄭欽仁主編，《立國的宏規——中國文化新論（制度篇）》（台北：聯經出版事業公司，1991），頁 260。

之理，亦是人的本心善性之所在，孟子曾一再提及「體有貴賤，有小大；無以小害大，無以賤害貴。養其小者爲小人，養其大者爲大人。」（〈告子上 14〉）「從其大體爲大人，從其小體爲小人。」（〈告子上 15〉）其用意即在於喚醒大家應爲其生命「立乎其大」，亦即要彰顯人的「本心善性」。〔註 80〕本心善性是人禽之別的根本所在，能體知人的良知本性雖可免爲物欲所牽引，但畢竟只能停格在道德行爲的起點上，孟子因而期許士人應使生命中的道德意念化成汩汩而流的大河，以使流動的河普遍潤澤廣闊的大地，這和孔子提倡「士志於道」的精神是一脈相承的。吾人也許要質疑，士人並非實際擔任政治職務之人，既非人臣，則尚志與臣道何干？殊不知，一個人的學思歷程，往往足以形塑其人未來立身處世的作爲，純正的思想足以蔚爲頂天立地的風範，偏差的思想則將導致扭曲變形的行徑，強調士人應「尚志」，正是要求士人應辛苦地從事內心的修養，以仁義爲其志，以便爲將來擔當政治責任預作準備。〔註 81〕養成教育的紮根工作勢不可缺，它是確立士人生命方向的南針，當士人能懷抱仁義之心，在有限的生活圈子行禮如儀，進退得宜時，那麼，有朝一日，一旦躍入面對廣大群眾的政治圈子，希冀他游刃有餘，福國利民，或將不至淪爲一場奢想吧！若然，則孟子以「尚志」來強調士人人格教育的重要，以「尚志」作爲人臣擔負政治責任的熱身運動，便可視爲是睿智之言矣。

　　當士人透過教育的陶冶而培養爲成德的君子時，緊接著的是其人一展抱負的時機了。依照儒家「學而優則仕」的傳統理念，士人以仕宦爲出路極爲自然，但孟子以爲出仕不在謀稻粱，而在於推展文化理想的兌現。究竟在什麼情況下可以出仕？孟子則提出「爲道而仕」的觀念，其云：「天下有道，以道殉身；天下無道，以身殉道；未聞以道殉乎人也。」（〈盡心上 42〉）又云：「故士窮不失義，達不離道。窮不失義，故士得己焉；達不離道，故民不失望焉。古之人，得志，澤加於民；不得志，修身見於世。窮則獨善其身，達則兼善天下。」（〈盡心上 9〉）正如士人必須在養成教育階段即以「尚志」淬勵自己，亦即以儒家的仁義之道，聖王的「正德、利用、厚生」之道寄託其鴻鵠之志，「道」在主觀上既是士人的文化理想，則士人出仕與否亦應以「道」的客觀條件爲權衡標準，孟子明白的指出，士人實現理想的適當時機，是在天下有道之時；若天下無道，士人絕不肯犧牲道以遷就王侯，而寧可伴隨著

〔註 80〕同註 53，頁 92。
〔註 81〕韋政通，《先秦七大哲學家》（台北：水牛圖書出版事業有限公司，1987），頁 46。

道而退隱，甚至不惜爲道而死。所謂天下有道無道，是指客觀情勢的好壞，諸如君王能否任賢使能，社會是否清明太平等，由於在政治現實上，士人的道德理想，不免受到君王勢位的牽制，亦即是道德須假勢位以行，〔註 82〕因此士人在「道仕」之外，又有所謂的「道隱」，孟子所云「達則兼善天下」、「窮則獨善其身」便分別說明了這兩種現象。

孟子曾以「有事君人者，事是君則爲容悅者也；有安社稷臣者，以安社稷爲悅者也；有天民者，達可行於天下而後行之者也；有大人者，正己而物正者也。」(〈盡心上 19〉)指出士人共分四科，其中以迎合國君私意，討其歡心而出仕者爲最劣；而以視時機合宜施行道於天下始出仕者，與己身正而使萬物隨之端正者爲較優。就功名富貴來看，迎合國君之士人，或當官運亨通遠甚其他三者，然而孟子卻從道德意識層面，對其加以貶抑，蓋其人既投君王私人所好，便意味此君當非著眼於公利，亦必輕忽百姓之所需，士人加以逢迎，實無疑助長君王淫威，禍延社會，因此，其人雖得享富貴，又怎能與力圖興革社會，竭心挽救蒼生的士人相提並論？卑劣的士人，可以公孫衍、張儀爲例，當時爲縱橫之術的景春，曾盛贊：「公孫衍、張儀，豈不誠大丈夫哉？一怒而諸侯懼，安居而天下熄。」孟子則反駁道：「是焉得爲大丈夫乎？……以順爲正，妾婦之道也。居天下之廣居，立天下之正位，行天下之大道；得志與民由之，不得志獨行其道；富貴不能淫，貧賤不能移，威武不能屈，此之謂大丈夫！」(〈滕文公下 2〉)孟子以妾婦比況公、張兩人，乃因其人「阿意用謀，善戰務勝，事雖有剛，心歸柔順」的作法，根本有違「以道匡君，非禮不運」的大丈夫作風，〔註 83〕這種既捨棄主觀上崇尚「道」的理想性，又屈從於缺乏「道」的客觀條件之作法，難怪孟子要不屑不齒了。相形之下，孟子則極爲推崇「爲道而仕」的士人，孟子曾以「伯夷，目不視惡色，耳不聽惡聲。非其君不事，非其民不使，治則進，亂則退。……當紂之時，居北海之濱，以待天下之清也。……伊尹曰：『何事非君？何使非民？』治亦進，亂亦進。……思天下之民，匹夫匹婦，有不與被堯舜之澤者，若己推而納之溝中，其自任以天下重也。柳下惠，不羞汙君，不辭小官；進不隱賢，必以其道。……孔子之去齊，接淅而行；去魯，曰：『遲遲吾行也！』去

〔註82〕 劉紀曜，〈仕與隱——傳統中國政治文化的兩極〉，收錄於黃俊傑主編，《理想與現實——中國文化新論（思想篇）》（台北：聯經出版事業公司，1989），頁300。
〔註83〕 參趙岐對〈滕文公下〉第二章的注疏，同註1，頁108。

父母國之道也。可以速而速，可以久而久，可以處而處，可以仕而仕，孔子也。」（〈萬章下 1〉）為例，盛讚此四人分別是「聖之清者」（伯夷），「聖之任者」（伊尹），「聖之和者」（柳下惠），「聖之時者」（孔子），又特別推尊孔子為「集大成」者。這四人為堅持道的理想性，雖然作法各有不同，卻都足以表彰為道而仕的精神，其中，尤以孔子堪稱為典型的人物，孔子絕對秉著「窮則獨善其身，達則兼善天下」的理念，投身在繁忙人間，出仕之時，他本著文化理想投入推展人文化成的工作；未出仕時，他以儒者的風範，周遊列國遊說列國諸君，並廣收生徒有教無類地，傳布原始儒家「以天下為己任，任重而道遠」的襟懷抱負，這種對「道」始終如一的信念，絕對不容偏離「道」的出處進退之法，當可作為人臣慎作抉擇之表率，並據以評量人臣對文化理想的熱衷程度。準此以觀孟子主張士人應「為道而仕」的說法，實無疑是為知識分子的從政生涯訂定了一條鐵的律則，知識分子必須以「道」為正字標誌，讓世人認清這樣的印記即是產品品質的保証，也唯有這樣的標記，才能讓產品的功能全面有效的發揮，至於事實能否如孟子所論斷，則又另當別論了。

　　當士人跨入了從政的門檻，準備在政壇一展身手時，孟子進一步提出了「以道統感制衡君權」的看法，這個論題已然把君臣雙方的接觸，導入天平量度的境況中。基本上，孟子極力主張以德行仁的王道，反對以力服人的霸道，他公開否認強力的統治具有合法性，而認為唯有行仁政的君王，才有助於統治合法性的建立。〔註84〕孟子對於君王的權威可以「天與人歸」來簡括，一方面，他以天意來決定君權是否成立，而天意則由民意來顯示，民意指的是人民對君王擁戴的情形；另一方面，他指出備受擁戴的君王，雖其本身必能修德，然修德亦不能保證君王在位的久暫，更不能擔保一個人成為君王，天意總在冥冥之中主宰了一切；若細加尋繹，孟子承認君王的人選來源於天，保留了殷周以來神學天道觀的餘脈和殘迹，但拋棄拙樸的神學思想，企圖吸取並改造傳統用神權限制君權的積極成分，將其修正為君權必須受到限制，這種限制就是來自可左右神的視聽之民，民心的向背即民意，才是政治成敗的關鍵，〔註85〕這顯示孟

〔註84〕張端穗，〈天與人歸——中國思想中政治權威合法性的觀念〉，收錄於黃俊傑主編，《理想與現實——中國文化新論（思想篇）》（台北：聯經出版事業公司，1989），頁 113。

〔註85〕筆者按：孟子透露了天意始為主宰的看法，如「匹夫而有天下者，德必若舜、禹，而又有天子薦之者：故仲尼不有天下。」（〈萬章上 6〉）「行或使之，止或

子的思想存在著辯證的成分。

君王既是天特意遴選的人才，又是百姓深爲關切的對象，君王不可推諉的責任在於治國平天下，責任必衍生權力問題，君王既須擔負治國平天下之責任，管理天下事務遂亦順理成章成爲君王的權力。儒家的政治理論雖「沒有徹底探討政權應屬誰人所有的問題」，卻「假定了政權爲君主所有」，〔註86〕事實上，在實際的行政運作上，君王往往掌理實權，亦是最高決策的唯一人選，實無庸置疑。君王既是政權的所有者，孟子的仁政思想即一再地強調，君王應以治國平天下爲理想，正如孔子一樣，他總是以三代的聖王來期勉當世的君王。唯理想與現實難免存在著差距，孟子雖然極力主張以德行仁的王道，但環視當代擁天命自任的君王，較諸三代聖王，有誰能望其項背呢？然而，一則基於對理想政治的嚮往，二則鑒於對現實缺失的正視，於是，孟子試圖透過士階層的力量，即士階層特有的「道統感」，期使理想與現實之間連線起來，他把士人界定爲敦促君王實現政治理想的關鍵人物，懇切的呼籲士人發揮其應有的功能。

士階層的道統感，一是基於哲學本身即是救世主義的認知，一是源自讀書人自覺的使命感，〔註87〕這種本諸救世的胸懷，一肩挑起天下重任的使命感，可說是士階層對傳統學術文化理想有著深切體認，所蘊育成特有的「道統感」。試想，士人從養成教育開始，即必須「尚志」，「志於道」；選擇從政的工作，不能不循著「道」的指標來擇別取捨；迨至登堂入室而爲官僚體系之成員——人臣，更不能捨文化理想之「道統感」，必以士人特有的「道統感」來協助政治事務的推展；孟子這一系列的主張，使士人終其一生的「生命」與「正道」緊密結合，不容二分的特質，十足凸顯了知識分子足以傲人的風骨。人臣出身於知識分子，已然出仕的士人，究竟應如何表現其「道統感」呢？孟子云：「君子之事君也，務引其君以當道，志於仁而已。」（〈告子下8〉）又云：「惟大人爲能格君心之非。君仁，莫不仁；君義，莫不義；君正，莫不正，一正君而國定矣。」（〈離婁上20〉）這說明，人臣應盡的本分在於誘導君王做合理的事，使其嚮往仁道，才可能嘉惠百姓，造福人類。人臣必須堅守

尼之。行止，非人所能也。吾之不遇魯侯，天也。」（〈梁惠王下16〉）。並參同註23，頁37～39。

〔註86〕葉保強，〈當代新儒家與民主觀念的建構〉，參劉述先等著，《當代新儒家論文集（外王篇）》（台北：文津出版社，1991），頁84。

〔註87〕吳怡，《中國哲學的生命和方法》（台北：東大圖書公司，1984），頁2。

此一原則，蓋君王不僅擁有政治權威，也擁有絕對的決策權，正確的決策，可以帶人走向天堂，錯誤的決策，勢必帶人走向煉獄，君王的決策所以能置人於生，又能置人於死，關鍵就在其存心。孟子嘗言：「作於其心，害於其事；作於其事，害於其政。」（〈滕文公下 9〉）因而，對於一個具有使命感的士人而言，為了達成救世的志業，他勢必對君王的用心嚴予把關，人臣的身分，使他猶如操縱渡輪的舵手，欲使慈航普渡眾生，他必須對船主曉以大義，慎選風平浪靜的航程，避開波濤洶湧的航向。若現實的君王為富國強兵而興兵作戰，以致「血流漂杵」，或為逞一人私欲，而「率獸食人」，孟子所主張的「惟大人為能格君心之非」，即是針對君王這類偏頗的行為而提出的；儒家的政治理想是德治，理想的實現則寄望於聖君賢相，當人臣面對一個放失其心的君王時，由於道統感的驅使，人臣唯有堅守賢臣輔君的立場，革除君心之非，以期君正國定，下不邪侈。而人臣所以有資格諫正君王，憑藉的正是士人所志之道，且必矢志為君子所具備之仁義禮智之本性，孟子豈不云：「君子所性，仁義禮智根於心」（〈盡心上 21〉），這充極而又美善的本性，不僅使人臣絕不畏服一切邪惡暴力，甚且具有勇於與之相搏，意圖扭轉乾坤的力量。孟子為知識分子樹立了「道尊於勢」的理念與形象，對於君王所擁有的政權，就理論上來講，當具有制衡的功能，當然，其先決條件是君王必須同意「道尊於勢」的看法，但，不論君王同意與否，人臣終究必須嚴守此一防線。

人臣本著士人的「道統感」，在政治上形成一道護堤，所欲防範的是君王浮濫的權力，所要保護的則是百姓應享的福祉，因此，他必須隨時觀測君王的意向與動向，對君王在政權上的表現，人臣應給予原則性的關懷，而宜避免濫情的作法。孟子所云：「吾聞之也：有官守者，不得其職則去；有言責者，不得其言則去。」（〈公孫丑下 5〉）即指出，依據正名的原則，「在其位而謀其政」本是仕者應盡的職責，若是在位卻虧其職守，於理即應該引咎辭職；至於「進諫忠言」，本來也屬仕者的職責，一旦仕者盡了本分，君王卻無意察納雅言，一味堅持己見而不願從善如流，對仕者而言，現實噩夢與理想落空的雙重打擊實非同小可，基於「道不同不相為謀」的想法，仕者自然而然表現出知識分子特有的風骨，旋即不再戀棧官位，掛冠求去。孟子亦云：「君有過則諫；反覆之而不聽，則去。」（〈萬章下 9〉）所指即是「異姓之卿」以其懇摯的熱誠企圖喚醒君王迷失之心，欲以其強烈的道統感對政權有所制衡，無奈所遇為冥頑不靈的君王，遂使制衡無從產生效果，終至飲恨離去。如此結

局，自是君王未能認可「道尊於勢」的心態所致，然而，結局雖非完美，士人畢竟曾經盡力過，其人格終究值得崇敬。孟子最為企重士人的人格，其云：「長君之惡，其罪小；逢君之惡，其罪大。今之大夫，皆逢君之惡；故曰：今之大夫，今之諸侯之罪人也。」（〈告子下 7〉）士人之人格，端看其能否明辨是非，擇別善惡，即可當下獲知，孟子指責士人在官，聽任君王作惡，竟無法遏止其惡行，是未盡言責聽任行事使然，不可謂無罪；若進而阿諛君王私意，助紂為虐加害百姓，其罪可謂大矣。前者之罪，在於未曾對君王曉以大義，分辨是非；後者罪大，在於徹底混淆是非，棄善從惡，堪稱是君王的共犯。孟子強調知識分子必須堅守正道的原則，乃因知識分子既然具有救世的襟懷，有著自覺的使命感，自須不偏不倚，本著原則，始能凸顯其崇高與特出的人格，因而，舉凡有人格之仕者，必為世代所崇敬，若公孫衍、張儀之流，既無人格可言，後世焉得不唾棄乎？

　　人臣的風骨，可以透過忠言進諫的方式來表達，藉用其他方式亦可加以表達。原則上，對於出仕的士人，孟子認為其主要職責在「格君心之非」，以輔佐君王實行仁政，實現儒家德治的理想。由於強調士人志在施行聖王之大道，這種充滿文化理想的大道，不但可作為現世人君施政的指導，也超越了人君的勢，因而在「道尊於勢」的理念下，孟子所提到的「賢君必恭儉禮下」（〈滕文公上 3〉），「王公不致敬盡禮，則不得亟見之」（〈盡心上 8〉），即是強調君王應以至誠之禮來延攬士人出仕，無論如何，士人的專業素養與道德修養終究值得崇敬，縱令是君王的權勢，都不可給予任何一絲一毫的排擠。孟子甚至主張「禮貌衰，則去之」（〈告子下 14〉），因為「道」的尊嚴無可取代，一旦君王有任何疏忽或鄙夷的表現，人臣就應作出適當的回應。孟子又有：「故將大有為之君，必有所不召之臣，欲有謀焉則就之」（〈公孫丑下 2〉）的主張，這一主張，不僅對士人個體生命的尊嚴體會特深又特別重視，其強調士人應用心維護個人生命尊嚴，同時呼籲君王應予士人個體生命尊嚴相當程度的尊重，甚且為出仕的士人，前所未有地樹立了「不召之臣」的風格，為臣之道，如能依孟子所示以行，其特出崇高的人格即嶄然自現矣。

　　綜觀孟子所論之臣道，可謂莊嚴而凝重。由於對知識分子操守器識有著特別的期勉，再加上立意實踐儒者以天下為己任的使命，他承繼了孔子「士志於道」的一貫精神，更標舉出「道尊於勢」的觀念，使終身與道同進退的人臣得有扮演「不召之臣」的機會，強化了士人堅守是非曲直分際的心志，

也煉就出士人一身傲人的風骨。正如孟子對君道的立論，孟子亦始終如一地從責任義務的角度，從性善的觀點，託付人臣種種別開生面的重任，僅管在現實政治上，人臣常不免因君王權勢不肯讓位，遂致黯然神傷而退，但，人臣終究必須昂然挺立的通過人間，而非逃避人間，〔註88〕士人不論爲官與否，都必須在人間盡他的使命，若時局幸而推動他進入從政的權力結構中，他必須像賣命的舟子，傾其全力護駕全部的船客安然抵達彼岸；即令時局逼得他暫時從政治、仕途中退出，他亦必須通過文化、教育、知識、修養、實踐等種種不同的力量，以期改善人間的現狀，矢志與人群同生共死。這種強烈道德意識引發的烈士精神，誠足爲古往今來知識分子之借鏡，至於他在人間載浮載沉，一心一意想發揮其道德力量以制衡君權，冷酷的政治現實容或偶有回應，或多半無意回應而依然故我，其憂世撥亂的用心，皇皇終日的作爲，所收成效卻微乎其微的現象則是今人在扼腕深嘆之餘，不能不再行深思者。

二、罷黜「獨夫」的革命思想

1、君臣須自律自清以推動國家機器運轉之功能

在產業界，產品檢驗是一道絕對必要的手續，透過這道手續，品檢人員或機器把不符規格的產品加以淘汰，合格的產品隨後則印上承製廠家標誌，加上包裝，再推出上市。產品檢驗是控制產品品質必不可少的手段，因爲它攸關著廠家的令譽與未來市場的發展，製造業者如想令其產品在產業界所向披靡，便不能不從事這種門戶自清的工作，設若略去檢驗手續，而任令良莠不齊的產品上市，消費者亦必因產品性能不良，予以主動的淘汰。因此，只有通過考驗的產品，才能長久進駐消費者的生活圈子，進而使廠家永享令譽。

在政治上，儒家係以「德治」爲招牌，根據這個招牌，孟子推出了以「仁政王道」爲主要功能的訴求，「仁政王道」不但是理想君王必須發揮的政治功能，亦是君王的正字標記，符合這個標記的君王，非唯是天下俗眾競相走告，爭相趨赴的對象，其對一般民眾現實生活之助益，更不可以道里計。從狹義的生產理論來看，君王並非廠家製造之產品，但從實用的觀點而言，君王卻猶如國家機器運作中的系統設計師，他操控著整個運轉系統，主掌了產品生產的成敗；系統設計師職在使各個部門能夠順利的運轉，既身爲設計師，就

〔註88〕王邦雄，〈通過人間而不是逃避人間〉，《鵝湖月刊》，16 卷 8 期，頁 23。

當克盡其職使不負其名，同樣地，君王之職責乃在使全國政治事務得以有效的推展，位居君王者，又焉能不盡其職責，以免污蔑其名位呢？

君王應盡之職責，包括保民、養民和教民之政策，本文已在上節所述之君道詳加探討，孟子指出理想的君王必須本其仁心以行仁政，仁政不能流於口號，而必須從妥善的佈局落實到現實的施政上，從積極面言，孟子以所論之君道為君王指引一條從政的康莊大道，期勉君王以實際的政績來確立君王的名位，以免有損君王之形象；從消極面言，孟子又以所論之臣道，為臣下開示一條諫諍的荊棘之路，務期臣下以剛正不阿的立場來革除君王不當的用心與施為，以克盡臣屬之責任；這相輔相成的策略，猶如官僚組織系統的自律自清運動，固然是本乎「正名」的初衷，其最終目的則在於淑世濟民的達成。憑心而論，孟子救世的宏願，總希望在平和舒緩的情況下逐一兌現，和緩的方式可以避免流血，使傷害降到最低點，然而，若情勢已然呈現「緩不濟急」之癥兆，甚至到了天崩地解的時刻，孟子認為救世的處方即必須改弦易轍，猶如「患重病下猛藥」一般，孟子提出「革命」的激烈手法，革命的手段則是非常時期「不得不爾」的非常手段。然則，非彼尋常的世局時勢又是誰造成的呢？語云：「時勢造英雄，英雄造時勢。」英雄人物可以締造一個萬人絕倒的世局，俾使世人重享安和樂利的生活，狗雄人物卻只能帶來一場萬人哭泣的殘局，使眾人深陷偃蹇困厄的日子；聖明的君王即為英雄人物，其力足以使人升天，殘虐的君王則為狗雄人物，其力只允使人下地，對於這樣壁壘分明的人物，孟子一則嘉許前者用心營造「伊甸園」的功勞，對後者蓄意推出「失樂園」的過失，非但予以嚴辭譴責，甚而支持「革命」的撻伐行為，革命可說是針對官僚組織自律自清運動成效不彰時，所採行的補救之道。

2、將殘賊之人正名為「獨夫」，放伐行動正名為「誅一夫」之革命

官僚組織所負責的，既是由現實施政以確保眾民安和樂利的生活，勢難避免接受民意對現實施政成效的檢驗，官僚系統政績之良窳，實攸關著政權之存廢。試觀孟子書所載：

> 齊宣王問曰：「湯放桀，武王伐紂，有諸？」

> 孟子對曰：「於傳有之。」

> 曰：「臣弒其君，可乎？」

> 曰：「賊仁者，謂之賊；賊義者，謂之殘。殘賊之人，謂之一夫。聞

誅一夫紂矣，未聞弑君也。」（〈梁惠王下 8〉）

這一則引文，可說是孟子「正名」思想最直接的呈現。孟子以極端嚴厲的口吻，痛斥夏桀、商紂爲「殘賊之人」，殘賊仁義之人，不但是反普遍人性的，且已失去「君」的立場，故孟子主張桀、紂應正名爲「獨夫」，〔註89〕既曰獨夫，即已失去天意民意所授之政權，爲杜絕其挾持淫威繼續加害人民，根本之計，當是收繳其人之政權，終結政權的方式，便是採取放伐之舉，而放伐暴君，亦即是打敗舊政權而代之以新政權的革命行動。孟子堅認湯武的放伐行動，應正名爲「誅一夫」，而不應逕稱爲「弑君」，〔註90〕這種嚴正的說辭，十足表現了孟子堅持道德尺度的立場。道德是崇高無瑕的生命展現，道德不但攸關個體，亦攸關全體，因此，以道德意涵爲主要訴求的仁政思想，一旦遇上個人失去原則，且又危及群體生命的暴政時，便只有藉助革命的手段來顚覆它，也就是說，當君王無道，其德又已蕩然無存，君之名分即不容成立，其人應正名爲「獨夫」，因而，革命是緊隨著「正名」而後的權宜之計，革命乃是爲仁政再造生機的非常手段。

　　吾人已知，傳統政治係將政權劃歸君王所有，但由於生命的有限性，君王自不可能專擅萬世之朝政，政權勢須轉移，其轉移的方式，就歷史發展現象來看，堯傳舜、舜傳禹，是以「禪讓」方式行之；禹傳啓、湯傳太甲、武王傳位成王，是以「繼位」方式行之；而商湯取代夏桀，武王取代商紂，即是所謂的「革命」；革命是政權轉移的方式之一，它和「禪」、「繼」明顯的差別，在於「禪」、「繼」是自然而和平的，「革命」卻是非常而激烈的；雖其節奏疾徐有別，這三種政權的傳遞方式，卻有著共通的特色，即是接掌政權的人選都是以「德」而取得天下，都以「民心」爲政權轉移的依據，也得到了天命的託付。禪讓雖然是一種理想的政治，但堯舜之後，即已不再重現歷史舞台，而成爲時代的落花飛絮，在歷史軌跡上飄盪無蹤，而夏、商、周的世襲制度卻世代相傳了下來。在世襲制度相延已久的戰國時代，孟子顯已不再對周王存著希望，他冀望新的統一局面，祈求新王的出現，新王的成立，勢必面對現實世襲政治的挑戰，孟子既有捨周文而倡王道，尊王絀霸的思

〔註89〕同註53，頁 283～284。並參陳啓雲，〈論語正名與孔子的眞理觀和語言哲學〉，《漢學研究》10：2（1992 年 12 月），頁 28。

〔註90〕陳啓雲，〈論語正名與孔子的眞理觀和語言哲學〉，《漢學研究》10：2（1992 年 12 月），頁 28。

想，則新王勢非「施仁政，行王道」者莫屬，仁政王道雖足以號召百姓，但在群雄並立，天下尚未一統的情況下，對「天下之人牧，未有不嗜殺人者」（〈梁惠王上6〉）的殘暴虐行，恐亦無可如何，為根絕暴行加諸百姓的虐害，孟子依據過往的歷史經驗，提出了「革命」的主張，這個得自湯武征伐桀紂的歷史經驗，由於係屬「以德行仁」（〈公孫丑上3〉）者征討「殘賊仁義」（〈梁惠王下8〉）者之模式，遂使「革命」合理化為「以非常手段取得天下」的觀念。孟子曾盛讚湯「十一征而無敵於天下，……救民於水火之中，取其殘而已矣。」（〈滕文公下5〉），又稱美「武王誅紂，……滅國者五十，驅虎豹犀象而遠之，天下大悅。書曰：『丕顯哉，文王謨！丕承哉，武王烈！佑啓我後人，咸以正無缺。』」（〈滕文公下9〉），卻痛陳桀紂「殘賊之人，謂之一夫」（〈梁惠王下8〉），且謂「桀紂之失天下也，失其民也。失其民者，失其心也。」（〈離婁上9〉）蓋仁者總是盡除私心而以公利為念，暴者卻每每盡去公心而唯私利是圖，孟子因而對孰善孰惡作了如此涇渭分明的批判。自古以來，群眾的眼睛總是雪亮的，民意的抉擇亦是毫不掩飾的，當桀紂因暴行而失去民心，湯武舉仁義之大纛為民除害，民眾即額手稱慶，此當可正告世人，湯武之舉是民意所認同支持的，民意則是天命藉以顯示其意的對象，故湯武之舉亦是順隨天命的表現，天命所要求的即是一個理字，孟子嘗云：「順天者存，逆天者亡。」（〈離婁上7〉）桀紂的滅亡，即因違逆了天理，而湯武的革命，卻是易經所謂「順乎天而應乎人」的行徑，因為是順應天理民意的作為，無怪乎孟子要盛讚湯武，並認可其經由革命取得政權的合法性了。

3、征伐異國與倒戈本國的革命行動

革命既然是「順天應人」的舉動，則革命被視為是合理的，自然亦是順理成章之事。孟子提出的革命，意在用來對付像桀紂一般的世襲暴君，唯當天下尚未一統，而各國又「爭地爭城以戰」（〈離婁上14〉），導致「天下之人牧，未有不嗜殺人者」（〈梁惠王上6〉）時，革命的事件便可能擴及到異國之間的政權，而不可能僅止於某一國的內政。細究孟子的革命思想，便涵蓋了征伐異國和倒戈本國兩種情況。就征伐異國的現象而言，孟子所認同湯武放伐桀紂的行為即屬之，如湯所統轄的領土雖小，最後卻能以「七十里為政於天下」（〈梁惠王下11〉），其所以能統治天下，一方面是憑其「以德行仁」（〈公孫丑上3〉）的素行，另一方面，則由於紂是屬「繼世而有天下，天之所廢」（〈萬章上6〉）的暴君，紂的暴虐無道，為自己帶來了滅亡的厄運，卻提供了

湯放伐其人一統天下的契機。這顯示，征伐異國的革命行動是有條件的，其一是被放伐者必須是惡行昭彰的暴君，其二是放伐者必爲異國在位之聖君，暴君是天理所不容者，故上天意欲廢棄他；成湯雖爲異國之君，卻極聖明，如此仁德兼備之明君，自然是上天託負其「止暴易暴」的最佳人選了。這聖明的湯武，即是孟子所謂的「爲天吏，則可以伐之。」（〈公孫丑下8〉）「無敵於天下者，天吏也。」（〈公孫丑上5〉）孟子認爲「天吏」始可負起討伐之責，天吏是奉行天命的官吏，根據「天與人歸」（〈萬章上 5〉）的說法，諸侯皆是得天命之人，但能奉行天命的，則非聖明者不可，天命既好善惡惡，自然亦必獎善而懲惡，湯武之足以放伐桀紂，即因其能嚴善惡之辨，故湯武實即孟子所指謂能奉行天命的「天吏」，只有像湯武這樣聖明的異國在位之君，才夠資格放伐暴君。正因爲天吏征伐暴君是本諸天命，則革命乃自然而然具備了合理性。

　　至於倒戈本國的革命行動，既然是純屬內政的範疇，與他國並無干係，必待國內相關人員來解決。究竟何人始足以擔負此職？試觀孟子書所載即知。

　　　　齊宣王問卿。孟子曰：「王何卿之問也？」

　　　　王曰：「卿不同乎？」

　　　　曰：「不同。有貴戚之卿，有異姓之卿。」

　　　　王曰：「請問貴戚之卿？」

　　　　曰：「君有大過則諫；反覆之而不聽，則易位。」王勃然變乎色。

　　　　曰：「王勿異也。王問臣，臣不敢不以正對。」

　　　　王色定，然後請問「異姓之卿」。

　　　　曰：「君有過則諫；反覆之而不聽，則去。」（〈萬章下9〉）

依據孟子對社會階級的畫分，官僚體系的成員雖皆屬勞心階級，勞心階級卻並非都是一視同仁的，即以君王底下的公卿大夫而言，孟子便將卿分爲兩類，其一是有血緣關係的同姓貴戚之卿，其二是無血緣關係的異姓之卿，此兩者雖皆具有輔佐國君爲政的相同責任，唯在面臨不循自然交替方式，卻非得捨舊君而立新君的重大關頭時，所負之責任便有了差異，此種差異則是深受儒家倫理觀念影響所致。儒家的倫理觀念是，在血緣上最爲重視親親之情，在政治上則最爲重視君臣之義，故貴戚之卿對君王，即必須兼顧親親之情與君臣之義的雙重關係，異姓之卿對其君王則僅須顧及君臣之義即可。雖然同爲

卿的名分，但貴戚之卿與異姓之卿依然有著名分上的差異，儒家強調「正名」的旨趣，乃在於確定道德秩序及政治秩序之標準，〔註91〕在道德尺度上，貴戚之卿與君王由於存在著家族間宿命的情感，爲了家族的和諧，更爲了家族事業的傳遞綿延，便不能不特別費心思量君王人選的問題，而異姓之卿，因爲是排除在血緣之外的，如令其插手繼位人選之事，不免帶來政權轉手他人之虞，因此不宜循著親親之情直接介入家族事業接棒之大計；至於在政治立場上，貴戚之卿與異姓之卿既同爲君王之臣屬，攜手輔佐君王以行王道仁政，自是無可異議；這名分上的差異，直截了當的說明，無論就權分或職分說，貴戚之卿與異姓之卿，終究是同中有異、異中有同的。孟子在論臣道之時，強調爲人臣者應本士人之道統感來制衡君權，職是之故，當君王有過之時，臣子自然必須加以勸諫，孟子將規諫的行動分爲兩個步驟，他置異姓之卿於第一道防線，而將貴戚之卿擺到最後一道防線，孟子主張君之小過，由異姓之卿勸止之，君之大過，始由貴戚之卿加以規勸；若是反覆勸諫而君王依舊不加悔改，異姓之卿即可離職他去，而貴戚之卿則爲了世代相傳的家國基業，應當將舊君「易位」另立一賢者爲君。〔註92〕「易位」，實即是倒戈舊政權的革命行動，這種革命行動雖可能引發流血事件，〔註93〕卻是不得已的非常手段。總之，爲了君臣之義，異姓之卿對君王之過，應率先挺身出來說話，貴戚之卿爲了顧念親親之情，爲免勸諫造成對抗形勢，而損及家族親和力，此時暫不宜介入，但在君王有大過時，爲成全親親之情與君臣之義，便不能不

〔註91〕勞思光，《新編中國哲學史（一）》（（台北：三民書局，1986），頁377。

〔註92〕同註53，頁300。

〔註93〕王邦雄先生認爲「易位」是「在堯舜禪讓，湯武征伐之外，孟子對權力如何做合理轉移的問題，所提出的第三模式。這廢舊君立新君，以賢易不肖的構想，保存了禪讓的精神，又避開了征伐的戰亂，此在當時的政治現實而言，不失爲一突破困境積極有爲的作法。」，參同註53，頁326。

劉紀曜，〈仕與隱──傳統中國政治文化的兩極〉一文中，則將貴戚之卿「易位」之舉與「湯放桀，武王伐紂」視爲伐暴君之革命行動。參黃俊傑主編，《理想與現實──中國文化新論（思想篇）》（台北：聯經出版事業公司，1989），頁300。筆者按：「易位」與「革命」，詞雖異，義實無別。因爲被易位之國君，是在犯了大過而又屢勸不聽的情況下始被易位的，孟子既以「大過」相對於「小過」，則「大過」必至於動搖國本者，欲動搖國本者，則又非殘賊無以致之，犯大過之君如無桀紂之暴行，而僅是平庸無能，無意行道，一樣可以尸位素餐，何至於遭到易位呢？而且，任何的革命行動，欲推翻舊有政權，勢必不能不遭到舊政權勢力集團的抵抗，由抵抗引發的衝突場面，亦必不能不帶來流血事件的發生，只是流血或多或少而已。

力加勸阻，甚而在君王「反覆之而不聽」的非理性反應下，以家國基業爲重，在王室貴族中另立一賢者爲君。〔註94〕孟子之所以如此主張，即緣於貴戚之卿與異姓之卿親疏不同，名位不同，其職責乃有所分別。

對於一個已有腐敗跡象的政權，孟子主張異姓之卿打先鋒，力勸君王既已無效，只可做出去職的最後選擇，而貴戚之卿以後衛身分力勸無效時，由於使命所趨，可允其藉「革命」的非常手段易舊君之位，這種革命思想，亦見諸孟子其他的說辭，孟子云：「民爲貴，社稷次之，君爲輕。是故，得乎丘民而爲天子，得乎天子爲諸侯，得乎諸侯爲大夫。諸侯危社稷，則變置。犧牲既成，粢盛既潔，祭祀以時；然而旱乾水溢，則變置社稷。」（〈盡心下14〉）舊日的政權所以容許更置，即在於「諸侯無道」而「不能盡其職」，未盡其職的舊君，依孟子的放伐標準，本宜更名爲獨夫，既曰獨夫，自宜經由革命手段來終結其政權。「革命」誠然是解決一國腐敗內政的最終手段，而這種手段卻是有條件的，其一是被異位之君所犯之過必已積重難返猶如暴君，其二是放伐暴君易其位者必爲貴戚之卿。綜參孟子對倒戈本國與放伐異國的革命理論，兩者實有異曲同工之妙，蓋暴君的放伐，必受客觀條件的限制，唯其限制的條件非但易於造成政治上因循苟且的現象，也使革命的合理性不能不受到質疑。首先，由於設定放伐的對象必須是暴君，則在非暴非聖的庸主統治下，即無充足的理由發動革命行動，百姓便只能無奈地繼續忍受毫無效率的施政，或一廂情願永無休止地期盼政局的好轉；其次，由於限定貴戚之卿或異國在位之聖君才有放伐暴君的資格，勢必使平民缺乏革命的機會，使民意只能作消極態度的抵抗。試想，國君腐敗，受害最深的非百姓莫屬，然百姓終究只能作遙遙無期的企盼，甚且無直接舉起革命大纛的機會，而只能仰賴奉行天命的天吏來解救，這無疑是宣告，將生死之權操之他人手上，乃是百姓終其一生難逃的宿命，只因百姓是宿命的緣故，難保不使百姓對暴政的控訴，對革命的行動都將淪爲遙不可及的奢想或神話，這對強調民意的儒家思想而言，寧非是絕大的諷刺？

按常理而言，暴政對百姓的衝擊最爲深遠，其反應理當最爲激烈，揭竿而起的革命行動對百姓實屬水到渠成之事。然而，孟子終究將革命畫歸爲特定階級的權力，百姓是無緣參與的。如鄒國與魯國交兵戰鬥，鄒穆公責怪百姓坐視「有司死者三十三人」，卻「莫之死也」，擔心若不誅殺，將使百姓「疾

〔註94〕同註53，頁324～326。

視其長上之死而不救」，因問孟子應採何種對策，孟子即答以：「凶年饑歲，君之民，老弱轉乎溝壑，壯者散而之四方者，幾千人矣；而君之倉廩實、府庫充，有司莫以告，是上慢而殘下也。曾子曰：『戒之戒之！出乎爾者，反乎爾者也。』夫民今而後得反之也，君無尤焉。君行仁政，斯民親其上，死其長矣。」（〈梁惠王下 12〉）孟子除了指責鄒國君臣置百姓生死於不顧，殘害百姓之作為，並暗示百姓所以「疾視有司之死而不救」，實即為報復之手段，因而曉告鄒穆公應謹記「出乎爾者，反乎爾者」的道理，極力革除暴政以行仁政，以免百姓得到報復的機會。百姓冷眼旁觀坐視長官之死的作法，其態度是消極的，只是一種不合作運動的表現，百姓對暴政的這種反應，較諸革命行動的驚天動地，未免是過於冷漠岑寂了。推其原因，或因群眾團體既無組織又乏武力，革命行動難以奏效，是以只能被動的等待救援力量的到來；或因政治權力終究只是權貴階級的專利，就正名的立場，庶人的身分應盡的職責僅止於聽命行事而已，了不起也只能略顯怏怏不樂的心境，至於掀起群眾革命行動，則是毫無來由，萬萬不可矣。

綜觀孟子所論之革命思想，就其對桀紂暴君正名為「獨夫」，對湯武放伐行動正名為「誅一夫」的革命行動，強力主張透過革命的非常手段，罷廢舊君另立新君，使君位不再成為永久顛撲不破的迷信，不容否認是別具創意之見解，因為革命在禪繼的政權轉移方式外，另闢了蹊徑。然而，儘管孟子力除迷信，不欲暴虐的君王成為永世的劊子手，而以「天與人歸」的觀念賦予繼位君王的合法性，贊成以「革命」方式來救治世襲之繼的缺失，卻由於革命條件的限制，而難免使革命落得緩不濟急，或成為野心家奪權的藉口；最根本的問題則是，由於革命的結局依舊是家天下的世襲制度，乃使治亂交替循環的政治史實一再地重演，突顯出革命亦不能根本解決政權合理化轉移的問題。總之，孟子基於正名立場而提出的革命主張由於存在著有目共睹的缺失，則革命之可行性自然是有待商榷，亦有賴覓得更周全的策略以權代之。